실무 최강 엑셀

개념은 **쉽게**
기능은 **빠르게**
실무활용은 **바로**

회사에서 바로 **통**하는

전미진 지음

직장인이 평생 쓰는 엑셀 기본서

모든 버전 사용 가능

2010 2013 2016 2019

2021 Microsoft 365

IB 한빛미디어
Hanbit Media, Inc.

지은이 전미진 (smileimp@naver.com)

삼성전자, 삼성항공, 삼성코닝, 삼성멀티캠퍼스, 삼성석유화학, 삼성토탈, 지역난방공사, 농협대학, 국민건강보험공단, 경기경제과학진흥원, 한국 생산성본부 등에서 업무 개선을 위한 엑셀과 파워포인트, 프로그래밍 관련 강의를 진행했습니다. 저서로는 《회사에서 바로 통하는 엑셀 FOR STARTERS》, 《회사에서 바로 통하는 실무 엑셀+파워포인트+워드&한글 : 개념은 쉽게, 기능은 빠르게, 실무활용은 바로》, 《회사에서 바로 통하는 실무 엑셀 최강 업무 활용법》, 《회사에서 바로 통하는 엑셀 실무 강의》, 《회사에서 바로 통하는 엑셀+파워포인트+워드 2016&한글 NEO&윈도우 10》 등이 있습니다.

회사에서 바로 통하는

최강 실무 엑셀 : 직장인이 평생 쓰는 엑셀 기본서 – 모든 버전 사용 가능

초판 1쇄 발행 2022년 7월 22일
초판 2쇄 발행 2023년 8월 25일

지은이 전미진 / **펴낸이** 김태헌
펴낸곳 한빛미디어(주) / **주소** 서울특별시 서대문구 연희로 2길 62 한빛미디어(주) IT출판1부
전화 02-325-5544 / **팩스** 02-336-7124
등록 1999년 6월 24일 제25100-2017-000058호 / **ISBN** 979-11-6921-009-6 13000

총괄 배윤미 / **책임편집** 장용희 / **기획** 박지수 / **교정** 신꽃다미 / **진행** 오희라
디자인 표지 박정화 내지 이아란 / **전산편집** 김보경
영업 김형진, 장경환, 조유미 / **마케팅** 박상용, 한종진, 이행은, 김선아, 고광일, 성화정, 김한솔 / **제작** 박성우, 김정우

이 책에 대한 의견이나 오탈자 및 잘못된 내용에 대한 수정 정보는 한빛미디어(주)의 홈페이지나 아래 이메일로 알려주십시오.
잘못된 책은 구입하신 서점에서 교환해 드립니다. 책값은 뒤표지에 표시되어 있습니다.
한빛미디어 홈페이지 www.hanbit.co.kr / 이메일 ask@hanbit.co.kr / 자료실 www.hanbit.co.kr/src/11009

지금 하지 않으면 할 수 없는 일이 있습니다.
책으로 펴내고 싶은 아이디어나 원고를 메일(writer@hanbit.co.kr)로 보내주세요.
한빛미디어(주)는 여러분의 소중한 경험과 지식을 기다리고 있습니다.

일 잘하는 직장인이 평생 곁에 두고 싶은
회사에서 바로 통하는 최강 실무 엑셀로 학습해보세요!

엑셀은 회사에서 가장 많이 사용하는 업무용 소프트웨어로 엑셀 하나만 잘해도 다양한 업무에 활용해 능력을 인정받는 경우가 많습니다. 엑셀을 잘 다룬다는 것은 업무에 필요한 데이터를 이해하고 분석할 수 있고, 이를 토대로 업무를 빠르고 효율적으로 처리할 수 있다는 것을 의미합니다.

엑셀을 처음 접하는 사용자나 엑셀을 조금이라도 다뤄본 사용자라면 인터넷 검색과 유튜브를 통해 기초 기능 일부를 습득할 수는 있습니다. 하지만 여러 기능을 복합적으로 응용하는 작업과 실무 문서 제작에는 한계를 느끼게 되어 엑셀 학습이 어렵다는 푸념을 많은 강의에서 자주 들었습니다.

따라서 엑셀을 독학으로 공부하려고 마음먹었다면 본인에게 맞는 기본서/참고서를 고르는 것이 매우 중요합니다. 이 책은 엑셀의 기초부터 익힐 수 있고, 그 기본을 토대로 여러 기능을 실무에 맞게 활용할 수 있는 실무 문서로 구성된 엑셀 기본서이자 참고서입니다.

65개의 핵심기능과 30개의 실무활용으로
업무에 정말 필요한 것만 학습해보세요!

이 책은 엑셀에서 업무에 꼭 필요한 기본 기능을 65개의 [핵심기능]으로 나누어 중요한 기능부터 익힐 수 있도록 구성했습니다. 또한 앞서 배운 여러 기능을 바탕에 두고 이를 복합적으로 활용해 실무 문서에 적용해보는 30개의 [실무활용] 예제를 수록했습니다. 스스로 배운 내용을 복습, 점검하면서 업무에 바로 적용할 수 있는 노하우를 쉽게 익힐 수 있습니다. 엑셀을 조금이라도 다뤄본 경험이 있다면 [실무필수] 위주로 빠르게 공부해 실무에 꼭 필요한 기술을 여러분의 것으로 만들 수 있습니다.

오랜 현장 강의와 각종 커리큘럼 구성을 통해 얻은 다양한 피드백을 바탕으로 엑셀의 기본 기능을 쉽고 빠르게 익히고 싶은 직장인 독자를 위해 집필한 책입니다. 총 95개의 예제로 구성된 이 도서는 개인 실력에 따라 차이는 있겠으나, 하루에 최소 한두 가지 핵심기능만이라도 모두 익히겠다는 마음가짐으로 딱 두 달만 공부해본다면 확연한 엑셀 실력 향상을 경험할 수 있을 것입니다.

마지막으로 이 책을 기획하고 완성할 때까지 격려와 노력을 아끼지 않은 배윤미 팀장님과 박지수 기획자, 한빛미디어 관계자분들에게 감사의 말씀을 드립니다. 또한 이 책을 통해 회사에서 일 잘하는 직장인이 되고 싶은 독자분을 항상 응원합니다. 이 책이 평생 여러분의 곁에 두고 싶은 엑셀 기본서가 되기를 바랍니다.

2022년 7월
전미진

회사에서 바로 통하는 현장밀착형 실무 예제로 평생 활용한다!
직장인을 위한 이 책의 네 가지 엑셀 학습 장점

엑셀 기초부터 실무활용 방법까지 한 권으로 학습한다!

엑셀의 기본 화면 구성부터 데이터베이스 관리 기능까지 핵심기능으로 익히고 실무 활용으로 응용 기술까지 학습할 수 있습니다. 바로 통하는 TIP, 쉽고 빠른 엑셀 NOTE, 쉽고 빠른 함수 NOTE로 엑셀 활용 능력을 업그레이드해보세요!

01

모든 엑셀 버전에서 학습할 수 있다!

회사에서 사용하는 엑셀이 오래된 버전이라 걱정이라면 버전별로 차이가 나는 부분은 버전 TIP을 참고하여 모든 엑셀 버전에서 학습할 수 있습니다. 엑셀 2010, 2013, 2016, 2019, 2021, Microsoft 365 등 다양한 버전의 핵심기능 학습 방법을 꼼꼼하게 가이드하고, 버전별로 차이 나는 기능과 함수 설명도 자세하고 친절하게 수록했습니다.

02

업무에 꼭 필요한 내용으로 엄선된
실무필수로 빠르게 학습한다!

엑셀 기초는 알지만 공부할 시간이 부족해 항상 똑같은 기능만 사용한다면, 응용 방법을 바로 학습해 업무에 적용하고 싶다면 전문가가 엄선한 실무필수 기능을 우선 공부해보세요! 업무에 유용한 기능을 학습해 작업 능률을 향상할 수 있습니다.

03

인터넷에서 찾는 것보다 빠르게,
전문가의 노하우로 정확하게 학습한다!

키워드가 생각나지 않아 검색하기 어렵다면, 인터넷과 유튜브의 많은 정보에서 어떤 것을 찾아야 할지 모르겠다면 《회사에서 바로 통하는 최강 실무 엑셀》을 곁에 두고 활용해보세요! 전문가 엄선한 실무필수로 실무에 꼭 필요한 기능을 우선 학습할 수 있습니다.

04

주요 CHAPTER 핵심 키워드로 살펴보는
《회사에서 바로 통하는 최강 실무 엑셀》 기능 정리

CHAPTER 01

쉽게 배워 바로 써먹는 엑셀 기본 기능 익히기

#서식 파일, #통합 문서 저장, #암호 설정, #화면 배율, #화면 구성 요소 표시, #빠른 실행 도구 모음, #사용자 지정 리본 메뉴, #리본 메뉴 설정 가져오기/내보내기, #셀 이동 단축키, #이름 상자, #범위 지정, #행 지정, #열 지정, #이름 정의, #이동 옵션, #빈 셀만 선택, #행 높이, #열 너비, #행/열 삭제, #행/열 숨기기, #선택하여 붙여넣기, #연결하여 붙여넣기, #붙여넣기 옵션, #그림으로 연결하여 붙여넣기, #열 너비 자동 조정, #워크시트 이름 바꾸기, #시트 탭 색, #워크시트 복사/삽입/삭제, #워크시트 그룹, #연결된 그림으로 붙여넣기, #셀 잠금, #셀 잠금 해제, #워크시트 보호, #틀 고정, #틀 고정 취소, #새 창, #창 정렬, #창 나란히 비교

CHAPTER 02

데이터 형식에 맞춰 실무 데이터 입력/편집하여 활용도 높은 업무 문서 만들기

#데이터 형식, #데이터 입력(문자, 숫자, 날짜, 시간), #서식 지우기, #모두 지우기, #지우기 옵션, #기호, #한자 입력, #특수 문자, #새 노트(새 메모), #노트(메모) 편집, #데이터 채우기, #채우기 핸들, #빠른 채우기, #빠른 채우기 단축키, #사용자 지정 목록, #데이터 유효성 검사, #유효성 조건, #입력 제한, #텍스트 입력 길이 제한, #잘못된 데이터

CHAPTER 03

데이터의 가독성을 높이는 서식 설정하고 원하는 양식에 맞춰 인쇄하기

#표 서식, #엑셀 표, #범위로 변환, #병합 후 가운데 맞춤, #전체 병합, #셀에 맞춤, #문서 서식, #표시 형식, #소수 자릿수, #음수 표시 형식, #사용자 지정 표시 형식, #금액 한글 표시, #화폐 기호 표시, #조건부 서식, #상/하위 규칙, #수식을 이용한 조건부 서식, #데이터 막대, #아이콘 조건부 서식, #규칙 관리, #서식 규칙, #인쇄, #인쇄 미리 보기, #인쇄 영역 설정, #여백, #인쇄 비율, #페이지 레이아웃 보기, #머리글/바닥글, #제목 행 반복 인쇄, #페이지 번호, #용지 방향, #그림 삽입, #페이지 배경 삽입

CHAPTER 04

업무 시간을 단축하는 수식으로 데이터를 더 빠르게 계산하기

#수식, #상대 참조, #수식 구조, #절대 참조, #서식 없이 수식 채우기, #혼합 참조, #수식 표시, #시트 참조, #수식 분석, #이름 정의, #선택 영역에서 만들기, #자동 합계, #자동 평균, #자동 개수, #표 만들기, #구조적 참조, #요약

CHAPTER 05

업무 효율을 높이는 최강 실무 함수 활용하기

#SUM, #MAX, #MIN, #COUNT, #COUNTA, #COUNTBLANK, #RANK.EQ, #RANK.AVG, #ROUND, #ROUNDDOWN, #ROUNDUP, #AVERAGE, #AVERAGEIF, #TRIMMEAN, #FILTER, #COUNTIF, #COUNTIFS, #SUMIF, #SUMIFS, #IF, #IFS, #AND, #OR, #NOT, #SORT, #UNIQUE, #ROW, #TEXT, #SUMPRODUCT, #LEFT, #MID, #RIGHT, #LEN, #TEXTJOIN, #CHOOSE, #COLUMN, #DATE, #YEAR, #EOMONTH, #NETWORKDAYS. INTL, #스핀 단추, #조건부 서식, #HLOOKUP, #VLOOKUP, #INDEX, #MATCH, #XLOOKUP

CHAPTER 06

데이터를 시각화하여 흐름이 한눈에 보이는 차트 만들기

#추천 차트, #누적 가로 막대, #누적 세로 막대, #차트 레이아웃, #차트 스타일, #차트 배경, #눈금선, #범례, #차트 필터, #3차원 원형, #테마, #3차원 서식, #3차원 회전, #혼합 차트, #막대 차트, #꺾은선형 차트, #눈금 조정, #하강선, #데이터 레이블, #트리맵 차트, #테마 색, #데이터 범위 변경, #선 버스트 차트, #폭포 차트, #도넛형 차트, #차트 서식, #스파크라인, #열, #승패, #표식

CHAPTER 07

데이터를 가공하고 분석하기&매크로로 반복 업무 자동화하기

#데이터 가져오기, #텍스트 파일, #표, #외부 데이터 연결, #텍스트 나누기, #조건부 서식, #중복 항목 제거, #데이터 강조, #통합, #빠른 서식, #표 서식, #이동 옵션, #시트 그룹, #빠른 채우기, #내림차순 정렬, #오름차순 정렬, #셀 색 정렬, #데이터 정렬, #사용자 지정 목록, #필터, #SUBTOTAL, #사용자 지정 자동 필터, #슬라이서, #고급 필터, #부분합, #찾기 및 바꾸기, #피벗 테이블, #보고서 레이아웃, #피벗 테이블 옵션, #피벗 차트, #시간 표시 막대, #개발 도구, #매크로 보안, #자동 매크로, #매크로 사용 통합 문서, #양식 컨트롤, #매크로 삭제, #비주얼 베이식 편집기

바쁜 직장인을 위한 학습 로드맵
직장인을 위한 실무필수 커리큘럼

엑셀 기본은 알지만 업무 활용이 어렵고, 실무필수 기능은 배우고 싶지만 시간이 부족한 직장인이라면 《회사에서 바로 통하는 최강 실무 엑셀》의 직장인 실무필수 커리큘럼으로 학습해보세요! 실무필수 커리큘럼에 나온 내용을 우선적으로 학습하면 직장에서 꼭 필요로 하는 핵심기능을 거의 모두 학습할 수 있습니다.

엑셀 기본기 + 데이터 편집

문서 서식 / 인쇄 설정

수식으로 업무 시간 단축

최강 엑셀 함수 활용

차트 + 데이터 분석 + 자동화

엑셀기초

02

2010 / 2013 / 2016 / 2019 / 2021

엑셀의 기본 화면 구성 살펴보기

엑셀 인터페이스는 엑셀 2007 버전을 기준으로 최신 버전까지 조금씩 업그레이드되었지만 기본 화면은 리본 메뉴로 구성되었습니다. 이 책에서는 엑셀 Microsoft 365 버전의 화면을 기준으로 설명합니다. 리본 메뉴는 탭과 아이콘 형식으로 구성되어 쉽게 기능을 실행할 수 있습니다.

기본 화면 구성

엑셀을 실행하면 나타나는 기본 화면입니다. 크게 ❶ 리본 메뉴, ❷ 워크시트, ❸ 상태 표시줄로 구성됩니다.

❶ 리본 메뉴

❷ 워크시트

❸ 상태 표시줄

① 리본 메뉴

리본 메뉴는 화면 상단에 있으며, 텍스트 형태의 메뉴와 아이콘 형태의 명령으로 구성되어 있습니다.

042 회사에서 바로 통하는 최강 실무 엑셀

사용 가능 버전

학습할 수 있는 엑셀 버전을 한눈에 확인할 수 있습니다.

엑셀기초

본격적인 엑셀 학습을 시작하기 전 필수로 알아야 할 기초 이론을 소개합니다. 엑셀 화면과 데이터베이스 기초 이론을 가볍게 읽으며 학습합니다.

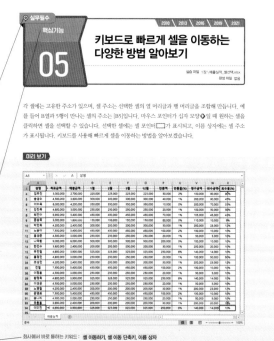

실무필수

바쁜 직장인을 위해 엑셀 전문가가 엄선한 커리큘럼으로 실무에 꼭 필요한 기능을 우선 학습할 수 있습니다.

핵심기능

엑셀을 다룰 때 반드시 알아야 할 기본 기능과 활용 방법을 소개합니다. 핵심기능을 따라 하면서 기본 기능을 충실히 익힐 수 있습니다.

회사에서 바로 통하는 키워드

각 실습 예제에서 어떤 엑셀 기능을 주요하게 학습할지 미리 확인한 후 학습을 진행할 수 있습니다.

실무활용

핵심기능에서 배운 내용을 응용해 실제 업무와 유사한 예제를 익히고 업무 해결 및 실무 기능 활용 방법을 학습합니다.

실습 파일&완성 파일

따라 하기에 필요한 예제 실습 파일과 결과를 비교해볼 수 있는 완성 파일을 제공합니다.

미리 보기

학습에 들어가기 전 완성된 실습 예제를 통해 어떤 내용을 학습할지 미리 확인할 수 있습니다.

한눈에 보는 작업 순서

예제의 작업 과정을 한눈에 확인할 수 있도록 단계별 작업 순서를 표시했습니다.

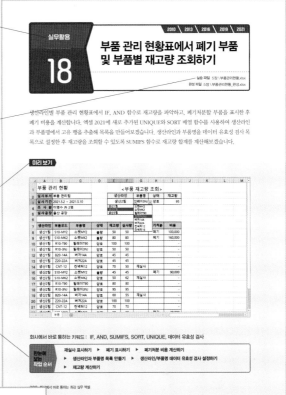

인덱스&실무필수&실무활용 표시

실무필수 핵심기능과 실무활용 표시로 먼저 학습해야 할 기능과 현재 학습 중인 지점이 어디인지 바로 확인할 수 있습니다.

버전별 TIP

엑셀 2010~2021, Microsoft 365 등 모든 버전에서 학습할 수 있도록 버전별로 차이가 나는 내용을 상세하게 설명했습니다.

13 ❶ [B2:P11] 범위를 지정하고 ❷ [Ctrl]을 누른 상태에서 [B14:O14] 범위를 지정합니다. ❸ [홈] 탭─[글꼴] 그룹─[테두리🔲]의 목록 버튼👇을 클릭하고 ❹ [굵은 바깥쪽 테두리]를 클릭하여 윤곽선을 그립니다.

✚ 선택된 범위의 바깥쪽 테두리에 두꺼운 선이 적용됩니다.

바로 통하는 TIP

학습 중 헷갈리기 쉬운 부분, 실습 도중 막히는 부분은 바로 통하는 TIP으로 해결할 수 있습니다.

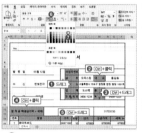

14 채우기 색 지정하기 ❶ [J6:J10] 범위를 지정하고 ❷❸❹❺ [Ctrl]을 누른 상태에서 [M7], [M9:M10], [B12], [B14:O14] 범위를 각각 지정합니다. ❻ [홈] 탭─[글꼴] 그룹─[채우기 색🎨]의 목록 버튼을 클릭합니다. ❼ [테마 색]에서 [황금색, 강조 4, 80% 더 밝게]를 클릭해 셀에 색을 채웁니다.

✚ 선택된 범위에 [황금색, 강조 4, 80% 더 밝게] 채우기 색이 적용됩니다.

쉽고 빠른 엑셀 NOTE

엑셀을 다루는 데 필요한 유용한 정보, 알고 넘어가면 좋을 참고 사항 등을 상세히 소개합니다.

바로 통 하는TIP 양식 문서에 다양한 서식을 지정하면 격자의 눈금선이 지저분해 보이므로 [보기] 탭 ─ [표시] 그룹 ─ [눈금선]을 클릭해서 체크를 해제하면 좋습니다.

쉽고 빠른 엑셀 Note　셀 너비에 맞춘 텍스트 조정 비법 살펴보기

엑셀은 셀 단위로 작업하기 때문에 셀 너비보다 많은 내용을 입력하면 셀 셀을 침범하거나 일부 글자가 잘려 보입니다. 셀 너비를 조정하면 내용을 모두 표시할 수 있지만 보통 인쇄 용지의 규격이 정해져 있어 무한정 셀 너비를 넓힐 수는 없습니다. 따라서 셀 폭에 맞춰 텍스트를 조정하려면 [Ctrl]+[1]을 눌러 [셀 서식] 대화상자를 열고 [맞춤] 탭의 [텍스트 조정] 영역에서 ❶ [자동 줄 바꿈], ❷ [셀에 맞춤], ❸ [셀 병합] 중 하나를 지정하여 텍스트를 조정합니다.

152　회사에서 바로 통하는 최신 실무 엑셀

---

10 CHOOSE 함수 인수 입력하기 ❶ [Value 1]에 남을, [Value2]에 여를, [Value3]에 남을, [Value4]에 여를 입력합니다. ❷ [확인]을 클릭합니다.

✚ 주민등록번호의 여덟 번째 자리가 1900년대 출생자 중 1이면 남자, 2면 여자, 2000년대 출생자 중 3이면 남자, 4면 여자이므로 주민등록 성별 구분 번호(1~4)에 따라 순서대로 남, 여, 남, 여를 반환합니다.

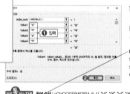

바로 통 하는TIP 완성 수식: =CHOOSE(MID(B4, 8, 1), "남", "여", "남", "여")

실행 결과 보기

단계별 따라 하기 완료 후 실행 결과 및 주요 변화, 실습 결과에 대한 해설을 확인할 수 있습니다.

11 ❶ [J4:N4] 범위를 지정하고 ❷ 채우기 핸들➕을 [N27] 셀까지 드래그해서 수식을 복사합니다.

✚ 나머지 고객의 생년월일, 암호화된 계좌번호, 결제일/은행 예금주명, 성별 등이 한번에 구해집니다.

쉽고 빠른 함수 NOTE

예제에서 사용된 함수에 관한 유용한 정보와 인수에 대한 추가 설명을 상세히 소개합니다.

쉽고 빠른 함수 Note　LEFT, MID, RIGHT, TEXTJOIN, LEN, CHOOSE 함수 알아보기

다음을 참고해 LEFT, MID, RIGHT, TEXTJOIN, LEN, CHOOSE 함수를 자세히 이해할 수 있습니다.

범주	이름	설명
텍스트 함수	LEFT(문자열, 왼쪽에서 추출할 문자의 수)	문자열에서 왼쪽 일부 글자를 추출합니다.
	MID(문자열, 추출할 시작 위치, 추출할 문자의 수)	문자열에서 시작 위치(에서) 일부 글자를 추출합니다.
	RIGHT(문자열, 오른쪽에서 추출할 문자의 수)	문자열에서 오른쪽 일부 글자를 추출합니다.
	TEXTJOIN(구분 텍스트, 빈 셀 포함 유무, 문자열1, 문자열2, …, 문자열252)	구분 기호를 사용하여 문자열을 합칩니다. TEXTJOIN 함수는 엑셀 2019 버전에서 새로 추가되었습니다.
	LEN(문자열)	문자열의 길이를 숫자로 표시합니다.
찾기/참조 영역 함수	CHOOSE(인덱스 번호, 값1, 값2, …)	인덱스 번호(1~254)에 따른 위치의 목록(값1, 값2, …)을 찾아냅니다.

회사에서 바로 통하는 실습 예제 다운로드하기

이 책에 사용된 모든 실습 및 완성 예제 파일은 한빛출판네트워크 홈페이지(www.hanbit.co.kr)에서 다운로드할 수 있습니다. 예제 파일은 따라 하기를 진행할 때마다 사용되므로 컴퓨터에 복사해두고 활용합니다.

---

1 한빛출판네트워크 홈페이지(www.hanbit.co.kr)로 접속합니다. 로그인 후 화면 오른쪽 아래에서 자료실을 클릭합니다.

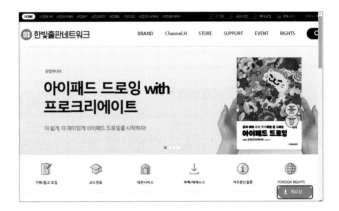

2 자료실 도서 검색란에서 도서명을 검색하고, 찾는 도서가 나타나면 예제소스를 클릭합니다.

3 선택한 도서 정보가 표시되면 오른쪽에 있는 다운로드를 클릭합니다.

다운로드한 예제 파일은 일반적으로 [다운로드] 폴더에 저장되며, 사용하는 웹 브라우저 설정에 따라 다를 수 있습니다.

직장에서 바로 써먹는
최강 업무 활용 템플릿

65개의 핵심기능과 30개의 실무활용에서 사용한 50여 개의 실무활용 최강 템플릿을 만나보세요! 예제 학습을 통해 템플릿 제작 및 수정 방법을 학습하고 여러분의 업무에 적합하게 변형하여 활용할 수 있습니다.

판매/영업

거래명세표

거래일자	2021-05-06(목)			

공급자
등록번호	120-82-45687		
상호(법인명)	(주)가나컴퓨터	성명	홍길동 인
사업장주소	서울시 강남구 삼성동 300 가나빌딩 303		
전화	(02) 523-1234	팩스	(02) 523-1235

수 신 (주)월드미디어 귀하

아래와 같이 계산합니다

합계금액(VAT포함)	일금 일천사백일십이만구천오백원정	(₩ 14,129,500)

월	일	품 목	규격	수량	단가	금액	비고
5	2	Seagate SATA2 200G (7200.9/8M) 정품	3.5"	30	64,000	1,920,000	
5	2	Seagate SATA2 400G (7200.9/16M) 정품	3.5"	50	122,000	6,100,000	
5	2	Fujitsu 노트북용 40G (4200/2M)	2.5"	10	48,000	480,000	
5	2	Fujitsu 노트북용 100G (4200)	2.5"	20	81,000	1,620,000	
5	2	ASHTON AFRICA 120G 실버 (USB2.0)	2.5"	25	109,000	2,725,000	
		계			424,000	12,845,000	

인수자	김홍식	인	납품자	강남국	인	미수금	-

▲ 거래명세표 P.162

한빛 전자 서비스 고객카드(개인)

담당기사	홍길동	상담일자			처리시간	~

고객정보
고객명	이철수	주 소	서울시 강서구 가양동 123-23	
대표전화	☎ 02-123-4567	연락처	010-123-1111	
제품명	스마트폰	제품번호	AB-3456	구입일 2019년 10월 18일

서비스내역
접수사항	배터리 접촉 불량	A/S 만족도	만족
조치사항	접촉단자회로 신규교체	자재소요내역	
		사용부품	부품비
		접촉단자회로	35,600
무상보증	무상 보증 기간 지남		

	점검비	②출장비	③수리비	④부품비	합계(①+②+③+④)	출장	내사
	-		12,400	35,600	48,000	유상	무상

비고

▲ 고객 서비스 카드 P.114

거래처 조회

거 래 처	푸른출판		
사업자번호	151-33-22204	대 표 자	이철민	조 사 일 자	2021-12-30
종 목	미디어	업 태	출판업	전 화 번 호	02-123-4545
주 소	서울 마포구 연희동		
종 합 평 가	보류	평 가 점 수	83	거 래 기 간	0년 6개월
참 고 사 항	신규거래업체		

▲ 거래처 조회 양식 P.327

견 적 서

No .

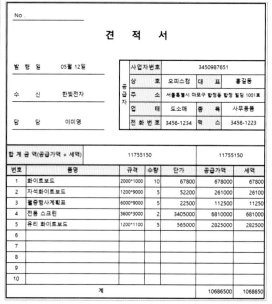

발행일	05월 12일	

공급자
사업자번호	3450987651		
상 호	오피스텀	대 표	홍길동
주 소	서울특별시 마포구 합정동 합정 빌딩 1001호		
업 태	도소매	종 목	사무용품
전 화 번 호	3456-1234	팩 스	3456-1223

수 신 한빛전자

담 당 이미영

합 계 금 액(공급가액 + 세액)	11755150	11755150

번호	품명	규격	수량	단가	공급가액	세액
1	화이트보드	2000*1000	10	67800	678000	67800
2	자석화이트보드	1200*9000	5	52200	261000	26100
3	월중행사계획표	6000*9000	5	22500	112500	11250
4	전동 스크린	3600*3000	2	3405000	6810000	681000
5	유리 화이트보드	1200*1100	5	565000	2825000	282500
6						
7						
8						
9						
10						
	계				10686500	1068650

▲ 납품 견적서 P.147

물품 발송 내역목록

주문번호	송장번호	성명	배송지역	전화번호	배송	배송비
951020	2013-5635	나민주	경상북도	055-322-1334	선불	6,500
981011	2013-4198	이수영	서울 특별시	02-333-1234	선불	2,500
991016	2013-4413	김순회	강원도	033-200-5432	착불	6,500
976611	2013-4512	박민준	경기도	031-452-4321	선불	4,000
941017	2013-7101	문호영	경상북도	054-900-8765	선불	6,500
981012	2012-3411	이상숙	인천 광역시	032-555-7890	착불	3,500
960101	2013-2222	김민우	서울 특별시	02-355-4848	선불	3,000
981011	2013-2345	강철수	서울 특별시	02-333-1234	선불	2,500
993412	2013-3413	이철우	전라북도	063-777-0987	선불	5,500
991014	2013-4123	민태우	대전 광역시	042-433-5656	선불	5,500
991016	2013-4513	김순회	강원도	033-200-5432	착불	6,000
981019	2013-7103	최상모	제주도	064-765-7654	선불	10,000
921212	2034-5634	이진우	경상북도	055-322-1334	선불	7,000
997788	2078-3412	홍나래	경기도	031-452-4321	착불	4,000
921200	2081-0210	정흥식	서울 특별시	02-678-0099	착불	2,500
951020	2094-1299	이진상	경상북도	055-322-1334	선불	6,500
952288	2100-0909	강수진	경상북도	055-322-1334	선불	6,500
991013	2105-7100	전선우	전라남도	061-400-8888	선불	5,000
971021	2132-3412	홍성용	서울 특별시	02-678-0099	선불	2,500
981022	2310-1212	진성미	전라북도	063-777-0987	선불	5,500
924566	2901-4543	최시형	제주도	064-765-7654	선불	10,000
					선불 배송비 합계	89,000
					착불 배송비 합계	22,500

▲ 물품 발송 내역 P.071

입금 거래 내역

연	월	일	담당자	입금명	억	천	백	십	만	천	백	십	일	입금 총액
2022	1	3	이민정	홍국 교역			2	3	4	0	0	0	0	₩ 2,340,000
2022	1	4	홍성주	나라 전자				3	2	1	6	0	0	₩ 321,600
2022	1	8	정수진	한국 무역		1	3	4	5	0	0	0	0	₩ 1,345,000
2022	1	9	전미욱	미주 무역				3	4	0	0	0	0	₩ 340,000
2022	1	17	송대민	노트럼		7	1	2	3	5	0	0	0	₩ 7,123,500
2022	1	20	정수영	우주 미디어			6	7	0	0	0	0	0	₩ 670,000
2022	1	21	이주영	우리 전자		6	4	6	0	0	0	0	0	₩ 6,460,000
2022	1	24	최구철	북아트교역			4	5	6	0	0	0	0	₩ 456,000
2022	1	25	신석훈	오피스컴		2	6	7	0	0	0	0	0	₩ 2,670,000
				1월 입금 소계										₩ 21,726,100
2022	2	3	홍성주	나라 전자		3	1	0	0	0	0	0	0	₩ 3,100,000
2022	2	8	정수진	한국 무역		2	4	3	0	0	0	0	0	₩ 2,430,000
2022	2	15	전미욱	미주 무역		3	5	6	0	0	0	0	0	₩ 3,560,000
2022	2	16	박수철	홍국 교역		4	5	6	0	0	0	0	0	₩ 4,560,000
2022	2	20	송대민	노트럼		9	4	5	0	0	0	0	0	₩ 9,450,000
2022	2	21	정수영	우주 미디어			7	7	0	0	0	0	0	₩ 770,000
2022	2	24	이주영	우리 전자		6	7	8	0	0	0	0	0	₩ 6,780,000
2022	2	24	최구철	북아트교역		3	2	3	0	0	0	0	0	₩ 3,230,000
2022	2	25	신석훈	오피스컴		5	4	0	0	0	0	0	0	₩ 5,400,000
				2월 입금 소계										₩ 39,280,000
2022	3	2	정수진	한국 무역		2	4	1	0	0	0	0	0	₩ 2,410,000
2022	3	2	전미욱	미주 무역		8	1	4	0	0	0	0	0	₩ 8,140,000
2022	3	4	박수철	홍국 교역		5	0	2	0	0	0	0	0	₩ 5,020,000
2022	3	16	송대민	노트럼		7	6	3	0	0	0	0	0	₩ 7,630,000
2022	3	19	정수영	우주 미디어		4	6	8	0	0	0	0	0	₩ 4,680,000
2022	3	19	이주영	우리 전자		2	9	2	0	0	0	0	0	₩ 2,920,000
2022	3	20	정수영	우주 미디어		6	7	2	0	0	0	0	0	₩ 6,720,000
2022	3	20	이주영	우리 전자		9	2	8	0	0	0	0	0	₩ 9,280,000
2022	3	21	정수영	우주 미디어		2	6	1	0	0	0	0	0	₩ 2,610,000
				3월 입금 소계										₩ 49,410,000

▲ 입금 거래 내역 P.077

분류

가정/생활 | 경영/경제 | 과학 | 그림책 | 소설 | 수험서 | 시 | 에세이 | 여행산문
역사 | 예술/대... | 외국어 | 요리 | 유아/아동 | 인문 | 자기계발 | 종교 | 컴퓨터/IT

할인율

10% | 20% | 25% | 30% | 32% | 35% | 40% | 50%

도서명	분류	출판사명	저자명	발행일	정가	할인율	할인가
팀 하포드의 경제학 팟캐스트	경영/경제	세종서적	팀 하포드	2018-03-28	17,000	10%	15,300
부자들이 절대 하지 않는 40가지 습관	경영/경제	21세기북스	다구치 도모타카	2018-03-21	13,800	10%	12,420
그들이 알려주지 않는 투자의 법칙	경영/경제	위즈덤하우스	영주 닐슨	2018-03-19	19,800	10%	17,820
365 월세 통장	경영/경제	다산북스	유수현	2018-03-01	15,000	10%	13,500
4차 산업혁명 일과 경영을 바꾸다	경영/경제	삼성경제연구소	삼성경제연구소, 선행진, 외8명	2018-03-01	20,000	10%	18,000
엄마의 부자 습관	경영/경제	소울하우스	노정화	2018-02-12	14,000	10%	12,600
4차 산업혁명 시대의 공유 경제	경영/경제	교보문고	아룬 순다라라잔	2018-02-05	16,800	10%	15,120
연애의 행방	소설	소미미디어	히가시노 게이고	2018-01-31	13,800	10%	12,420
꿈을 꾸었다고 말했다(제 42회 이상문학집)	소설	문학사상	손홍규,방현희	2018-01-12	14,800	10%	13,320
주식투자 무작정 따라하기	경영/경제	길벗	윤재수	2017-01-02	16,500	10%	14,850
낭만적 연애와 그 후의 일상	소설	은행나무	알랭 드 보통	2016-08-25	13,500	10%	12,150
나의 눈부신 친구	소설	한길사	엘레나 페란테	2016-07-10	14,500	10%	13,050
7년의 밤	소설	은행나무	정유정	2016-05-01	14,500	10%	13,050
갈매기의 꿈	소설	현문미디어	리처드 바크	2015-10-11	12,800	10%	11,520
행동하는 용기	경영/경제	까치	벤 S. 버냉키	2015-10-06	30,000	10%	27,000
장하준의 경제학 강의	경영/경제	부키	장하준	2014-07-25	16,800	10%	15,120
Demian	소설	Penguin Books	Hesse, Hermann	2013-07-30	20,740	25%	15,555
맨큐의 경제학	경영/경제	Cengage Learning	맨큐	2013-04-02	39,000	10%	35,100
7가지 보고의 원칙	경영/경제	황금사자	남충희	2011-11-01	16,000	10%	14,400
우리들의 행복한 시간	소설	푸른숲	공지영	2010-04-19	9,500	20%	7,600
파라다이스 2	소설	열린책들	베르나르 베르베르	2010-03-21	9,800	10%	8,820
파라다이스 1	소설	열린책들	베르나르 베르베르	2010-03-21	9,800	10%	8,820
빨간 장화	소설	소담출판사	에쿠니 가오리	2010-03-15	10,000	10%	9,000
덕혜옹주	소설	다산책방	권비영	2009-12-04	11,800	10%	10,620
데이지의 인생	소설	민음사	요시모토 바나나	2009-12-03	10,000	10%	9,000
죽은 왕녀를 위한 파반느	소설	예담	박민규	2009-07-20	12,800	10%	11,520
봉순이 언니	소설	푸른숲	공지영	2008-07-30	12,000	10%	10,800
가시고기	소설	밝은세상	조창인	2007-04-23	7,500	10%	6,750
청소부 밥	소설	위즈덤하우스	토드 홉킨스	2006-11-15	10,000	10%	9,000

▲ 제품 필터링 목록표 P.408

외주업체 평가 목록

| | | | | | | | | 총점평균 | 84.93103 | 전체건수 | 58 |
| | | | | | | | | 검색평균 | 84.93103 | 검색건수 | 58 |

공급처	사업자번호	대표자	설립일	납품단가	품질 (40)	납기준수 (20)	업무협조 (30)	특별가점 (10)	특별감점 (10)	총점	평가
상운기기	725-03-83777	강상명	2017-12-05	156,000	36	15	28	10	-	89	B
사명산업	228-13-53225	강성철	2010-03-10	155,000	38	20	22	2	3	79	B
라보산업	123-45-67891	김건모	2018-12-15	159,000	37	17	25	5	2	82	B
손락산업	341-03-67780	김성진	2018-05-08	164,700	36	15	28	9	-	88	C
철진산업	255-26-54689	김세욱	2016-05-12	153,000	38	20	29	10	-	97	A
충정액틱	298-28-05894	김수철	2015-03-16	155,000	33	20	29	8	-	90	C
명진산업	545-03-83225	김철중	2018-12-09	165,000	37	12	30	9	2	86	C
부진산업	101-38-14005	김하나	2017-12-05	155,000	37	12	25	5	3	76	C
복지산업	125-03-23229	이상호	2015-06-05	155,000	37	20	28	6	-	91	A
민국산업	333-11-67891	김희애	2010-01-10	157,000	36	19	28	3	-	86	B
택크기기	722-64-75264	나문석	2015-10-19	156,000	33	19	29	7	5	83	B
남강기기	722-22-54844	남회석	2018-03-21	155,000	36	19	29	8	10	82	B
윈도기기	200-03-83779	마두진	2018-03-13	159,000	37	17	30	10	6	88	B
이진산업	298-28-05898	문경국	2010-10-17	157,000	37	11	25	5	4	74	C
성공기기	128-03-83225	문성식	2008-09-22	155,000	40	20	28	6	-	94	A
민성기기	422-85-85474	문성준	2015-12-18	156,000	33	19	28	7	-	87	B
박미산업	895-03-83777	박민주	2018-12-09	155,000	36	15	30	2	9	74	C
대명기기	125-03-83225	박상민	2018-05-08	155,000	36	19	25	5	6	79	C
나진셸틱	122-43-65054	박준회	2015-08-20	155,000	39	20	29	9	4	93	A
명성액틱	298-11-83225	박철수	2018-03-06	155,000	36	13	29	10	-	88	B
송명액틱	154-80-34425	성우리	2019-09-23	169,700	33	15	29	8	-	85	C
운영산업	298-28-05896	송국진	2019-09-23	159,000	38	16	28	9	3	88	B
에스기기	543-34-67890	송영회	2015-03-16	155,000	38	18	25	5	2	84	B
인옥액틱	122-01-44634	심은석	2008-09-22	169,700	36	15	28	6	-	85	C
민철기기	255-26-54687	이명숙	2017-03-14	156,000	37	19	29	3	8	80	B
한상기기	121-59-24215	이민국	2015-01-14	155,000	37	19	29	7	1	91	A
사람기기	698-28-05895	이민욱	2015-08-20	164,000	34	13	30	8	-	85	C
나라셸틱	643-45-67890	이상득	2015-10-19	169,700	33	15	25	10	-	83	C

▲ 외주업체(협력사) 평가 목록표 P.402

회원 거래 내역

회원등급	회원번호	성명	가입일	전화번호	거래건수	반품건수	거래금액
일반	A311037	강성수	2018-05-02	055-302-1934	50	0	2004000
일반	A311027	강수진	2017-06-02	055-322-1334	50	2	2004200
실버	A311011	강철수	2018-07-03	032-312-0127	63	3	4784000
일반	A311104	강필승	2020-07-31	02-422-5534	36	1	2704000
일반	A311060	고민진	2019-09-03	031-607-9123	31	2	1744500
실버	A311041	고철중	2020-09-30	031-400-2121	68	1	4664500
골드	A311018	김국진	2020-11-30	041-422-3455	72	2	7604500
일반	A311056	김미진	2017-01-02	031-127-9903	30	1	1444000
실버	A311026	김민우	2018-02-02	02-355-4848	62	4	4722500
일반	A311049	김산우	2019년03월	031-887-9123	30	1	1604000
일반	A311016	김순희	2017-05-03	033-200-5432	55	4	3764500
골드	A311050	김정미	2018-05-31	064-700-1254	72	2	6824000
일반	A311035	나필승	2019-06-30	055-422-5534	36	1	2434500
실버	A311052	노민욱	2017-08-31	031-400-2121	68	3	4764500
프래티넘	A311051	노현철	2018-10-02	02-678-9123	74	2	8250100
PRETINUM	A3110390	문민정	2019-11-02	064-700-1254	74	1	8515000
골드	A311017	문상국	2019-11-30	054-900-8765	76	0	7744000
일반	A311057	문재순	2016-03-31	055-267-0034	36	-	2534200
골드	A311045	민대구	2018-01-01	031-812-0001	73	1	7494500
골드	A311047	민대홍	2018-01-31	02-235-8848	64	2	5404500
SILVER	A311036	민욱	2018-03-03	02-235-8848	63	4	4814500
일반	A311014	민태우	2018-03-31	042-433-5656	52	3	3564000
일반	A311059	박나문	2018-05-01	02-420-5534	29	2	1814500
일반	A311022	박노준	2018-06-03	031-452-4321	55	3	3564500
실버	A311043	박미진	2018-07-03	031-321-2221	59	1	4364500
골드	A311024	박시준	2019-07-31	031-452-4321	72	2	6744000
일반	A311054	송중기	2020-09-03	02-417-0023	27	3	1244000
프리미엄	A311040	신구민	2020-10-03	02-678-9123	75	1	10250100
실버	A311042	오연수	2017-11-03	031-452-4321	63	2	4873500
GOLD	A311034	이구민	2019-11-30	031-812-0001	72	2	6880000
일반	A311012	이미옥	2019-01-02	032-555-7890	54	3	3734500
일반	A311048	이성민	2019-02-02	055-302-1934	50	3	1869000
일반	A311025	이진상	2017-02-29	055-322-1334	36	1	2434300

▲ 회원 거래 내역 P.136

제조/구매

매입매출장

NO	일자	구분	코드	품명	수량	단가	할인율	매입금액
1	03월 02일	매출	H607	외장하드	10	137,550	3%	1,334,235
2	03월 02일	매출	EF345	출퇴근기록기	5	177,100	0%	885,500
3	03월 03일	매출	D204	문서 세단기	25	217,360	3%	5,270,980
4	03월 04일	매입	L451	코팅기	5	74,000	0%	370,000
5	03월 04일	매입	H607	외장하드	6	131,000	0%	786,000
6	03월 04일	매출	EF345	출퇴근기록기	10	177,100	3%	1,717,870
7	03월 05일	매출	RS130	제본기	4	112,700	0%	450,800
8	03월 06일	매입	NCB23	전자칠판	30	1,198,000	3%	34,861,800
9	03월 06일	매출	EF345	출퇴근기록기	45	177,100	4%	7,650,720
10	03월 07일	매출	RS130	제본기	10	98,000	3%	950,600
11	03월 08일	매출	NCB23	전자칠판	36	1,257,900	3%	43,925,868
12	03월 09일	매출	D204	문서 세단기	20	217,360	3%	4,216,784
13	03월 09일	매입	L451	코팅기	55	74,000	4%	3,907,200
14	03월 10일	매입	H607	외장하드	28	131,000	3%	3,557,960
15	03월 11일	매출	EF345	출퇴근기록기	41	177,100	4%	6,970,656
16	03월 12일	매입	C013	라벨 프린터	25	185,000	3%	4,486,250
17	03월 13일	매출	D204	문서 세단기	22	217,360	3%	4,638,462
18	03월 13일	매출	L451	코팅기	34	81,400	3%	2,684,572
19	03월 14일	매입	H607	외장하드	23	131,000	4%	2,922,610
20	03월 15일	매출	EF345	출퇴근기록기	20	154,000	3%	2,987,600
21	03월 16일	매입	RS130	제본기	15	112,700	3%	1,639,785
22	03월 17일	매입	NCB23	전자칠판	5	1,257,900	0%	6,289,500
23	03월 18일	매입	BE500	지폐계수기	6	286,000	0%	1,716,000
24	03월 19일	매출	TP910	카드 프린터	30	1,727,250	3%	50,262,975
25	03월 21일	매출	RS130	제본기	20	112,700	3%	2,186,380
26	03월 22일	매입	NCB23	전자칠판	5	1,257,900	0%	6,289,500
27	03월 23일	매입	BE500	지폐계수기	50	286,000	4%	13,728,000
28	03월 25일	매출	TP910	카드 프린터	25	1,727,250	3%	41,885,813

▲ 매입매출장 P.317

부품 관리 현황

실사부서	부품 관리팀
실사기간	2021.5.2 ~ 2021.5.10
조 사 원	이명수 外 2명
실사공장	울산 공장

<부품 재고량 조회>

생산라인	부품명	상태	재고량
생산1팀	버저14A	양호	45

생산라인	부품코드	부품명	상태	재고량	실사량	재실사	폐기처분	비용
생산1팀	S10-MY2	소켓MY2	불량	50	50		폐기	100,000
생산1팀	S10-MK2	소켓MK2	불량	80	80		폐기	160,000
생산1팀	R10-T90	릴레이T90	양호	100	100			-
생산1팀	R10-3NJ	릴레이3NJ	양호	50	50			-
생산1팀	B20-14A	버저14A	양호	45	45			-
생산1팀	Z20-22A	버저22A	양호	45	45			-
생산1팀	CNT-12	컨넥터12	양호	70	50	재실사		-
생산2팀	S10-MY2	소켓MY2	불량	45	45		폐기	90,000
생산2팀	S10-MK2	소켓MK2	불량	50	62	재실사		-
생산2팀	R10-T90	릴레이T90	양호	80	80			-
생산2팀	R10-3NJ	릴레이3NJ	양호	95	95			-
생산2팀	B20-14A	버저14A	양호	60	55	재실사		-
생산2팀	Z20-22A	버저22A	양호	100	100			-
생산2팀	CNT-12	컨넥터12	양호	70	70			-
생산3팀	S10-MY2	소켓MY2	불량	10	10		폐기	20,000
생산3팀	S10-MK2	소켓MK2	불량	20	20		폐기	40,000
생산3팀	R10-T90	릴레이T90	불량	10	10		폐기	20,000
생산3팀	B20-14A	버저14A	양호	50	48	재실사		-
생산3팀	CNT-14	컨넥터16	양호	40	40			-

▲ 부품 관리 현황 P.288

상품별 유통기한 목록

<조건입력>

품목명	품목처리	품명수식	처리수식			
*클린징	폐기					
		FALSE	TRUE			
		FALSE	TRUE			

품목명	제조일자	유통기간	잔여 유통기한	품목처리	수량	단가	합계
슬림팩	2018-03-05	2021-03-05	1년 0개월	재고	30	3,000	90,000
딥클린징 오일	2016-04-11	2019-04-11	0	폐기	50	9,900	495,000
블랙티세럼	2018-01-02	2021-01-02	0년 10개월	재고	100	49,000	4,900,000
보습팩	2020-03-05	2023-03-05	3년 0개월	판매	30	40,000	1,200,000
수분팩	2017-10-30	2020-10-30	0년 7개월	재고	200	3,500	700,000
녹차세럼	2017-10-02	2020-10-02	0년 7개월	재고	100	34,000	3,400,000
감귤세럼	2021-03-02	2024-03-02	4년 0개월	판매	100	49,000	4,900,000
곡물클린징 오일	2016-12-01	2019-12-01	0	폐기	50	9,900	495,000
머드팩	2022-12-01	2025-12-01	5년 8개월	판매	10	10,900	109,000
녹차세럼	2019-10-02	2022-10-02	2년 7개월	판매	100	34,000	3,400,000
레드세럼	2021-01-02	2024-01-02	3년 10개월	판매	100	49,000	4,900,000

▲ 상품별 입/출고 폐기 현황 목록표 P.411

연간 팀별 생산량 현황표

부서	분기	팀장	목표량	기간		월별 생산량												합계
				시작일	종료일	1	2	3	4	5	6	7	8	9	10	11	12	
생산1팀	1사분기	김성훈	1,000	2021-01-01	2021-03-31	90	100	-	80	100	90	100	95	80	-	100	100	935
	2사분기	김성훈	1,000	2021-04-01	2021-06-30	90	100	90	80	100	90	100	95	80	100	100	100	1,125
	3사분기	김성훈	1,000	2021-07-01	2021-09-30	90	100	-	80	100	90	100	-	80	-	100	100	840
	4사분기	김성훈	1,000	2021-10-01	2021-12-31	90	-	80	80	100	90	100	95	80	100	100	-	915
생산2팀	1사분기	이정민	1,000	2021-01-01	2021-03-31	90	100	-	80	100	90	100	100	80	90	-	100	930
	2사분기	이정민	1,000	2021-04-01	2021-06-30	90	100	-	80	80	90	100	95	80	90	100	100	1,005
	3사분기	이정민	1,000	2021-07-01	2021-09-30	90	100	100	80	100	90	65	95	80	-	90	100	990
	4사분기	이정민	1,000	2021-10-01	2021-12-31	90	100	90	80	90	100	100	80	-	100	-	100	1,030
생산4팀	1사분기	최민철	1,000	2021-01-01	2021-03-31	90	100	-	80	100	90	100	95	80	100	100	100	1,035
	2사분기	최민철	1,000	2021-04-01	2021-06-30	-	100	-	80	-	90	100	95	80	-	90	100	735
	3사분기	최민철	1,000	2021-07-01	2021-09-30	90	100	100	80	100	90	100	95	80	90	100	100	1,125
	4사분기	최민철	1,000	2021-10-01	2021-12-31	90	100	-	80	100	90	100	95	80	100	100	-	935
생산5팀	1사분기	강민국	1,000	2021-01-01	2021-03-31	90	100	-	80	100	90	100	-	80	60	100	100	900
	2사분기	강민국	1,000	2021-04-01	2021-06-30	90	-	100	80	100	90	-	-	95	-	100	100	745
	3사분기	강민국	1,000	2021-07-01	2021-09-30	90	100	-	80	100	90	100	95	80	90	100	100	1,025
	4사분기	강민국	1,000	2021-10-01	2021-12-31	90	100	90	80	100	-	100	95	80	100	100	100	1,035

▲ 연간 팀별 생산량 현황표 P.074

주간 생산량 현황표

(11.08~11.12)

날짜	교대조	이름	생산	불량
11-08	생산직1조	김성철	280	1
11-08	생산직2조	이병욱	300	2
11-08	생산직3조	서기린	270	4
11-08	생산직3조	유태현	220	2
11-08	생산직4조	박민우	200	0
11-08	생산직4조	김태성	190	1
11-08	생산직2조	남진섭	210	1
11-08	생산직1조	강은철	320	0
11-08	생산직4조	최진우	189	0
11-08	생산직5조	황욱진	220	2
11-08	생산직1조	김진섭	180	4
11-08	생산직5조	박태수	280	1
11-08	생산직2조	민태명	280	2
11-08	생산직5조	문정미	245	0
11-09	생산직1조	김성철	210	1
11-09	생산직2조	이병욱	290	2

<교대조별 생산/불량/평균 및 순위>

교대조	생산량합계	불량합계	불량평균	불량낮은순위
생산직1조	3,826	13	0.9	2
생산직2조	3,829	21	1.4	4
생산직3조	2,490	25	2.5	5
생산직4조	2,988	5	0.3	1
생산직5조	3,690	15	1	3

<주간 생산량 집계표>

날짜	생산직1조	생산직2조	생산직3조	생산직4조	생산직5조
11-08	780	790	490	579	745
11-09	691	790	520	587	723
11-10	800	820	490	640	745
11-11	775	639	500	603	732
11-12	780	790	490	579	745

▲ 주간 생산량 집계 현황표 P.271

사원별 매출실적

성명	목표금액	매출금액	1월	2월	3월	4월	5월	6월	7월	8월	9월	10월	11월	12월	반품액	총매출액	총매출이익	이익률(%)	달성률(%)	반품률(%)	청구금액	회수금액	회수율(%)
김우진	3,000,000	2,700,000	225,000	225,000	225,000	225,000	225,000	225,000	225,000	225,000	225,000	225,000	225,000	225,000	50,000	2,650,000	700,000	26%	90%	2%	100,000	90,000	90%
송정수	4,500,000	3,600,000	300,000	300,000	300,000	300,000	300,000	300,000	300,000	300,000	300,000	300,000	300,000	300,000	40,000	3,560,000	800,000	22%	80%	1%	200,000	90,000	45%
이미옥	6,000,000	4,200,000	350,000	350,000	350,000	350,000	350,000	350,000	350,000	350,000	350,000	350,000	350,000	350,000	10,000	4,190,000	1,200,000	29%	70%	0%	200,000	70,000	35%
강진욱	4,800,000	3,000,000	250,000	250,000	250,000	250,000	250,000	250,000	250,000	250,000	250,000	250,000	250,000	250,000	20,000	2,980,000	700,000	23%	63%	1%	100,000	50,000	50%
최연아	6,900,000	5,400,000	450,000	450,000	450,000	450,000	450,000	450,000	450,000	450,000	450,000	450,000	450,000	450,000	70,000	5,330,000	1,600,000	30%	78%	1%	105,000	45,000	43%
문유옥	3,000,000	1,800,000	150,000	150,000	150,000	150,000	150,000	150,000	150,000	150,000	150,000	150,000	150,000	150,000	60,000	1,740,000	500,000	29%	60%	3%	110,000	10,000	9%
박민욱	4,200,000	2,400,000	200,000	200,000	200,000	200,000	200,000	200,000	200,000	200,000	200,000	200,000	200,000	200,000	30,000	2,370,000	900,000	38%	57%	1%	200,000	23,000	12%
노송아	7,500,000	5,400,000	450,000	450,000	450,000	450,000	450,000	450,000	450,000	450,000	450,000	450,000	450,000	450,000	100,000	5,300,000	1,400,000	26%	72%	2%	100,000	10,000	10%
홍광은	4,500,000	3,000,000	250,000	250,000	250,000	250,000	250,000	250,000	250,000	250,000	250,000	250,000	250,000	250,000	20,000	2,980,000	900,000	30%	67%	1%	50,000	5,000	10%
나국환	9,000,000	6,000,000	500,000	500,000	500,000	500,000	500,000	500,000	500,000	500,000	500,000	500,000	500,000	500,000	200,000	5,800,000	2,600,000	45%	67%	3%	100,000	10,000	10%
한민수	3,600,000	2,400,000	200,000	200,000	200,000	200,000	200,000	200,000	200,000	200,000	200,000	200,000	200,000	200,000	30,000	2,370,000	700,000	30%	67%	1%	200,000	20,000	10%
유인월	4,800,000	3,900,000	325,000	325,000	325,000	325,000	325,000	325,000	325,000	325,000	325,000	325,000	325,000	325,000	250,000	3,650,000	1,100,000	30%	81%	6%	140,000	14,000	10%
안정욱	3,000,000	2,500,000	208,000	208,000	208,000	208,000	212,000	208,000	208,000	208,000	208,000	208,000	208,000	208,000	50,000	2,450,000	700,000	29%	83%	2%	100,000	90,000	90%
손수미	4,500,000	3,200,000	266,667	266,667	266,667	266,667	266,667	266,667	266,667	266,667	266,667	266,667	266,667	266,667	40,000	3,160,000	800,000	25%	71%	1%	200,000	90,000	45%
이미주	6,000,000	4,200,000	350,000	350,000	350,000	350,000	350,000	350,000	350,000	350,000	350,000	350,000	350,000	350,000	10,000	4,190,000	1,200,000	29%	70%	0%	200,000	70,000	35%
홍정민	4,800,000	3,000,000	250,000	250,000	250,000	250,000	250,000	250,000	250,000	250,000	250,000	250,000	250,000	250,000	20,000	2,980,000	700,000	23%	63%	1%	100,000	50,000	50%
이철수	6,900,000	5,400,000	450,000	450,000	450,000	450,000	450,000	450,000	450,000	450,000	450,000	450,000	450,000	450,000	70,000	5,330,000	1,600,000	30%	78%	1%	105,000	45,000	43%
이철민	3,000,000	1,800,000	150,000	150,000	150,000	150,000	150,000	150,000	150,000	150,000	150,000	150,000	150,000	150,000	60,000	1,740,000	500,000	29%	60%	3%	110,000	10,000	9%
안미욱	4,200,000	2,400,000	200,000	200,000	200,000	200,000	200,000	200,000	200,000	200,000	200,000	200,000	200,000	200,000	30,000	2,370,000	900,000	38%	57%	1%	200,000	23,000	12%
강수지	7,500,000	5,400,000	450,000	450,000	450,000	450,000	450,000	450,000	450,000	450,000	450,000	450,000	450,000	450,000	100,000	5,300,000	1,400,000	26%	72%	2%	100,000	10,000	10%
이연아	4,500,000	3,000,000	250,000	250,000	250,000	250,000	250,000	250,000	250,000	250,000	250,000	250,000	250,000	250,000	20,000	2,980,000	900,000	30%	67%	1%	50,000	5,000	10%
최청	9,000,000	6,000,000	500,000	500,000	500,000	500,000	500,000	500,000	500,000	500,000	500,000	500,000	500,000	500,000	200,000	5,800,000	2,600,000	45%	67%	3%	100,000	10,000	10%
김훈	3,600,000	2,400,000	200,000	200,000	200,000	200,000	200,000	200,000	200,000	200,000	200,000	200,000	200,000	200,000	30,000	2,370,000	700,000	30%	67%	1%	200,000	20,000	10%
윤나욱	4,800,000	3,900,000	325,000	325,000	325,000	325,000	325,000	325,000	325,000	325,000	325,000	325,000	325,000	325,000	250,000	3,650,000	1,100,000	30%	81%	6%	140,000	14,000	10%
김연배	3,000,000	2,700,000	225,000	225,000	225,000	225,000	225,000	225,000	225,000	225,000	225,000	225,000	225,000	225,000	50,000	2,650,000	700,000	26%	90%	2%	100,000	90,000	90%
홍창우	6,000,000	4,200,000	350,000	350,000	350,000	350,000	350,000	350,000	350,000	350,000	350,000	350,000	350,000	350,000	10,000	4,190,000	1,200,000	29%	70%	0%	200,000	70,000	35%
김수아	4,800,000	3,000,000	250,000	250,000	250,000	250,000	250,000	250,000	250,000	250,000	250,000	250,000	250,000	250,000	20,000	2,980,000	700,000	23%	63%	1%	100,000	50,000	50%
유동선	6,900,000	5,400,000	450,000	450,000	450,000	450,000	450,000	450,000	450,000	450,000	450,000	450,000	450,000	450,000	70,000	5,330,000	1,600,000	30%	78%	1%	105,000	45,000	43%
남정철	3,000,000	1,800,000	150,000	150,000	150,000	150,000	150,000	150,000	150,000	150,000	150,000	150,000	150,000	150,000	60,000	1,740,000	500,000	29%	60%	3%	110,000	10,000	9%
조성연	4,200,000	2,400,000	200,000	200,000	200,000	200,000	200,000	200,000	200,000	200,000	200,000	200,000	200,000	200,000	30,000	2,370,000	900,000	38%	57%	1%	200,000	23,000	12%
진철	7,500,000	5,400,000	450,000	450,000	450,000	450,000	450,000	450,000	450,000	450,000	450,000	450,000	450,000	450,000	100,000	5,300,000	1,400,000	26%	72%	2%	100,000	10,000	10%
이정훈	4,500,000	3,000,000	250,000	250,000	250,000	250,000	250,000	250,000	250,000	250,000	250,000	250,000	250,000	250,000	20,000	2,980,000	900,000	30%	67%	1%	50,000	5,000	10%
곽상연	9,000,000	6,000,000	500,000	500,000	500,000	500,000	500,000	500,000	500,000	500,000	500,000	500,000	500,000	500,000	200,000	5,800,000	2,600,000	45%	67%	3%	100,000	10,000	10%
이상공	3,600,000	2,400,000	200,000	200,000	200,000	200,000	200,000	200,000	200,000	200,000	200,000	200,000	200,000	200,000	30,000	2,370,000	700,000	30%	67%	1%	200,000	20,000	10%

▲ 매출실적표 P.069

분기별 실적 추이

(단위:억원)

구분		1Q20	2Q20	3Q20	4Q20	추이
매출	IM 부 문	22.47	23.36	29.3	30.71	
	DS 부 문	16.33	17.03	17.4	17.52	
	CE 부 문	11.5	12.83	12.22	14.56	
	반 도 체	17.98	18.6	18.72	19.59	
	DP 부 문	8.54	8.25	8.46	7.75	
	HM 부 문	1.1	2.4	2.7	2.6	
영업이익	IM 부 문	3.23	3.39	3.98	4.01	
	DS 부 문	4.09	4.03	5.33	5.47	
	CE 부 문	0.95	1.69	2.22	2.56	
	반 도 체	3.7	3.83	3.02	3.42	
	DP 부 문	0.23	0.71	1.17	1.11	
	HM 부 문	-0.12	0.14	0.17	0.16	

▲ 분기별 실적 추이 차트 P.366

분기별 영업 이익 증감율

분기	4Q18	1Q19	2Q19	3Q19	4Q19	1Q20	2Q20	3Q20	4Q20	합계
영업이익	9,100	8,932	8,810	8,615	8,890	9,120	9,320	9,413	9,520	81,720
영업이익증감	200	(168)	(122)	(195)	275	230	200	93	107	620
증감율(QoQ)	2.1%	(1.8%)	(1.4%)	(2.2%)	3.2%	2.6%	2.2%	1.0%	1.1%	6.8%

▲ 분기별 영업 이익 증감율 차트 P.357

2022년 1분기 판매현황

				기준년도:		2022년
지점	상품명	입고단가	목표량	판매량	판매금액	달성률(%)
강남점	데스크탑	825,000	330	274	226,050,000	83%
강남점	노트북	1,119,000	429	265	296,535,000	62%
강남점	태블릿	825,000	385	235	193,875,000	61%
강남점	넷북	556,700	264	199	110,783,300	75%
강서점	데스크탑	825,000	440	334	275,550,000	76%
강서점	노트북	1,119,000	352	223	249,537,000	63%
강서점	태블릿	825,000	440	295	243,375,000	67%
강서점	넷북	556,700	308	265	147,525,500	86%
강동점	데스크탑	825,000	231	376	310,200,000	163%
강동점	노트북	1,119,000	363	325	363,675,000	90%
강동점	태블릿	825,000	385	232	191,400,000	60%
강동점	넷북	556,700	330	193	107,443,100	58%
강북점	데스크탑	825,000	198	256	211,200,000	129%
강북점	노트북	1,119,000	440	196	219,324,000	45%
강북점	태블릿	825,000	550	334	275,550,000	61%
강북점	넷북	556,700	440	346	192,618,200	79%

▲ 분기별 판매현황 P.223

제품 사용 설문 조사

이 름:　　　　　　　성 별:
나 이:　　　　　　　직 업:

보다 나은 제품의 품질 개발과 서비스 향상을 위한 중요한 자료로 활용되오니 최대한 자세히 평가하여 주시면 감사하겠습니다.

아래에 나열된 각 항목에 대해 표의 위에 있는 기준을 참고하여
고객님의 판단에 맞는 평가기준에 O표시를 해 주십시오.

문항	평가 내용	평가기준					문항	평가 내용	평가기준				
		매우만족	만족	보통	불만	매우불만			매우만족	만족	보통	불만	매우불만
		5	4	3	2	1			5	4	3	2	1
1-1							3-1						
1-2							3-2						
1-3							3-3						
1-4							4-1						
1-5							4-2						
2-1							5-1						
2-2							5-2						
2-3							6-1						
2-4							6-2						
2-5							6-3						
기타의견													

▲ 설문지 양식표 P.127

사업 부문 영역의 매출 및 순이익

단위:억원

부문	매출액				영업이익			순이익		
	2018Y	2019Y	2020Y	2025Y*	2018Y	2019Y	2020Y	2018Y	2019Y	2020Y
철강	127,239	110,245	115,623	109,870	10,235	8,932	8,048	6,679	6,343	5,198
글로벌인프라	120,025	117,999	124,989	115,021	2,539	2,818	2,861	35	1,687	1,305
trading	95,066	93,714	99,496	90,123	1,400	1,801	2,062	58	730	898
E&C	18,245	16,375	18,842	17,865	860	251	534	(381)	212	119
에너지	4,497	5,680	4,333	5,022	122	660	118	(80)	677	131
ICT	2,217	2,230	2,318	2,011	157	106	147	438	68	157
신성장	3,348	8,831	20,560	134,600	309	310	278	165	305	154
합계	250,612	237,075	261,172	359,491	13,083	12,060	11,187	6,879	8,335	6,657

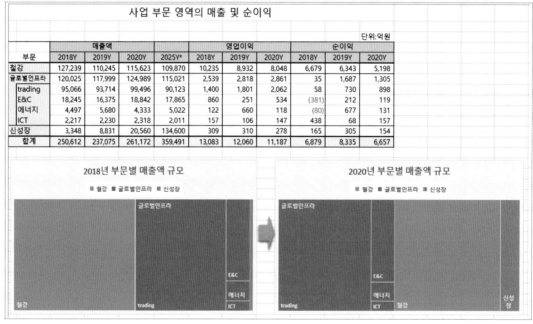

▲ 사업 부문 영역별 매출 비교 차트 P.353

프랜차이즈 선호도

브랜드	스타*	이디*	투썸*	커피*	카페*	탐앤*	합계
응답수	333	258	133	68	41	39	872
선호도	38.2%	29.6%	15.3%	7.8%	4.7%	4.5%	100%

선호하는 이유

항목	맛	분위기	가격	접근성	기타	합계
응답수	271	225	193	110	73	872
선호도	31.1	25.8	22.1	12.6	8.4	100

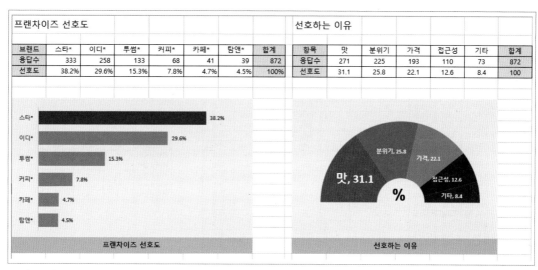

▲ 설문조사 분석 차트 P.360

소비자 만족도 설문 조사 결과

조사기간	2021-09-04	2021-09-09	응답인원	20 명	무응답	0점 처리

< 0을 제외한 설무조사 결과 필터링 >

응답	품질	디자인	서비스	편리성	가격적합도	광고일치성		품질	디자인	서비스	편리성	가격적합도	광고일치성
응답자01	4.0	5.0	5.0	3.0	3.5	3.5		4	5	5	3	3.5	3.5
응답자02	3.5	4.0	3.0	5.0	4.5	4.5		3.5	4	3	5	4.5	4.5
응답자03	5.0	4.0	2.0	5.0	4.0	4.0		5	4	2	5	4	4
응답자04	3.5	4.0	3.0	5.0	4.5	4.5		3.5	4	3	5	4.5	4.5
응답자05	5.0	2.0	3.5	2.5	0.0	1.0		5	2	3.5	2.5	3.5	1
응답자06	4.0	5.0	4.0	3.0	3.5	3.5		4	5	4	3	4.5	3.5
응답자07	3.5	4.0	3.0	1.0	4.5	4.5		3.5	4	3	1	3	4.5
응답자08	5.0	1.0	3.0	5.0	3.0	3.0		5	1	3	5	4.5	3
응답자09	0.0	4.0	3.0	5.0	4.5	4.5		5	4	3	5	1	4.5
응답자10	5.0	2.0	3.5	2.5	1.0	1.0		4	2	3.5	2.5	3.5	1
응답자11	4.0	5.0	1.0	3.0	3.5	3.5		3.5	5	1	3	4.5	3.5
응답자12	3.5	4.0	3.0	0.0	4.5	5.0		1	4	3	4.5	1	5
응답자13	1.0	4.0	5.0	1.0	4.5	4.5		3.5	4	5	1	1	4.5
응답자14	3.5	4.0	0.0	5.0	4.5	4.5		5	4	3.5	5	2.5	4.5
응답자15	5.0	2.0	3.5	2.5	1.0	1.0		4	2	4	2.5	4.5	1
응답자16	4.0	5.0	4.0	3.0	2.5	2.5		2	5	3	3	5	2.5
응답자17	2.0	4.0	3.0	5.0	4.5	4.5		5	4	1	5	4.5	4.5
응답자18	5.0	4.0	1.0	3.0	5.0	5.0		3.5	4	3	3	1	5
응답자19	3.5	4.5	3.0	5.0	4.5	4.5		5	4.5	3	5		4.5
응답자20	5.0	2.0	3.0	2.5	1.0	1.0			2		2.5		1
전체 평균	3.75	3.68	2.98	3.60	3.20	3.50							
상위20% 제외평균	4.00	3.78	3.03	3.75	3.41	3.63							
0제외 전체평균	3.95	3.68	3.13	3.60	3.56	3.50							
0제외상위 20% 제외평균	4.13	3.78	3.17	3.75	3.75	3.63							

▲ 소비자 만족도 평가 집계표 P.257

연간 업무 개선을 위한 개인별 제안 건수

우수인원 37

사번	부서	직급	성명	제안건수	채택건수	적용건수	제안율	채택률	적용률	제안평가
A21010	경영관리팀	부장	박미호	14	5	1	120%	36%	20%	우수
A21011	경영관리팀	과장	박성호	5	-	-	43%	0%	0%	미흡
A21012	경영관리팀	과장	양성호	10	1	-	86%	10%	0%	미흡
A21013	경영관리팀	대리	박영주	10	-	-	86%	0%	0%	미흡
A21014	경영관리팀	대리	정상호	10	-	-	86%	0%	0%	미흡
A21015	경영관리팀	대리	진철중	10	-	-	86%	0%	0%	미흡
A21016	경영관리팀	대리	차미연	14	2	2	120%	14%	100%	우수
A21017	경영관리팀	대리	전호연	10	-	-	86%	0%	0%	미흡
A21018	경영관리팀	대리	김욱진	10	-	-	86%	0%	0%	미흡
A21019	경영관리팀	대리	차수진	14	2	2	120%	14%	100%	우수
A21020	경영관리팀	대리	우상민	10	-	-	86%	0%	0%	미흡
A21021	경영관리팀	대리	전도영	10	-	-	86%	0%	0%	미흡
A21022	경영관리팀	대리	민병철	14	2	2	120%	14%	100%	우수
A21023	경영관리팀	주임	이문국	14	3	-	120%	21%	0%	보통
A21024	경영관리팀	사원	김시형	10	1	-	86%	10%	0%	미흡
A21025	경영관리팀	사원	김우진	14	2	-	120%	14%	0%	보통
A21026	경영관리팀	사원	김준호	10	-	-	86%	0%	0%	미흡
A21027	경영관리팀	사원	최성규	10	6	2	86%	60%	33%	우수
A21028	경영관리팀	사원	주민수	10	6	2	86%	60%	33%	우수
A21029	경영관리팀	사원	이상엽	10	6	2	86%	60%	33%	우수
A21030	국내영업부	부장	한봉주	10	-	-	86%	0%	0%	미흡
A21031	국내영업부	부장	이승희	10	-	-	86%	0%	0%	미흡
A21032	국내영업부	차장	강민구	17	7	-	146%	41%	0%	보통
A21033	국내영업부	과장	이대규	10	-	-	86%	0%	0%	미흡
A21034	국내영업부	대리	구자범	10	-	-	86%	0%	0%	미흡
A21035	국내영업부	대리	전상철	14	3	1	120%	21%	33%	우수
A21036	국내영업부	대리	전채섭	14	3	1	120%	21%	33%	우수

부서	제안건수	채택건수	적용건수
경영관리팀	219	36	13
국내영업부	220	39	8
기획조정실	336	61	16
인사총부팀	208	60	26
해외영업부	181	36	4

제안평가	우수	보통	미흡
경영관리팀	7	2	11
국내영업부	5	3	11
기획조정실	10	6	13
인사총부팀	12	2	3
해외영업부	3	4	8

▲ 업무 개선 제안 집계표 P.263

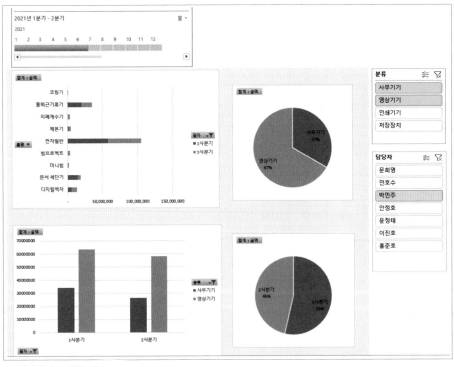

▲ 일자별 매출 현황 대시보드 P.429

2분기 대리점별 매출실적

2021-04-01 ～ 2021-06-30

(단위 천원)　　(단위 %)

매출목표	매출금액	반품액	총매출액	총매출이익	전월매출이익	전월대비 매출차이	달성률	반품률
5,123,250	2,760,000	30,000	2,730,000	682,500	685,750	(3,250)	53.9%	1.1%
6,831,000	6,210,000	100,000	6,110,000	1,527,500	1,521,125	6,375	90.9%	1.6%
7,969,500	3,450,000	20,000	3,430,000	857,500	859,625	(2,125)	43.3%	0.6%
5,692,500	6,900,000	200,000	6,700,000	1,675,000	1,670,000	5,000	121.2%	2.9%
10,248,500	3,105,000	50,000	3,055,000	763,750	773,150	(9,400)	30.3%	1.6%
3,415,500	4,140,000	40,000	4,100,000	1,025,000	1,025,000	-	121.2%	1.0%
4,554,000	4,830,000	10,000	4,820,000	1,205,000	1,205,500	(500)	106.1%	0.2%
10,248,500	3,450,000	20,000	3,430,000	857,500	850,625	6,875	33.7%	0.6%
5,692,500	6,210,000	70,000	6,140,000	1,535,000	1,532,000	3,000	109.1%	1.1%
11,385,000	2,070,000	60,000	2,010,000	502,500	504,750	(2,250)	18.2%	2.9%
4,554,000	2,760,000	30,000	2,730,000	682,500	681,000	1,500	80.6%	1.1%
7,400,250	4,485,000	250,000	4,235,000	1,058,750	1,055,813	2,938	60.6%	5.6%
83,110,500	50,370,000	880,000	49,490,000	12,372,500	12,364,338	8,162	60.6%	1.7%

▲ 지점별 매출실적 P.172

하반기 매출 분석

상품명	단가	수량	금액	구성비	구성비누계	ABC분석
50인치 LED 스탠드형	1,556,000	40	62,240,000	37.4%	37.4%	A
42인치 PDP	875,000	45	39,375,000	23.6%	61.0%	A
50인치 PDP	985,100	20	19,702,000	11.8%	72.9%	A
42인치 LED TV	1,023,400	15	15,351,000	9.2%	82.1%	B
64G MP3	357,000	30	10,710,000	6.4%	88.5%	B
8G MP3	189,600	45	8,532,000	5.1%	93.6%	B
클러치백	245,000	12	2,940,000	1.8%	95.4%	C
7인치 네비게이션	302,000	6	1,812,000	1.1%	96.5%	C
숄더백	154,000	10	1,540,000	0.9%	97.4%	C
토드백	124,000	10	1,240,000	0.7%	98.2%	C
2G MP3	56,000	20	1,120,000	0.7%	98.8%	C
사과 5kg	25,000	20	500,000	0.3%	99.1%	C
즉석 도정 20kg	53,000	7	371,000	0.2%	99.4%	C
호두 2봉	31,000	10	310,000	0.2%	99.5%	C
믹스너트 2통	28,800	10	288,000	0.2%	99.7%	C
키위 3kg	33,000	8	264,000	0.2%	99.9%	C
현미쌀 20kg	65,700	2	131,400	0.1%	100.0%	C
한라봉 5kg	37,800	2	75,600	0.0%	100.0%	C
비프스테이크 10팩	48,200	0	0	0.0%	100.0%	C
치킨 세트 20봉	38,800	0	0	0.0%	100.0%	C
총판매 금액 합계			166,502,000			

▲ 반기별 매출 분석 P.080

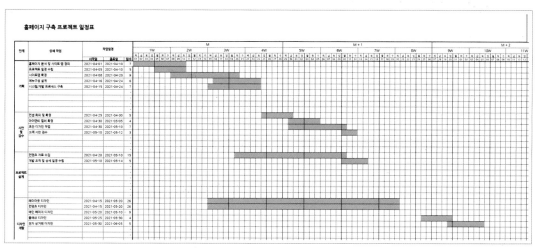

▲ 업무 프로젝트 일정표 P.100

인사/총무

개인별 주간 근무 시간 및 수당집계

결재	담당	팀장	부서장

	주간근무	주간잔업	주간연장	주간급여	잔업수당	연장수당
주간총합계	800	89	33	8,000,000	885,000	325,000
주간평균	36	4	1	363,636	40,227	14,773

성명	주간근무시간			주간수당		
	주간근무	주간잔업	주간연장	주간급여	잔업수당	연장수당
이수연	40	0	0	400,000	-	-
김민호	40	2	0	400,000	20,000	-
박정수	40	5	0.5	400,000	50,000	5,000
이철진	37.5	2.5	0	375,000	25,000	-
최성수	40	2.5	0	400,000	25,000	-
민호연	40	6.5	3	400,000	65,000	30,000
문지연	34	2.5	0.5	340,000	25,000	5,000
강준기	40	6.5	4.5	400,000	65,000	45,000
조수민	40	8.5	2	400,000	85,000	20,000
홍성국	40	0	0	400,000	-	-
민정호	29.5	0	0	295,000		-
강성태	40	4.5	1	400,000	45,000	10,000
정지수	37.5	0	0	375,000	-	-
오진우	40	2.5	0	400,000	25,000	-
이시형	40	6	3	400,000	60,000	30,000
김상호	34	2	0	340,000	20,000	-
이정민	15	8	1.5	150,000	80,000	15,000
나홍진	40	6.5	4.5	400,000	65,000	45,000
박성진	40	10	10	400,000	100,000	100,000
문소라	12.5	2.5	0	125,000	25,000	-
전태현	40	8	2	400,000	80,000	20,000
하순철	40	2.5	0	400,000	25,000	-

▲ 근무 시간 및 수당 집계표 P.092

신입사원 교육 평가표

(과목 60이만)

이름	태도소양	전산교육	TQC교육	현장실습	어학	OJT	총점	과락유무	평균	우수사원
강송구	98	65	61	80	65	90	459		76.5	
김수민	80	46	45	60	50	85	366	과락	61.0	
박민호	50	70	66	60	80	78	404	과락	67.3	
김수철	85	70	80	80	87	84	486		81.0	
김희정	60	89	77	90	90	82	488		81.3	
나영철	60	85	80	60	60	66	411		68.5	
마상태	80	99	88	78	54	80	479	과락	79.8	
박면중	85	95	90	90	90	80	530		88.3	
최인욱	98	78	70	60	70	60	436		72.7	
박민호	95	95	100	90	95	85	560		93.3	우수
문민주	78	75	77	80	85	78	478		79.7	
송선아	95	80	90	85	75	85	510		85.0	
이남주	90	54	75	80	50	90	439	과락	73.2	
이정미	89	90	78	95	60	60	472		78.7	
강순희	55	59	85	60	85	60	424	과락	70.7	
이미현	70	88	70	90	88	91	506		84.3	
홍송철	70	85	78	60	88	70	451		75.2	
이지현	60	65	80	78	78	80	441		73.5	
전미수	75	78	95	98	95	90	531		88.5	
오정미	67	80	70	60	76	80	433		72.2	
김남주	95	98	88	91	89	92	553		92.2	우수
정지수	65	80	80	60	50	75	410	과락	68.3	
최지면	75	70	90	85	88	65	473		78.8	
문호형	85	89	70	78	90	85	497		82.8	
윤민정	75	87	80	60	78	80	460		76.7	

▲ 교육 평가표 P.168

근태 관리 대장

(2022 년 1 월)

부서 :

결재	구 분	담당	팀장	실장
	소속부서			
	인사부서			

No	사번	성명	잔여휴가		일 일 근 태 내 용	근태 집계		
			년차	월차	1 2 3 4 5 6 7 8 9 10 11 12 13 14 15 16 17 18 19 20 21 22 23 24 25 26 27 28 29 30 31	휴가	철야	특근
1								
2								
3								
4								
5								
6								
7								
8								
9								
10								
11								
12								
13								
14								
15								
16								
17								
18								
19								

▲ 근태 관리 대장 P.195

부서별 비용 지출 내역서

일자	월	담당자	부서	계정코드	항목	지출비용
			총합계			16,187,560
			경영지원팀 요약			3,369,880
					기타경비 요약	555,040
01월 24일	1월	이정호	경영지원팀	CA090	기타경비	154,000
02월 24일	2월	이정호	경영지원팀	CA090	기타경비	401,040
					소모품비 요약	188,500
01월 18일	1월	이정호	경영지원팀	CA020	소모품비	45,000
01월 25일	1월	이정호	경영지원팀	CA020	소모품비	45,000
02월 18일	2월	이정호	경영지원팀	CA020	소모품비	44,500
02월 25일	2월	이정호	경영지원팀	CA020	소모품비	54,000
					접대비 요약	582,840
01월 18일	1월	이정호	경영지원팀	CA040	접대비	54,000
02월 18일	2월	이정호	경영지원팀	CA040	접대비	18,500
02월 18일	2월	이정호	경영지원팀	CA040	접대비	44,500
03월 18일	3월	이정호	경영지원팀	CA040	접대비	64,800
03월 30일	3월	이정호	경영지원팀	CA040	접대비	401,040
					통신비 요약	1,405,000
01월 03일	1월	이정호	경영지원팀	CA010	통신비	195,000
02월 03일	2월	이정호	경영지원팀	CA010	통신비	495,000
02월 05일	2월	이정호	경영지원팀	CA010	통신비	55,000
03월 03일	3월	이정호	경영지원팀	CA010	통신비	594,000
03월 05일	3월	이정호	경영지원팀	CA010	통신비	66,000
					회식비 요약	638,500
01월 08일	1월	이정호	경영지원팀	CA030	회식비	240,000
02월 08일	2월	이정호	경영지원팀	CA030	회식비	110,500
03월 08일	3월	이정호	경영지원팀	CA030	회식비	288,000
			관리부 요약			1,699,680
					교육훈련비 요약	142,400

▲ 부서별 비용 지출 내역 P.415

상반기 승격 대상자 평가표

가중치 (Weight)	고가w	면접w	어학w
	45%	35%	20%

부서명	직급	성명	평가점수			가중치적용			합계
			고가	면접	어학	고가	면접	어학	
인사팀	대리	이민호	10	9	10	4.5	3.2	2.0	9.7
인사팀	사원	강선재	8	8	8	3.6	2.8	1.6	8.0
기획팀	과장	정미선	5	7	8	2.3	2.5	1.6	6.3
기획팀	사원	홍미욱	10	9	9	4.5	3.2	1.8	9.5
기획팀	대리	박철수	7	10	8	3.2	3.5	1.6	8.3
홍보팀	차장	문영회	6	6	6	2.7	2.1	1.2	6.0
홍보팀	대리	손나영	9	10	8	4.1	3.5	1.6	9.2
총무팀	사원	최선우	7	9	8	3.2	3.2	1.6	7.9
총무팀	사원	나영우	8	10	7	3.6	3.5	1.4	8.5
재무팀	대리	김형욱	8	7	9	3.6	2.5	1.8	7.9
재무팀	과장	노상민	9	8	10	4.1	2.8	2.0	8.9

▲ 승진 평가표 P.227

10월 노트북 대여 대장

대여기간 : 2021.10.01 ~ 2021.10.31

노트북	예약자	이메일주소	수량	대여일	반납일	반납유무		노트북
Samsung 갤럭시북	홍길동	hong@naver.com	1	2021-10-02	2021-10-05	O		LG 그램 360
레노버 싱크패드	김선미	kim@gmail.com	1	2021-10-03	2021-10-06	O		Samsung 갤럭시북
델 인스피론	이진우	lee@email.com	2	2021-10-05	2021-10-11	O		레노버 싱크패드
애플 맥북에어	박민철	park@email.com	1	2021-10-06	2021-10-12	X		델 인스피론
								애플 맥북에어

▲ 물품 대여 대장 P.125

2021년 연월차 정산표

									기준연도:	2021 년
이름	입사연도	기본급	일급 22(Day)	시급 8(H)	연차일수 10(Day)	연차 사용일수	월차 사용일수	연차수당	월차수당 12(Day)	합계
이민정	2018	2,650,000	120,455	15,057	12	5	5	843,182	843,182	1,686,364
송수민	2016	2,050,000	93,182	11,648	14	10	10	372,727	186,364	559,091
이철진	2015	2,350,000	106,818	13,352	15	12	12	320,455	-	320,455
강동민	2014	1,950,000	88,636	11,080	16	7	11	797,727	88,636	886,364
문희원	2016	2,700,000	122,727	15,341	14	9	6	613,636	736,364	1,350,000
전홍국	2017	2,050,000	93,182	11,648	13	4	9	838,636	279,545	1,118,182
박철수	2018	2,950,000	134,091	16,761	12	1	2	1,475,000	1,340,909	2,815,909
문소라	2017	3,250,000	147,727	18,466	13	10	3	443,182	1,329,545	1,772,727
강민국	2016	2,050,000	93,182	11,648	14	12	12	186,364	-	186,364
정혜민	2014	2,350,000	106,818	13,352	16	11	9	534,091	320,455	854,545
최태원	2013	1,950,000	88,636	11,080	17	6	4	975,000	709,091	1,684,091
노민욱	2016	2,700,000	122,727	15,341	14	9	5	613,636	859,091	1,472,727
한상호	2017	2,050,000	93,182	11,648	13	2	10	1,025,000	186,364	1,211,364
배민우	2016	2,350,000	106,818	13,352	14	3	12	1,175,000		1,175,000
백봉수	2015	1,950,000	88,636	11,080	15	4	11	975,000	88,636	1,063,636
김윤아	2018	2,700,000	122,727	15,341	12	5	6	859,091	736,364	1,595,455
안미경	2014	2,050,000	93,182	11,648	16	8	9	745,455	279,545	1,025,000
민대선	2015	2,950,000	134,091	16,761	15	10	2	670,455	1,340,909	2,011,364
나준성	2013	3,250,000	147,727	18,466	17	5	3	1,772,727	1,329,545	3,102,273
한태성	2016	2,050,000	93,182	11,648	14	7	6	652,273	559,091	1,211,364
홍성철	2017	2,350,000	106,818	13,352	13	4	12	961,364	-	961,364
김세연	2019	1,950,000	88,636	11,080	11	4	5	620,455	620,455	1,240,909

▲ 연월차 정산표 P.218

미팅룸 예약 현황표

요일	담당	미팅룸	최대인원	예약인원	예약시간									
					09:00	10:00	11:00	12:00	13:00	14:00	15:00	16:00	17:00	18:00
월	김성훈	회의실1	10											
	김성훈	회의실2	15											
	김성훈	회의실3	20											
	김성훈	회의실4	25											
화	이정민	회의실1	10											
	이정민	회의실2	15											
	이정민	회의실3	20											
	이정민	회의실4	25											
수	최민철	회의실1	10											
	최민철	회의실2	15											
	최민철	회의실3	20											
	최민철	회의실4	25											
목	박정수	회의실1	10											
	박정수	회의실2	15											
	박정수	회의실3	20											
	박정수	회의실4	25											
금	송민우	회의실1	10											
	송민우	회의실2	15											
	송민우	회의실3	20											
	송민우	회의실4	25											

▲ 예약 현황표 P.122

차량 경비 지출 내역

부 서 명	인사팀
작 성 자	홍길동
페이지번호	1/1
작 성 일 자	2021-04-01
주 유 가 (ℓ)	1,740

일자	운행목적	운행거리(km)	주유량(ℓ)	주유비	통행료	주차비	차량수리비	합계
2021-04-05	대리점방문	100	60	104,400	-	7,000	-	111,400
2021-04-06	거래처방문	50	-	-	1,000	-	-	1,000
2021-04-08	출장	400	80	139,200	24,000	5,000	-	168,200
2021-04-09	차량수리	5	-	-	-	-	175,000	175,000
2021-04-12	본사방문	30	40	69,600	-	12,000	-	81,600
2021-04-13	출장	300	80	139,200	12,000	6,000	-	157,200
2021-04-14	출장	200	80	139,200	6,000	-	-	145,200
2021-04-15	본사방문	30	-	-	-	10,000	-	10,000
2021-04-20	대리점방문	100	-	-	1,200	5,000	-	6,200
2021-04-21	거래처방문	80	20	34,800	2,400	6,000	-	43,200
2021-04-22	차량수리	5	-	-	-	-	65,000	65,000
2021-04-23	출장	400	80	139,200	24,000	-	-	163,200
2021-04-26	본사방문	30	-	-	-	10,000	-	10,000
2021-04-27	출장	100	50	87,000	1,200	4,000	-	92,200
요약				852,600	71,800	65,000	240,000	1,229,400
비고								

▲ 차량 경비 지출 내역 P.238

출장비 청구서

HANBIT

결	담당	부서장	임원	대표이사
재	/	/	/	/

출 장 자	홍길동 외 3인
출 장 목 적	정보시스템 인프라 및 보안 점검
출 장 기 간	2021-05-10 ~ 2021-05-12
청구금액(출장비+교통비)	₩ 853,940

출장비 청구 내역

부서	직급	출장지	일비	숙박비	식비	교통비	합계
전략팀	대리	부산	30,000	50,000	15,000	-	95,000
전산실	대리	부산	30,000	50,000	15,000	-	95,000
전산실	사원	부산	20,000	50,000	15,000	-	85,000
보안팀	사원	부산	20,000	50,000	15,000	-	85,000
전략팀	대리	광주	20,000	45,000	15,000	-	80,000
전산실	대리	광주	20,000	45,000	15,000	-	80,000
전산실	사원	광주	10,000	45,000	15,000	-	70,000
보안팀	대리	광주	20,000	45,000	15,000	-	80,000
합계			170,000	380,000	120,000	-	670,000

유류 교통비 청구

출발지	도착지	출발(km)	도착(km)	총거리(km)	유류비	통행비	합계
서울	대전	12,345	12,506	161	26,410	7,000	33,410
대전	부산	12,506	12,767	261	40,310	13,400	53,710
부산	광주	12,767	13,030	263	40,310	24,500	64,810
광주	대전	13,030	13,197	167	26,410	5,600	32,010
							-
							-
							-
합계					133,440	50,500	183,940

▲ 출장비 청구서 P.200

워크샵 참가 신청자 명단

번호	이름	부서명	직급	성별	참석확인	참가비
1	전철민	재무팀	과장	남	유	10,000
2	최은지	해외영업1팀	부장	여	유	10,000
3	김경욱	해외영업2팀	부장	여	유	10,000
4	홍성현	국내영업1팀	부장	남		10,000
5	정세라	해외영업1팀	부장	여		
6	송미라	해외영업2팀	부장	여	유	10,000
7	최승철	전산실	부장	남	유	10,000
8	민홍라	국내영업2팀	사원	여	유	10,000
9	구서리	국내영업1팀	부장	여		10,000
10	조종환	연구실	과장	남	유	
11	박민중	해외영업2팀	차장	남		10,000
12	김인숙	국내영업1팀	부장	여	유	10,000
13	김난영	국내영업1팀	부장	여	유	10,000
14	박철수	자재관리팀	차장	남		
15	정홍수	해외영업1팀	부장	남	유	10,000
16	김만중	연구실	과장	남	유	10,000
17	전상철	전략기획팀	부장	남		10,000
18	정미옥	해외영업2팀	부장	여		10,000
19	손미라	전산실	과장	여		
20	송구영	국내영업1팀	부장	남	유	10,000
21	민대홍	국내영업1팀	부장	남		10,000
22	송철민	연구실	과장	남	유	10,000
23	이동섭	해외영업1팀	부장	남		10,000
24	최영증	총무팀	과장	남	유	10,000
25	민나라	기획실	대리	여		10,000
26	구나라	연구실	과장	여		10,000
27	김민종	전략기획팀	과장	남	유	10,000
28	권용호	공무팀	부장	남		
29	홍나라	자재관리팀	부장	여	유	10,000

총인원수	29

참석	인원수
확인	19
미확인	10

참가비	인원수
납입	24
미납	5

▲ 행사 신청자 명단 P.248

세미나 참석자 명단

							날짜	2021-10-12
							장소	다목적룸
번호	성명	소속	단체유무	참가인원	할인율	참가비	납입금액	미납유무
1	홍길동	한국전자	단체	5	10%	49,500 ✔	247,500	
2	이민성	미디어테크	개인	1	0%	55,000 ✔	55,000	
3	박민주	송국교역	개인	1	0%	55,000 ✔	55,000	
4	강수민	나라생명	단체	10	10%	49,500 ✖	-	미납
5	최남길	사랑생명	개인	1	0%	55,000 ✔	55,000	
6	문형욱	국민생명	개인	1	0%	55,000 ✔	55,000	
7	나성민	홈테크미디어	개인	1	0%	55,000 ✔	55,000	
8	김수진	민국생명	개인	1	0%	55,000 ✔	55,000	
9	정민주	서울교역	개인	1	0%	55,000 ✔	55,000	
10	오철민	컴앤뷰미디어	개인	1	0%	55,000 ✔	55,000	
11	민호철	부국전자	개인	1	0%	55,000 ✖	-	미납
12	주호연	다우교육	개인	1	0%	55,000 ✔	55,000	
13	윤대민	홍국전자	단체	5	10%	49,500 ✔	247,500	
14	김시형	소프트컴	단체	8	10%	49,500 ✔	396,000	
15	강진우	미디어무비	개인	1	0%	55,000 ✔	55,000	
16	이형우	컴닷컴	개인	1	0%	55,000 ✔	55,000	
17	홍주회	보성교육	개인	1	0%	55,000 ✔	55,000	
18	안민수	씨앤컴	개인	1	0%	55,000 ✔	55,000	
19	문나영	미래생명	단체	12	10%	49,500 ✖	-	미납
20	송선주	보성전자	개인	1	0%	55,000 ✔	55,000	
21	홍길동	민소프트	개인	1	0%	55,000 ✔	55,000	
22	성민주	보국전자	개인	1	0%	55,000 ✔	55,000	
23	이민우	한빛미디어	개인	1	0%	55,000 ✖	-	미납

▲ 행사 참석자 명단 P.183

한국형(K-ESG) 기업평가 지표

구분		A사		B사		C사		D사		E사		F사			기업	등급
평가지표	평가등급	B		평가보류		평가보류		B		평가보류		A			A사	B
정보공시	정보공시	80		80		80		80		90	우수	90	우수		B사	평가보류
환경(E)	경영정책	90	우수	70		60	개선	90	우수	80		90	우수		C사	평가보류
	경영성과	80		80		80		80		90	우수	90	우수		D사	B
	경영검증	70		88		90	우수	90	우수	100	우수	100	우수		E사	평가보류
	법규준수	80		90	우수	100	우수	100	우수	40	개선	95	우수		F사	A
사회(S)	책임경영	90	우수	70		100	우수	90	우수	60	개선	70				
	임직원	86		55	개선	60	개선	95	우수	70		90	우수			
	인적자원	90	우수	70		70		80		80		95	우수			
	근로환경	70		80		70		90	우수	80		100	우수			
	인권	70		90	우수	70		90	우수	80		100	우수			
	협력사	70		80		70		88		80		100	우수			
	지역사회	70		80		70		90	우수	80		100	우수			
	정보보호	80		100	우수	88		70		60	개선	95	우수			
	법규준수	80		80		60	개선	80		70		90	우수			
지배구조(G)	이사회	80		70		70		90	우수	80		100	우수			
	주주	90	우수	90	우수	80		100	우수	59	개선	90	우수			
	소유구조	80		85		70		90	우수	80		100	우수			
	윤리경영및반부패	80		80		70		90	우수	80		100	우수			
	감사	90	우수	90	우수	90	우수	90	우수	80		100	우수			
	법규준수	90	우수	80		70		90	우수	80		100	우수			
평균점수		80.3	-	80.4	1	75.9	3	88.2	-	76.0	4	94.8	-			

▲ 기업평가 지표 P.277

원금균등분할 대출금 상환표

대출금	이자율	대출금납입총액
50,000,000	4.70%	51,282,039

납입일	상환회차	이자	원금
2021-01-30	1	195,833	4,077,670
2021-02-28	2	179,862	4,093,641
2021-03-30	3	163,829	4,109,674
2021-04-30	4	147,733	4,125,770
2021-05-30	5	131,574	4,141,930
2021-06-30	6	115,351	4,158,152
2021-07-30	7	99,065	4,174,438
2021-08-30	8	82,715	4,190,788
2021-09-30	9	66,301	4,207,202
2021-10-30	10	49,823	4,223,680
2021-11-30	11	33,280	4,240,223
2021-12-30	12	16,673	4,256,831
합 계		1,282,039	50,000,000

▲ 대출 상환표 P.111

[별지 제11호 서식]

세 금 계 산 서

(공 급 받 는 자 보 관 용) 책 번 호   1 권 10 호
일련번호   1100012

	등록번호	1 2 3 - 4 5 - 6 7 8 9 5			등록번호	3 1 2 - 9 8 - 1 2 3 4 5
공급자	상호 (법인명)	오피스가구	성명 홍길동	공급받는자	상호 (법인명)	태명전자 성명 김철수 인
	사업장 주소	서울시 중구 을지로4가 100			사업장 주소	경기도 화성시 팔탄면 구장 120-2
	업태	사무용가구	종목 도소매		업태	제조업 종목 유통

작 성
년	월	일	공란수	천	백	십	억	천	백	십	만	천	백	십	일	십	억	천	백	십	만	천	백	십	일	비고
2019	3	5	5					3	3	9	8	0	0	0						3	3	9	8	0	0	

월	일	품 목	규격	수량	단 가	공 급 가 액	세 액	비고
3	5	일자형 사무용 책상	147*150*74	4	456,000	1,824,000	182,400	
		사무용 의자	73*28*115	4	350,000	1,400,000	140,000	
		미니서류함	29*39*34	2	87,000	174,000	17,400	

합계금액	현 금	수 표	어 음	외상미수금	이 금액을 영수 함
3,737,800	3,737,800				

22228-28131일 '96.3.27승인   인쇄용지(특급)34g/m2 182mm×128mm

▲ 세금계산서 P.186

종목별 시세 및 거래 데이터

종목별	현재가	전일비	등락률	거래량	거래대금(백만)	시가총액(억)
NAVER	410,500 ▲ 3,000	0.74%	474,355	193,432	67,430
LG화학	806,000 ▼ 34,000	-4.05%	251,963	204,580	56,897
POSCO	311,000 ▲ 1,500	0.48%	242,054	75,577	27,115
▶ KB금융	57,400 ▲ 7,000	12.20%	1,755,043	99,935	23,867
LG생활건강	1,387,000 ▼ 3,000	-0.22%	23,343	32,451	21,662
LG전자	125,500 ▲ 500	0.40%	562,100	70,909	20,538
LG	94,700 ▼ 500	-0.53%	157,172	14,915	14,896
HMM	29,400 ▲ 200	0.68%	2,473,145	73,185	11,919
▶ S-Oil	105,500 ▲ 5,500	5.21%	218,295	22,995	11,878
KT&G	82,100 ▲ 100	0.12%	238,356	19,553	11,272
KT	31,950 ▲ 350	1.11%	839,883	26,851	8,343
LG유플러스	14,950 ▼ 50	-0.33%	1,922,227	28,698	6,527
LG디스플레이	17,950 ▼ 50	-0.28%	2,374,789	42,531	6,423
CJ제일제당	395,500 ▼ 4,000	-1.00%	42,910	17,029	5,954
DB손해보험	66,800 ▲ 200	0.30%	118,959	7,905	4,729
LG이노텍	194,500 ▲ 500	0.26%	164,955	32,142	4,603
▶ GS	45,250 ▲ 4,000	8.84%	277,876	12,519	4,204
NH투자증권	13,250 ▲ 100	0.76%	526,612	6,967	3,729
GS건설	41,600 ▲ 450	1.09%	464,911	19,329	3,560
▶ CJ대한통운	151,500 ▲ 10,000	6.60%	31,837	4,800	3,456
GS리테일	32,300 ▲ 50	0.16%	149,939	4,857	3,382
OCI	139,000 ▼ 500	-0.36%	284,885	40,185	3,315
KCC	359,000 ▼ 1,500	-0.42%	42,048	15,165	3,190
BNK금융지주	9,120 ▼ 30	-0.33%	3,190,601	29,179	2,973
BGF리테일	169,000 ▼ 1,500	-0.88%	31,312	5,319	2,921
CJ	98,600 ▼ 1,900	-1.89%	73,903	7,347	2,877
DL이앤씨	133,500 0	0.00%	59,830	8,018	2,584

▲ 종목별 시세표 P.177

주 간 업 무 일 정 표

January / 2022

S	M	T	W	T	F	S
26	27	28	29	30	31	1
2	3	4	5	6	7	8
9	10	11	12	13	14	15
16	17	18	19	20	21	22
23	24	25	26	27	28	29
30	31	1	2	3	4	5

부서명
직 위
이 름

날 짜	시 간	일 정	비 고
01/03(월)			
01/04(화)			
01/05(수)			
01/06(목)			
01/07(금)			

▲ 주간 업무 일정표 P.310

─── **CHAPTER 01** ───

쉽게 배워 바로 써먹는 엑셀 기본 기능 익히기

── CHAPTER 02 ──

데이터 형식에 맞춰 실무 데이터 입력/편집하여 활용도 높은 업무 문서 만들기

CHAPTER 03

데이터의 가독성을 높이는 서식 설정하고
원하는 양식에 맞춰 인쇄하기

—— CHAPTER 04 ——

업무 시간을 단축하는 수식으로 데이터를 더 빠르게 계산하기

업무 효율을 높이는 최강 실무 함수 활용하기

───── CHAPTER 06 ─────

데이터를 시각화하여 흐름이 한눈에 보이는 차트 만들기

———— **CHAPTER 07** ————

데이터를 가공/분석하고 매크로로 반복 업무 자동화하기

CHAPTER

01

쉽게 배워
바로 써먹는
엑셀 기본 기능
익히기

엑셀과 빨리 친숙해지려면 엑셀의 구성 요소를 잘 다뤄야 합니다. 그리고
문서 작성의 기본인 데이터를 입력하는 방법을 익히면 전체 작업 시간을
줄일 수 있습니다. 여기에서는 엑셀의 기본 화면을 살펴보고 각 구성 요
소를 익숙하게 다루는 방법과 데이터를 입력하여 통합 문서를 작성하는
방법을 알아보겠습니다.

엑셀기초

01

엑셀로 만드는 다양한 문서 미리 보기

엑셀이란?

엑셀은 수치 데이터를 쉽고 편리하게 다룰 수 있도록 만든 스프레드시트 프로그램입니다. 스프레드시트(Spread Sheet)는 '펼쳐진 종이'라는 뜻으로 경리, 회계 장부에서 쓰이는 표 형식을 컴퓨터 화면에 옮겨놓은 것으로 이해하면 됩니다. 표 형식이라 수치를 계산하거나 집계할 때 매우 편리합니다.

엑셀을 활용한 문서 미리 보기

엑셀은 수치(데이터)를 계산하고 집계할 때 매우 편리하고 계산에 탁월할 뿐만 아니라 보고서 작성, 양식 문서, 차트 작성, 데이터 관리 및 분석에도 유용한 프로그램입니다. 대표적인 사용 예시는 다음과 같습니다.

1 복잡한 수치 계산과 세련된 보고서 작성 기능

G/L 코드	예산 초과	계정 제목	실제	예산	잔여 금액 ₩	잔여 비율
		실제 vs 예산 YTD		연도		2021
1000		광고	₩3,600,000	₩10,000,000	₩6,400,000	64.00%
2000		사무실 장비	₩289,000	₩5,000,000	₩4,711,000	94.22%
3000		프린터	₩500,000	₩1,200,000	₩700,000	58.33%
4000		서버 비용	₩450,000	₩10,000,000	₩9,550,000	95.50%
5000		소모품	₩68,500	₩1,000,000	₩931,500	98.15%
6000		클라이언트 비용	₩300,000	₩2,500,000	₩2,200,000	88.00%
7000	▶	컴퓨터	₩7,700,000	₩7,500,000	(₩200,000)	-2.67%
8000		의료 보험	₩225,000	₩6,500,000	₩6,275,000	96.54%
9000		건물 비용	₩5,000,000	₩12,500,000	₩7,500,000	60.00%
10000		마케팅	₩2,800,000	₩10,000,000	₩7,200,000	72.00%
11000	▶	기부금	₩3,024,000	₩2,500,000	(₩524,000)	-20.96%
12000		후원	₩320,000	₩5,000,000	₩4,680,000	93.60%
요약			₩24,276,500	₩73,700,000	₩49,423,500	67.06%

2 데이터를 활용한 손쉬운 차트 삽입 기능

캠퍼스	유형	담당자	(단위:천원) 1주 판매실적.
북부 캠퍼스	B2B	Joe	300
		Eli	200
		Moe	400
	B2C	Jan	300
		Jim	300
		Jay	500
남부 캠퍼스	B2B	Tim	600
		Sal	400
		Zed	200
	B2C	Guy	400
		Zeb	200
		Cat	600
동부 캠퍼스	B2B	Taj	1,000
		Liv	300
		Lex	200
	B2C	Abe	400
		Les	300
		Ann	600
서부 캠퍼스	B2B	Ivy	600
		Hal	300
		Joy	1,000
	B2C	Liz	300
		Tia	1,200
		Zoe	600

1주 판매실적.

■ 북부 캠퍼스 ■ 남부 캠퍼스 ■ 동부 캠퍼스 ■ 서부 캠퍼스

3 방대한 데이터를 관리하고 분석할 수 있는 데이터 관리 기능

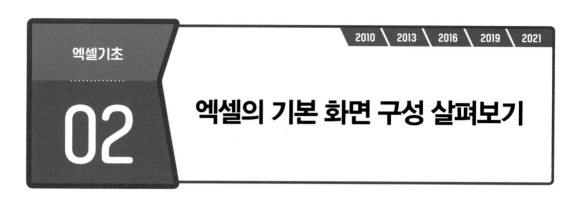

엑셀기초

2010 \ 2013 \ 2016 \ 2019 \ 2021

02

엑셀의 기본 화면 구성 살펴보기

엑셀 인터페이스는 엑셀 2007 버전을 기준으로 최신 버전까지 조금씩 업그레이드되었지만 기본 화면 은 리본 메뉴로 구성되었습니다. 이 책에서는 엑셀 Microsoft 365 버전의 화면을 기준으로 설명합니다. 리본 메뉴는 탭과 아이콘 형식으로 구성되어 쉽게 기능을 실행할 수 있습니다.

기본 화면 구성

엑셀을 실행하면 나타나는 기본 화면입니다. 크게 ❶ 리본 메뉴, ❷ 워크시트, ❸ 상태 표시줄로 구성됩니다.

1 리본 메뉴

리본 메뉴는 화면 상단에 있으며, 텍스트 형태의 메뉴와 아이콘 형태의 명령으로 구성되어 있습니다.

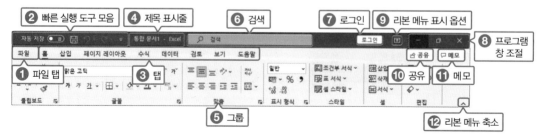

❶ **파일 탭** : 파일을 관리하는 기능이 모여 있습니다. 클릭하면 [파일] 백스테이지 화면으로 이동하며 개인 정보를 관리하고, 저장, 공유, 인쇄 및 옵션 등을 설정할 수 있습니다.

❷ **빠른 실행 도구 모음** : 자주 사용하는 기능을 추가하여 빠르게 실행할 수 있습니다.

❸ **탭** : 비슷한 종류의 명령을 그룹별로 모은 메뉴입니다. [파일], [홈], [삽입], [페이지 레이아웃], [수식], [데이터], [검토], [보기] 탭 등으로 구성되어 있습니다.

❹ **제목 표시줄** : 프로그램 이름과 현재 작업 중인 파일의 이름이 표시되며 작업 상태에 따라 [읽기 전용], [호환 모드], [공유], [그룹]이 표시됩니다. Microsoft 365 버전에서는 온라인 위치(OneDrive, SharePoint)에 저장하면 파일명, 저장 위치, 버전 기록을 알 수 있습니다.

❺ **그룹** : 각각의 탭 관련 기능이 세부적으로 구분되어 아이콘 형태로 모여 있습니다.

❻ **검색** : 작업에 필요한 키워드나 설명을 입력해 관련 엑셀 기능, 도움말, 스마트 조회 창을 열 수 있습니다.

❼ **로그인** : 마이크로소프트 계정으로 로그인하여 웹 클라우드 서비스인 원드라이브(OneDrive)에 오피스 문서를 [업로드], [열기], [공유]할 수 있습니다.

❽ **프로그램 창 조절** : 엑셀 창을 최소화/최대화하거나 닫을 때 사용합니다.

❾ **리본 메뉴 표시 옵션▣** : 리본 메뉴를 [리본 자동 숨기기], [탭 표시], [탭 및 명령 표시] 중 하나로 나타내 작업 영역의 넓이를 조절할 수 있습니다.

❿ **공유** : 온라인 위치(OneDrive, SharePoint)에 저장한 오피스 문서를 다른 사용자와 공유할 때 사용합니다. 공유할 사용자를 추가하거나 보기, 편집 링크를 활용해 공동 작업을 할 수 있습니다.

⓫ **메모** : Microsoft 365 버전의 대화형 메모는 파일을 공유하거나 온라인 위치(OneDrive, SharePoint)를 이용해 공동 작업을 진행할 때 유용한 기능입니다. 메신저에서 채팅하는 것과 같이 공동 작업하는 셀에 답글을 입력할 수 있습니다.

⓬ **리본 메뉴 축소▲** : 리본 메뉴를 축소하여 리본 메뉴 탭만 표시합니다.

쉽고 빠른 엑셀 Note | **엑셀 Microsoft 365 버전의 최신 기본 화면 살펴보기**

엑셀 Microsoft 365 버전의 최신 기본 화면(인터페이스)은 이 책에서 소개하는 화면과 조금 다르게 보일 수 있습니다. 책에서는 가장 보편적인 리본 메뉴 화면을 소개한 것으로, 버전 업그레이드 시 모양은 조금 다르게 보일 수 있지만 화면 구성 자체는 동일합니다.

2 워크시트(작업 영역)

워크시트는 격자 형태의 모눈종이처럼 보이는 공간입니다.

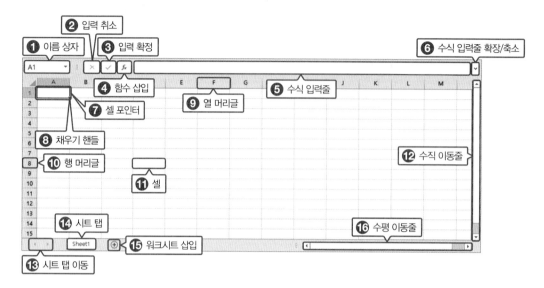

❶ 이름 상자 : 셀 주소와 정보 또는 수식이나 함수 목록이 나타납니다.

❷ 입력 취소 ☒ : 셀에 입력한 내용을 취소합니다. [Esc]를 누르는 것과 같습니다.

❸ 입력 확정 ✓ : 셀에 입력한 내용을 확정합니다. [Enter]를 누르는 것과 같습니다.

❹ 함수 삽입 fx : 함수 마법사를 실행하여 함수를 삽입합니다.

❺ 수식 입력줄 : 선택한 셀에 입력한 내용이나 수식이 나타나며 셀 내용을 직접 입력하거나 수정할 수 있습니다.

❻ 수식 입력줄 확장/축소 : 수식 입력줄을 확장/축소합니다.

❼ 셀 포인터 : 셀이 선택되었다는 표시로 굵은 녹색 테두리가 셀 주위에 표시됩니다.

❽ 채우기 핸들 : 셀 포인터 오른쪽 아래의 점입니다. 채우기 핸들을 드래그하면 셀 내용을 연속적으로 채울 수 있습니다.

❾ 열 머리글 : 열 이름이 표시되는 곳으로 A열부터 XFD열까지 16,384개의 열이 있습니다.

❿ 행 머리글 : 행 번호가 표시되는 곳으로 1행부터 1,048,576행까지 있습니다.

⓫ 셀 : 행과 열이 만나는 격자 형태의 사각형 영역으로 데이터나 수식 등을 입력할 수 있습니다.

⓬ 수직 이동줄 : 화면을 위/아래로 옮기면서 볼 수 있습니다.

⓭ 시트 탭 이동 : 시트 개수가 많아 가려진 시트 탭이 있을 경우 시트 탭으로 이동할 수 있습니다.

⓮ 시트 탭 : 현재 통합 문서에 있는 시트의 이름이 표시됩니다.

⓯ 워크시트 삽입 ⊕ : 새 워크시트 탭을 삽입할 수 있습니다.

⓰ 수평 이동줄 : 화면을 왼쪽/오른쪽으로 옮기면서 볼 수 있습니다.

3 상태 표시줄

상태 표시줄에서는 현재의 작업 상태를 확인할 수 있습니다.

❶ **셀 모드** : 준비, 입력, 편집 등의 셀 작업 상태를 표시합니다.

❷ **표시 영역** : 키보드 기능키의 선택 상태를 표시하며, 숫자가 입력된 범위를 지정하면 자동 계산 결과가 표시됩니다.

❸ **보기 바로 가기** : 워크시트 보기 상태를 기본, 페이지 레이아웃, 페이지 나누기 미리 보기 중에서 선택할 수 있습니다.

❹ **확대/축소 슬라이드** : 확대/축소 버튼을 클릭하여 10% 단위로 확대/축소하거나, 조절 바를 드래그하여 확대/축소할 수 있습니다.

❺ **확대/축소 비율** : [확대/축소] 대화상자를 열어 원하는 배율을 지정할 수 있습니다.

작업 영역의 기본 구조

엑셀은 통합 문서, 워크시트(Worksheet), 셀(Cell)로 이루어져 있습니다. 엑셀의 기본 구조를 살펴보면 엑셀의 동작 원리와 용도를 명확하게 알 수 있습니다.

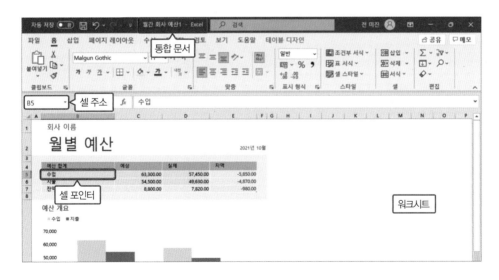

1 모든 작업의 시작, 셀과 셀 주소

엑셀의 작업 영역은 가로 행과 세로 열이 교차하여 격자 모양의 모눈종이처럼 직사각형으로 이루어져 있습니다. 이 직사각형 하나를 **셀(Cell)**이라고 부릅니다. 데이터를 입력(저장)할 수 있는 공간으로, 각 셀에는 고유한 주소(셀 주소)가 부여됩니다. 셀 주소는 열 머리글과 행 머리글을 조합해서 만듭니다.

2 데이터를 편집하는 공간, 워크시트

워크시트는 1,048,576행과 16,384열의 셀이 모여 문서를 만들고 편집하는 공간입니다. 엑셀을 처음 실행하면 기본으로 [Sheet1] 워크시트가 생성되며, 총 255개까지 워크시트를 삽입할 수 있습니다. 각 워크시트는 장부에 견출지를 붙이는 것처럼 이름이나 색으로 구분할 수 있습니다.

3 워크시트 탭을 한꺼번에 관리하는 통합 문서

통합 문서는 한 권의 책과 같습니다. 개별 문서에 해당하는 워크시트 탭을 묶어서 관리하는 셈입니다. 엑셀에서는 통합 문서 단위로 문서를 저장하므로 관련 있는 내용을 하나로 묶어서 관리하면 편리합니다. 예를 들어 2022년도 경비 예산 문서라면 월별(1월~12월) 예산 관련 내용을 각각의 워크시트에 작성해 하나의 통합 문서 안에서 작업하고 관리할 수 있습니다.

엑셀 빠르게 시작하기

엑셀을 시작하면 [홈] 화면이 나타납니다. [새로 만들기], [열기], [새 통합 문서], [추가 서식 파일], [최근 항목] 중에서 선택하여 엑셀을 시작할 수 있습니다.

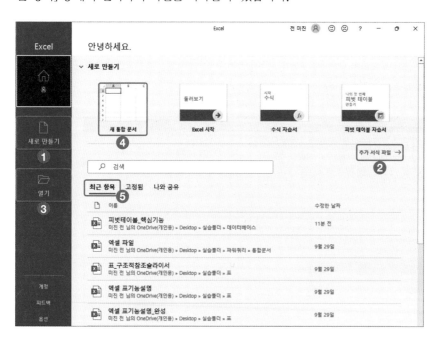

❶ **새로 만들기** : [새 통합 문서]를 엽니다.

❷ **추가 서식 파일** : 엑셀 문서의 [서식 파일]을 온라인에서 검색한 후 서식 파일을 열어 빠르게 문서 작업을 시작할 수 있습니다.

❸ **열기** : 기존에 작업했던 통합 문서를 온/오프 저장 공간(컴퓨터/원드라이브 등)에서 찾아옵니다.

❹ **새 통합 문서** : 새로운 통합 문서를 열어 데이터 입력, 편집, 서식 적용 등을 할 수 있습니다.

❺ **최근 항목** : 최근에 작업한 통합 문서 목록에서 통합 문서를 불러옵니다.

엑셀 저장하기

작업한 엑셀 문서를 컴퓨터, 클라우드에 저장합니다.

①최근 항목 : 최근에 작업한 컴퓨터 또는 클라우드의 목록에서 폴더를 선택해 통합 문서를 저장합니다.

②OneDrive : 원드라이브에 통합 문서를 저장합니다.

③이 PC : 최근에 작업한 컴퓨터 목록에서 폴더를 선택해 통합 문서를 저장합니다.

④위치 추가 : 온라인 위치를 추가하여 통합 문서를 클라우드(OneDrive, SharePoint)에 간편하게 저장할 수 있습니다.

⑤찾아보기 : 로컬 컴퓨터 저장 공간에서 저장할 위치를 찾아 문서를 저장합니다.

핵심기능

01

엑셀에서 제공하는 서식 파일로 새 문서 만들고 통합 문서로 저장하기

실습 파일 없음
완성 파일 1장\2021프로젝트_완성.xlsx

새 작업을 시작할 때는 엑셀에서 새 통합 문서를 만들어 사용하는 것이 일반적이지만 엑셀에서 제공하는 다양한 서식 파일을 사용하면 문서를 쉽고 빠르게 만들고 저장할 수 있습니다. 엑셀에서 제공하는 플래너 서식 파일을 불러와 데이터를 입력한 후 통합 문서로 저장해보겠습니다.

미리 보기

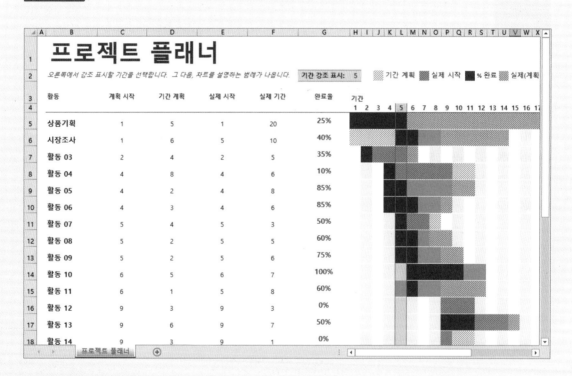

회사에서 바로 통하는 키워드 : 서식 파일, 통합 문서 저장, PDF 파일로 저장, 온라인 서식, 다른 이름으로 저장

한눈에 보는 작업 순서 서식 파일 열기 ▶ 내용 입력하기 ▶ 통합 문서 저장하기

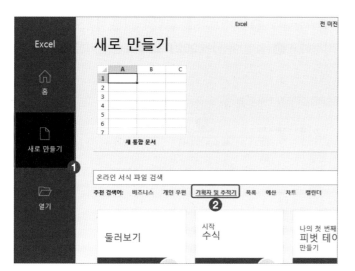

01 엑셀에서 제공하는 서식 파일을 열어 문서를 작성하겠습니다. ❶ 엑셀을 실행한 후 [새로 만들기]를 클릭하고 ❷ [추천 검색어]에서 [기획자 및 추적기]를 클릭합니다.

02 기획자 및 추적기와 관련된 서식 파일 목록이 나타납니다. ❶ [Gantt 프로젝트 플래너]를 클릭합니다. [Gantt 프로젝트 플래너]에 대한 설명이 나타나면 ❷ [만들기]를 클릭합니다. 하단 서식의 문서 템플릿이 열립니다.

바로 통하는 TIP 서식 파일은 Office.com 온라인에서 다운로드하므로 인터넷에 연결되어 있어야 합니다. 엑셀 버전에 따라 제공되는 서식 파일이 다를 수 있으므로 'Gantt 프로젝트 플래너' 서식 파일이 없다면 임의로 유사한 서식 파일을 불러옵니다.

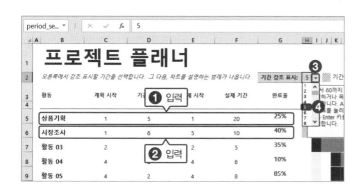

03 ❶ '활동 01'에 **상품기획, 1, 5, 1, 20, 25%**를 순서대로 입력합니다. ❷ '활동 02'에 **시장조사, 1, 6, 5, 10, 40%**를 순서대로 입력합니다. ❸ 기간 강조 표시의 목록 버튼▾을 클릭하고 ❹5로 변경합니다.

➕ '활동 01'은 [B5] 셀이고, 나머지 내용은 [C5:G5] 범위에 차례로 입력합니다. '활동 02'는 [B6] 셀이고, 나머지 내용은 [C6:G6] 범위에 차례로 입력합니다.

04 ❶ [파일] 탭을 클릭하고 ❷ [저장]을 클릭합니다. ❸ [찾아보기]를 클릭해 [다른 이름으로 저장] 대화상자가 열리면 ❹ 저장할 폴더 위치를 지정하고 ❺ [파일 이름]에 **2021프로젝트**를 입력합니다. ❻ [저장]을 클릭해 통합 문서를 저장합니다.

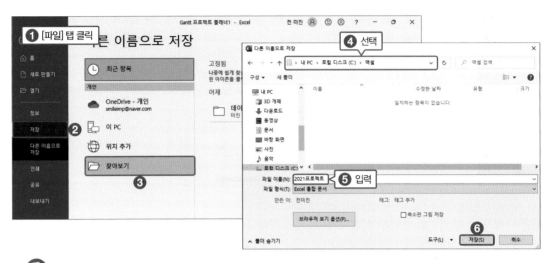

바로 통 하는TIP 엑셀 2007 이후 버전의 통합 문서 저장 형식 확장자는 '.xlsx'입니다.

쉽고 빠른 엑셀 Note / **전자 문서로 저장하기**

엑셀 통합 문서를 어도비에서 만든 PDF(Portable Document Format) 또는 Microsoft에서 만든 XPS(XML Paper Specification) 파일 형식인 전자 문서로 저장할 수 있습니다. 전자 문서로 저장하면 온라인 및 오프라인에서 공유하거나 인쇄할 때 글꼴, 이미지, 레이아웃 등의 형식이 그대로 유지되고, 데이터를 쉽게 변경할 수 없습니다. 이러한 전자 문서를 열려면 전용 뷰어 프로그램이 설치되어 있어야 합니다.

실습 파일 1장\2021프로젝트_전자문서.xlsx   완성 파일 1장\2021프로젝트_PDF.pdf

01 엑셀이 설치되어 있지 않은 컴퓨터에서도 파일 내용을 확인할 수 있도록 PDF 형식으로 저장하겠습니다. ❶ [파일] 탭을 클릭한 후 ❷ [내보내기]를 클릭합니다. ❸ [PDF/XPS 문서 만들기]를 클릭하고 ❹ [PDF/XPS 만들기]를 클릭합니다.

✅ **엑셀 2010 버전** [파일] 탭-[저장/내보내기]를 클릭합니다.

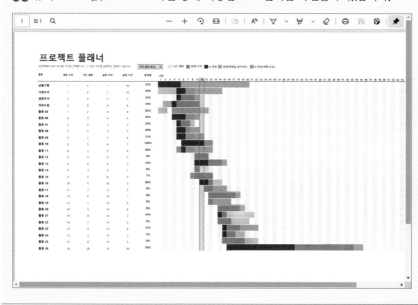

02 ❶ [PDF 또는 XPS로 게시] 대화상자에서 [파일 이름]에 **2021프로젝트_PDF**를 입력한 후 ❷ [게시]를 클릭합니다.

바로 통 하는TIP PDF나 XPS 파일 형식으로 저장할 때 인쇄 품질을 높이려면 [최적화]에서 [표준(온라인 게시 및 인쇄)]을 선택하고 파일 크기를 줄이려면 [최소 크기(온라인 게시)]를 선택합니다. 다른 옵션을 설정하려면 [옵션]을 클릭합니다.

03 뷰어 프로그램(PDF Reader)을 통해 저장한 PDF 문서를 확인할 수 있습니다.

통합 문서에 암호 설정하여 문서 내용 보호하기

실습 파일 1장\2021프로젝트_암호설정.xlsx
완성 파일 1장\2021프로젝트_암호설정_완성.xlsx

공용 컴퓨터를 사용하거나 업무상 보안이 필요한 문서는 아무나 열 수 없도록 암호를 설정하는 것이 좋습니다. 통합 문서를 불러올 때 암호가 설정되어 있으면 암호를 입력해야만 파일을 열 수 있으므로 암호를 잊어버리지 않도록 주의합니다. 통합 문서를 불러와 암호를 설정해보겠습니다.

미리 보기

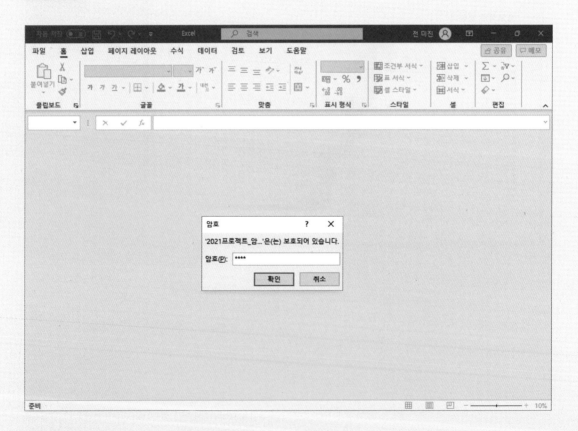

회사에서 바로 통하는 키워드 : 암호 설정, 문서 암호화, 통합, 문서 보호

한눈에 보는 작업 순서 　　통합 문서 암호 설정하기 ▶ 통합 문서 닫기 ▶ 통합 문서를 열고 암호 입력하기

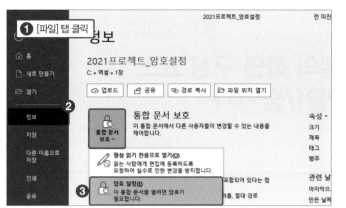

01 ❶ [파일] 탭을 클릭하고 ❷ [정보]를 클릭합니다. ❸ [통합 문서 보호]-[암호 설정]을 클릭합니다.

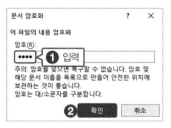 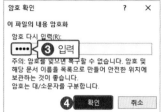

02 ❶ [문서 암호화] 대화상자에서 [암호]에 **1234**를 입력하고 ❷ [확인]을 클릭합니다. ❸ [암호 확인] 대화상자에서 [암호 다시 입력]에 **1234**를 입력하고 ❹ [확인]을 클릭합니다.

바로 통하는TIP 통합 문서의 암호를 잊어버릴 경우 문서를 열 수 없으므로 따로 메모하는 것이 좋습니다. 참고로 암호는 영문 대문자/소문자를 구분합니다.

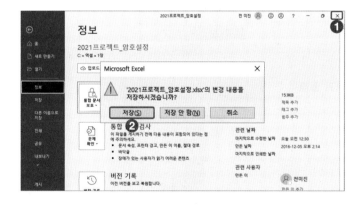

03 통합 문서가 보호되었습니다. ❶ [닫기 ☒]를 클릭합니다. ❷ 변경된 내용을 저장할 것인지 묻는 경고 메시지가 나타나면 [저장]을 클릭하여 문서를 닫습니다.

바로 통하는TIP 열기/쓰기 암호를 각각 지정하려면 [다른 이름으로 저장] 대화상자 하단의 [도구]-[일반 옵션]을 클릭하여 암호를 지정합니다.

04 **2021프로젝트_암호설정.xlsx** 파일을 다시 불러옵니다. ❶ [암호] 대화상자에서 **1234**를 입력하고 ❷ [확인]을 클릭합니다.

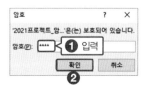

➕ 암호를 설정했던 통합 문서가 열립니다.

바로 통하는TIP 통합 문서의 암호 설정을 취소하려면 [파일] 탭-[정보]-[통합 문서 보호]-[암호 설정]을 클릭하고 [문서 암호화] 대화상자에서 암호를 삭제해 공란으로 남긴 후 [확인]을 클릭합니다.

2010 \ 2013 \ 2016 \ 2019 \ 2021

엑셀의 화면 구성 요소 보이기/숨기기

실습 파일 1장\2021프로젝트_구성요소.xlsx
완성 파일 1장\2021프로젝트_구성요소_완성.xlsx

문서를 작성할 때는 수식 입력줄, 행/열 머리글, 워크시트에 나타나는 눈금선이 편리하지만 이미 완성된 서식에서 데이터를 변경하거나 결과물을 보여줄 때는 눈에 거슬릴 때가 있습니다. 엑셀의 구성 요소들을 상황에 따라 보여주거나 숨기고 화면 배율을 조정해보겠습니다.

미리 보기

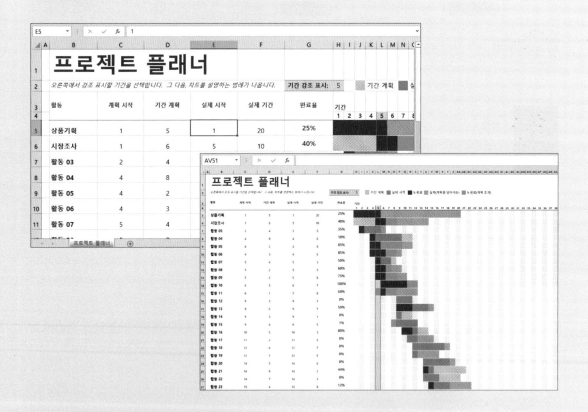

회사에서 바로 통하는 키워드 : 눈금선, 화면 배율, 리본 메뉴 축소/표시하기

| 한눈에 보는 작업 순서 | 눈금선 숨기기 | ▶ | 화면 배율 조정하기 | ▶ | 리본 메뉴 축소/표시하기 |

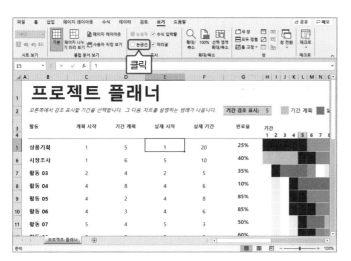

01 눈금선 숨기기 [보기] 탭-[표시] 그룹-[눈금선]의 체크를 해제합니다.

➕ 눈금선과 같은 요소를 숨겼을 때 작업하기 편리한 경우도 있습니다.

바로 통 하는TIP 눈금선을 다시 나타나게 하려면 [눈금선]에 체크합니다.

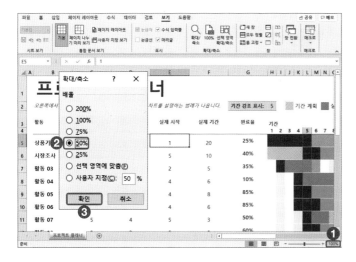

02 화면 배율 조정하기 ❶ 상태 표시줄에서 [화면 배율]을 클릭합니다. ❷ [확대/축소] 대화상자가 열리면 [50%]를 클릭하고 ❸ [확인]을 클릭합니다.

➕ 화면 비율이 50%로 줄어 한 화면에서 더욱 많은 내용을 확인할 수 있습니다.

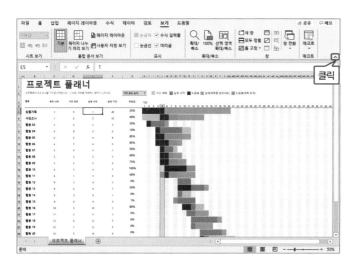

03 리본 메뉴 축소하기 [리본 메뉴 축소⌃]를 클릭하면 리본 메뉴가 축소되어 워크시트를 좀 더 넓게 볼 수 있습니다.

✅ **엑셀 Microsoft 365 최신 버전** [리본 메뉴 표시 옵션⌄]을 클릭하고 [탭만 표시]를 클릭합니다.

04 ❶ 제목 표시줄의 [리본 메뉴 표시 옵션 🖷]을 클릭하고 ❷ [탭 및 명령 표시]를 클릭하면 리본 메뉴가 다시 원상태로 돌아갑니다.

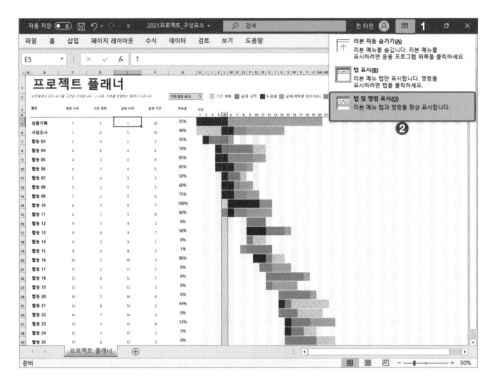

✅ **엑셀 Microsoft 365 최신 버전** 임의의 리본 탭에서 마우스 오른쪽 버튼을 클릭하고 체크되어 있는 [리본 메뉴 축소]를 다시 클릭하여 해제합니다.

바로 통 하는 TIP 임의의 리본 탭을 더블클릭하거나 단축키 Ctrl + F1 을 눌러 리본 메뉴를 축소/확장할 수 있습니다.

04 빠른 실행 도구 모음에 자주 사용하는 기능을 추가하고 단축키로 실행하기

2010 / 2013 / 2016 / 2019 / 2021

실습 파일 1장 \ 견적서.xlsx
완성 파일 없음

빠른 실행 도구 모음은 자주 사용하는 명령을 빠르게 실행할 수 있도록 모아놓은 메뉴입니다. 기본적으로 저장, 실행 취소, 다시 실행 명령이 있으며 사용자 편의에 따라 명령을 추가하거나 제거할 수 있고 빠르게 단축키로 실행할 수 있습니다.

미리 보기

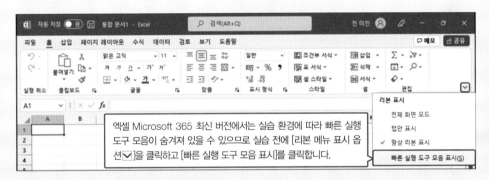

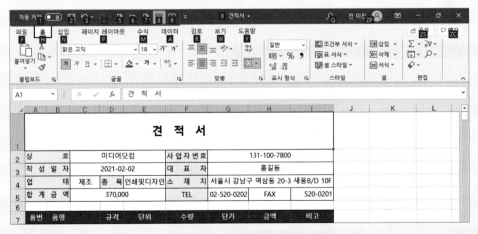

회사에서 바로 통하는 키워드 : 빠른 실행 도구 모음, 도구 모음 명령 추가, 단축키 명령 실행

한눈에 보는 작업 순서	빠른 실행 도구 모음에 명령어 추가하기 ▶ 단축키로 빠른 실행 도구 모음 명령어 실행하기

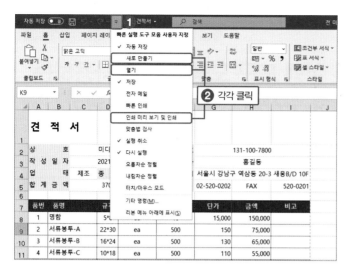

01 빠른 실행 도구 모음 메뉴에서 명령어 추가하기 ❶ 제목 표시줄의 [빠른 실행 도구 모음 사용자 지정▼]을 클릭하고 ❷ [새로 만들기], [열기], [인쇄 미리 보기 및 인쇄]를 각각 클릭하여 빠른 실행 도구 모음에 추가합니다.

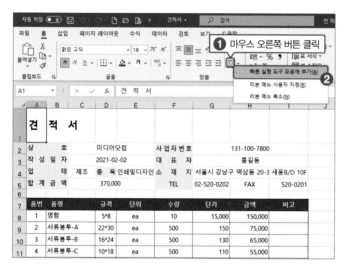

02 리본 탭에서 명령어 추가하기 (1) ❶ [홈] 탭-[맞춤] 그룹-[병합 후 가운데 맞춤▦]을 마우스 오른쪽 버튼으로 클릭한 후 ❷ [빠른 실행 도구 모음에 추가]를 클릭합니다.

➕ 해당 명령이 빠른 실행 도구 모음에 추가됩니다.

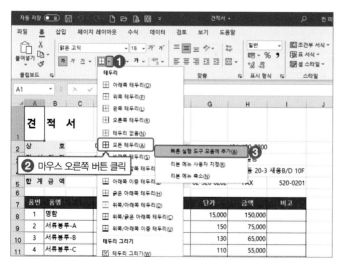

03 리본 탭에서 명령어 추가하기 (2) ❶ [홈] 탭-[글꼴] 그룹-[테두리▦]의 목록 버튼▼을 클릭하고 ❷ [모든 테두리]를 마우스 오른쪽 버튼으로 클릭한 후 ❸ [빠른 실행 도구 모음에 추가]를 클릭합니다.

➕ 해당 명령이 빠른 실행 도구 모음에 추가됩니다.

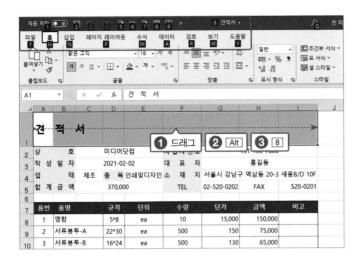

04 단축키로 명령어 실행하기 ①

[A1:I1] 범위를 지정합니다. ② Alt 를 누릅니다. 키보드로 빠른 실행 도구 모음과 리본 메뉴를 실행할 수 있는 번호 키가 표시됩니다. ③ 8 을 누르면 제목 행이 병합됩니다.

바로 통 하는TIP 엑셀 환경이나 버전에 따라 단축키 번호가 다를 수 있습니다. 빠른 실행 도구 모음을 추가한 순서를 확인하고 단축키를 입력합니다.

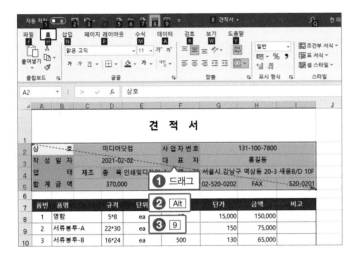

05 ① [A2:I5] 범위를 지정합니다.
② Alt 를 누르고 ③ 9 를 누릅니다.

➕ 지정한 범위에 테두리가 그려집니다.

06 ① Alt 를 누른 후 ② 7 을 누릅니다. ③ 인쇄 및 미리 보기 화면이 열립니다. Esc 를 눌러 견적서 화면으로 돌아옵니다.

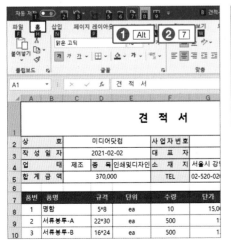

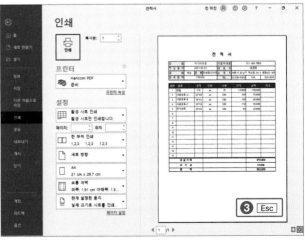

실무 필수

실무 활용

문서 작성

문서 편집 & 인쇄

수식 & 함수

차트

데이터 관리/ 분석& 자동화

빠른 실행 도구 모음에 있는 ❶ [실행 취소]와 ❷ [다시 실행]은 실행한 작업 명령을 이전 단계로 취소하거나 실행 취소한 작업 명령을 재실행하는 기능입니다. 기본적으로 엑셀에서는 실행한 명령을 100단계까지 취소할 수 있습니다. 단, 리본 메뉴 탭을 선택하거나 [시트 보호], [통합 문서 저장], [매크로 실행] 등 일부 작업은 실행 취소할 수 없습니다. [실행 취소]와 [다시 실행] 명령의 단축키는 Ctrl +Z와 Ctrl+Y입니다.

❶ **실행 취소** Ctrl+Z : 최근 작업이나 그 이전 작업을 취소하려면 빠른 실행 도구 모음에서 [실행 취소🔁]를 클릭합니다.

❷ **다시 실행** Ctrl+Y : 실행 취소한 최근 작업을 다시 실행하려면 빠른 실행 도구 모음에서 [다시 실행🔁]을 클릭합니다.

실무활용

01

2010 \ 2013 \ 2016 \ 2019 \ 2021

자주 쓰는 기능을 모아 활용하는
리본 메뉴 사용자 지정 탭 설정하기

실습 파일 없음
완성 파일 1장\개인엑셀명령어모음.exportedUI

빠른 실행 도구 모음뿐만 아니라 리본 메뉴의 인터페이스도 변경할 수 있습니다. 자신의 작업 스타일에 맞게 사용자 환경(UI)을 수정하면 작업 시간을 단축할 수 있습니다. [개인명령모음] 탭을 새로 정의하고 자주 사용하는 명령어를 추가해보겠습니다.

미리 보기

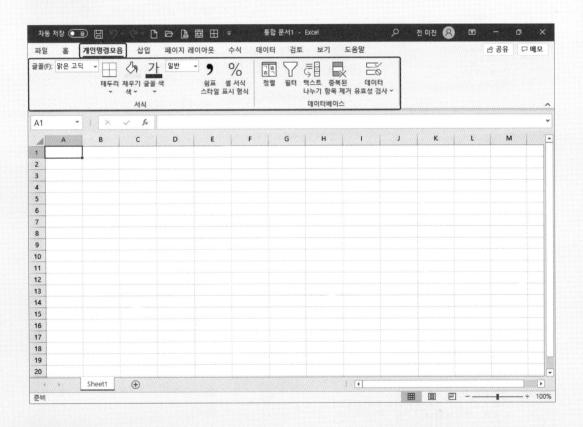

회사에서 바로 통하는 키워드 : Excel 옵션, 사용자 지정 리본 메뉴, 리본 메뉴 편집, 리본 메뉴 설정 가져오기/내보내기

| 한눈에 보는 작업 순서 | 사용자 지정 리본 탭 추가하기 ▶ 사용자 지정 리본 탭 저장하기 ▶ 사용자 지정 리본 탭 초기화하기 |

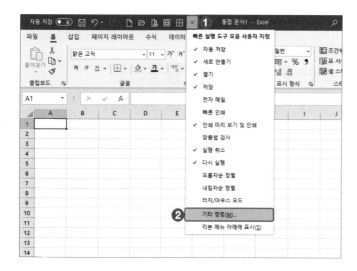

01 ❶ [빠른 실행 도구 모음 사용자 지정▼]을 클릭한 후 ❷ [기타 명령]을 클릭합니다.

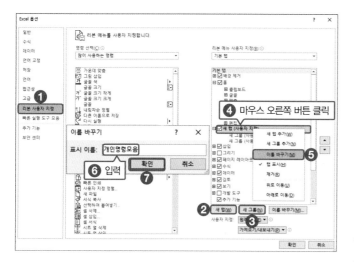

02 ❶ [Excel 옵션] 대화상자에서 [리본 사용자 지정]을 클릭합니다. ❷ [새 탭]을 클릭한 후 ❸ [새 그룹]을 클릭합니다. ❹ [새 탭(사용자 지정)]을 마우스 오른쪽 버튼으로 클릭하고 ❺ [이름 바꾸기]를 클릭합니다. ❻ [이름 바꾸기] 대화상자에서 [표시 이름]에 **개인명령모음**을 입력하고 ❼ [확인]을 클릭합니다.

➕ 새로 추가된 탭의 이름이 [개인명령모음] 탭으로 바뀝니다.

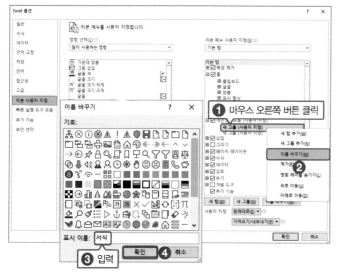

03 ❶ 첫 번째 [새 그룹(사용자 지정)]을 마우스 오른쪽 버튼으로 클릭하고 ❷ [이름 바꾸기]를 클릭합니다. ❸ [이름 바꾸기] 대화상자에서 [표시 이름]에 **서식**을 입력하고 ❹ [확인]을 클릭합니다.

➕ 새로 추가된 그룹의 이름이 [서식] 그룹으로 바뀝니다.

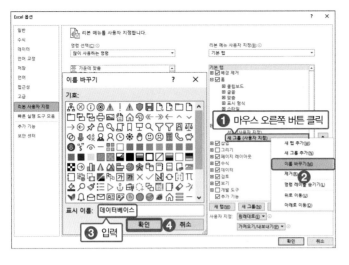

04 ❶ 두 번째 [새 그룹(사용자 지정)]을 마우스 오른쪽 버튼으로 클릭하고 ❷ [이름 바꾸기]를 클릭합니다. ❸ [이름 바꾸기] 대화상자에서 [표시 이름]에 **데이터베이스**를 입력하고 ❹ [확인]을 클릭합니다.

➕ 새로 추가된 그룹의 이름이 [데이터베이스] 그룹으로 바뀝니다.

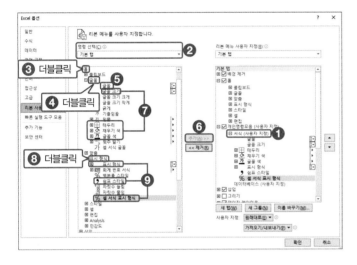

05 ❶ [서식(사용자 지정)]을 클릭하고 ❷ [명령 선택]에서 [기본 탭]을 클릭합니다. ❸ [홈]을 더블클릭하고 ❹ [글꼴]을 더블클릭합니다. ❺ [글꼴]을 클릭한 후 ❻ [추가]를 클릭합니다. ❼ [글꼴 크기], [테두리], [채우기 색], [글꼴 색]도 각각 동일한 방법으로 추가합니다. ❽ [표시 형식]을 더블클릭하고 ❾ [표시 형식], [쉼표 스타일], [셀 서식 표시 형식]도 각각 추가합니다.

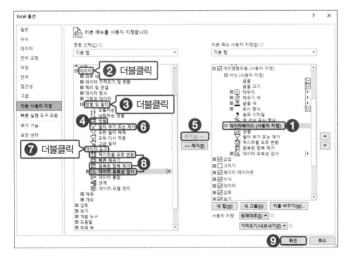

06 ❶ [데이터베이스(사용자 지정)]을 클릭합니다. ❷ [데이터]를 더블클릭하고 ❸ [정렬 및 필터]를 더블클릭합니다. ❹ [정렬]을 클릭하고 ❺ [추가]를 클릭합니다. ❻ [필터 추가 또는 제거]도 동일한 방법으로 추가합니다. ❼ [데이터 도구]를 더블클릭하고 ❽ [텍스트를 표로 변환], [중복된 항목 제거], [데이터 유효성 검사]도 각각 추가합니다. ❾ [확인]을 클릭해 대화상자를 닫습니다.

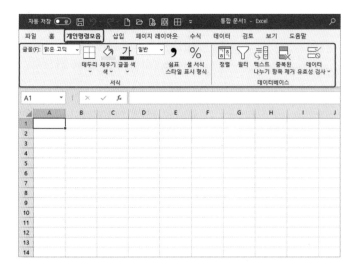

07 리본 메뉴에 [개인명령모음] 탭이 추가되었습니다. 추가한 명령과 새로 추가한 탭이 일치하는지 비교해봅니다.

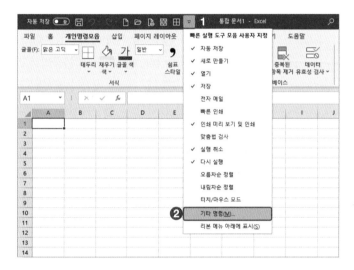

08 [개인명령모음] 사용자 지정 메뉴를 파일로 저장해보겠습니다. ❶ [빠른 실행 도구 모음 사용자 지정⬇]을 클릭한 후 ❷ [기타 명령]을 클릭합니다.

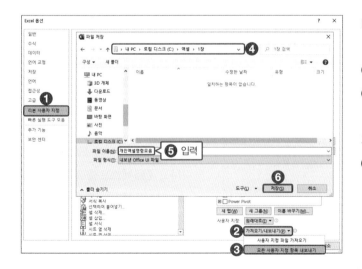

09 ❶ [Excel 옵션] 대화상자에서 [리본 사용자 지정]을 클릭합니다. ❷ [가져오기/내보내기]를 클릭하고 ❸ [모든 사용자 지정 항목 내보내기]를 클릭합니다. ❹ [파일 저장] 대화상자에서 저장 위치를 지정한 후 ❺ [파일 이름]에 **개인엑셀명령모음**을 입력한 후 ❻ [저장]을 클릭합니다.

10 사용자 지정 리본 메뉴와 빠른 실행 도구 모음을 초기화하겠습니다. ❶ [Excel 옵션] 대화상자에서 [원래대로]를 클릭하고 ❷ [모든 사용자 지정 다시 설정]을 클릭합니다. ❸ 경고 메시지가 나타나면 [예]를 클릭합니다. ❹ [확인]을 클릭하여 [Excel 옵션] 대화상자를 닫습니다.

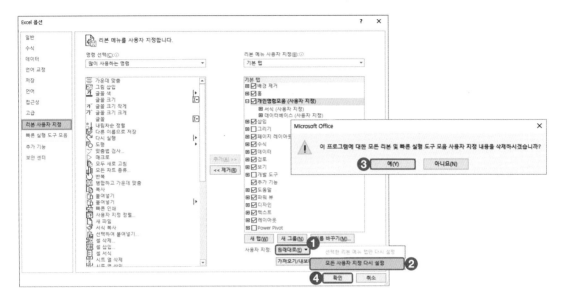

➕ 새로 추가한 탭, 그룹 등 메뉴가 삭제되고 엑셀 기본값으로 복구됩니다.

바로 통 하는TIP [Excel 옵션] 대화상자에서 [가져오기/내보내기]-[사용자 지정 파일 가져오기]를 클릭한 후 저장한 UI 파일을 선택하면 저장한 사용자 지정 메뉴를 다시 불러올 수 있습니다.

키보드로 빠르게 셀을 이동하는 다양한 방법 알아보기

실습 파일 1장\매출실적_셀선택.xlsx
완성 파일 없음

각 셀에는 고유한 주소가 있으며, 셀 주소는 선택한 셀의 열 머리글과 행 머리글을 조합해 만듭니다. 예를 들어 B열과 5행이 만나는 셀의 주소는 [B5]입니다. 마우스 포인터가 십자 모양✚일 때 원하는 셀을 클릭하면 셀을 선택할 수 있습니다. 선택한 셀에는 셀 포인터☐가 표시되고, 이름 상자에는 셀 주소가 표시됩니다. 키보드를 사용해 빠르게 셀을 이동하는 방법을 알아보겠습니다.

미리 보기

A3			× ✓ fx	성명								
	A	B	C	D	E	F	O	P	U	V	W	X
3	성명	목표금액	매출금액	1월	2월	3월	12월	반품액	반품률(%)	청구금액	회수금액	회수율(%)
4	김우진	3,000,000	2,700,000	225,000	225,000	225,000	225,000	50,000	2%	100,000	90,000	90%
5	송성수	4,500,000	3,600,000	300,000	300,000	300,000	300,000	40,000	1%	200,000	90,000	45%
6	이미옥	6,000,000	4,200,000	350,000	350,000	350,000	350,000	10,000	0%	200,000	70,000	35%
7	강진욱	4,800,000	3,000,000	250,000	250,000	250,000	250,000	20,000	1%	100,000	50,000	50%
8	최민아	6,900,000	5,400,000	450,000	450,000	450,000	450,000	70,000	1%	105,000	45,000	43%
9	문승욱	3,000,000	1,800,000	150,000	150,000	150,000	150,000	60,000	3%	110,000	10,000	9%
10	박민욱	4,200,000	2,400,000	200,000	200,000	200,000	200,000	30,000	1%	200,000	23,000	12%
11	노승아	7,500,000	5,400,000	450,000	450,000	450,000	450,000	100,000	2%	100,000	10,000	10%
12	홍성준	4,500,000	3,000,000	250,000	250,000	250,000	250,000	20,000	1%	50,000	5,000	10%
13	나국환	9,000,000	6,000,000	500,000	500,000	500,000	500,000	200,000	3%	100,000	10,000	10%
14	한민수	3,600,000	2,400,000	200,000	200,000	200,000	200,000	30,000	1%	200,000	20,000	10%
15	유민철	4,800,000	3,900,000	325,000	325,000	325,000	325,000	250,000	6%	140,000	14,000	10%
19	홍정민	4,800,000	3,000,000	250,000	250,000	250,000	250,000	20,000	1%	100,000	50,000	50%
34	조성민	4,200,000	2,400,000	200,000	200,000	200,000	200,000	30,000	1%	200,000	23,000	12%
35	전철	7,500,000	5,400,000	450,000	450,000	450,000	450,000	100,000	2%	100,000	10,000	10%
36	이정홍	4,500,000	3,000,000	250,000	250,000	250,000	250,000	20,000	1%	50,000	5,000	10%
39	황청욱	4,800,000	3,900,000	325,000	325,000	325,000	325,000	250,000	6%	140,000	14,000	10%
84	이성공	4,500,000	3,000,000	250,000	250,000	250,000	250,000	20,000	1%	50,000	5,000	10%
89	노영철	4,200,000	2,400,000	200,000	200,000	200,000	200,000	30,000	1%	200,000	23,000	12%
90	문영희	7,500,000	5,400,000	450,000	450,000	450,000	450,000	100,000	2%	100,000	10,000	10%
91	송나라	4,500,000	3,000,000	250,000	250,000	250,000	250,000	20,000	1%	50,000	5,000	10%
93	유동홍	3,600,000	2,400,000	200,000	200,000	200,000	200,000	30,000	1%	200,000	20,000	10%
94	이미진	4,800,000	3,900,000	325,000	325,000	325,000	325,000	250,000	6%	140,000	14,000	10%
95												

매출실적 ⊕

준비 | | | | | | | 100%

회사에서 바로 통하는 키워드: 셀 이동하기, 셀 이동 단축키, 이름 상자

한눈에 보는 작업 순서	셀 이동하기 ▶ 화면 단위로 이동하기 ▶ [A1] 셀로 이동하기

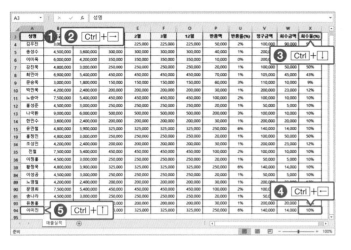

01 셀 이동하기 ❶ [A3] 셀을 클릭하고 ❷ Ctrl + → 를 누르면 현재 행의 마지막 열인 [X3] 셀로 이동합니다. ❸❹❺ 같은 방법으로 Ctrl + ↓ , Ctrl + ← , Ctrl + ↑ 를 누릅니다.

➕ 현재 셀을 기준으로 데이터의 처음과 끝으로 이동해 마지막에 [A3] 셀이 선택됩니다.

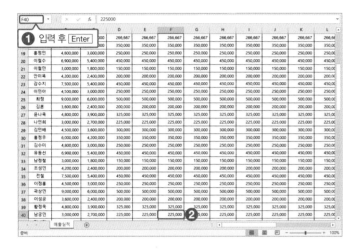

02 이름 상자로 셀 이동하기 ❶ 이름 상자에 **F40**을 입력하고 Enter 를 눌러 ❷ [F40] 셀로 이동합니다.

03 화면 단위로 이동하기 ❶ PgUp 을 누르면 세로 방향의 화면 단위(위)로 이동합니다. ❷ Alt + PgDn 을 누르면 가로 화면 단위로 이동(오른쪽)합니다.

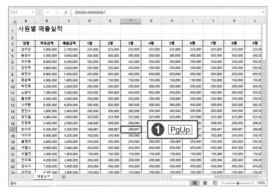

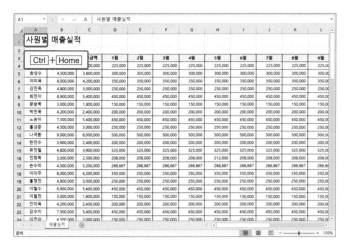

04 처음 셀로 이동하기 Ctrl + Home
을 눌러 [A1] 셀로 이동합니다.

근처 셀로 이동할 때

단축키	설명
↓ / Enter	현재 셀의 위치에서 아래쪽 셀로 이동합니다.
↑ / Shift + Enter	현재 셀의 위치에서 위쪽 셀로 이동합니다.
→ / Tab	현재 셀의 위치에서 오른쪽 셀로 이동합니다.
← / Shift + Tab	현재 셀의 위치에서 왼쪽 셀로 이동합니다.

화면 단위로 이동할 때

단축키		설명
키보드	PgUp, PgDn	위쪽 또는 아래쪽 화면 단위로 셀이 이동합니다.
	Alt + PgUp, PgDn	왼쪽 또는 오른쪽 화면 단위로 셀이 이동합니다.
마우스	마우스 휠 버튼 스크롤	셀은 고정된 상태에서 화면이 위쪽 또는 아래쪽으로 이동합니다.
	Ctrl + Shift + 마우스 휠 버튼 스크롤 (엑셀 2016 이후 최신 버전, 윈도우 10 이후 최신 버전에서만 가능)	셀은 고정된 상태에서 화면이 왼쪽 또는 오른쪽으로 이동합니다.

행/열의 처음이나 끝으로 이동할 때

단축키	설명
Ctrl + 방향키	데이터가 입력된 현재 셀에서 행의 위/아래, 열의 왼쪽/오른쪽으로 이동합니다. 단, 데이터가 입력되지 않았을 때는 현재 행/열의 처음 또는 마지막 셀로 이동합니다.
Ctrl + Home	[A1] 셀로 이동합니다. 단, 틀이 고정되어 있을 때는 고정된 위치의 첫 셀로 이동합니다.

핵심기능

2010 \ 2013 \ 2016 \ 2019 \ 2021

키보드로 빠르게 범위 지정하기

06

실습 파일 1장\매출실적_셀범위.xlsx
완성 파일 없음

셀 범위를 지정할 때는 ❶ 원하는 영역을 드래그하거나 ❷ 영역의 첫 셀을 선택한 후 [Shift]를 누른 상태에서 마지막 셀을 선택합니다. ❸ [Ctrl]을 누른 상태에서 원하는 범위를 각각 드래그하여 비연속적인 범위를 지정할 수도 있습니다. 키보드를 사용해 빠르게 셀 범위를 지정하는 방법을 알아보겠습니다.

미리 보기

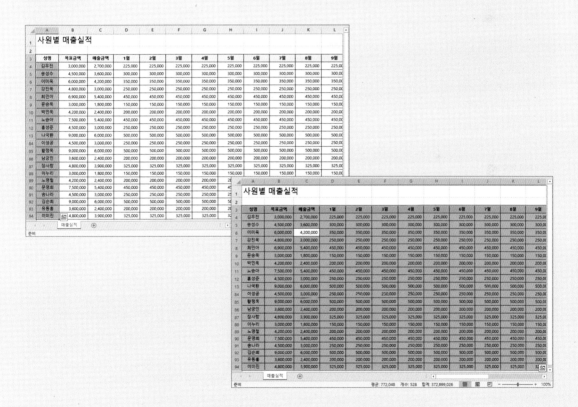

회사에서 바로 통하는 키워드 : 범위 지정, 키보드로 범위 지정, 셀 범위, 행 지정, 열 지정

한눈에
보는
작업 순서   범위 지정하기 ▶ 행/열 범위 지정하기 ▶ 전체 범위 지정하기

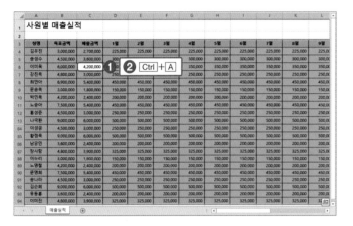

01 키보드로 범위 지정하기 ❶
[A3] 셀을 클릭하고 ❷ Ctrl + Shift + ↓ 를 눌러 [A3:A94] 범위를 지정합니다.

02 전체 데이터 범위 지정하기 ❶
데이터 영역에서 임의의 셀을 클릭한 후 ❷ Ctrl + A 를 누르면 데이터가 입력된 전체 범위가 지정됩니다.

바로 통 하는 TIP 워크시트 전체를 선택할 때는 [A1] 셀 왼쪽 위에 있는 [전체 선택 ▨]을 클릭합니다.

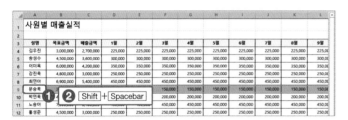

03 행 전체 범위 지정하기 ❶ [A9]
셀을 클릭하고 ❷ Shift + Spacebar 를 누르면 9행 전체가 선택됩니다.

쉽고 빠른 엑셀 Note │ 범위 지정 단축키 알아보기

단축키	설명
Ctrl + Shift + 방향키	데이터가 입력된 현재 셀에서 열의 첫 행 또는 마지막 행, 첫 열 또는 마지막 열까지 범위를 지정합니다. 단, 데이터가 입력되지 않았을 때는 현재 열/행의 처음 또는 마지막 셀까지 범위가 지정됩니다.
Ctrl + Shift + *	데이터가 입력된 전체 범위를 지정합니다. 단, 데이터가 입력되지 않았을 때는 범위 지정이 되지 않습니다.
Ctrl + A	데이터가 입력된 전체 범위를 지정합니다. 단, 데이터가 입력되지 않았을 때는 현재 워크시트 전체가 범위 지정됩니다.
Ctrl + Spacebar	현재 셀 위치의 열 전체를 범위 지정합니다.
Shift + Spacebar	현재 셀 위치의 행 전체를 범위 지정합니다.

핵심기능

07

이름 정의로 범위 지정하고
선택 영역에서 이름 만들기

실습 파일 1장\발송내역_이름정의.xlsx
완성 파일 1장\발송내역_이름정의_완성.xlsx

엑셀에서는 특정 셀이나 범위를 수식에서 참조할 때 오류를 줄이기 위해 이름으로 정의된 셀이나 범위를 사용할 수 있습니다. 선택 영역에서 만들기 기능은 제목에 해당하는 [첫 행]이나 [왼쪽 열]의 이름으로 해당 범위를 정의하므로 반복해서 이름을 정의하지 않고도 빠르게 이름을 정의할 때 유용합니다. 이름 상자와 관련 기능을 사용해 이름을 정의하는 다양한 방법을 알아보겠습니다.

미리 보기

송장번호	성명	배송지역	전화번호	배송	배송비
2013-5635	나민주	경상북도	055-322-1334	선불	6,500
2013-4198	이수영	서울 특별시	02-333-1234	선불	2,500
2013-4413	김순희	강원도	033-200-5432	착불	6,500
2013-4512	박민준	경기도	031-452-4321	선불	4,000
2013-7101	문호영	경상북도	054-900-8765	선불	6,500
2012-3411	이상숙	인천 광역시	032-555-7890	착불	3,500
2013-2222	김민우	서울 특별시	02-355-4848	선불	3,000
2013-2345	강철수	서울 특별시	02-333-1234	선불	2,500
2013-3413	이철우	전라북도	063-777-0987	선불	5,500
2013-4123	민태우	대전 광역시	042-433-5656	선불	5,500
2013-4513	김순희	강원도	033-200-5432	착불	6,000
2013-7103	최상모	제주도	064-765-7654	선불	10,000
2034-5634	이진우	경상북도	055-322-1334	선불	7,000
2078-5423	홍나래	경기도	031-452-4321	선불	4,000
2081-0210	정홍식	서울 특별시	02-678-0099	착불	2,500
2094-1299	이진상	경상북도	055-322-1334	선불	6,500
2100-0909	강수진	경상북도	055-322-1334	선불	6,500
2105-7100	전선우	전라남도	061-400-8888	선불	5,000
2132-3412	홍성용	서울 특별시	02-678-0099	선불	2,500
2310-1212	진성미	전라북도	063-777-0987	선불	5,500
2901-4543	최시형	제주도	064-765-7654	선불	10,000

선불 배송비 합계 89,000

회사에서 바로 통하는 키워드: 이름 상자, 선택 영역에서 만들기, 이름 정의, 이름으로 범위 선택

한눈에 보는 작업 순서
이름 상자에서 이름 정의하기 ▶ 선택 영역에서 이름 만들기 ▶ 정의된 이름으로 범위 선택하기

01 이름 상자에서 셀 이름으로 정의하기 ❶ [F26] 셀을 클릭하고 ❷ 이름 상자에 **선불합계**를 입력한 후 [Enter]를 누릅니다. ❸ 동일한 방법으로 [F27] 셀을 클릭하고 ❹ 이름 상자에 **착불합계**를 입력합니다.

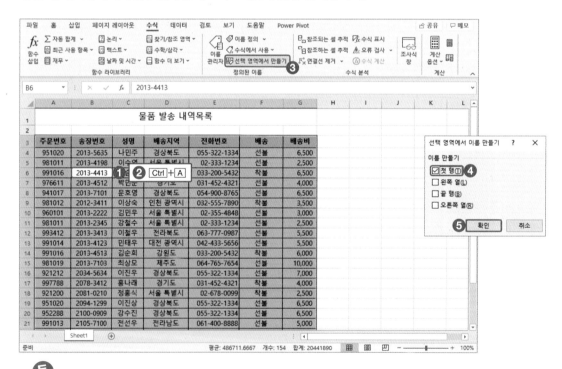

02 선택 영역에서 이름 만들기 ❶ 표에서 임의의 셀을 클릭하고 ❷ [Ctrl]+[A]를 눌러 범위를 지정합니다. ❸ [수식] 탭-[정의된 이름] 그룹-[선택 영역에서 만들기 📷]를 클릭합니다. ❹ [선택 영역에서 이름 만들기] 대화상자에서 [첫 행]에만 체크하고 ❺ [확인]을 클릭합니다.

바로통하는TIP 선택 범위에서 각 열의 첫 행이 범위 이름으로 정의됩니다. [선택 영역에서 만들기]의 단축키는 [Ctrl]+[Shift]+[F3]입니다.

03 ❶이름 상자 목록 단추 □ 를 클릭하면 배송, 배송비, 배송지역, 선불합계 등의 이름이 추가된 것을 확인할 수 있습니다. ❷[착불합계]를 클릭하면 ❸[F27] 셀이 선택됩니다. ❹이름 상자 목록에서 [송장 번호]를 클릭하면 ❺[B4:B24] 범위가 지정됩니다.

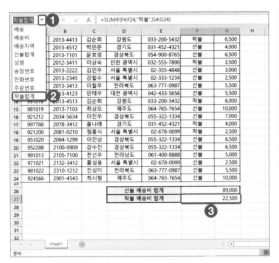

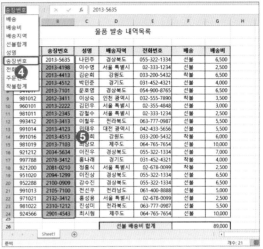

쉽고 빠른 엑셀 Note | **이름 관리자로 셀 이름 정의/수정/삭제하기**

정의한 이름은 [수식] 탭–[정의된 이름] 그룹–[이름 관리자 □]에서 확인할 수 있습니다. [이름 관리자] 대화상자에서는 정의한 이름 을 수정하거나 삭제할 수 있으며, 이름을 새로 정의할 수도 있습니다. [이름 관리자]의 단축키는 Ctrl + F3 입니다.

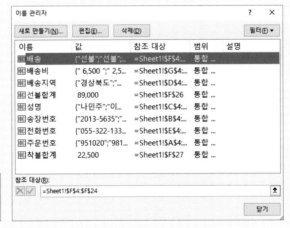

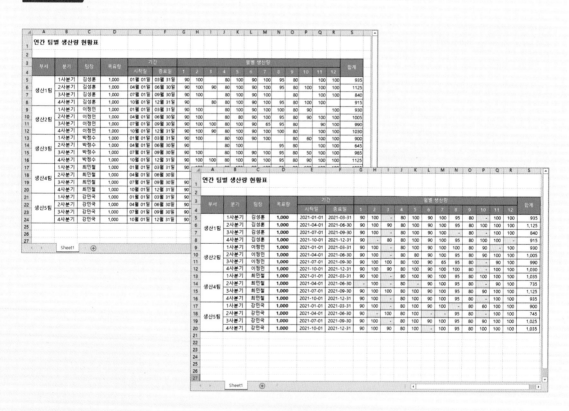

실무활용

02

표의 빈 셀을 이동 옵션으로 일괄 선택하고 0으로 한번에 채우기

실습 파일 1장\연간생산현황표.xlsx
완성 파일 1장\연간생산현황표_완성.xlsx

엑셀에서 데이터의 범위를 지정하면 서식을 꾸미고 셀을 삭제하는 등 엑셀에서 제공하는 다양한 기능을 한꺼번에 적용할 수 있습니다. 그리고 엑셀 옵션 기능을 이용하면 데이터 범위에서 텍스트, 숫자, 수식, 빈 셀, 오류 등의 특정 셀을 선택해 작업을 진행할 수 있습니다. 연간 팀별 생산 현황표에서 데이터의 범위를 지정하고 서식을 설정한 후 엑셀 옵션 기능으로 빈 셀을 모두 선택해 0으로 채워보겠습니다.

미리 보기

회사에서 바로 통하는 키워드 : 범위 지정, 이동 옵션, 빈 셀 선택, 채우기 색, 쉼표 스타일, 행 삭제

한눈에 보는 작업 순서

범위 지정 후 서식 지정하기 ▶ 빈 셀을 선택하고 0으로 채우기 ▶ 행 전체를 선택하고 행 삭제하기

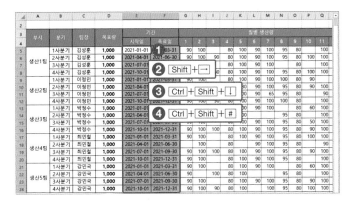

01 범위 지정하고 서식 꾸미기 ❶
[D5] 셀을 클릭하고 ❷ Ctrl + Shift + ↓를 눌러 [D5:D24] 범위를 지정합니다. ❸ Ctrl + B를 눌러 목표량의 글꼴 스타일을 굵게 지정합니다.

02 ❶[E5] 셀을 클릭하고 ❷ Shift + →를 누른 후 ❸ Ctrl + Shift + ↓를 눌러 [E5:F24] 범위를 지정합니다. ❹ Ctrl + Shift + #을 눌러 시작일과 종료일의 표시 형식을 '연－월－일'로 변경합니다.

03 빈 셀 선택하기 데이터에 빈 셀이 포함되어 있으면 키보드를 사용해 범위를 자유롭게 지정할 수 없으므로 정의된 이름을 이용합니다. ❶ 이름 상자 목록에서 [생산량]를 클릭하면 ❷ [G5:R24] 범위가 지정됩니다. ❸ [홈] 탭-[편집] 그룹-[찾기 및 선택 🔍▾]을 클릭하고 ❹ [이동 옵션]을 클릭합니다. ❺ [이동 옵션] 대화상자에서 [빈 셀]을 클릭하고 ❻ [확인]을 클릭합니다. 월별 생산량 범위에서 빈 셀만 선택됩니다.

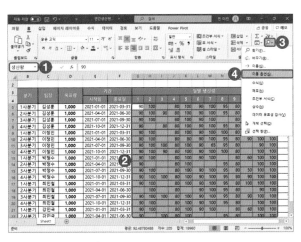

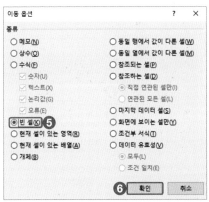

➕ 월별 생산량 범위(G5:R24)는 '생산량'으로 이름 정의되어 있습니다. 이름을 지정하지 않고 빈 셀이 포함된 범위를 지정하려면 마우스로 범위를 드래그합니다.

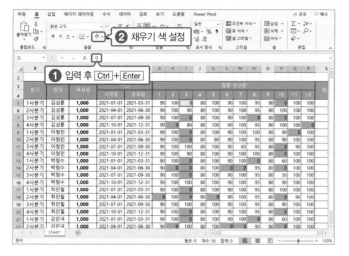

04 빈 셀을 0으로 채우기 ❶ 빈 셀만 선택된 상태에서 수식 입력줄에 **0**을 입력하고 Ctrl+Enter를 눌러 데이터를 채웁니다. ❷ [홈] 탭-[글꼴] 그룹-[채우기 색 🖋]의 목록 버튼 을 클릭하고 원하는 색을 클릭합니다.

➕ 선택했던 빈 셀에 '0'이 입력되고 채우기 색이 적용됩니다.

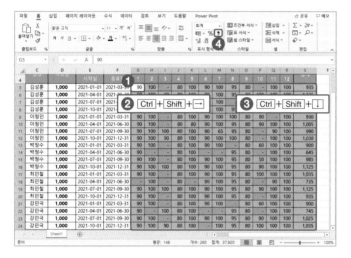

05 쉼표 스타일 지정하기 ❶ [G5] 셀을 클릭하고 ❷ Ctrl+Shift+→를 누른 후 ❸ Ctrl+Shift+↓를 눌러 [G5:S24] 범위를 지정합니다. ❹ [홈] 탭-[표시 형식] 그룹-[쉼표 스타일 ,]을 클릭하여 쉼표 스타일을 적용합니다.

바로 통 하는 TIP [쉼표 스타일 ,]이 적용된 셀은 세 자리마다 쉼표가 표시되며, 0일 때는 '-'으로 표시됩니다.

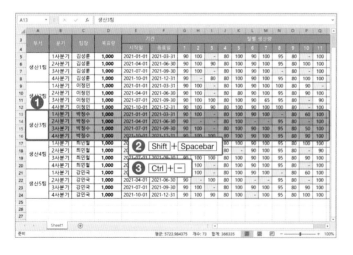

06 행 전체 선택하고 삭제하기 ❶ [A13] 셀을 클릭하고 ❷ Shift+Spacebar를 눌러 [13:16] 행 범위를 지정합니다. ❸ Ctrl+-를 눌러 행을 삭제합니다.

바로 통 하는 TIP [A13:A16] 범위가 병합되어 있으므로 [A13] 셀에서 행 범위 지정 단축키를 누르면 병합된 행 전체인 [13:16] 행이 범위로 지정됩니다.

핵심기능

08

행과 열을 자유자재로 삽입/삭제하고 높이/너비를 조정하거나 숨기기

실습 파일 1장 \ 입금거래내역_행열편집.xlsx
완성 파일 1장 \ 입금거래내역_행열편집_완성.xlsx

셀은 크기가 일정한 영역이므로 많은 내용의 데이터를 입력하면 한 화면에서 데이터를 확인하기 힘들거나 출력했을 때 일부 내용이 보이지 않을 수 있습니다. 이런 경우에는 데이터에 맞게 행 높이와 열 너비를 조정해야 합니다. 행과 열을 삽입/삭제하고 숨기는 방법을 알아보겠습니다.

미리 보기

회사에서 바로 통하는 키워드 : 행 높이, 열 너비, 행 삽입, 행 삭제, 열 숨기기, 서식 지우기, 삽입 옵션

한눈에 보는 작업 순서 행 높이 입력하기 ▶ 열 너비 자동 조정하기 ▶ 행 삽입/삭제하기 ▶ 열 숨기기

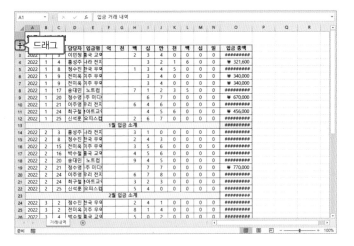

01 행 높이 조정하기 1행 머리글 경계선에 마우스 포인터 ↕를 위치시키고 아래쪽으로 조금 드래그해 행 높이를 조정합니다.

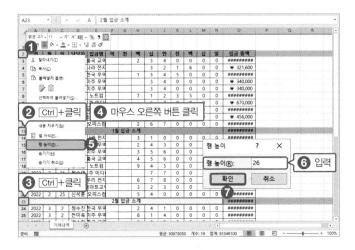

02 ❶ 2행 머리글을 클릭하고 ❷ ❸ Ctrl 을 누른 상태에서 13행, 23행을 각각 클릭합니다. ❹ 선택한 행 머리글을 마우스 오른쪽 버튼으로 클릭하고 ❺ [행 높이]를 클릭합니다. ❻ [행 높이] 대화상자에 **26**을 입력한 후 ❼ [확인]을 클릭합니다.

➕ 2, 13, 23 행의 높이가 26으로 변경됩니다.

03 열 너비 조정하기 ❶ E열 머리글을 클릭하고 ❷ Shift 를 누른 상태에서 O열 머리글을 클릭해 [E:O] 열 범위를 지정합니다. ❸ 선택한 범위에서 임의의 열 머리글 경계선에 마우스 포인터 ↔를 위치시키고 더블클릭합니다. 선택한 범위에 입력된 데이터의 너비만큼 열 너비가 일괄적으로 자동 조정됩니다.

➕ 행/열 머리글에서 행의 아래쪽 및 열의 오른쪽 경계선을 더블클릭하면 행/열의 너비가 입력된 내용에 맞게 자동으로 조정됩니다.

	A	B	C	D	E	F	G	H	I	J	K	L	M	N	O	P	Q
1	입금 거래 내역																
2	연	월	일	담당자	입금명	억	천	백	십	만	천	백	십	일	입금 총액		
3	2022	1	3	이민정	중국 교역			2	3	4	0	0	0	0	#########		
4	2022	1	4	홍성주	나라 전자				3	2	1	6	0	0	₩ 321,600		
5	2022	1	8	정수진	한국 무역		1	3	4	5	0	0	0	0	#########		
6	2022	1	9	전미옥	제주 무역			3	4	0	0	0	0	0	₩ 340,000		
7	2022	1	9	전미옥	제주 무역			3	4	0	0	0	0	0	₩ 340,000		
8	2022	1	17	송대민	노트컴		7	1	2	3	5	0	0	0	#########		
9	2022	1	20	정수영	주 미디어			6	7	0	0	0	0	0	₩ 670,000		
10	2022	1	21	이주영	우리 전자		6	4	6	0	0	0	0	0	#########		
11	2022	1	24	최구철	아트교역			4	5	6	0	0	0	0	₩ 456,000		
12	2022	1	25	신석훈	오피스컴		2	6	7	0	0	0	0	0	#########		
13					1월 입금 소계										#########		
14	2022	2	3	홍성주	나라 전자			3	1	0	0	0	0	0	#########		
15	2022	2	8	정수진	한국 무역			2	4	3	0	0	0	0	#########		
16	2022	2	15	전미옥	제주 무역			3	5	6	0	0	0	0	#########		

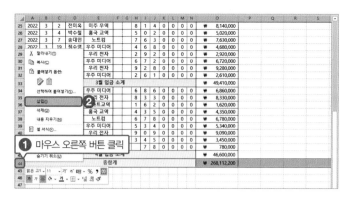

04 빈 행 삽입 및 서식 지우기 ①
44행 머리글을 마우스 오른쪽 버튼으로 클릭하고 ② [삽입]을 클릭합니다.

➕ 44행 위에 주변 서식이 적용된 빈 행이 삽입됩니다.

바로 통하는 TIP 행/열을 삽입하는 단축키는 Ctrl + Shift + + 입니다.

05 삽입된 셀의 ① [삽입 옵션 ⬇]을 클릭하고 ② [서식 지우기]를 클릭하면 자동 지정된 서식이 삭제됩니다.

06 행 삭제하기 ① 7행 머리글을 마우스 오른쪽 버튼으로 클릭하고 ② [삭제]를 클릭해 삭제합니다.

바로 통하는 TIP 행/열을 삭제하는 단축키는 Ctrl + − 입니다.

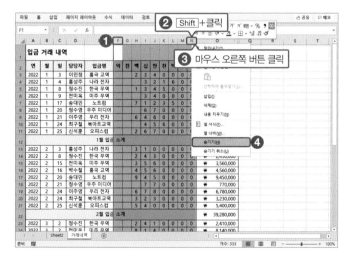

07 열 숨기기 ① F열 머리글을 클릭하고 ② Shift 를 누른 상태에서 N열 머리글을 클릭합니다. ③ 지정한 [F:N] 열 범위에서 마우스 오른쪽 버튼을 클릭하고 ④ [숨기기]를 클릭하여 열을 숨깁니다.

바로 통하는 TIP 숨긴 열을 다시 표시하려면 [E:O] 열 범위를 지정한 후 마우스 오른쪽 버튼을 클릭하고 [숨기기 취소]를 클릭합니다. 숨겨진 열이나 행을 다시 표시하려면 숨겨진 위치가 포함되도록 인접한 행이나 열을 범위로 지정합니다.

실무 필수

실무 활용

문서 작성

문서 편집 & 인쇄

수식 & 함수

차트

데이터 관리/ 분석& 자동화

09

복사한 데이터를 원하는 방법으로 붙여 넣는 선택하여 붙여넣기

실습 파일 1장\매출분석_선택하여붙여넣기.xlsx
완성 파일 1장\연매출분석_선택하여붙여넣기_완성.xlsx

엑셀에는 단순히 데이터를 복사(Ctrl+C)하고 붙여 넣는(Ctrl+V) 방법 외에 다양한 옵션으로 붙여 넣는 [선택하여 붙여넣기] 기능이 있습니다. 값, 수식, 서식, 연산 등의 다양한 옵션 중에서 선택해 붙여 넣을 수 있어 상황에 따라 활용하기 좋습니다.

미리 보기

회사에서 바로 통하는 키워드: 선택하여 붙여넣기, 서식만 붙여넣기, 원본 열 너비 유지, 연결하여 붙여넣기, 붙여넣기 옵션, 곱하여 붙여넣기

한눈에
보는
작업 순서   서식 복사/붙여넣기 ▶ 너비 유지하고 연결하여 붙여넣기 ▶ 곱하여 붙여넣기

01 서식만 붙여넣기 ❶ [매출분석] 시트의 [A3:A23] 범위를 지정하고 ❷ Ctrl + C 를 눌러 상품명 항목을 복사합니다. ❸ [G3] 셀을 마우스 오른쪽 버튼으로 클릭하고 ❹ [선택하여 붙여넣기]-[서식 🖌]을 클릭합니다. ❺ Esc 를 눌러 복사 모드를 해제합니다.

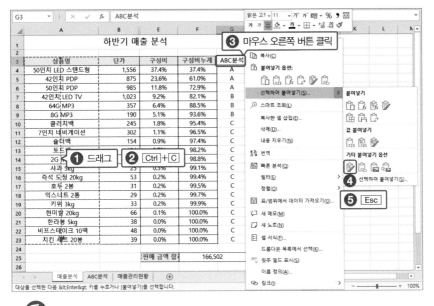

➕ 데이터를 복사하면 범위로 지정한 테두리에 점선이 표시되며 깜빡거립니다. 이는 원본 데이터를 계속 붙여 넣을 수 있다는 의미로, 복사 모드를 해제하려면 Esc 를 누릅니다.

바로 통하는 TIP [홈] 탭-[클립보드] 그룹-[서식 복사 🖌]를 클릭하고 마우스 포인터 📠가 변경되면 서식을 붙여 넣을 위치에서 클릭합니다. [서식 복사 🖌]를 더블클릭하면 동일한 서식을 여러 군데 반복해서 붙여 넣을 수 있습니다. 서식 복사 모드를 해제하려면 Esc 를 누릅니다. 이 방법은 모든 버전에서 사용할 수 있습니다.

02 너비를 유지하고 연결하여 붙여넣기 [매출분석] 시트의 상품명, 금액, 구성비, 구성비누계, ABC분석 항목을 복사한 후 열 너비를 유지하고 원본과 연결하여 [ABC분석] 시트에 붙여 넣겠습니다. ❶ [A3:A23] 범위를 지정하고 ❷ Ctrl 을 누른 상태에서 [D3:G23] 범위를 지정합니다. ❸ Ctrl + C 를 눌러 복사합니다.

	A	B	C	D	E	F	G
1				하반기 매출 분석			
2							
3	상품명	단가	수량	금액	구성비	구성비누계	ABC분석
4	50인치 LED 스탠드형	1,556	40	62,240	37.4%	37.4%	A
5	42인치 PDP	875	45	39,375	23.6%	61.0%	A
6	50인치 PDP	985	20	19,702	11.8%	72.9%	A
7	42인치 LED TV	1,023	15	15,361	9.2%	82.1%	B
8	64G MP3	357	30	10,710	6.4%	88.5%	B
9	8G MP3	190	45	8,532	5.1%	93.6%	B
10	클러치백	245	12	2,940	1.8%	95.4%	C
11	7인치 네비게이션	302	6	1,812	1.1%	96.5%	C
12	숄더백	154	10	1,540	0.9%	97.4%	C
13	토드백	124	10	1,240	0.7%	98.2%	C
14	2G MP3	56	20	1,120	0.7%	98.8%	C
15	사과 5kg	25	20	500	0.3%	99.1%	C
16	즉석 도정 20kg	53	7	371	0.2%	99.4%	C
17	호두 2봉	31	10	310	0.2%	99.5%	C
18	믹스너트 2통	29	10	288	0.2%	99.7%	C
19	키위 3kg	33	8	264	0.2%	99.9%	C
20	현미쌀 20kg	66	2	131	0.1%	100.0%	C
21	한라봉 5kg	38	2	76	0.0%	100.0%	C
22	비프스테이크 10팩	48	0	0	0.0%	100.0%	C
23	치킨 세트 20봉	39	0	0	0.0%	100.0%	C
24							
25				총판매 금액 합계		166,502	
26							

❶ 드래그 ❷ Ctrl + 드래그 ❸ Ctrl + C

매출분석 | ABC분석 | 매출관리현황

바로 통하는 TIP [복사]의 단축키는 Ctrl + C , [잘라내기]의 단축키는 Ctrl + X , [붙여넣기]의 단축키는 Ctrl + V 입니다.

03 ❶ [ABC분석] 시트 탭을 클릭합니다. ❷ [A3] 셀에서 마우스 오른쪽 버튼을 클릭하고 ❸ [선택하여 붙여넣기]-[원본 열 너비 유지🗐]를 클릭합니다. ❹ 경고 메시지가 나타나면 [확인]을 클릭합니다.

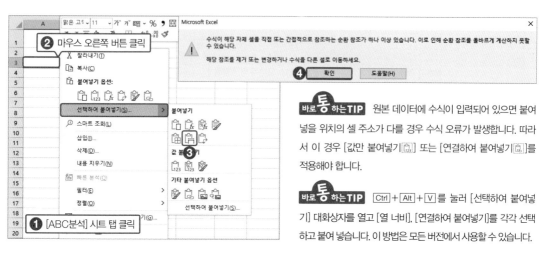

바로**통**하는TIP 원본 데이터에 수식이 입력되어 있으면 붙여넣을 위치의 셀 주소가 다를 경우 수식 오류가 발생합니다. 따라서 이 경우 [값만 붙여넣기] 또는 [연결하여 붙여넣기🗐]를 적용해야 합니다.

바로**통**하는TIP Ctrl + Alt + V 를 눌러 [선택하여 붙여넣기] 대화상자를 열고 [열 너비], [연결하여 붙여넣기]를 각각 선택하고 붙여 넣습니다. 이 방법은 모든 버전에서 사용할 수 있습니다.

➕ 복사했던 데이터 범위의 열 너비에 맞게 조정되고 데이터가 붙여 넣어집니다.

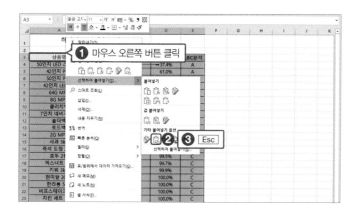

04 ❶ [A3] 셀을 마우스 오른쪽 버튼으로 클릭하고 ❷ [선택하여 붙여넣기]-[연결하여 붙여넣기🗐]를 클릭합니다. ❸ Esc 를 눌러 복사 모드를 해제합니다.

➕ [연결하여 붙여넣기] 옵션은 원본의 데이터 값을 각 셀에 연결합니다.

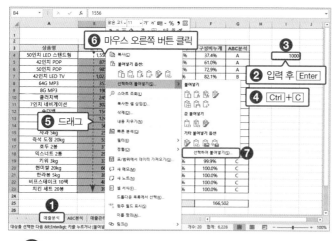

05 곱하여 붙여넣기 [선택하여 붙여넣기]를 이용해 단가에 1000을 곱한 값을 표시하겠습니다. ❶ [매출분석] 시트 탭을 클릭합니다. ❷ [I4] 셀에 **1000**을 입력하고 Enter 를 누릅니다. ❸ [I4] 셀을 클릭한 후 ❹ Ctrl + C 를 누릅니다. ❺ [B4:B23] 범위를 지정하고 ❻ 마우스 오른쪽 버튼을 클릭한 후 ❼ [선택하여 붙여넣기]-[선택하여 붙여넣기]를 클릭합니다.

바로**통**하는TIP [선택하여 붙여넣기]의 단축키는 Ctrl + Alt + V 입니다.

06 [선택하여 붙여넣기] 대화상자가 나타나면 ❶ [값]과 ❷ [곱하기]를 클릭하고 ❸ [확인]을 클릭합니다. ❹ [I3] 셀을 클릭한 후 Delete 를 눌러 값을 삭제합니다.

❶ 1000을 곱한 단가와 단가를 참조한 금액이 변경되었습니다. 연결하여 붙여 넣은 [ABC분석] 시트의 금액도 동일하게 바뀝니다.

쉽고 빠른 엑셀 Note / **선택하여 붙여넣기 옵션 살펴보기**

엑셀 2010&이후 버전에서 마우스 오른쪽 버튼을 클릭할 때 나타나는 메뉴는 각각의 붙여넣기 옵션을 아이콘으로 제공합니다. 이 메뉴를 이용하면 좀 더 쉽고 편리하게 옵션을 지정할 수 있습니다.

붙여넣기 옵션		설명
붙여넣기	: 붙여넣기	모든 셀 내용과 수식 및 서식 붙여넣기
	: 수식	수식 입력줄에 입력한 대로 수식만 붙여넣기
	: 수식 및 숫자 서식	수식 입력줄에 입력한 대로 수식과 숫자 서식을 붙여넣기
	: 원본 서식 유지	원본 서식을 유지하면서 셀 내용과 수식을 붙여넣기
	: 테두리 없음	테두리 없이 셀 내용과 서식 및 수식을 붙여넣기
	: 원본 열 너비 유지	원본 열 너비를 유지하면서 셀 내용과 서식, 수식을 붙여넣기
	: 행/열 바꿈	행과 열을 바꿔서 셀 내용과 서식, 수식을 붙여넣기
	: 조건부 서식 병합	조건부 서식을 붙여 넣을 영역에 있는 조건부 서식과 병합하여 붙여넣기
값 붙여넣기	: 값	셀 내용만 붙여넣기
	: 값 및 숫자 서식	셀 내용과 숫자 서식만 붙여넣기
	: 값 및 원본 서식	셀 내용과 서식을 붙여넣기
기타 붙여넣기 옵션	: 서식	셀 서식만 붙여넣기
	: 연결하여 붙여넣기	셀 내용만 연결하여 붙여넣기
	: 그림	원본과 연결 없이 그림으로 붙여넣기
	: 연결된 그림	원본과 연결하여 그림으로 붙여넣기

[선택하여 붙여넣기]에서는 아이콘으로 제공되는 기능 외에 추가로 붙여넣기 옵션을 지정할 수 있습니다.

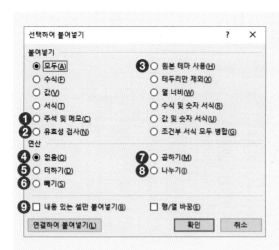

❶ 주석 및 메모 : 셀에 메모만 붙여넣기

❷ 유효성 검사 : 셀에 설정된 데이터 유효성 검사 규칙만 붙여넣기

❸ 원본 테마 사용 : 원본 데이터에 적용된 테마를 사용하여 모든 셀 내용과 서식을 붙여넣기

❹ 없음 : 연산 없이 복사할 영역의 내용을 붙여넣기

❺ 더하기 : 복사할 셀의 값을 붙여 넣을 범위의 값에 더함

❻ 빼기 : 붙여 넣을 셀의 값에서 복사할 셀의 값을 뺌

❼ 곱하기 : 붙여 넣을 셀의 값에 복사할 셀의 값을 곱함

❽ 나누기 : 붙여 넣을 셀의 값을 복사할 셀의 값으로 나눔

❾ 내용 있는 셀만 붙여넣기 : 내용이 있는 셀만 붙여 넣고 빈 셀은 붙여 넣지 않음

핵심기능

10

복사한 데이터를 워크시트에 그림으로 연결하여 붙여넣기

실습 파일 1장\주간일정표_그림연결.xlsx
완성 파일 1장\주간일정표_그림연결_완성.xlsx

엑셀에서 열 너비가 서로 다른 표를 붙여 넣을 때는 원본 또는 붙여 넣을 위치의 열 너비를 유지해야 하므로 양식 문서를 만들 때 여러 가지를 고려해야 합니다. 하지만 열 너비에 관계없이 여러 종류의 표를 한곳에 모아놓을 때는 그림으로 연결하여 붙여 넣으면 편리합니다.

미리 보기

회사에서 바로 통하는 키워드 : 열 너비, 그림으로 연결하여 붙여넣기, 열 너비 자동 조정

한눈에 보는 작업 순서
열 너비 조정하기 ▶ 달력 범위 지정 후 복사하기 ▶ 그림으로 연결하여 붙여넣기 ▶ 원본 데이터 수정하기

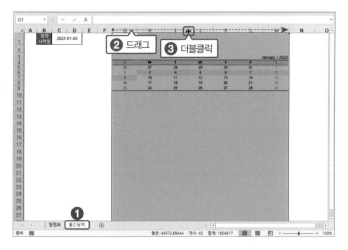

01 열 너비 자동 조정하기 ❶ [월간달력] 시트 탭을 클릭합니다. ❷ [G:M] 열 범위를 지정하고 ❸ 선택한 범위에서 임의의 머리글 경계선에 마우스 포인터 ✛를 위치시키고 더블클릭합니다.

✚ 열 너비가 입력된 데이터 크기에 맞게 자동으로 조정됩니다.

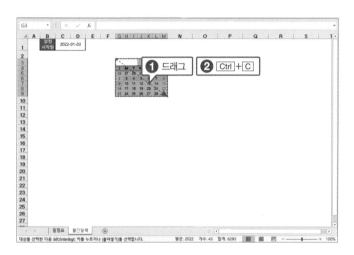

02 달력 표 복사하기 [월간달력] 시트에 작성된 표를 복사하여 [일정표] 시트에 그림으로 붙여 넣어보겠습니다. ❶ [G3:M9] 범위를 지정한 후 ❷ Ctrl + C 를 눌러 복사합니다.

바로 통 하는TIP 그림으로 붙여 넣으면 표뿐만 아니라 눈금선도 복사되므로 복사하기 전에 [보기] 탭-[표시] 그룹-[눈금선]의 체크를 해제합니다.

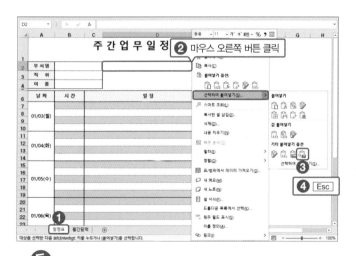

03 그림으로 붙여넣기 ❶ [일정표] 시트 탭을 클릭합니다. ❷ [D2] 셀에서 마우스 오른쪽 버튼을 클릭한 후 ❸ [선택하여 붙여넣기]-[연결된 그림 🖼]을 클릭합니다. 그림으로 붙여넣어집니다. ❹ Esc 를 눌러 복사모드를 해제합니다.

바로 통 하는TIP [연결된 그림 🖼]으로 붙여 넣으면 원본 데이터가 수정될 경우 연결된 데이터도 자동으로 수정됩니다. 원본 데이터의 영향을 받지 않게 하려면 [그림 🖼]을 사용합니다.

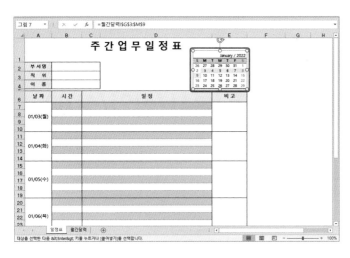

04 붙여 넣은 그림 개체를 클릭한 후 드래그하여 위치와 크기를 조절합니다.

바로 **통**하는**TIP** 개체를 선택한 후 방향키를 누르면 위치를 세밀하게 조절할 수 있습니다.

05 연결된 데이터 수정하기 ❶ [월간달력] 시트 탭을 클릭합니다. **❷** [C1] 셀에 **2022-1-10**을 입력하고 Enter 를 누릅니다. **❸** [일정표] 시트 탭을 클릭하면 **❹** 달력표가 업데이트된 것을 확인할 수 있습니다.

바로 **통**하는**TIP** 붙여 넣은 개체의 연결을 끊으려면 개체를 클릭하고 수식 입력줄에서 연결된 원본 주소(=월간달력!$G$3:$M$9)를 지운 후 Enter 를 누릅니다. 연결이 끊어지면 원본의 영향을 받지 않습니다.

워크시트 이름 변경 및 편집 방법 알아보기(이동/복사/삽입/삭제)

실습 파일 1장\양식문서_시트편집.xlsx
완성 파일 1장\양식문서_시트편집_완성.xlsx, 견적서양식.xlsx

엑셀 통합 문서에는 기본적으로 한 개의 워크시트가 있으며 필요에 따라 최대 255개의 워크시트를 추가할 수 있습니다. 워크시트는 문서를 만들고 편집하는 공간으로, 시트 탭의 이름이나 색을 바꿔서 필요한 내용을 쉽게 찾을 수 있도록 구분할 수 있습니다. 워크시트 이름을 변경하고 삽입, 복사, 삭제하는 등 시트 탭을 편집하는 방법에 대해 알아보겠습니다.

미리 보기

	A	B	C	D	E	F	G	H	I	J	K	L
1												
2					견		적		서			
3												
4		날 짜:					사업자번호					
5		수 신:			귀하		공 상 호			대 표		
6		담 당:			귀하		급 소 재 지					
7							자 업 태			종 목		
8		아래와 같이 견적합니다.					TEL			FAX		
9		합계금액 (공급가액+부가세)										
10		품번	품명		규격	단위	수량		단가	금액	비고	
11		1										
12		2										
13		3										
14		4										
15		5										
16		6										
17		7										
18		8										
19		9										
20		10										
21				공 급 가 액								
22				부 가 세								
23				총 계								

양식문서목록 | 견적서 | 재직증명 | 경력증명 | 사직서 | ⊕

회사에서 바로 통하는 키워드: 워크시트 이름 바꾸기, 시트 탭 색, 워크시트 복사, 워크시트 삽입, 워크시트 삭제, 워크시트 관련 단축키

한눈에 보는 작업 순서	워크시트 이름 및 탭 색 바꾸기	▶	워크시트 복사하기	▶	워크시트 삽입하기	▶	새 통합 문서에 워크시트 복사하기

01 워크시트 이름 바꾸기 ❶ [Sheet 1] 시트 탭을 더블클릭하고 ❷ **견적 서**를 입력한 후 Enter를 누릅니다.

바로 통 하는 TIP 시트 탭을 마우스 오른쪽 버튼으로 클릭하고 [이름 바꾸기]를 클릭해 이름을 변경할 수 있고, [탭 색]을 클릭해 탭의 색상을 바꿀 수 있습니다. 워크시트 이름은 31자를 넘지 않아야 하며 ₩, /, ?, *, [,], '를 포함하지 않아야 합니다.

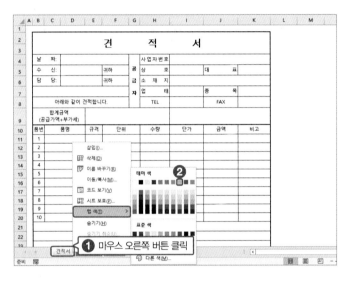

02 ❶ [견적서] 시트 탭을 마우스 오른쪽 버튼으로 클릭하고 ❷ [탭색]-[황금색, 강조 4]를 클릭합니다.

➕ [견적서] 시트 탭 색상이 [황금색, 강조4]로 변경됩니다.

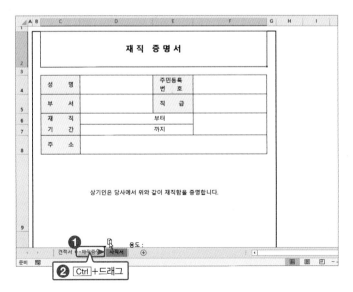

03 워크시트 복사하기 ❶ [재직증명] 시트 탭을 클릭합니다. ❷ Ctrl 을 누른 상태에서 오른쪽으로 드래그합니다.

➕ [재직증명] 시트가 복사됩니다.

바로 통 하는 TIP 시트 탭을 이동하려면 시트 탭을 원하는 위치로 드래그하고 시트 탭을 복사하려면 Ctrl 을 누르고 드래그합니다.

실무 필수

실무 활용

문서 작성

문서 편집 & 인쇄

수식 & 함수

차트

데이터 관리/ 분석& 자동화

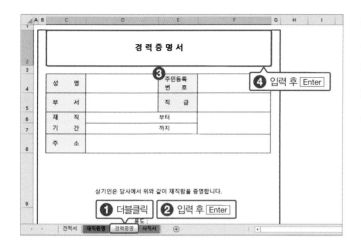

04 워크시트 이름 바꾸기 ① 복사된 시트 탭을 더블클릭하고 **②** **경력증명**을 입력한 후 Enter 를 누릅니다. **③** [C2] 셀을 클릭하고 **④** **경력증명서**를 입력한 후 Enter 를 누릅니다.

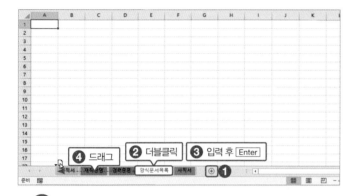

05 워크시트 삽입 및 이동하기 ① [새 시트 ⊕]를 클릭합니다. **②** 새로운 시트 탭을 더블클릭한 후 **③** **양식문서목록**을 입력하고 Enter 를 누릅니다. **④** [양식문서목록] 시트 탭을 드래그하여 [견적서] 시트 왼쪽으로 이동합니다.

바로 통 하는TIP 통합 문서를 새로 열면 기본적으로 시트는 하나만 있습니다. 기본 시트 개수를 조정하려면 [파일] 탭에서 [옵션]을 클릭합니다. [Excel 옵션] 대화상자에서 [일반] 항목의 [포함할 시트 수]에 1~255 사이의 값을 입력합니다.

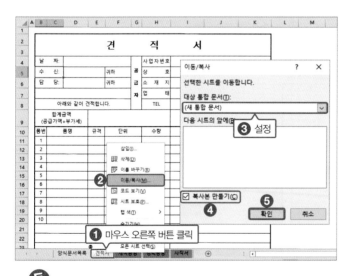

06 새 통합 문서에 워크시트 복사하기 새 통합 문서에 견적서 시트 탭을 복사하겠습니다. **①** [견적서] 시트 탭을 마우스 오른쪽 버튼으로 클릭한 후 **②** [이동/복사]를 클릭합니다. **③** [이동/복사] 대화상자의 [대상 통합 문서]에서 [새 통합 문서]를 클릭하고 **④** [복사본 만들기]에 체크한 후 **⑤** [확인]을 클릭합니다.

⊕ 새 통합 문서에 [견적서] 시트가 복제됩니다.

바로 통 하는TIP 시트 탭에서 마우스 오른쪽 버튼을 클릭해 나타나는 메뉴에서 [삭제]를 클릭하면 시트가 삭제됩니다. 시트 삭제 명령은 취소할 수 없으므로 주의합니다.

07 통합 문서 저장하기 ❶ Ctrl + S 를 눌러 **❷** [이 파일에 저장하기] 대화상자가 열리면 [파일 이름]에 **견적서양식**을 입력하고 **❸** [저장]을 클릭합니다.

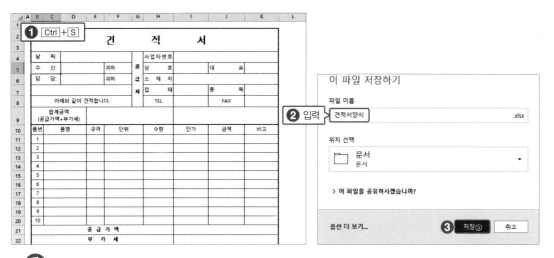

바로 통 하는TIP [이 파일 저장하기] 대화상자의 [위치 선택]에서 저장 위치를 선택할 수 있으며 다른 저장 옵션이나 위치를 선택하려면 [옵션더 보기]를 클릭합니다.

쉽고 빠른 엑셀 Note | **워크시트 관련 단축키 알아보기**

단축키	설명
Shift + F11	새 워크시트를 삽입합니다.
Ctrl + PgUp / PgDn	현재 워크시트의 다음 또는 이전 워크시트로 이동합니다.
Ctrl +[시트 이동 버튼◀]/ Ctrl +[시트 이동 버튼▶]	처음/끝 워크시트로 이동합니다. 워크시트의 개수가 많아 시트 탭이 모두 보이지 않을 때만 활성화됩니다.
[시트 이동 버튼◀/▶] 마우스 오른쪽 버튼 클릭	[활성화] 대화상자에 전체 워크시트 목록이 나타납니다. 시트명을 더블클릭하면 해당 워크시트로 이동합니다.
Shift +시트 탭 클릭	Shift 를 누른 상태에서 시트 탭을 클릭하면 처음 선택한 워크시트와 마지막에 선택한 워크시트 사이에 위치한 모든 워크시트가 그룹화됩니다.
Ctrl +시트 탭 클릭	Ctrl 을 누른 상태에서 시트 탭을 각각 클릭하면 클릭한 워크시트만 그룹화됩니다.

실무 필수

실무 활용

문서 작성

문서 편집 & 인쇄

수식 & 함수

차트

데이터 관리/ 분석& 자동화

03

출퇴근 기록표의 시트명 수정하고 결재란을 그림으로 붙여넣기

실습 파일 1장\출퇴근시간기록.xlsx
완성 파일 1장\출퇴근시간기록_완성.xlsx

출퇴근 기록표에서 각 워크시트의 이름을 바꾸고 전체 워크시트를 그룹으로 지정하여 글꼴을 한꺼번에 변경하겠습니다. 또 서로 다른 크기의 결재 양식과 주간 근무시간 집계표를 복사하여 주간 보고서에 그림으로 붙여 넣겠습니다.

미리 보기

	A	B	C	D	E	F	G
1	개인별 주간 근무 시간 및 수당집계						
2					결재	담 당	팀장	부서장
3		주간근무	주간잔업	주간연장	주간급여	잔업수당	연장수당
	주간총합계	800	89	33	8,000,000	885,000	325,000
	주간평균	36	4	1	363,636	40,227	14,773
4	성명	주간근무시간			주간수당		
5		주간근무	주간잔업	주간연장	주간급여	잔업수당	연장수당
6	이수연	40	0	0	400,000	-	-
7	김민호	40	2	0	400,000	20,000	-
8	박정수	40	5	0.5	400,000	50,000	5,000
9	이철진	37.5	2.5	0	375,000	25,000	-
10	최성수	40	2.5	0	400,000	25,000	-
11	민호연	40	6.5	3	400,000	65,000	30,000
12	문지연	34	2.5	0.5	340,000	25,000	5,000
13	강준기	40	6.5	4.5	400,000	65,000	45,000
14	조수민	40	8.5	2	400,000	85,000	20,000
15	홍성국	40	0	0	400,000	-	-
16	민정호	29.5	0	0	295,000	-	-
17	강성태	40	4.5	1	400,000	45,000	10,000
18	정지수	37.5	0	0	375,000		

◀ ◀ ▶ ▶ | 1일 | 2일 | 3일 | 4일 | 5일 | 주간 | 집계 | ⊕

회사에서 바로 통하는 키워드 : 워크시트 이름 바꾸기, 워크시트 그룹, 워크시트 삭제, 그림으로 붙여넣기, 연결된 그림으로 붙여넣기

| 한눈에 보는 작업 순서 | ▶ | 워크시트 이름 바꾸기 | ▶ | 워크시트 그룹 지정 후 글꼴 변경 및 눈금선 해제하기 | ▶ | 결재란을 그림으로 붙여넣기 | ▶ | 결재 시트 삭제하기 | ▶ | 집계표를 그림으로 연결하여 붙여넣기 |

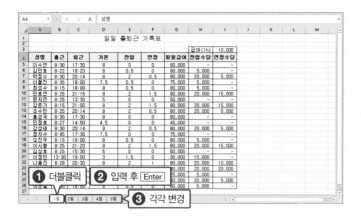

01 워크시트 이름 변경하기 ❶ [Sheet 1] 시트 탭을 더블클릭하고 ❷ 시트 명을 **1일**로 변경합니다. ❸ 같은 방법으로 [Sheet2]~[Sheet5] 시트명을 **2일**, **3일**, **4일**, **5일**로 각각 변경합니다.

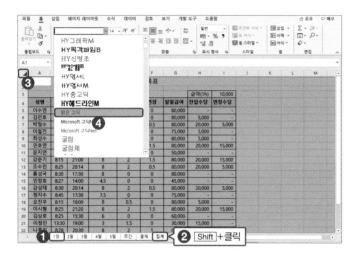

02 워크시트 그룹 지정하기 ❶ [1일] 시트 탭을 클릭하고 ❷ Shift 를 누른 상태에서 [집계] 시트 탭을 클릭합니다. ❸ [전체 선택 ◢]을 클릭하고 ❹ [홈] 탭-[글꼴] 그룹에서 글꼴을 [맑은 고딕]으로 지정합니다.

✚ 전체 워크시트의 글꼴이 [맑은 고딕]으로 변경됩니다.

03 눈금선 해제하기 및 그룹 해제하기 ❶ [보기] 탭-[표시] 그룹-[눈금선]의 체크를 해제합니다. ❷ 임의의 셀을 클릭해 전체 선택을 해제합니다. ❸ [결재] 시트 탭을 클릭하여 그룹을 해제합니다. 전체 워크시트의 눈금선이 해제됩니다.

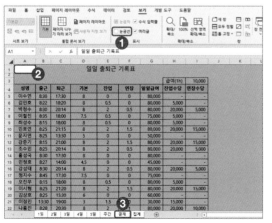

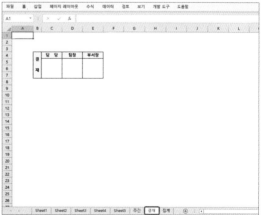

바로 통 하는 TIP 워크시트 그룹을 해제하려면 그룹화되어 있지 않은 시트 탭을 클릭합니다. 본 예제처럼 모든 워크시트가 그룹화된 경우에는 첫 번째 시트 탭을 제외한 나머지 시트 탭 중 하나를 클릭하면 워크시트 그룹이 해제됩니다.

실무 필수

실무 활용

문서 작성

문서 편집 & 인쇄

수식 & 함수

차트

데이터 관리/ 분석& 자동화

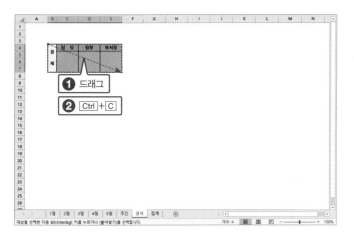

04 그림으로 붙여넣기 ❶ [B4:E7] 범위를 지정하고 ❷ Ctrl + C 를 눌러 복사합니다.

05 ❶ [주간] 시트 탭을 클릭합니다. ❷ [E2] 셀을 마우스 오른쪽 버튼으로 클릭한 후 ❸ [선택하여 붙여넣기]−[그림⬚]을 클릭합니다. ❹ 결재 양식의 위치와 크기를 보기 좋게 조절합니다.

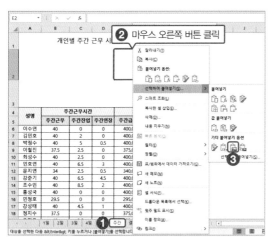

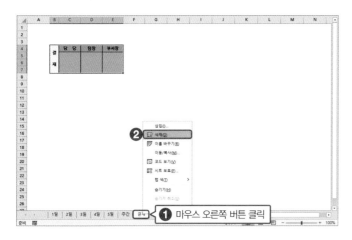

06 시트 삭제하기 ❶ [결재] 시트 탭을 마우스 오른쪽 버튼으로 클릭하고 ❷ [삭제]를 클릭합니다.

➕ [결재] 워크시트가 삭제됩니다.

바로 통하는TIP 그림으로 붙여 넣은 범위는 복사한 원본 시트의 데이터가 삭제되어도 영향을 받지 않습니다.

07 ❶ [집계] 시트 탭을 클릭하고 ❷ [A2:G4] 범위를 지정한 후 ❸ Ctrl + C 를 눌러 복사합니다. ❹ [주간] 시트 탭을 클릭하고 ❺ [A3] 셀을 마우스 오른쪽 버튼으로 클릭한 후 ❻ [선택하여 붙여넣기]–[연결된 그림📷]을 클릭합니다.

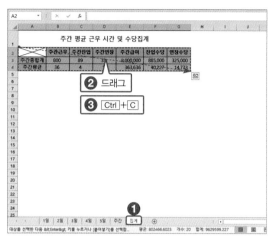

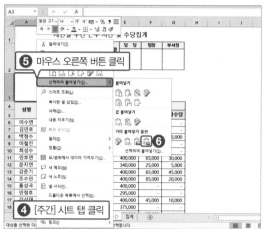

➕ 주간 평균 근무 시간 및 수당집계 표가 그림으로 붙여 넣어집니다.

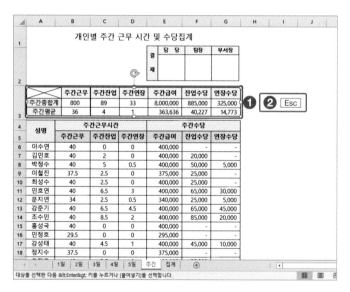

08 ❶ 수당 집계 표의 위치와 크기를 보기 좋게 조절한 후 ❷ Esc 를 눌러 복사 모드를 해제합니다.

바로 통 하는 TIP 원본 데이터의 내용이 변경되면 연결된 그림으로 붙여 넣은 범위의 내용도 변경됩니다.

실무활용

04

견적서 양식을 변형할 수 없게 셀 잠금하고 워크시트 보호하기

실습 파일 1장\견적서_시트보호.xlsx
완성 파일 1장\견적서_시트보호_완성.xlsx

특정 셀이나 범위를 잠근 후 워크시트 보호하기를 설정하면 잠근 셀이나 범위를 마음대로 편집할 수 없어 데이터를 보호할 수 있습니다. 셀 잠금과 워크시트 보호 기능은 둘 중 하나만 쓰는 기능이 아니므로 순차적으로 적용해야 합니다. 특히 견적서나 거래 명세서처럼 양식이 정해진 문서의 변형을 막아야 할 때 유용합니다.

미리 보기

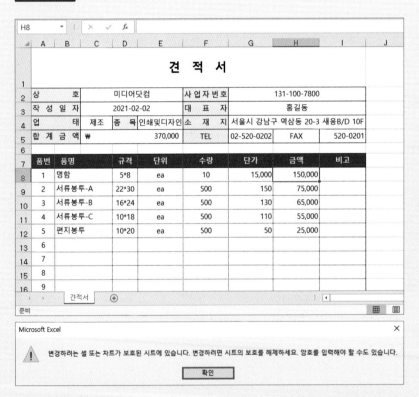

회사에서 바로 통하는 키워드 : 셀 잠금, 셀 잠금 해제, 워크시트 보호, 셀 서식, 검토

한눈에 보는 작업 순서	셀 전체 잠금 해제하기 ▶ 일부 셀 잠그기 ▶ 워크시트 보호하기

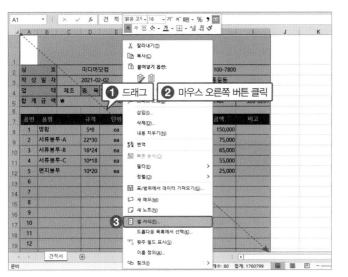

01 셀 전체 잠금 해제하기 ❶ [A1: I25] 범위를 지정합니다. **❷** 지정된 범위에서 마우스 오른쪽 버튼을 클릭한 후 **❸** [셀 서식]을 클릭합니다.

➕ [셀 서식] 대화상자가 나타납니다.

실무
필수

실무
활용

문서
작성

문서
편집
&
인쇄

수식
&
함수

차트

데이터
관리/
분석&
자동화

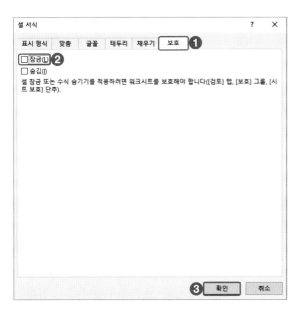

02 ❶ [셀 서식] 대화상자에서 [보호] 탭을 클릭하고 **❷** [잠금]의 체크를 해제한 후 **❸** [확인]을 클릭합니다.

➕ [A1:I25] 범위에 잠금이 적용됩니다.

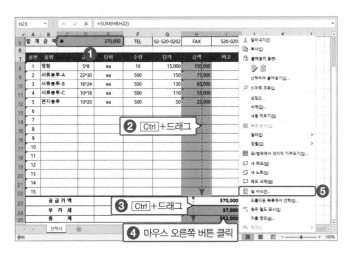

03 일부 셀 잠그기 ❶ [C5] 셀을 클릭하고 **❷❸** Ctrl을 누른 상태에서 [H8:H22], [H23:H25] 범위를 각각 지정한 후 **❹** 지정된 범위에서 마우스 오른쪽 버튼을 클릭하고 **❺** [셀 서식]을 클릭합니다.

➕ [셀 서식] 대화상자가 나타납니다.

04 ❶ [셀 서식] 대화상자에서 [보호] 탭을 클릭하고 ❷ [잠금], [숨김]에 각각 체크한 후 ❸ [확인]을 클릭합니다.

➕ 수식이 입력된 합계 금액, 공급가액, 부가세, 총계에 해당하는 셀의 내용을 보호(숨김)하고 데이터를 편집할 수 없도록 셀이 잠깁니다.

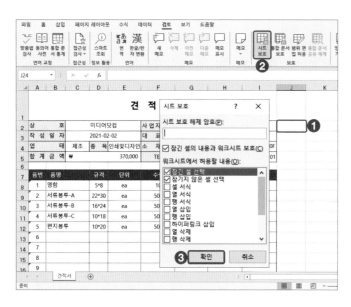

05 워크시트 보호하기 잠금과 숨김 기능을 적용하려면 워크시트를 보호해야 합니다. ❶ 임의의 셀을 클릭하고 ❷ [검토] 탭−[보호] 그룹−[시트 보호📋]를 클릭합니다. ❸ [시트 보호] 대화상자에서 [확인]을 클릭합니다.

바로 통하는 TIP [시트 보호 해제 암호]를 입력하면 보호를 해제하려고 할 때 반드시 암호를 입력해야 합니다. 이때 암호를 잊어버리지 않도록 주의합니다.

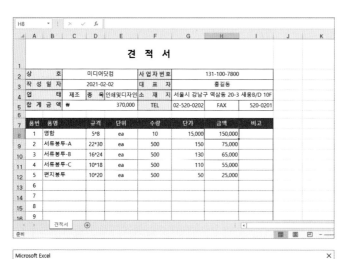

06 셀 잠금 확인하기 잠금을 설정한 셀인 금액, 공급가액, 부가세, 총계 셀은 보호되어 있어 수식 입력줄에 수식이 표시되지 않습니다. 견적 정보와 품명, 규격, 단위, 수량, 단가 이외의 셀에 있는 데이터를 수정하려고 하면 경고 메시지가 나타납니다. [확인]을 클릭합니다.

바로 통하는 TIP 보호를 해제하려면 [검토] 탭−[보호] 그룹−[시트 보호 해제📋]를 클릭합니다.

개인 사용자나 공유된 문서를 사용하는 여러 사용자가 실수나 고의로 워크시트 또는 통합 문서의 중요한 데이터를 변경, 이동, 삭제할 수 없도록 암호를 설정하여 워크시트나 통합 문서의 요소를 보호할 수 있습니다.

❶ **시트 보호** : 데이터 수정, 서식 변경, 행과 열 삽입/삭제 등 워크시트에서 허용할 내용과 보호할 내용을 선택하고 보호를 해제할 수 없도록 암호를 설정합니다.

❷ **통합 문서 보호** : 문서의 구조를 보호하고 해제할 수 없도록 워크시트의 이동, 삭제, 추가 시에 암호를 설정하여 통합 문서를 보호합니다.

❸ **범위 편집 허용** : 시트 탭을 보호할 경우 편집을 허용할 범위를 설정합니다.

❹ **통합 문서 공유** : 통합 문서를 네트워크나 원드라이브에 저장한 경우 동시에 여러 사용자가 같은 문서에서 작업할 수 있도록 통합 문서를 공유합니다. 사용자 드라이브에 저장된 경우에는 비활성화되어 있습니다.

2010 \ 2013 \ 2016 \ 2019 \ 2021

틀 고정으로 원하는 행/열을 항상 화면에 표시하기

실습 파일 1장\프로젝트일정표_틀고정.xlsx
완성 파일 없음

워크시트에 많은 양의 데이터가 입력되어 있다면 제목 행이나 제목 열과 같은 특정 영역을 고정해놓고 작업하는 것이 편리합니다. 틀 고정을 하면 화면 이동과 관계없이 고정된 셀(행 또는 열)이 항상 표시되므로 표의 제목을 쉽게 파악할 수 있습니다. 프로젝트 일정표에서 화면을 이동해도 제목 행과 제목 열인 단계, 상세 작업, 작업 일정이 계속 표시되도록 틀 고정을 해보겠습니다.

미리 보기

회사에서 바로 통하는 키워드 : **틀 고정, 틀 고정 취소, 행 고정, 열 고정**

| 한눈에 보는 작업 순서 | **틀 고정하기** ▶ **화면 이동하기** ▶ **틀 고정 취소하기** |

01 틀 고정하기 ❶ [G6] 셀을 클릭합니다. ❷ [보기] 탭-[창] 그룹-[틀 고정 ▦]을 클릭하고 ❸ [틀 고정]을 클릭합니다.

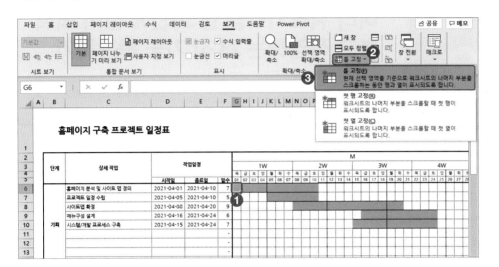

➕ [G6] 셀을 기준으로 위쪽과 왼쪽 셀들이 화면에 고정됩니다.

바로통하는TIP 틀 고정을 하면 셀 포인터를 기준으로 틀 고정 선이 표시되고 위쪽과 왼쪽에 있는 셀이 고정됩니다.

02 틀 고정 취소하기 ❶ PgDn , Alt + PgDn 을 눌러 화면을 이동해봅니다. [G6] 셀 위쪽인 [1:5] 행 범위, 왼쪽인 [A:F] 열 범위는 계속해서 나타납니다. ❷ 틀 고정을 취소하려면 [보기] 탭-[창] 그룹-[틀 고정 ▦]을 클릭하고 ❸ [틀 고정 취소]를 클릭합니다.

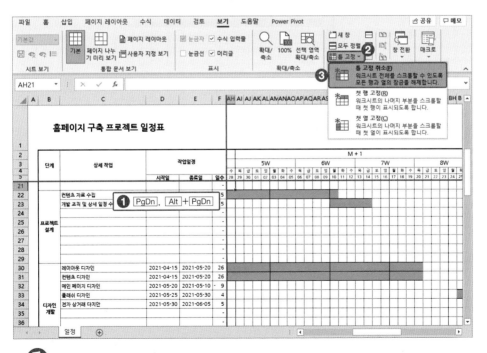

바로통하는TIP 틀이 고정된 상태로 임의의 셀에서 Ctrl + Home 을 누르면 [G6] 셀로 이동합니다.

실무
필수

실무
활용

문서
작성

문서
편집
&
인쇄

수식
&
함수

차트

데이터
관리/
분석&
자동화

여러 워크시트를 한 화면에 같이 띄워 놓고 작업하는 새 창 기능 활용하기

실습 파일 1장 \ 재직증명서_창관리.xlsx
완성 파일 없음

엑셀 문서를 여러 개 열고 작업할 때 창 정렬 기능을 이용하면 좀 더 편리합니다. 엑셀 2013&이후 버전부터는 엑셀 파일을 열 때마다 새 창으로 보여주기 때문에 별도의 설정을 하지 않아도 됩니다. 하지만 하나의 통합 문서 안에서 두 개 이상의 워크시트를 보면서 작업해야 할 경우에는 상황이 다릅니다. 하나의 시트 탭을 클릭하면 다른 워크시트 내용은 보이지 않으므로 동시에 두 개 이상의 워크시트를 보면서 작업할 수 없습니다. 이때 현재 작업 중인 문서를 하나 더 띄우고 정렬 기능을 이용해서 각각의 워크시트를 동시에 보면서 작업할 수 있도록 설정해보겠습니다.

미리 보기

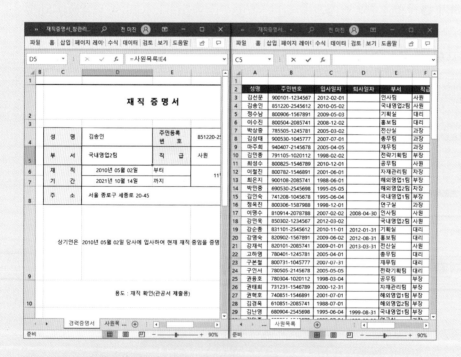

회사에서 바로 통하는 키워드 : 새 창, 창 정렬, 바둑판식 정렬, 창 나란히 비교

한눈에 보는 작업 순서	새 창 열기 ▶ 창 정렬하기 ▶ 창 나란히 비교하기

01 바둑판식으로 창 정렬하기 [경력증명서]와 [사원목록] 시트를 한 화면에 표시하기 위해 엑셀 창을 추가로 열고 원하는 시트 탭을 클릭한 후 창을 정렬하겠습니다. ❶ 작업 중인 문서를 새 창에 띄우기 위해 [보기] 탭-[창] 그룹-[새 창]을 클릭합니다. ❷ [보기] 탭-[창] 그룹-[모두 정렬]을 클릭하고 ❸ [창 정렬] 대화상자에서 [바둑판식]을 클릭한 후 ❹ [확인]을 클릭합니다.

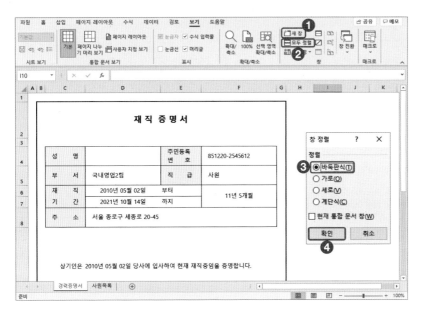

➕ 작업 창 두 개가 바둑판식으로 정렬됩니다.

바로 통 하는 TIP [보기] 탭-[창] 그룹-[창 전환]을 클릭하면 '재직증명서_창관리 – 1', '재직증명서_창관리 – 2' 두 개의 문서가 열려 있는 것을 확인할 수 있습니다. 현재 열려 있는 문서를 새 창에서 한 번 더 열었다는 의미입니다.

02 창 나란히 비교하기 [경력증명서]와 [사원목록] 시트를 나란히 참조하면서 작업할 수 있도록 하겠습니다. ❶ 오른쪽 창에서 [사원목록] 시트 탭을 클릭합니다. ❷ [경력증명서] 시트에서 [D4] 셀을 클릭하고 ❸ =를 입력한 후 ❹ [사원목록] 시트의 [A4] 셀을 클릭하고 Enter 를 누릅니다. 수식 **=사원목록!A4**가 입력됩니다.

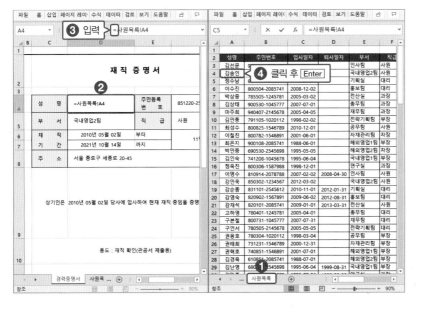

➕ 수식(=사원목록!A4)에 해당하는 '김송인' 사원의 이름이 나타납니다.

바로 통 하는 TIP 다른 시트 참조 수식에 대한 자세한 설명은 실무활용 14(223쪽)를 참조합니다.

바로 통 하는 TIP 작업이 모두 끝난 뒤에는 작업 창 중 하나에서 [닫기⊠]를 클릭하여 새 작업 창을 닫습니다.

CHAPTER

02

데이터 형식에 맞춰 실무 데이터 입력/편집하여 활용도 높은 업무 문서 만들기

실무 데이터를 잘 다루려면 문자, 숫자, 날짜, 시간 등 각 유형별로 정해진 데이터 형식과 쓰임새에 대해 아는 것이 매우 중요합니다. 이번 CHAPTER에서는 실무 데이터 형식에 맞게 여러 유형의 데이터를 입력, 편집하는 방법과 빠르게 데이터를 채운 후 데이터 형식과 값을 제한하는 방법에 대해 알아보겠습니다.

다양한 형식의 데이터 입력 방법 알아보기(문자, 숫자, 날짜/시간)

실습 파일 2장 \ 데이터입력.xlsx
완성 파일 2장 \ 데이터입력_완성.xlsx

셀에는 문자 데이터, 숫자 데이터, 수식 등을 입력할 수 있습니다. 문자 데이터는 한글, 한자, 일본어, 특수 문자와 같이 계산할 수 없는 데이터를, 숫자 데이터는 숫자, 날짜, 시간처럼 계산할 수 있는 데이터를 의미합니다. 엑셀에서 날짜나 시간은 정해진 형식에 맞춰 입력해야 합니다. 날짜를 입력할 때는 슬래시(/)나 하이픈(−)을 구분 기호로 사용(연/월/일 또는 연−월−일)하고, 시간을 입력할 때는 콜론(:)을 구분 기호로 사용(시:분:초)합니다. 시간을 입력한 후 한 칸을 띄우고 AM이나 PM을 입력하면 12시간제로 표시되고 입력하지 않으면 24시간제로 표시됩니다.

미리 보기

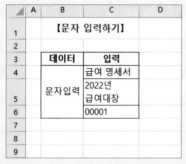

A	B	C	D
1		【문자 입력하기】	
2			
3	데이터	입력	
4	문자입력	급여 명세서	
5		2022년 급여대장	
6		00001	
7			
8			
9			

A	B	C	D
1		【숫자 입력하기】	
2			
3	데이터	입력	
4	숫자입력	45000	
5		1.23457E+11	
6		123,456,789,123	
7		1/5	
8			
9			

A	B	C	D
1		【날짜/시간 입력하기】	
2			
3	데이터	입력	
4	날짜입력	10월 15일	
5		2022-09-15	
6	시간입력	9:10:15	
7		19:20:30	
8			
9			

회사에서 바로 통하는 키워드 : 데이터 입력, 데이터 형식(문자, 숫자, 날짜, 시간)

한눈에 보는 작업 순서   문자 데이터 입력하기 ▶ 숫자 데이터 입력하기 ▶ 날짜/시간 데이터 입력하기

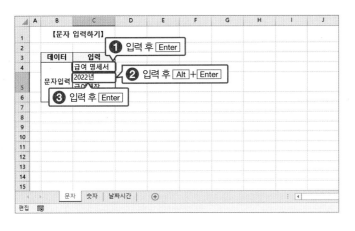

01 문자 데이터 입력하기 ① [문자] 시트에서 [C4] 셀에 **급여 명세서**를 입력하고 Enter를 누릅니다. **②** [C5] 셀에 **2022년**을 입력하고 Alt + Enter를 눌러 줄 바꿈을 합니다. **③** **급여대장**을 입력하고 Enter를 누릅니다.

➕ '2022년 급여대장'이 두 줄로 입력됩니다.

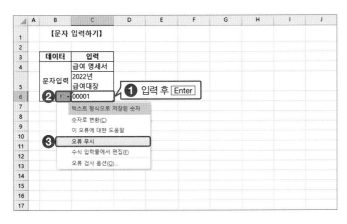

02 ① [C6] 셀에 **'00001**을 입력하고 Enter를 누릅니다. **②** [C6] 셀 옆에 표시되는 [오류 검사 ⚠]를 클릭하고 **③** [오류 무시]를 클릭해 오류 표시를 지웁니다.

바로 통 하는 TIP 숫자 데이터 앞에 아포스트로피(')를 입력하면 엑셀은 이를 문자 데이터로 인식합니다. 따라서 숫자에 아포스트로피를 붙여 입력한 데이터는 계산에 사용할 수 없습니다.

03 숫자 데이터 입력하기 ① [숫자] 시트 탭을 클릭합니다. **②** [C4] 셀에 **45000**을 입력한 후 Enter를 누릅니다. **③** [C5] 셀에 **123456789012**를 입력한 후 Enter를 누릅니다.

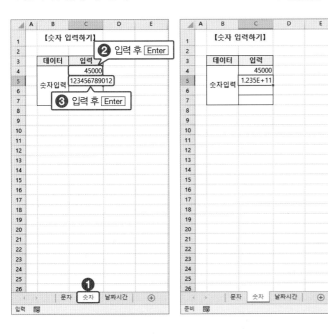

➕ [C5] 셀에 '1.234E+11'이 표시됩니다.

바로 통 하는 TIP 숫자 데이터는 셀 너비가 좁거나 12자리 이상이면 지수 형태로 표시됩니다.

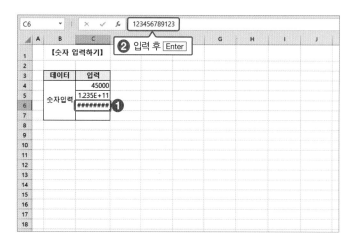

04 ❶ [C6] 셀을 클릭하고 ❷ 수식 입력줄에 **123456789123**을 입력한 후 Enter 를 누릅니다.

➕ 숫자 데이터의 자릿수에 비해 셀 너비가 좁으면 '########' 형식으로 표시됩니다.

바로 통하는 TIP C열 머리글의 경계를 오른쪽으로 드래그하여 셀 너비를 조정하면 입력한 '123 456789123'이 나타납니다. 셀 너비를 입력된 데이터 너비에 맞춰 자동으로 조정하려면 C열 머리글의 오른쪽 경계선을 더블클릭합니다.

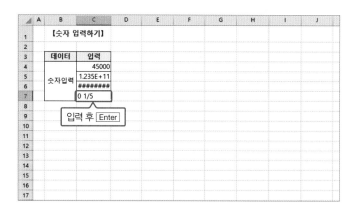

05 [C7] 셀에 **0 1/5**를 입력한 후 Enter 를 누르면 분수로 입력됩니다.

➕ 셀에 **0 1/5**를 입력하면 셀에는 '1/5'로 표시되고 수식 입력줄에는 '0.2'로 표시됩니다.

바로 통하는 TIP 숫자 데이터 중 분수를 표현하려면 0 이상의 숫자를 입력한 후 한 칸 띄고 분자/분모 값을 입력합니다.

06 날짜 입력하기 ❶ [날짜시간] 시트 탭을 클릭합니다. ❷ [C4] 셀에 **10-15**를 입력한 후 Enter 를 누르면 해당 연도를 기준으로 **10월 15일**이 입력됩니다. ❸ [C5] 셀에 **2022/9/15**를 입력한 후 Enter 를 누릅니다.

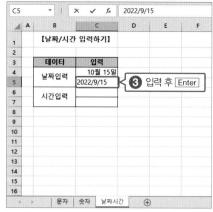

➕ **2022/9/15**라고 입력하면 연-월-일로 인식해 '2022-9-15'로 표시됩니다.

바로 통하는 TIP 현재 날짜를 입력하려면 Ctrl + ; 을 누릅니다. 컴퓨터에 설정된 오늘 날짜가 자동으로 입력됩니다.

07 시간 입력하기 ❶ [C6] 셀에 **9:10:15**를 입력한 후 Enter 를 누릅니다. ❷ [C7] 셀에 **19:20:30**을 입력한 후 Enter 를 누릅니다.

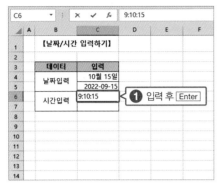 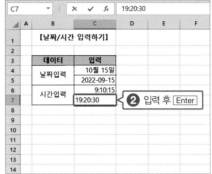

➕ [C6] 셀, [C7] 셀을 클릭하면 수식 입력줄에는 각각 '9:10:15 AM', '7:20:30 PM'이 표시됩니다.

바로 통 하는TIP 현재 시각을 입력하려면 Ctrl + Shift + ; 을 누릅니다. 컴퓨터에 설정된 현재 시각이 자동으로 입력됩니다. 시각을 입력한 후 한 칸 띄우고 **AM**이나 **PM**을 입력하면 12시간제로 표시됩니다. 아무것도 입력하지 않으면 24시간제로 표시됩니다.

쉽고 빠른 엑셀 Note ▶ 셀에 입력할 수 있는 데이터 형식 살펴보기

데이터는 반드시 목적에 맞게 정확한 형식을 지켜 입력해야 합니다. 셀에 입력할 수 있는 데이터 형식에는 문자, 숫자, 날짜, 시간, 논릿값, 수식, 함수 등이 있습니다. 보기 좋게 꾸며야 하는 보고서를 제외하고는 엑셀에서 데이터를 구분하는 기준인 데이터 형식과 기본 정렬 방식을 유지하는 것이 좋습니다.

❶ **문자 데이터** : 한글, 영문, 한자, 일본어, 특수 문자 등 계산할 수 없는 데이터입니다. 한자는 [검토] 탭–[언어] 그룹–[한글/한자 변환]을, 특수 문자는 [삽입] 탭–[기호] 그룹–[기호]를 사용해 입력합니다. 숫자와 수식을 제외한 모든 데이터가 문자열에 해당하며 셀 내에서 왼쪽 정렬됩니다. 숫자 또는 날짜 형식의 데이터 앞에 아포스트로피(')를 입력하면 엑셀은 이를 문자 데이터로 인식합니다. 숫자에 아포스트로피를 붙여 입력한 데이터로는 계산을 할 수 없습니다.

문자	한글	영문	한자	특수문자	'숫자-숫자
입력	엑셀	Excel	세율(稅率)	★★★★☆	1-4

❷ **숫자 데이터** : 계산 및 통계에 사용되는 가장 기본적인 데이터입니다. 숫자, 통화를 비롯해 분수, 지수(12자리 이상의 큰 값)까지 다양하게 입력할 수 있으며 셀 내에서 오른쪽 정렬됩니다. 15자리(최대 999조)까지 정밀도가 보장됩니다. 16자리 이상의 수를 입력하면 16번째 수부터는 0으로 표시됩니다. 따라서 셀에 표시되는 것이 목적이라면 아포스트로피(')를 입력하고 16자리 이상의 숫자를 입력합니다.

숫자	숫자	지수(12자리)	통화	백분율
입력	1234567	1.23457E+11	₩1,234,567	12.30%

❸ **날짜 데이터** : 엑셀에서는 날짜를 1900년 1월 1일부터 9999년 12월 31일까지 누적된 숫자 일련번호로 관리합니다. 따라서 셀에 **1900-1-1**을 입력하면 숫자 1인 일련번호로, **1900-1-30**을 입력하면 숫자 30인 일련번호로 저장되고, 셀에는 날짜 형식(연–월–일)으로 표시됩니다. 그러므로 날짜 사이의 기간(일, 월, 연수)을 계산하려면 날짜 형식에 맞춰 값을 입력해야 합니다.

날짜	1900-01-01	…	1900-12-31	…	2019-05-10	…	9999-12-31
실제 값	1		366		43,595		2,958,465

실무 필수

실무 활용

문서 작성

문서 편집 & 인쇄

수식 & 함수

차트

데이터 관리/ 분석& 자동화

❹ 시간 데이터 : 엑셀에서 시간 데이터는 시, 분, 초로 구분된 것처럼 보이지만, 실제로는 1일을 24시간으로 나눠 표시하므로 24시간 은 숫자 1로 나타냅니다. 즉, 1을 24로 나눈 값에 따라 숫자로 표시합니다. 예를 들어 06:00:00은 숫자 0.25이고, 18:00:00은 숫 자 0.75, 24:00:00은 숫자 1입니다. 숫자 1.25를 시간으로 표시하면 1일 6시간(30H)이 됩니다.

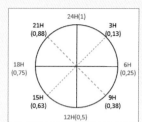

시간	1:00:00	6:00:00	12:00:00	18:00:00	24:00:00
실제 값	0.04166667	0.25	0.5	0.75	1

❺ 논리 데이터 : 엑셀에서 참값은 TRUE, 거짓값은 FALSE로 셀 내에 가운데 정렬됩니다. 주로 논리 함수 등의 수식에서 사용됩니다.

논리값	참	거짓
입력	TRUE	FALSE

❻ 수식과 함수 : 산술 연산이나 수학/삼각, 논리, 통계 등을 정밀하게 계산할 수 있도록 도와주는 기능으로, 등호(=)로 시작하는 수식입 니다.

수식	더하기	합계함수
입력	=10+20+30	=SUM(10,20,30)

핵심기능

15

셀에 입력된 데이터를 편집하고 지우는 다양한 방법 알아보기

실습 파일 2장\대출금상환_데이터편집.xlsx
완성 파일 2장\대출금상환_데이터편집_완성.xlsx

데이터의 일부를 수정하려면 수식 입력줄을 이용합니다. 또는 셀을 더블클릭하거나 F2 를 눌러 편집 상태로 들어가 수정합니다. [홈] 탭-[편집] 그룹-[지우기 ◇]를 이용하면 서식, 내용, 메모, 하이퍼링크를 모두 지우거나 각각 선택해 지울 수 있습니다. 셀의 내용만 지우려면 Delete 를 누릅니다.

미리 보기

	A	B	C	D	E
1	원금균등분할 대출금 상환표				
2					
3	대출금	이자율	대출금납입총액		
4	50,000,000	4.70%	51,282,039		
5					
6	납입일	상환회차	이자	원금	
7	2021-01-30	1	195,833	4,077,670	
8	2021-02-28	2	179,862	4,093,641	
9	2021-03-30	3	163,829	4,109,674	
10	2021-04-30	4	147,733	4,125,770	
11	2021-05-30	5	131,574	4,141,930	
12	2021-06-30	6	115,351	4,158,152	
13	2021-07-30	7	99,065	4,174,438	
14	2021-08-30	8	82,715	4,190,788	
15	2021-09-30	9	66,301	4,207,202	
16	2021-10-30	10	49,823	4,223,680	
17	2021-11-30	11	33,280	4,240,223	
18	2021-12-30	12	16,673	4,256,831	
19	합 계		1,282,039	50,000,000	
20					

Sheet1 ⊕

회사에서 바로 통하는 키워드: 데이터 편집, 서식 지우기, 모두 지우기, 지우기 옵션

한눈에 보는 작업 순서
데이터 수정하기 ▶ 서식 지우기 ▶ 테두리 지정 및 가운데 맞춤 서식 지정하기 ▶ 모두 지우기

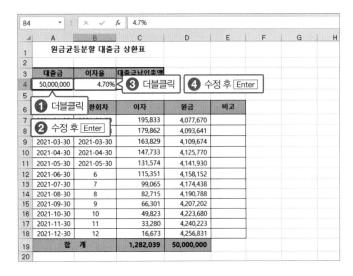

01 데이터 수정하기 ① [A4] 셀을 더블클릭합니다. **② 50,000,000**으로 수정한 후 Enter를 누릅니다. **③** [B4] 셀을 더블클릭하고 **④ 4.7**로 수정한 후 Enter를 누릅니다.

➕ 이자율에는 백분율 서식이 지정되어서 백분율 기호(%)가 자동으로 입력됩니다.

바로 통 하는 TIP 수정할 셀에 셀 포인터를 둔 상태에서 수식 입력줄을 클릭하거나 F2를 눌러 편집 상태로 만든 후 데이터를 수정합니다.

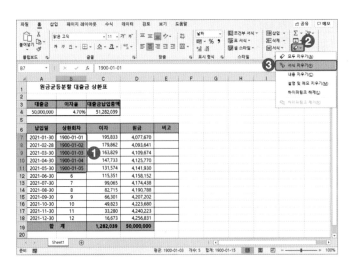

02 ① [B7:B11] 범위를 지정한 후 **②** Delete를 누릅니다. **③** [B7:B11] 범위에 순서대로 **1, 2, 3, 4, 5**를 입력합니다.

➕ 상환회차 열에는 날짜 표시 형식이 지정되어 있어서 Delete를 눌러 데이터를 지운 후 숫자를 입력해도 날짜 형식으로 표시됩니다.

03 서식 지우기 ① [B7:B11] 범위가 지정된 상태에서 **②** [홈] 탭-[편집] 그룹-[지우기 ◇·]를 클릭하고 **③** [서식 지우기]를 클릭합니다.

➕ 범위에 적용된 날짜 표시 형식과 서식이 지워지고 1, 2, 3, 4, 5와 같은 숫자만 표시됩니다.

04 모두 지우기 ❶ [B7:B11] 범위가 지정된 상태에서 ❷ [홈] 탭-[글꼴] 그룹-[테두리 ⊞ ▾]-[모든 테두리]를 클릭하고 ❸ [홈] 탭-[맞춤] 그룹-[가운데 맞춤 ≡]을 클릭합니다. ❹ [E6:E18] 범위를 지정한후 ❺ [홈] 탭-[편집] 그룹-[지우기 ◈ ▾]를 클릭하고 ❻ [모두 지우기]를 클릭합니다.

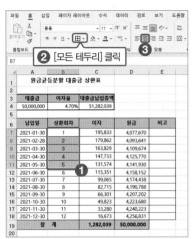

➕ [모두 지우기]는 셀에 입력된 서식, 내용, 메모를 모두 지웁니다.

쉽고 빠른 엑셀 Note / **지우기 옵션 살펴보기**

[홈] 탭-[편집] 그룹-[지우기 ◈ ▾]의 옵션에서 셀에 적용된 서식, 데이터, 메모 등을 선택적으로 지울 수 있습니다.

❶ ◇ 모두 지우기(A)
❷ ✎ 서식 지우기(F)
❸   내용 지우기(C)
❹   설명 및 메모 지우기(M)
❺   하이퍼링크 해제(L)
❻ ✂ 하이퍼링크 제거(R)

❶ **모두 지우기** : 셀에 입력된 내용, 메모, 서식을 모두 지웁니다.
❷ **서식 지우기** : 셀에 입력된 내용은 남겨두고 서식만 지웁니다.
❸ **내용 지우기** : 셀에 적용된 서식은 남겨두고 내용만 지웁니다.
❹ **설명 및 메모 지우기** : 셀에 입력된 설명 및 메모만 지웁니다.
❺ **하이퍼링크 해제** : 셀에서 하이퍼링크만 지웁니다.

❻ **하이퍼링크 제거** : 셀에서 하이퍼링크를 제거하고 서식을 지웁니다.

입력값	모두지우기	서식지우기	내용지우기	설명및메모	하이퍼링크제거
10%		0.1		10%	10%
12%		0.12		12%	12%
14%		0.14		14%	14%
하이퍼링크		하이퍼링크		하이퍼링크	하이퍼링크

2010 \ 2013 \ 2016 \ 2019 \ 2021

고객카드 양식에 한자 및 특수 문자 입력하여 문서 완성하기

실습 파일 2장\고객카드.xlsx
완성 파일 2장\고객카드_완성.xlsx

데이터를 입력할 때는 해당 항목의 정보에 맞게 형식을 정해서 입력해야 합니다. 데이터 형식에는 한글, 한자, 특수 문자, 날짜, 시간 등이 있습니다. 상담일자, 처리시간, 대표전화, 점검비, 내사 항목에 각각 알맞은 형식으로 데이터를 입력하여 고객카드 양식을 완성해보겠습니다.

미리 보기

한빛 전자 서비스 고객카드(個人)

담당기사		홍길동	상 담 일 자	2021년 4월 10일	처리시간	14:00	~	14:50
고객정보	고 객 명	이철수	주 소	서울시 강서구 가양동 123-23				
	대 표 전 화	(☎) 02-123-4567	연 락 처	(☎) 010-123-1111				
	제 품 명	스마트폰	제 품 번 호	AB-3456	구입일		2019년 10월 18일	

서비스내역	접 수 사 항	배터리 접촉 불량		A/S 만족도	만족
	조 치 사 항	접촉단자회로 신규교체		자재소요내역	
				사용부품	부품비
				접촉단자회로	35,600
	무 상 보 증	무상 보증 기간 지남			

서비스내역	서 비 스 비 용	①점검비	②출장비	③수리비	④부품비	합계(①+②+③+④)	출장	☑	내사
		5,000	-	12,400	35,600	53,000	☑	유상	무상

비고	

회사에서 바로 통하는 키워드 : 데이터 입력, 기호, 자동 고침, 한자 입력, 날짜/시간 입력, 특수 문자

한눈에 보는 작업 순서	한자 변환하기	▶	날짜/시간 입력하기	▶	전화 기호로 자동 바꾸기	▶	텍스트, 숫자 입력하기	▶	기호 입력하기

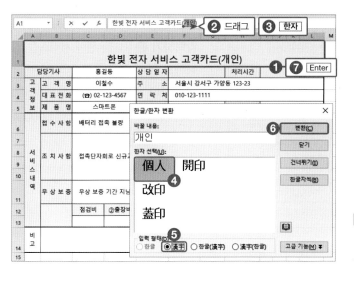

01 한자로 변환하기 ① [A1] 셀을 클릭하고 **②** 수식 입력줄에서 **개인** 부분을 드래그해 지정한 후 **③** 키보드에서 한자를 누릅니다. **④** [한글/한자 변환] 대화상자에서 [個人]을 클릭하고 **⑤** 입력 형태에서 [漢字]를 클릭한 후 **⑥** [변환]을 클릭합니다. **⑦** Enter 를 눌러 한자 변환을 마칩니다.

바로 통 하는 TIP 셀의 범위를 지정하여 한자를 변환하려면 [검토] 탭-[언어] 그룹-[한글/한자 변환漢]을 클릭합니다.

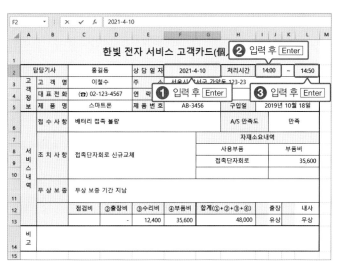

02 날짜/시간 입력하기 ① [F2] 셀에 **2021-4-10**을 입력하고 Enter 를 누릅니다. **②** [I2] 셀에 **14:00**을 입력하고 Enter 를 누르고, **③** [L2] 셀에 **14:50**을 입력하고 Enter 를 누릅니다.

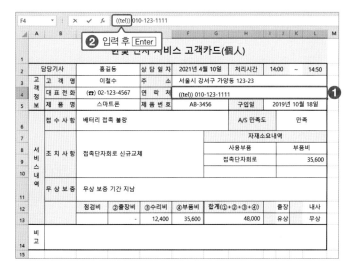

03 전화 기호로 자동 바꾸기 ① [F4] 셀을 클릭합니다. **②** 수식 입력줄에서 **((tel))**를 입력하고 Spacebar 를 누른 후 Enter 를 누릅니다. 전화 기호(☎)로 바뀝니다.

바로 통 하는 TIP [파일] 탭-[옵션]을 클릭하고 [옵션] 대화상자의 [언어 교정] 항목에서 [자동 고침 옵션]을 클릭하면 자동 고침 기능을 설정할 수 있습니다. 자동 옵션에서는 특정한 문구를 기호로 변환할 수 있습니다. 만약 자동 고침이 동작하지 않으면 [자동 고침] 대화상자에서 [다음 목록에 있는 내용대로 자동 바꾸기]에 체크합니다.

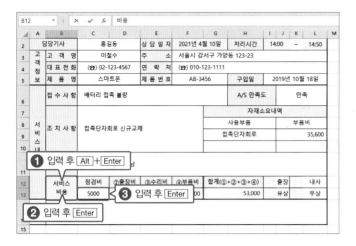

04 텍스트 두 줄로 입력하고 숫자 입력하기 ❶ [B12] 셀에 **서비스**를 입력하고 Alt + Enter를 눌러 줄 바꿈을 합니다. ❷ **비용**을 입력하고 Enter를 누릅니다. ❸ [C13] 셀에 **5000**을 입력하고 Enter를 누릅니다.

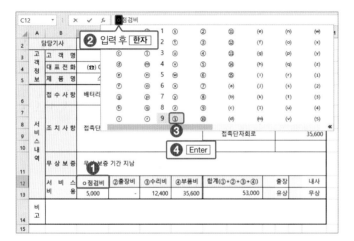

05 한자를 이용하여 기호 입력하기 ❶ [C12] 셀을 클릭하고 ❷ 수식 입력줄에서 **ㅇ**을 입력한 후 한자를 누릅니다. ❸ 특수 문자 목록에서 [①]을 클릭합니다. ❹ Enter를 눌러 입력을 완료합니다.

바로 통 하는 TIP 한글 자음 입력 후 한자를 눌러 특수 문자를 삽입할 수 있습니다. 예제와 같이 원 문자를 삽입하려면 ㅇ 입력 후 한자를 누릅니다.

06 기호 입력하기 ❶ [K12] 셀을 클릭하고 ❷ [삽입] 탭-[기호] 그룹-[기호Ω]를 클릭합니다. ❸ [기호] 대화상자에서 [글꼴]을 [Wingdings 2]로 선택한 후 ❹ ☑를 더블클릭합니다. ❺ [닫기✕]를 클릭해 대화상자를 닫고 ❻ Enter를 눌러 입력을 완료합니다.

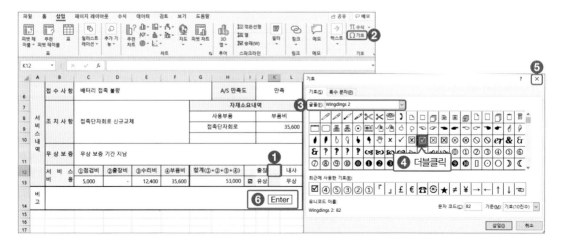

한글 자음과 [한자]로 입력하기

한글 자음을 입력한 후 [한자]를 눌러서 특수 문자를 입력할 수 있습니다. 자음을 입력한 후 [한자]를 누르면 특수 문자 목록이 나타나는데, 여기서 원하는 특수 문자를 선택하거나 특수 문자 옆에 있는 숫자를 입력해 삽입합니다.

▲ ㄷ에 배당된 특수 문자
▲ ㄹ에 배당된 특수 문자

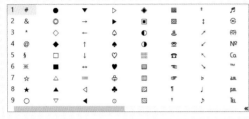

▲ ㅁ에 배당된 특수 문자
▲ ㅇ에 배당된 특수 문자

[기호]로 입력하기

[삽입] 탭–[기호] 그룹–[기호 Ω]를 클릭합니다. 한글 자음 +[한자]로 입력하는 특수 문자는 물론, [하위 집합]의 [도형 기호] 에서 다양한 기호를 확인할 수 있습니다.

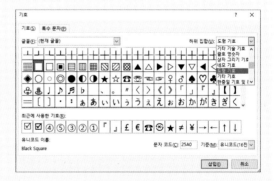

Wingdings 폰트

[기호] 대화상자에서 [글꼴]을 Wingdings 폰트로 설정하면 좀 더 다양한 특수 문자를 확인할 수 있습니다.

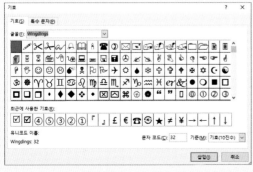

▲ Wingdings 폰트의 특수 문자
▲ Wingdings 2 폰트의 특수 문자

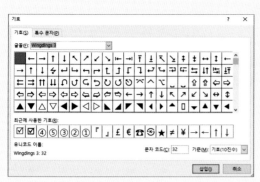

▲ Wingdings 3 폰트의 특수 문자

자동 고침 옵션

자동 고침 기능을 활용하면 입력한 글자를 자동으로 변환하거나 고칠 수 있으며, 업무 관련 용어를 목록에 등록해놓으면 엑셀 문서 작업에 유용하게 활용할 수 있습니다. 자동 고침 옵션 기능은 [파일] 탭-[옵션]을 클릭하고 [옵션] 대화상자의 [언어 교정] 항목에서 [자동 고침 옵션]을 클릭하면 나타나는 [자동 고침] 대화상자에서 설정할 수 있습니다.

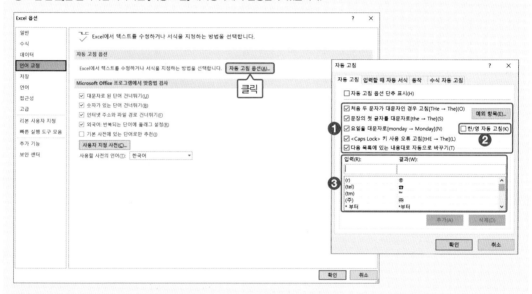

❶ 대/소문자 자동 수정과 다양한 옵션을 자동으로 변환하는 기능을 적용/해제합니다.

❷ 한글과 영문을 잘못 입력하면 자동으로 고치는 기능을 적용/해제합니다.

❸ 입력한 특정 글자를 목록에 있는 내용대로 자동으로 바꾸는 기능을 적용/해제합니다.

핵심기능

16

셀에 설명할 내용을 입력하는 메모(노트) 삽입하고 편집하기

실습 파일 2장 \ 고객카드_메모편집.xlsx
완성 파일 2장 \ 고객카드_메모편집_완성.xlsx

엑셀 Microsoft 365 버전에는 메모와 노트 기능이 있습니다. [메모]는 공유된 문서의 대화형 메시지이고, [노트]는 엑셀 2021 이전 버전의 [메모] 기능으로 셀에 설명할 내용을 입력할 때 삽입합니다. 노트가 추가된 셀에는 오른쪽 상단에 빨간색 삼각형이 표시되며, 내용을 편집하고 서식 등을 지정할 수 있습니다. 여기서는 엑셀 Microsoft 365 버전을 기준으로 작성했으므로 노트(엑셀 2021&이전 버전에서는 [메모])로 통일해서 사용하겠습니다. 고객카드에 노트를 삽입하고 내용도 수정해보겠습니다.

미리 보기

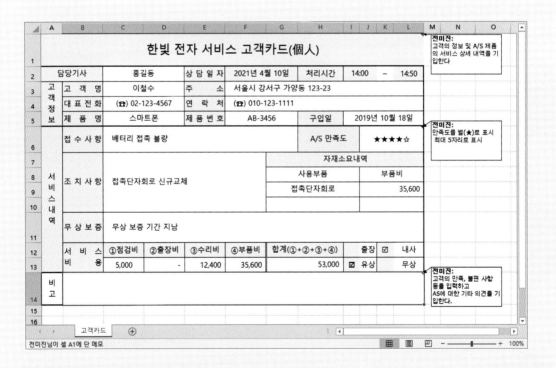

회사에서 바로 통하는 키워드: 새 노트(새 메모), 노트(메모) 편집

한눈에 보는 작업 순서	노트(메모) 추가하기 ▶ 노트(메모) 편집하기

01 노트 추가하기 ❶ [A1] 셀을 클릭합니다. **❷** [검토] 탭-[메모] 그룹-[메모 📝]를 클릭하고 **❸** [새 노트]를 클릭합니다. **❹** 메모 상자에 **고객의 정보 및 A/S 제품의 서비스 상세 내역을 기입한다**를 입력합니다.

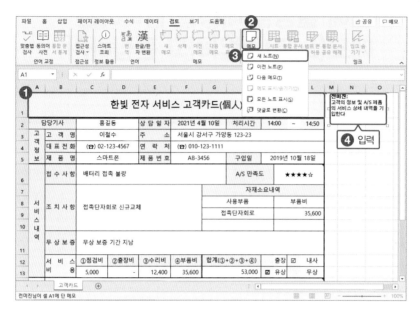

➕ [A1] 셀에 새 메모(노트)가 삽입됩니다.

바로 통 하는TIP 메모 입력을 완료하려면 임의의 셀을 클릭해 입력 모드를 마칩니다.

바로 통 하는TIP [새 노트]의 단축키는 Shift + F2 입니다.

✔ 엑셀 2021&이전 버전
[검토] 탭-[메모] 그룹-[새 메모]를 클릭합니다.

02 노트 수정하기 ❶ [J6] 셀을 클릭합니다. **❷** [검토] 탭-[메모] 그룹-[메모 📝]를 클릭하고 **❸** [메모 편집]을 클릭합니다. **❹** 메모 상자의 내용 뒤에 **최대 5자리로 표시**를 추가합니다.

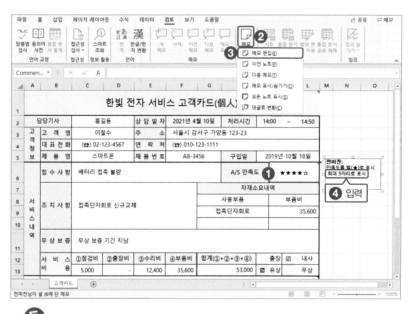

➕ [J6] 셀에 수정된 메모(노트) 내용이 적용됩니다.

바로 통 하는TIP [메모 편집]의 단축키는 Shift + F2 입니다. 메모를 삭제하려면 [검토] 탭-[메모] 그룹-[삭제 🗑]를 클릭하거나 마우스 오른쪽 버튼을 클릭하면 나타나는 단축 메뉴에서 [메모 삭제]를 클릭합니다.

엑셀 Microsoft 365 버전에는 두 개의 [메모] 그룹이 있습니다.

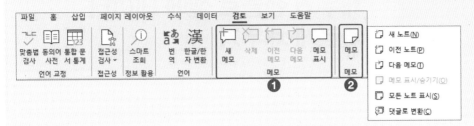

❶ **[메모 🗨]** : Microsoft 365 최신 버전에서 업데이트된 대화형 메모로, 셀에 보라색 삼각형이 표시됩니다. 파일을 공유하거나 클라우드 서비스를 이용해 공동 작업을 진행할 때 메신저에서 채팅하는 것과 같이 공동 작업하는 셀에 답글을 입력하며 편집 내용을 공유할 수 있습니다.

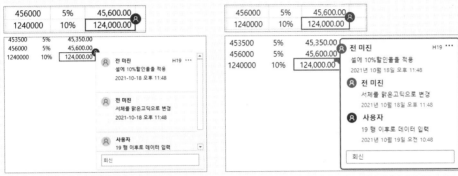

▲ 문서를 공유한 엑셀 화면　　　　　▲ 공유 대상자 엑셀 화면

❷ **[노트 🗔]** : 엑셀 2021&이전 버전의 메모 기능으로, 셀에 설명을 입력할 때 삽입합니다. 노트가 추가된 셀에는 오른쪽 상단에 빨간색 삼각형이 표시됩니다. 보통 입력된 데이터나 셀에 입력해야 하는 내용을 주석으로 표시할 때 자주 사용합니다.

채우기 핸들로 셀에 데이터 빠르게 채우기

실습 파일 2장 \ 회의실예약표_데이터채우기.xlsx
완성 파일 2장 \ 회의실예약표_데이터채우기_완성.xlsx

셀 포인터 □ 오른쪽 아래에 있는 초록색 점 ➕을 채우기 핸들이라고 합니다. 마우스 포인터를 채우기 핸들로 가져가면 십자가 모양 ✚으로 바뀌며, 이때 채우기 핸들을 드래그하거나 더블클릭해 데이터를 채울 수 있습니다. 문자 데이터는 같은 내용으로 채워지며, 문자와 숫자가 혼합된 데이터는 숫자만 1씩 증가하며 채워집니다. 또한 숫자 데이터는 두 셀을 범위로 지정하고 드래그하면 두 셀의 차이만큼 데이터가 증감하며 채워집니다. 이처럼 채우기 핸들을 이용해 연속적인 데이터나 일정한 규칙이 있는 데이터를 빠르게 채울 수 있습니다. 회의실 예약표의 양식에서 문자 데이터 혹은 숫자가 혼합된 데이터를 채우기 핸들을 이용해 채워보겠습니다.

미리 보기

요일	담당	미팅룸	최대인원	예약인원	예약시간										
					09:00	10:00	11:00	12:00	13:00	14:00	15:00	16:00	17:00	18:00	
월	김성훈	회의실1	10												
	김성훈	회의실2	15												
	김성훈	회의실3	20												
	김성훈	회의실4	25												
화	이정민	회의실1	10												
	이정민	회의실2	15												
	이정민	회의실3	20												
	이정민	회의실4	25												
수	최민철	회의실1	10												
	최민철	회의실2	15												
	최민철	회의실3	20												
	최민철	회의실4	25												
목	박정수	회의실1	10												
	박정수	회의실2	15												
	박정수	회의실3	20												
	박정수	회의실4	25												
금	송민우	회의실1	10												
	송민우	회의실2	15												
	송민우	회의실3	20												
	송민우	회의실4	25												

미팅룸 예약 현황표

Sheet1

회사에서 바로 통하는 키워드: 데이터 채우기, 채우기 핸들, 숫자 증가하여 채우기, 사용자 지정 목록

한눈에 보는 작업 순서   문자 데이터 채우기 ▶ 숫자/시간 데이터 채우기 ▶ 요일 채우기

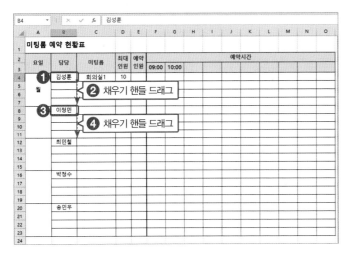

01 같은 내용으로 채우기 담당을 채우기 핸들을 이용해 채우겠습니다. ❶ [B4] 셀을 클릭하고 ❷ 채우기 핸들 ➕을 [B7] 셀까지 드래그합니다. ❸ [B8] 셀을 클릭하고 ❹ 채우기 핸들 ➕을 [B11] 셀까지 드래그합니다.

➕ 문자 데이터는 동일한 내용으로 채워집니다.

02 문자+숫자 데이터 채우기 ❶ [C4] 셀을 클릭합니다. ❷ 채우기 핸들 ➕을 [C7] 셀까지 드래그합니다.

➕ 문자+숫자 데이터는 동일한 내용으로 채워지면서 숫자만 증가하므로 회의실1, 회의실2, 회의실3, 회의실4 순서로 채워집니다.

03 ❶ [C4:C7] 범위가 지정된 상태에서 ❷ Ctrl 을 누른 채 채우기 핸들 ➕을 [C23] 셀까지 드래그합니다.

➕ Ctrl 을 누른 채로 채우기 핸들을 드래그하면 숫자 데이터가 증가하지 않고 동일한 내용이 복제됩니다.

04 5씩 증가하도록 채우기 ❶ [D4:D5] 범위를 지정하고 ❷ 채우기 핸들➕을 [D7] 셀까지 드래그합니다. ❸ [D4:D7] 범위가 지정된 상태에서 Ctrl 을 누른 채 채우기 핸들➕을 [D23] 셀까지 드래그합니다.

➕ 숫자 데이터는 범위 지정한 셀 값의 차이만큼 증가하며 채워집니다. 여기서는 5와 10의 차이는 5이므로 5씩 증가하면서 채워집니다.

바로 통 하는TIP 숫자 데이터를 1씩 증가하도록 채우려면 시작 셀에 **1**을 입력하고 Ctrl 을 누른 채로 채우기 핸들➕을 드래그합니다.

05 한 시간 단위로 증가하면서 채우기 ❶ [F3:G3] 범위를 지정합니다. ❷ 채우기 핸들➕을 [O3] 셀까지 드래그한 후 ❸ [자동 채우기 옵션▦]을 클릭하고 ❹ [서식 없이 채우기]를 클릭합니다.

➕ 서식은 그대로 유지되고, 한 시간씩 증가하면서 데이터가 채워집니다.

바로 통 하는TIP 데이터를 채운 마지막 셀에 표시되는 [자동 채우기 옵션▦]에서 [셀 복사], [연속 데이터 채우기], [서식만 채우기], [서식 없이 채우기] 옵션 중 하나를 선택해서 데이터를 채울 수 있습니다.

06 사용자가 지정한 목록에 등록된 요일로 데이터 채우기 ❶ [A4] 셀을 클릭합니다. ❷ 채우기 핸들➕을 더블클릭합니다.

➕ 요일이 월~금까지 채워집니다.

바로 통 하는TIP 채우기 핸들➕을 더블클릭하면 데이터가 입력된 근접 열의 마지막 행까지 자동으로 채워집니다.

바로 통 하는TIP 요일(일~토), 월(1월~12월), 분기(1사분기~4사분기) 등과 같이 시작과 끝이 정해진 상태에서 반복되는 데이터는 사용자 지정 목록에 등록되어 있으며, 사용자 지정 목록은 필요에 따라 추가할 수 있습니다.

핵심기능

18

빠른 채우기로 규칙을 가진 열 데이터에서 원하는 정보 바로 추출하기

실습 파일 2장 \ 상품입고목록표_빠른채우기.xlsx
완성 파일 2장 \ 상품입고목록표_빠른채우기_완성.xlsx

한 셀에 데이터를 설명하는 정보가 복잡하게 입력되어 있다면 여러 열로 분리해서 관리하는 것이 좋습니다. 빠른 채우기는 엑셀 2013&이후 버전에서 일정한 규칙의 데이터에서 사용자가 일부 데이터만 입력하면 엑셀이 입력 규칙의 패턴을 인식하여 빠른 채우기를 이용해 나머지 열의 값을 자동으로 채워주는 기능입니다. 상품입고목록표에서 상품명을 제조사, 동작속도, 용량으로 분리하여 빠르게 채워보겠습니다.

미리 보기

상품명	제조사	동작속도	용량	단가	수량	금액
트랜센드 DDR4 PC4-21300 CL19 (8G)	트랜센드	PC4-21300	8G	60,200	4	240,800
트랜센드 DDR4 PC4-21300 CL19 (16G)	트랜센드	PC4-21300	16G	91,200	10	912,000
트랜센드 DDR4 PC4-21300 CL19 (32G)	트랜센드	PC4-21300	32G	148,000	4	592,000
트랜센드 DDR4 PC4-21300 CL19 (64G)	트랜센드	PC4-21300	64G	274,000	10	2,740,000
삼성 DDR4 PC4-23400 ECC (16G)	삼성	PC4-23400	16G	234,000	4	936,000
삼성 DDR4 PC4-23400 ECC (32G)	삼성	PC4-23400	32G	345,000	4	1,380,000
삼성 DDR4 PC4-23400 ECC (64G)	삼성	PC4-23400	64G	560,000	10	5,600,000
지스킬 DDR4 PC4-25600 CL14 (8G)	지스킬	PC4-25600	8G	90,000	10	900,000
지스킬 DDR4 PC4-25600 CL14 (16G)	지스킬	PC4-25600	16G	167,000	4	668,000
지스킬 DDR4 PC4-25600 CL14 (32G)	지스킬	PC4-25600	32G	267,800	10	2,678,000
지스킬 DDR4 PC4-25600 CL14 (64G)	지스킬	PC4-25600	64G	456,000	4	1,824,000
마이크론 DDR4 PC4-28800 CL16 (16G)	마이크론	PC4-28800	16G	78,900	4	315,600
마이크론 DDR4 PC4-28800 CL16 (32G)	마이크론	PC4-28800	32G	185,300	10	1,853,000
마이크론 DDR4 PC4-28800 CL16 (64G)	마이크론	PC4-28800	64G	234,670	10	2,346,700
타무즈 DDR3 PC3-12800 CL11 (8G)	타무즈	PC3-12800	8G	35,600	4	142,400
타무즈 DDR3 PC3-12800 CL11 (16G)	타무즈	PC3-12800	16G	78,000	10	780,000
타무즈 DDR3 PC3-12800 CL11 (32G)	타무즈	PC3-12800	32G	145,000	4	580,000
타무즈 DDR3 PC3-12800 CL11 (64G)	타무즈	PC3-12800	64G	298,000	10	2,980,000
타무즈 DDR4 PC4-25600 CL22 (16GB)	타무즈	PC4-25600	16GB	45,900	4	183,600
타무즈 DDR4 PC4-25600 CL22 (32GB)	타무즈	PC4-25600	32GB	98,000	4	392,000
타무즈 DDR4 PC4-25600 CL22 (64GB)	타무즈	PC4-25600	64GB	234,000	10	2,340,000
에센코어 DDR4 PC4-21300 CL19 (8G)	에센코어	PC4-21300	8G	20,930	10	209,300
에센코어 DDR4 PC4-21300 CL19 (16G)	에센코어	PC4-21300	16G	32,900	10	329,000
에센코어 DDR4 PC4-21300 CL19 (32G)	에센코어	PC4-21300	32G	65,300	4	261,200
에센코어 DDR4 PC4-21300 CL19 (64G)	에센코어	PC4-21300	64G	84,670	10	846,700

입고

회사에서 바로 통하는 키워드 : 빠른 채우기, 빠른 채우기 단축키

한눈에 보는 작업 순서	빠른 채우기 제안 목록으로 채우기	▶	빠른 채우기로 명령어로 데이터 채우기	▶	단축키로 빠르게 채우고 수정하기

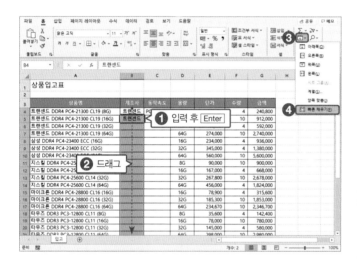

01 빠른 채우기 제안 목록으로 채우기 ❶ [D4] 셀에 **8G**를 입력하고 Enter를 누릅니다. ❷ [D5] 셀에 **16**을 입력해 빠른 데이터 채우기가 제안한 목록이 나타나면 Enter를 눌러 나머지 데이터를 채웁니다.

➕ 상품명에서 (8G), (16G), (32G), …의 데이터 패턴을 분석해서 용량 열이 채워집니다.

바로 통 하는 TIP 빠른 입력을 원하지 않을 때는 이어서 입력하거나 Esc를 누릅니다.

바로 통 하는 TIP 빠른 채우기 기능이 항상 데이터를 채우는 것은 아니며, 데이터에 일관성이 있는 경우에 적합합니다. 여기에서는 상품명에 입력된 데이터의 패턴을 분석하여 맨 뒤 괄호 안에 입력된 항목인 용량을 빠른 채우기로 채웠습니다.

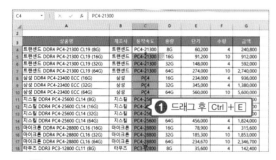

02 빠른 채우기로 명령어로 데이터 채우기 ❶ [B5] 셀에 **트랜센드**를 입력하고 Enter를 누릅니다. ❷ [B4:B32] 범위를 지정한 후 ❸ [홈] 탭–[편집] 그룹–[채우기🔽]를 클릭하고 ❹ [빠른 채우기]를 클릭해 제조사 열을 채웁니다.

바로 통 하는 TIP 제조사의 이름이 동일해 패턴 인식이 어려우면 다음 제조사의 이름이 나올 때까지 입력하거나 범위를 지정해 빠른 채우기 명령을 실행합니다.

03 단축키로 빠르게 채우고 수정하기 ❶ [C4:C32] 범위를 지정한 후 Ctrl + E 를 누릅니다. ❷ 데이터가 잘못 채워진 [C8] 셀에 **PC4-23400**을 입력하고 Enter를 누르면 나머지 셀도 자동으로 채워집니다.

바로 통 하는 TIP 빠른 채우기에서 일부 패턴의 규칙이 잘못 제안되어 채워지면 일부 데이터를 수정해 규칙을 제안한 후 채웁니다.

실무활용

06

빠른 채우기와 채우기 핸들로 설문지 양식을 빠르게 완성하기

실습 파일 2장 \ 설문지양식.xlsx
완성 파일 2장 \ 설문지양식_완성.xlsx

실무 필수
실무 활용
문서 작성
문서 편집 & 인쇄
수식 & 함수
차트
데이터 관리/ 분석& 자동화

사용자 지정 채우기는 요일(일~토), 월(1월~12월), 분기(1사분기~4사분기) 등과 같이 시작과 끝이 정해진 상태에서 반복되는 데이터입니다. 이는 사용자 지정 목록에 등록되어 있으며 필요에 따라 추가할 수 있습니다. 설문지 양식에서 평가기준(매우만족, 만족, 보통, 불만, 매우불만)을 사용자 지정 목록에 추가한 후 평가기준과 점수, 문항 번호를 빠른 채우기와 채우기 핸들을 사용하여 채워보겠습니다.

미리 보기

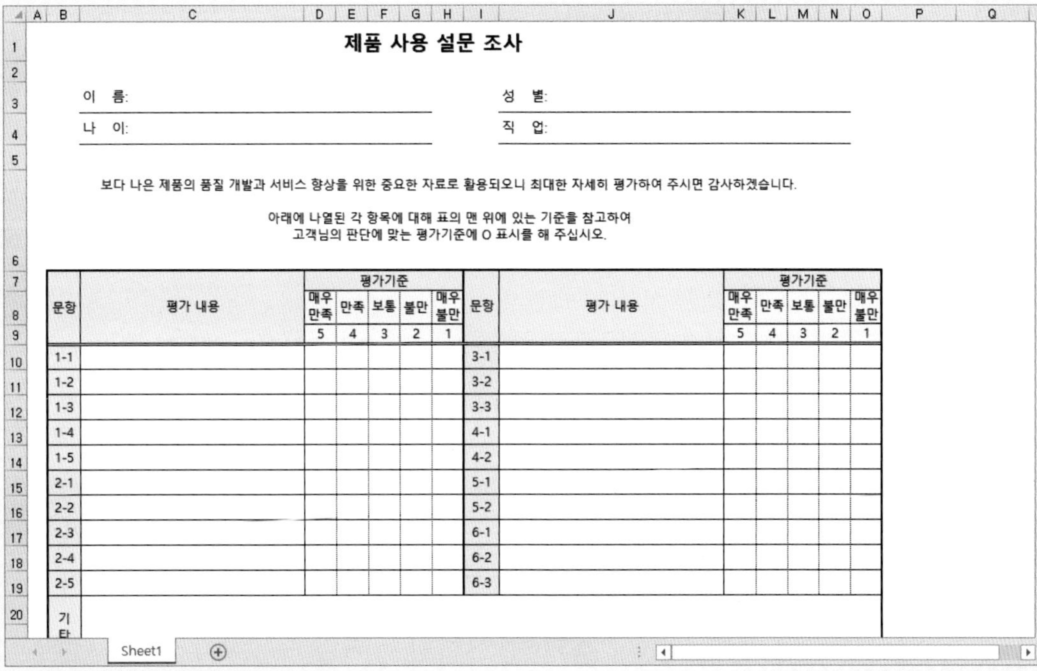

회사에서 바로 통하는 키워드 : 사용자 지정 목록, 빠른 채우기, 채우기 핸들, 사용자 지정 목록 등록

한눈에 보는 작업 순서 ▶ 문항 번호 빠른 채우기 ▶ 평가점수 숫자로 채우기 ▶ 평가기준 사용자 지정 목록에 등록하기 ▶ 평가기준 사용자 지정 목록으로 채우기

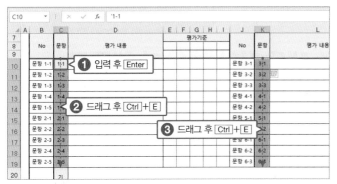

01 문항 번호 빠른 채우기 ❶ [C10] 셀에 '**1-1**을 입력하고 Enter 를 누릅니다. ❷ [C10:C19] 범위를 지정한 후 Ctrl + E 를 누릅니다. ❸ [K10: K19] 범위를 지정한 후 Ctrl + E 를 누릅니다.

➕ 지정된 범위에 문항 번호가 자동 채우기됩니다.

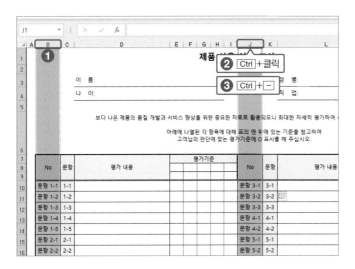

02 ❶ B열 머리글을 클릭하고 Ctrl 을 누른 상태로 ❷ J열 머리글을 클릭한 후 ❸ Ctrl + - 을 눌러 열을 삭제합니다.

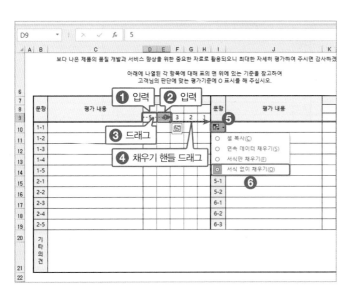

03 평가점수 채우기 ❶ [D9] 셀에 **5**를 입력하고 ❷ [E9] 셀에 **4**를 입력합니다. ❸ [D9:E9] 범위를 지정하고 ❹ 채우기 핸들 을 [H9] 셀까지 드래그한 후 ❺ [자동 채우기 옵션]을 클릭하고 ❻ [서식 없이 채우기]를 클릭합니다.

➕ 자동 채우기로 입력한 평가 번호의 서식이 삭제됩니다.

04 동일한 방법으로 [K9:L9] 범위에도 평가점수를 채웁니다.

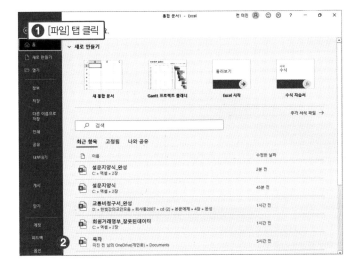

05 사용자가 지정한 목록에 평가기준 등록하기 ① [파일] 탭을 클릭하고 ② [옵션]을 클릭합니다.

➕ [Excel 옵션] 대화상자가 나타납니다.

06 ① [Excel 옵션] 대화상자에서 [고급]을 클릭하고 ② [일반] 항목에서 [사용자 지정 목록 편집]을 클릭합니다. ③ [사용자 지정 목록] 대화상자의 [목록 항목]에 **매우만족, 만족, 보통, 불만, 매우불만**을 Enter를 눌러 구분하면서 입력합니다. ④ [추가]를 클릭해 사용자 지정 목록에 등록하고 ⑤ [확인]을 클릭합니다. ⑥ [Excel 옵션] 대화상자도 [확인]을 클릭해 닫습니다.

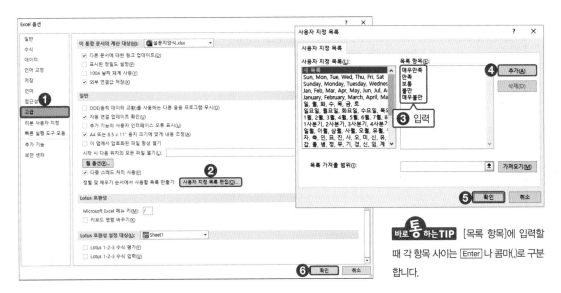

바로 통하는TIP [목록 항목]에 입력할 때 각 항목 사이는 Enter나 콤마(,)로 구분합니다.

07 ❶ [D8] 셀에 **매우만족**을 입력하고 ❷ 채우기 핸들┋━┃을 [H8] 셀까지 드래그합니다. ❸ [자동 채우기 옵션┃┃]을 클릭하고 ❹ [서식 없이 채우기]를 클릭합니다. ❺ 8행 머리글의 경계를 더블클릭하여 행의 높이를 자동으로 조정합니다.

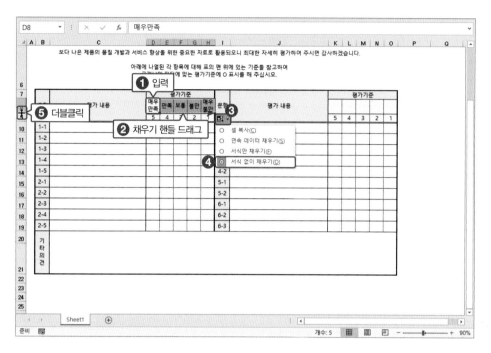

➕ 사용자 지정 목록에 추가한 매우만족, 만족, 보통, 불만, 매우불만 순서로 셀이 채워집니다.

08 ❶ [K8] 셀에 **매우만족**을 입력하고 ❷ 채우기 핸들┋━┃을 [O8] 셀까지 드래그합니다. ❸ [자동 채우기 옵션┃┃]을 클릭하고 ❹ [서식 없이 채우기]를 클릭합니다.

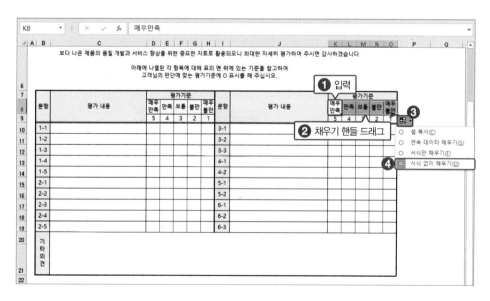

➕ 채우기한 셀에 서식을 제외한 텍스트만 추가됩니다.

실습 파일 2장\노트북대여대장_유효성검사.xls
완성 파일 2장\노트북대여대장_유효성검사_완성.xlsx

실무필수

핵심기능

19

2010 \ 2013 \ 2016 \ 2019 \ 2021

데이터 유효성 검사로
목록, 제한 대상 지정하여 셀 데이터를
양식에 맞게 입력하기

데이터를 입력할 때 입력 오류를 줄이고 유효한 데이터만 입력할 수 있도록 목록, 숫자, 날짜 등의 조건을 지정하여 입력할 값에 제한을 설정할 수 있습니다. 한/영을 눌러 한글과 영문을 바꿀 필요 없이 셀에 설정한 상태로 데이터를 입력할 수 있도록 입력 모드를 지정할 수도 있습니다. 노트북대여대장 양식의 노트북, 대여일, 수량, 반납유무 입력 셀에 데이터 유효성 검사를 설정하여 유효한 데이터만 입력할 수 있도록 해보겠습니다.

미리 보기

	A	B	C	D	E	F	G	H	I
1			**10월 노트북 대여 대장**						
2						대여기간 : 2021.10.01 ~ 2021.10.31			
3	**노트북**	**예약자**	**이메일주소**	**수량**	**대여일**	**반납일**	**반납유무**		**노트북**
4	Samsung 갤럭시북	홍길동	hong@naver.com	1	2021-10-02	2021-10-05	O		LG 그램 360
5	레노버 싱크패드	김선미	kim@gmail.com	1	2021-10-03	2021-10-06	O		Samsung 갤럭시북
6	델 인스피론	이진우	lee@email.com	2	2021-10-05	2021-10-11	O		레노버 싱크패드
7	애플 맥북에어	박민철	park@email.com	1	2021-10-06	2021-10-12	X		델 인스피론
8	LG 그램 360								애플 맥북에어
9	Samsung 갤럭시북								
10	레노버 싱크패드								
11	델 인스피론 애플 맥북에어								

대여일
대여일은 2021-10-01~2021-10-31 사이 기간을 입력

대여대장

준비   🔲 🗖 🔲 ▬▬▬●▬▬ + 100%

회사에서 바로 통하는 키워드 : 데이터 유효성 검사, IME 모드, 데이터 유효성 검사 설정(목록, 점수, 날짜)

한눈에 보는 작업 순서
▸ 한글/영문 모드 설정하기
▸ 목록으로 데이터 설정하기
▸ 숫자 범위로 수량 설정하기
▸ 날짜 범위로 대여일 설정하기
▸ 대여일에 설명 메시지 입력하기

01 한글/영문 모드로 데이터 유효성 검사 설정하기 데이터 유효성 검사를 설정하여 노트북과 예약자는 한글, 이메일은 영문 모드로 입력할 수 있게 변경하겠습니다. ❶ [A4:B30] 범위를 지정하고 ❷ [데이터] 탭-[데이터 도구] 그룹-[데이터 유효성 검사]를 클릭합니다. ❸ [데이터 유효성] 대화상자에서 [IME 모드] 탭을 클릭하고 ❹ [모드]를 [한글]로 설정한 후 ❺ [확인]을 클릭합니다.

➕ [IME 모드] 탭에서 [모드]를 [한글]로 설정하면 해당 범위에는 한글 데이터를 바로 입력할 수 있습니다.

02 ❶ [C4:C30] 범위를 지정하고 ❷ [데이터] 탭-[데이터 도구] 그룹-[데이터 유효성 검사]를 클릭합니다. ❸ [데이터 유효성] 대화상자에서 [IME 모드] 탭을 클릭하고 ❹ [모드]를 [영문]으로 설정한 후 ❺ [확인]을 클릭합니다.

➕ [IME 모드] 탭에서 [모드]를 [영문]로 설정하면 해당 범위에는 영문 데이터를 바로 입력할 수 있습니다.

바로 통 하는 TIP [IME 모드]를 설정하면 [한/영]을 누르지 않고 설정된 모드로 데이터를 입력할 수 있습니다. 단 셀에서 [한/영]을 누르면 설정한 모드가 변경됩니다.

03 노트북에 데이터 유효성 검사 설정하기
노트북은 I 열의 노트북 목록에서만 고를 수 있도록 설정하겠습니다. ❶ [A4:A30] 범위를 지정하고 ❷ [데이터] 탭-[데이터 도구] 그룹-[데이터 유효성 검사 🖙]를 클릭합니다. ❸ [데이터 유효성] 대화상자에서 [설정] 탭을 클릭하고 ❹ [제한 대상]을 [목록]으로 설정합니다. ❺ [원본]을 클릭하고 ❻ [I4:I8] 범위를 지정한 후 ❼ [확인]을 클릭합니다.

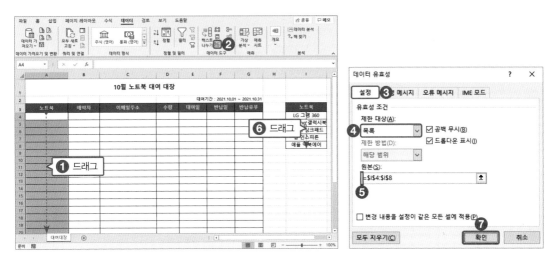

➕ [설정] 탭에서 설정한 사항은 입력할 데이터에 대한 제한 조건입니다. [I5:I9] 범위로 제한 조건을 설정했으므로 [I5:I9] 범위에 입력된 데이터 이외에는 입력할 수 없습니다.

04 반납유무에 데이터 유효성 검사 설정하기
반납유무는 목록에서 O, X를 선택해 입력할 수 있도록 하겠습니다. ❶ [G4:G30] 범위를 지정하고 ❷ [데이터] 탭-[데이터 도구] 그룹-[데이터 유효성 검사 🖙]를 클릭합니다. [데이터 유효성] 대화상자의 [설정] 탭에서 ❸ [제한 대상]을 [목록]으로 설정합니다. ❹ [원본]에 **O,X**를 입력한 후 ❺ [확인]을 클릭합니다.

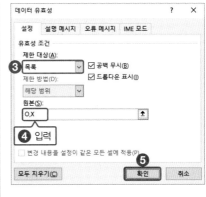

➕ [G4:G30] 범위에는 O, X 데이터만 입력할 수 있습니다.

바로 통 하는TIP 원본 항목에 입력되는 데이터는 콤마(,)로 각 데이터를 구분합니다.

05 수량에 데이터 유효성 검사 설정하기 수량은 5 이하의 값만 입력할 수 있도록 설정하겠습니다. ❶ [D4:D30] 범위를 지정하고 ❷ [데이터] 탭-[데이터 도구] 그룹-[데이터 유효성 검사📝]를 클릭합니다. [데이터 유효성] 대화상자의 [설정] 탭에서 ❸ [제한 대상]을 [정수]로, ❹ [제한 방법]은 [해당 범위]로 설정합니다. ❺ [최소값]에 **1**, ❻ [최대값]에 **5**를 입력하고 ❼ [확인]을 클릭합니다.

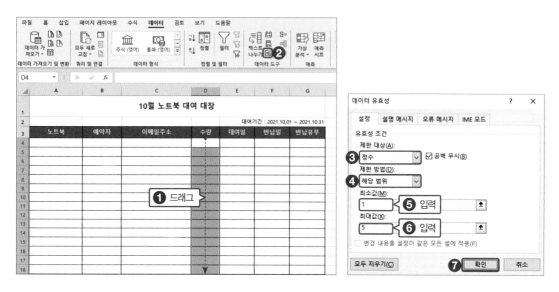

✚ 수량으로 1 이상 5 이하의 정수만 입력할 수 있도록 제한합니다.

06 대여일에 데이터 유효성 검사 설정하기 특정 날짜 범위에서만 대여일을 입력할 수 있도록 설정하겠습니다. ❶ [E4:E30] 범위를 지정하고 ❷ [데이터] 탭-[데이터 도구] 그룹-[데이터 유효성 검사📝]를 클릭합니다. [데이터 유효성] 대화상자의 [설정] 탭에서 ❸ [제한 대상]을 [날짜]로, ❹ [제한 방법]은 [해당 범위]로 설정합니다. ❺ [시작 날짜]에 **2021-10-1**, ❻ [끝 날짜]에 **2021-10-31**을 입력합니다.

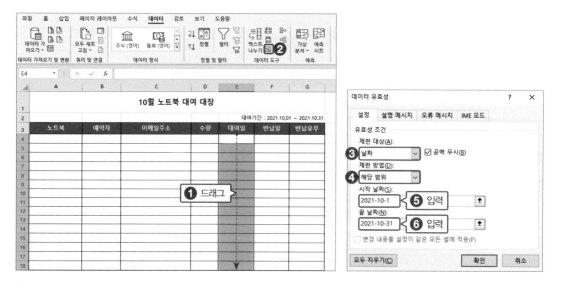

✚ 대여일을 10월 1일~10월 31일 사이로 제한합니다. 반납일(F4:F30)은 대여일로부터 7일 이내의 날짜로 설정되어 있습니다.

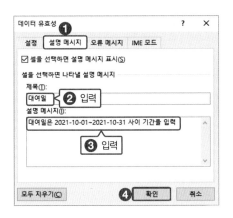

07 대여일에 설정한 조건에 대한 설명 메시지 입력하기
데이터 유효성 검사에서 설정한 조건에 대한 설명 메시지를 입력하겠습니다. ❶ [데이터 유효성] 대화상자에서 [설명 메시지] 탭을 클릭합니다. ❷ [제목]에 **대여일**을 입력하고 ❸ [설명 메시지]에 **대여일은 2021-10-01~2021-10-31 사이 기간을 입력**을 입력한 후 ❹ [확인]을 클릭합니다.

바로통하는TIP 유효성 검사에서 설정한 유효한 값 이외의 값을 입력했을 때 나타나는 경고 창의 오류 메시지는 [오류 메시지] 탭에 입력합니다.

08 유효성 검사를 모두 설정했습니다. ❶❷ [노트북]과 [반납유무] 열에서 셀을 클릭한 후 목록 상자에서 원하는 항목을 선택하거나 목록에 있는 내용을 직접 입력합니다. ❸ 대여일에는 2021-10-01~2021-10-31 사이의 날짜를 입력할 수 있고, 잘못 입력하면 오류 메시지가 나타납니다. ❹ 오류 메시지가 나타났다면 [취소]를 클릭합니다.

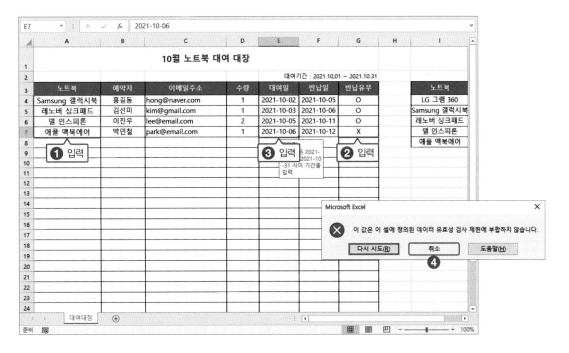

실무활용 07

회원 거래 내역의 입력 오류를 데이터 유효성 검사로 찾고 수정하기

실습 파일 2장 \ 회원거래내역.xls
완성 파일 2장 \ 회원거래내역_완성.xlsx

일반적으로 데이터 유효성 검사는 데이터 입력 전에 설정하는 것이 좋습니다. 하지만 데이터 유효성 검사를 설정하지 않았다면 잘못된 데이터를 입력하더라도 오류를 확인할 수 없습니다. 이 경우에는 데이터 범위에 유효성 검사를 설정하여 잘못 입력된 데이터를 찾아 수정할 수 있습니다. 회원 거래 내역표에서 회원등급, 회원번호, 가입일, 거래건수, 반품건수, 거래금액에 유효성 검사를 설정하고 잘못된 데이터가 있는지 검사해보겠습니다.

미리 보기

	A	B	C	D	E	F	G	H	I	J	K	L
1				회원 거래 내역								
2												
3	회원등급	회원번호	성명	가입일	전화번호	거래건수	반품건수	거래금액		회원등급		
4	일반	A311037	강성수	2018-05-02	055-302-1934	50	-	2,004,000		프래티넘		
5	일반	A311027	강수진	2017-06-02	055-322-1334	50	2	2,004,200		골드		
6	실버	A311011	강철수	2018-07-03	032-312-0127	63	3	4,784,000		실버		
7	일반	A31104	강필승	2020-07-31	02-422-5534	36	1	2,704,000		일반		
8	일반	A311060	고민진	2019-09-03	031-607-9123	31	2	1,744,500				
9	SILVER	A311041	고철중	2020-09-30	031-400-2121	68	1	4,664,500				
10	골드	A311018	김국진	2020-11-30	041-422-3455	72	2	7,604,500				
11	일반	A311056	김미진	2017-01-02	031-127-9903	30	1	1,444,000				
12	실버	A311026	김민우	2018-02-02	02-355-4848	62	4	4,722,500				
13	일반	A311049	김산우	2019년03월	031-887-9123	30	1	1,604,000				
14	일반	A311016	김순희	2017-05-03	033-200-5432	55	4	3,764,500				
15	골드	A311050	김정미	2018-05-31	064-700-1254	72	2	6,824,000				
16	일반	A311035	나필승	2019-06-30	055-422-5534	36	1	2,434,500				
17	실버	A311052	노민욱	2017-08-31	031-400-2121	68	3	4,764,500				
18	프래티넘	A311051	노현철	2018-10-02	02-678-9123	74	2	8,250,100				
19	PRETINUM	A3110390	문민정	2019-11-02	064-700-1254	74	1	8,515,000				
20	골드	A311017	문상국	2019-11-30	054-900-8765	76	0	7,744,000				
21	일반	A311057	문재순	2017-03-31	055-267-0034	36	-	2,534,200				
22	골드	A311045	민대구	2018-01-01	031-812-0001	73	1	7,494,500				
23	골드	A311047	민대홍	2018-01-31	02-235-8848	64	2	5,404,500				
24	SILVER	A311036	민욱	2018-03-03	02-235-8848	63	4	4,814,500				
25	일반	A311014	민태우	2018-03-31	042-433-5656	52	3	3,564,000				
26	일반	A311059	박나문	2018-05-01	02-420-5534	29	2	1,814,500				

회원명부

회사에서 바로 통하는 키워드 : 유효성 검사(목록, 텍스트 길이, 날짜, 사용자 지정), TODAY, ISNUMBER, 텍스트 입력 길이 제한, 잘못된 데이터, 표시

한눈에 보는 작업 순서	목록으로 회원등급 제한하기	▶	회원번호 글자 수 제한하기	▶	날짜 형식으로 가입일 제한 설정하기	▶	숫자 데이터 형식으로 제한 설정하기	▶	잘못된 데이터 표시 및 수정하기

01 목록으로 회원등급 제한하기 ❶ [A4:A52] 범위를 지정하고 **❷** [데이터] 탭–[데이터 도구] 그룹–[데이터 유효성 검사🖹]를 클릭합니다. [데이터 유효성] 대화상자의 [설정] 탭에서 **❸** [제한 대상]을 [목록]으로 설정합니다. **❹** [원본]을 클릭하고 **❺** =$J$4:$J$7 범위를 지정한 후 **❻** [확인]을 클릭합니다.

➕ 회원등급을 프래티넘, 골드, 실버, 일반으로 제한합니다.

02 회원번호 텍스트 길이로 제한하기 ❶ [B4:B52] 범위를 지정하고 **❷** [데이터] 탭–[데이터 도구] 그룹–[데이터 유효성 검사🖹]를 클릭합니다. **❸** [데이터 유효성] 대화상자의 [설정] 탭에서 [제한 대상]을 [텍스트 길이]로, **❹** [제한 방법]은 [=]으로 설정합니다. **❺** [길이]에 **7**을 입력하고 **❻** [확인]을 클릭합니다.

➕ 회원번호의 글자 수를 7로 제한합니다.

03 가입일 날짜 범위로 제한하기 ❶ [D4:D52] 범위를 지정하고 ❷ [데이터] 탭–[데이터 도구] 그룹–[데이터 유효성 검사⭙]를 클릭합니다. [데이터 유효성] 대화상자의 [설정] 탭에서 ❸ [제한 대상]을 [날짜]로, ❹ [제한 방법]은 [해당 범위]로 설정합니다. ❺ [시작 날짜]에 **2017-1-1**, ❻ [끝 날짜]에 **=TODAY()**를 입력하고 ❼ [확인]을 클릭합니다.

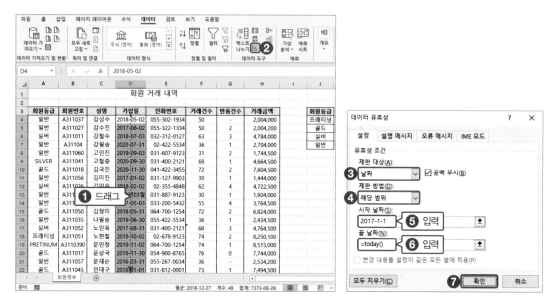

➕ 가입일은 2017년 1월 1일~오늘 날짜에 해당하는 범위로 제한합니다. TODAY 함수는 오늘 날짜를 표시합니다.

04 사용자 지정으로 입력 제한하기 ❶ [F4:H52] 범위를 지정하고 ❷ [데이터] 탭–[데이터 도구] 그룹–[데이터 유효성 검사⭙]를 클릭합니다. [데이터 유효성] 대화상자의 [설정] 탭에서 ❸ [제한 대상]을 [사용자 지정]으로 설정합니다. ❹ [수식]에 **=ISNUMBER(F4)**를 입력하고 ❺ [확인]을 클릭합니다.

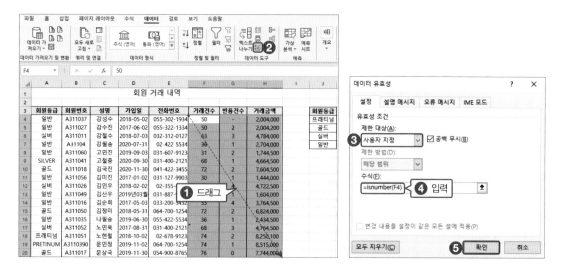

➕ 거래건수, 반품건수, 거래금액은 숫자 데이터 형식으로 제한합니다. ISNUMBER 함수는 숫자 데이터 형식인지 여부를 판단하는 함수로, 숫자 형식이면 참(TRUE), 숫자 형식이 아니면 거짓(FALSE)을 반환합니다.

05 잘못된 데이터 표시하기 ❶ 데이터 범위 내 임의의 셀을 클릭합니다. **❷** [데이터] 탭-[데이터 도구] 그룹-[데이터 유효성 검사📝]의 목록 버튼▾을 클릭하고 **❸** [잘못된 데이터]를 클릭합니다.

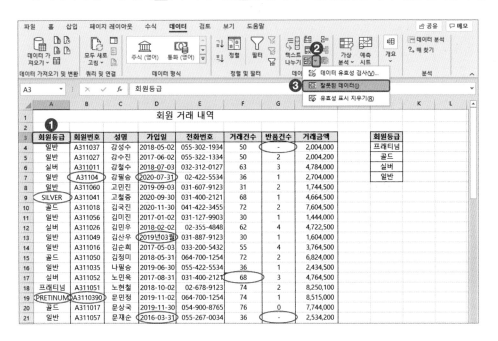

➕ 회원등급, 회원번호, 가입일, 거래건수, 반품건수, 거래금액에 데이터 유효성 검사로 설정한 값에서 벗어나는 오류 데이터가 표시됩니다.

06 잘못된 데이터 수정하기 ❶ [A9] 셀에 **실버**를 입력하고 **❷** [B7] 셀에 **A311104**를 입력합니다. **❸** [D7] 셀에 **2020-7-31**을 입력하고 **❹** [G4] 셀에 **0**을 입력합니다. 수정한 데이터의 잘못된 표시가 지워 집니다.

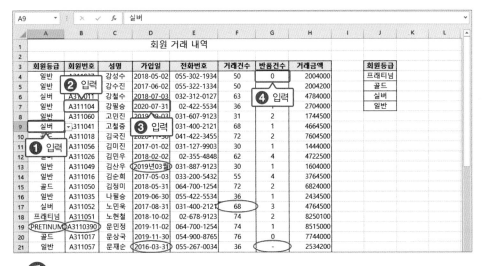

바로 통하는TIP 데이터를 수정하지 않고 잘못된 데이터 표시가 나타나지 않게 하려면 [데이터] 탭-[데이터 도구] 그룹-[데이터 유효성 검사📝]의 목록 버튼▾을 클릭하고 [유효성 표시 지우기]를 클릭합니다.

실무 필수

실무 활용

문서 작성

문서 편집 & 인쇄

수식 & 함수

차트

데이터 관리/ 분석& 자동화

CHAPTER

03

데이터의
가독성을 높이는
서식 설정하고
원하는 양식에
맞춰 인쇄하기

데이터를 구체적이고 명확하게 볼 수 있도록 가독성 높은 문서를 만들려면 셀 서식을 잘 다루어야 합니다. 또한 인쇄 미리 보기를 통해 인쇄될 문서의 모양을 확인하고 인쇄 옵션을 설정하면 용지 낭비를 줄일 수 있습니다. 이번 CHAPTER에서는 엑셀 문서 내의 셀 스타일, 표 서식, 글꼴, 맞춤, 표시 형식, 조건부 서식 등을 사용해 문서를 완성해보겠습니다. 또한 문서 용지, 여백, 배율, 제목 등을 설정하는 방법과 페이지를 미리 보기로 확인한 후 인쇄하는 방법을 알아보겠습니다.

핵심기능 20

표 서식 적용 및 디자인 변경하기

실습 파일 3장\차량경비지출내역.xlsx
완성 파일 3장\차량경비지출내역_완성.xlsx

표 서식 기능을 활용하면 클릭 한 번으로 표에 서식을 지정할 수 있습니다. 일일이 선택하지 않아도 되고 디자인도 깔끔해서 표 서식을 빠르게 지정할 때 유용합니다. 표 서식이 적용된 디자인은 언제든지 다른 스타일로 변경할 수 있습니다. 또한 일부 범위를 삭제하거나 병합할 때, 표 디자인이 마음에 들지 않을 때는 표를 일반 데이터 범위로 돌려놓을 수도 있습니다. 차량 경비 지출 내역서를 이용해 간편하게 표를 꾸미는 방법을 알아보겠습니다.

미리 보기

회사에서 바로 통하는 키워드: 표 서식, 엑셀 표, 범위로 변환, 표 스타일

| 한눈에 보는 작업 순서 | 표 서식 적용하기 | ▶ | 열 추가하기 | ▶ | 표 스타일 변경하기 | ▶ | 데이터 입력하기 | ▶ | 표 서식을 범위로 변환하기 |

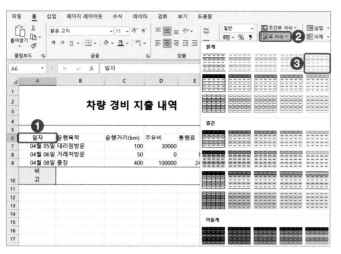

01 표 서식 적용하기 ❶ 데이터가 입력된 임의의 셀을 클릭합니다. **❷** [홈] 탭-[스타일] 그룹-[표 서식⬛]을 클릭하고 **❸** [밝게] 영역의 [표 스타일 밝게 5]를 클릭합니다.

바로 통 하는 TIP 표 서식이 적용되는 범위에 병합된 셀이 있으면 자동으로 병합이 해제됩니다.

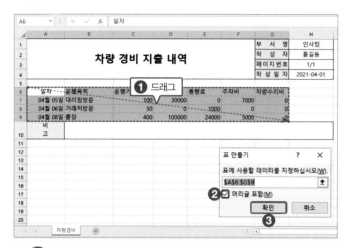

02 [표 만들기] 대화상자가 열리면 표에 사용할 데이터 범위를 지정합니다. **❶** [A6:G9] 범위를 지정하고 **❷** [머리글 포함]에 체크한 후 **❸** [확인]을 클릭해 서식을 적용합니다.

➕ [A6:G9] 범위에 엑셀 표와 서식이 적용됩니다.

바로 통 하는 TIP 표의 첫째 행이 제목 행일 경우 [머리글 포함]에 체크합니다. 표의 제목 행이 두 행 이상일 경우 첫 행만 제목 행이 되고 그 이후 행은 데이터가 됩니다. [머리글 포함]의 체크를 해제하면 열1, 열2, 열3, … 순으로 임시 제목 행이 삽입됩니다.

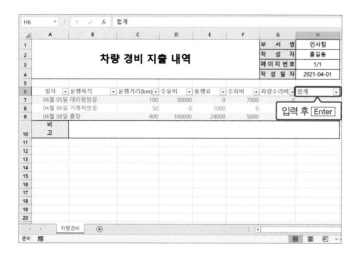

03 합계 열 추가하기 [H6] 셀에 **합계**를 입력하고 Enter 를 누르면 표 서식이 자동 적용된 합계 열이 추가됩니다.

바로 통 하는 TIP 여기서는 수식을 입력하지 않지만, 합계 열에 수식을 입력하면 수식 또한 아래 방향으로 채워집니다. 표에서 수식을 입력하는 방법은 핵심기능 33(234쪽)을 참고합니다.

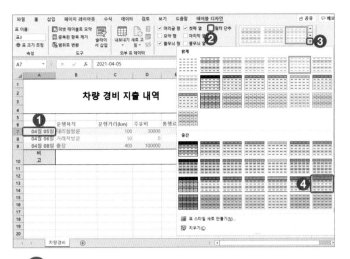

04 표 스타일 적용하기 ❶ 표 영역의 임의의 셀을 클릭합니다. **❷** [테이블 디자인] 탭-[표 스타일 옵션] 그룹에서 [필터 단추]의 체크를 해제합니다. **❸** [표 스타일] 그룹에서 [자세히▼]를 클릭한 후 **❹** [중간] 영역의 [녹색, 표 스타일 보통 21]을 클릭해 스타일을 변경합니다.

✅ **엑셀 2019&이전 버전** [표 도구] - [디자인] 탭에서 해당 명령을 클릭합니다.

바로 통 하는TIP 표 서식을 적용하면 열 머리글에 필터 단추▼가 표시됩니다. 필터 단추▼를 사용하면 데이터를 빠르게 필터링하고 정렬할 수 있습니다. 필터 기능은 핵심기능 58(402쪽)을 참고합니다.

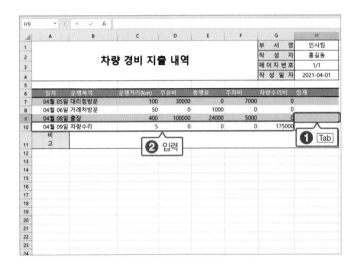

05 추가 데이터 입력하기 ❶ [H9] 셀을 클릭하고 Tab 을 누릅니다. 행이 추가되면서 표 서식이 확장됩니다. **❷** [A10:G10] 범위에 **4-9, 차량 수리, 5, 0, 0, 0, 175000**을 각각 입력합니다.

바로 통 하는TIP 표 서식이 적용된 영역(A6:H9)과 비고 표(A 10:H10) 사이에 행을 추가하려면 표의 마지막 셀인 [H9] 셀에서 Tab 을 누릅니다. Tab 을 누르면 행이 추가되면서 표 서식도 자동으로 확장됩니다.

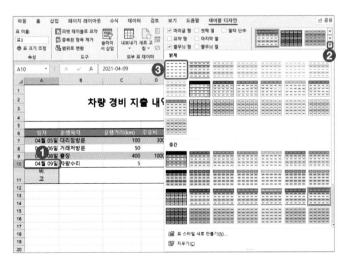

06 표 서식을 지우고 범위로 변환하기 ❶ 표 영역의 임의의 셀을 클릭하고 **❷** [테이블 디자인] 탭-[표 스타일] 그룹에서 [자세히▼]를 클릭합니다. **❸** [밝게] 영역의 [없음]을 클릭합니다.

➕ 표 스타일이 [없음]으로 변경됩니다.

07 표 서식이 적용된 표 범위를 일반 데이터 범위로 변경하겠습니다. ❶ [테이블 디자인] 탭–[도구] 그룹–[범위로 변환]을 클릭합니다. ❷ 표를 정상 범위로 변경할 것인지 묻는 메시지가 나타나면 [예]를 클릭합니다. 표가 데이터 범위로 바뀝니다.

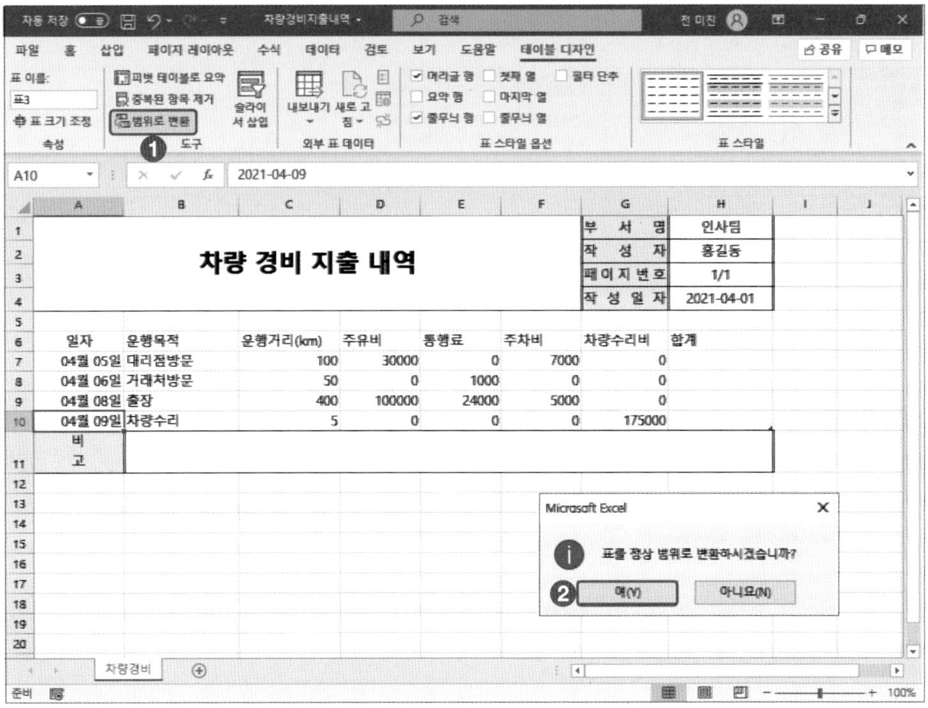

바로 통하는 TIP 표 서식이 해제되었으므로 데이터 영역(A6:H10)과 비고 표(A11:H11) 사이에 행을 추가하려면 [삽입]을 이용해야 합니다.

쉽고 빠른 엑셀 Note | 표와 데이터를 일목요연하게 꾸미고 테마 변경하기

표 서식 및 셀 스타일 적용하기

엑셀은 기본적으로 표와 숫자로 구성되며 셀과 워크시트는 모두 격자로 이루어져 있습니다. 따라서 계산과 통계에는 효율적이지만 양식에 따라 데이터를 직관적으로 보기에는 어려움이 있을 수 있습니다. 이때 엑셀에서 제공하는 여러 디자인 도구(셀과 표 서식, 또는 각종 서식 도구 등)를 사용하면 데이터를 훨씬 더 잘 보이도록 깔끔하게 꾸밀 수 있습니다.

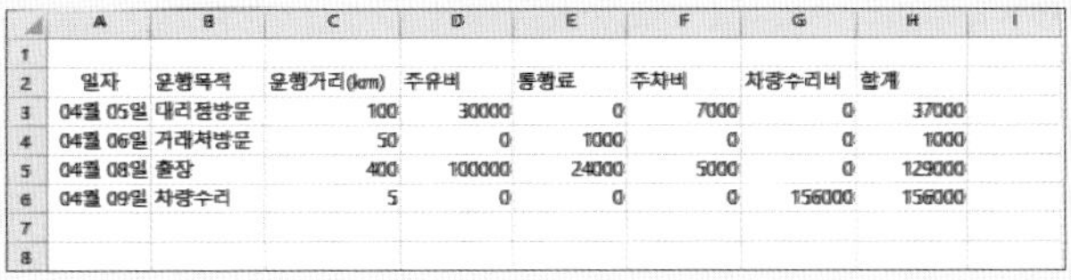

▲ 일반 표

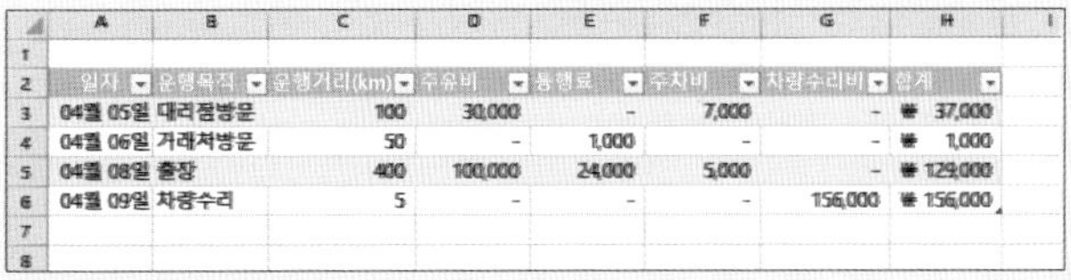

▲ 서식과 스타일을 적용한 표

테마 지정하기

테마란 오피스 문서의 성격에 맞게 전체적으로 통일된 디자인을 구성하는 일종의 템플릿입니다. 테마를 활용하면 문서에 일관된 색상과 효과, 글꼴 등이 지정되어 문서 전체에 통일감을 줄 수 있습니다. 테마를 변경하려면 [페이지 레이아웃] 탭 - [테마] 그룹 - [테마]를 클릭하고 엑셀에서 제공하는 테마 중 하나를 클릭합니다. 테마에 맞는 표 서식, 글꼴 서식 등이 자동으로 적용됩니다.

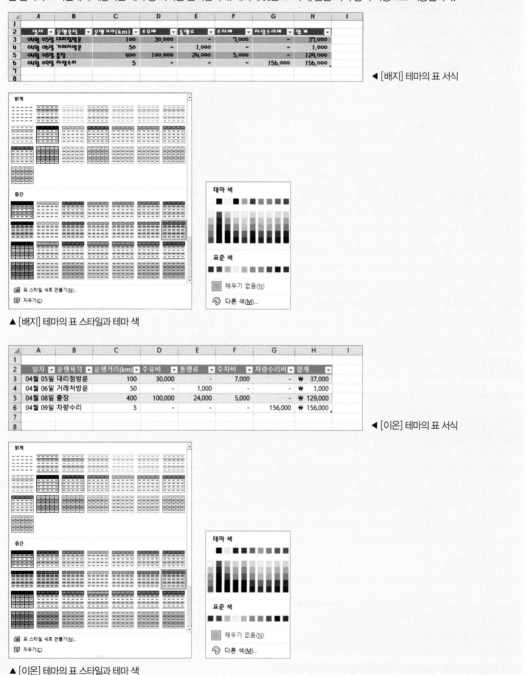

◀ [배지] 테마의 표 서식

▲ [배지] 테마의 표 스타일과 테마 색

◀ [이온] 테마의 표 서식

▲ [이온] 테마의 표 스타일과 테마 색

실습 파일 3장\견적서_기본서식.xlsx
완성 파일 3장\견적서_기본서식_완성.xlsx

실무필수

핵심기능

21

문서의 가독성을 높이는 기본 서식 지정하기

2010 \ 2013 \ 2016 \ 2019 \ 2021

보고서는 업무 성과나 계획 등을 타인에게 보고하고 전달하기 위해 작성하므로 가독성이 매우 중요합니다. 엑셀에서는 문서의 가독성을 높일 수 있도록 글꼴, 맞춤, 표시 형식 등 다양한 서식 기능을 제공합니다. 서식을 지정하지 않으면 문자는 왼쪽, 숫자는 오른쪽으로 자동 정렬되어 데이터를 구별할 수 있기 때문에 최종 보고서나 인쇄용 문서를 작성할 때를 제외하고는 서식은 최소한으로 지정하는 것이 좋습니다. 기본적으로 보고서 내용을 정확하게 전달하고 일목요연하게 보이게 하려면 글꼴과 맞춤 관련 서식을 지정해야 합니다. 셀 서식에서 제공하는 기능을 이용해 글꼴, 크기, 테두리, 색, 맞춤 등의 서식을 지정하는 방법에 대해서 알아보겠습니다.

미리 보기

회사에서 바로 통하는 키워드 : 글꼴, 병합 후 가운데 맞춤, 전체 병합, 셀에 맞춤, 테두리 그리기, 채우기 색, 문서 서식

한눈에 보는 작업 순서   글꼴 서식 지정하기 ▶ 맞춤 서식 지정하기 ▶ 테두리 지정 및 셀 채우기

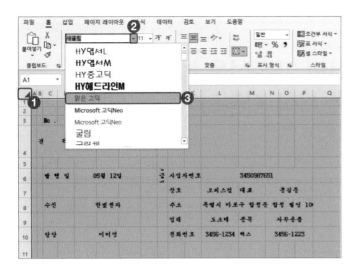

01 글꼴 지정하기 ❶ [전체 선택 ▦]을 클릭한 후 ❷ [홈] 탭-[글꼴] 그룹-[글꼴]의 목록 버튼 ▾을 클릭하고 ❸ [맑은 고딕]을 클릭합니다.

➕ 워크시트 전체가 범위로 지정되고 글꼴이 [맑은 고딕]으로 일괄 변경됩니다.

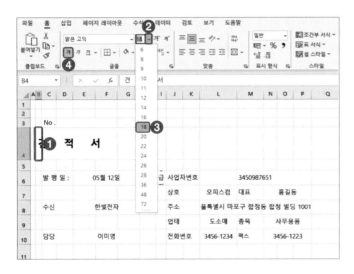

02 글꼴 크기 지정하기 ❶ [B4] 셀을 클릭합니다. ❷ [홈] 탭-[글꼴] 그룹-[글꼴 크기]의 목록 버튼 ▾을 클릭하고 ❸ [18]을 클릭합니다. ❹ [글꼴] 그룹-[굵게 가]를 클릭합니다.

➕ 글꼴 크기가 커지고 굵은 서체로 표시됩니다.

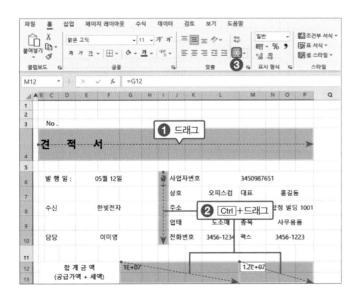

03 병합하고 가운데 맞춤 지정하기 ❶ [B4:P4] 범위를 지정하고 ❷ Ctrl 을 누른 상태로 [I6:I10], [G12:L13], [M12:P13] 범위를 각각 지정합니다. ❸ [홈] 탭-[맞춤] 그룹-[병합하고 가운데 맞춤 ▣]을 클릭합니다.

➕ [병합하고 가운데 맞춤 ▣]은 여러 셀을 하나로 병합하고 셀의 가운데로 내용을 맞춥니다.

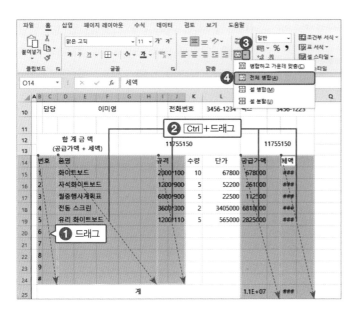

04 전체 병합하기 ❶[B14:C24] 범위를 지정하고 ❷ Ctrl 을 누른 상태에서 [D14:H24], [I14:J24], [M14:N25], [O14:P25] 범위를 각각 지정합니다. ❸[홈] 탭-[맞춤] 그룹-[병합하고 가운데 맞춤 🔳]의 목록 버튼 🔽을 클릭하고 ❹[전체 병합]을 클릭합니다.

➕ [전체 병합]은 전체를 하나로 합치는 것이 아니라 각각의 행 단위로 여러 셀을 합칩니다.

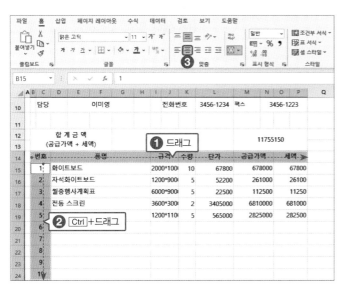

05 텍스트 가로 가운데 맞춤 지정하기 ❶[B14:P14] 범위를 지정하고 ❷ Ctrl 을 누른 상태로 [B15:B24] 범위를 지정합니다. ❸[홈] 탭-[맞춤] 그룹-[가운데 맞춤 🔳]을 클릭합니다.

➕ 선택한 범위의 데이터가 가운데 맞춤으로 정렬됩니다.

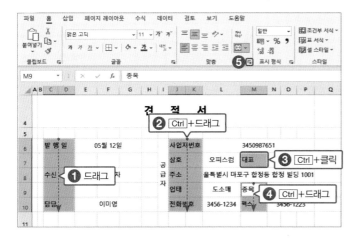

06 텍스트 균등 분할 정렬하기 ❶[C6:C10] 범위를 지정하고 ❷❸❹ Ctrl 을 누른 상태로 [J6:J10], [M7], [M9:M10] 범위를 각각 지정합니다. ❺[홈] 탭-[맞춤] 그룹의 [맞춤 설정 🔳]을 클릭합니다.

➕ [맞춤 설정 🔳]을 클릭하면 맞춤과 관련된 서식을 한 곳에서 지정할 수 있는 [셀 서식] 대화상자가 열립니다.

실무 필수

실무 활용

문서 작성

문서 편집 & 인쇄

수식 & 함수

차트

데이터 관리/ 문서& 자동화

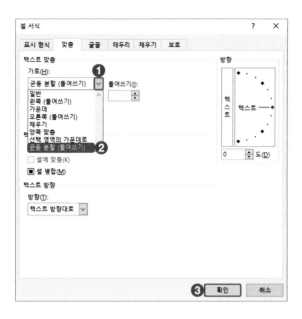

07 [셀 서식] 대화상자의 [맞춤] 탭이 열립니다. ❶ [텍스트 맞춤] 영역에서 [가로]의 목록 버튼▼을 클릭하고 ❷ [균등 분할(들여쓰기)]를 클릭합니다. ❸ [확인]을 클릭합니다.

➕ 각 셀의 글자 수가 모두 다르므로 한 방향으로 정렬하면 처음과 끝이 맞지 않습니다. 균등 분할은 처음과 끝을 맞추고 사이에 여백을 균등하게 넣어 텍스트의 가독성을 높입니다.

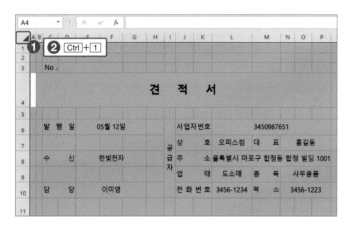

08 셀에 맞춤 지정하기 ❶ [전체 선택▲]을 클릭하고 ❷ Ctrl + 1 을 누릅니다.

➕ Ctrl + 1 을 누르면 [셀 서식] 대화상자가 열립니다.

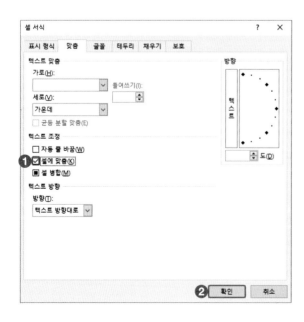

09 ❶ [셀 서식] 대화상자가 열리면 [맞춤] 탭의 [텍스트 조정] 영역에서 [셀에 맞춤]에 체크한 후 ❷ [확인]을 클릭합니다.

➕ [셀에 맞춤]은 셀 너비를 넘어 입력한 내용의 글꼴 크기를 셀 너비에 맞춰 자동으로 조정합니다. 견적서 예제에서는 주소(L8)와 규격(I15:I19) 셀의 내용이 셀 너비에 맞춰 표시됩니다.

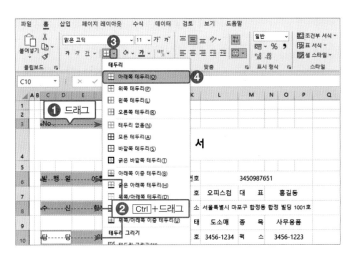

10 테두리 설정하기 ❶ [C3:D3] 범위를 지정하고 ❷ Ctrl 을 누른 상태에서 [C6:E6], [C8:F8], [C10:E10] 범위를 각각 지정합니다. ❸ [홈] 탭-[글꼴] 그룹-[테두리⊞]의 목록 버튼⏷을 클릭하고 ❹ [아래쪽 테두리]를 클릭합니다.

➕ 지정된 범위의 아래에만 테두리가 적용됩니다.

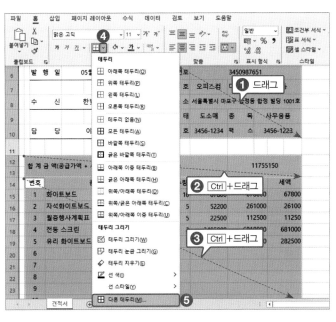

11 ❶ [I6:N10] 범위를 지정하고 ❷❸ Ctrl 을 누른 상태에서 [B12:M12], [B14:O25] 범위를 각각 지정합니다. ❹ [홈] 탭- [글꼴] 그룹-[테두리⊞]의 목록 버튼⏷을 클릭하고 ❺ [다른 테두리]를 클릭합니다.

➕ [셀 서식] 대화상자의 [테두리] 탭이 나타납니다.

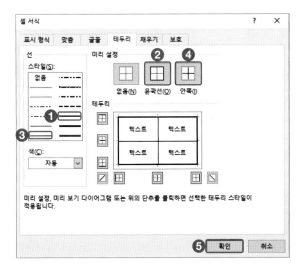

12 [셀 서식] 대화상자의 [테두리] 탭이 열립니다. ❶ [선] 영역의 [스타일]에서 [중간 굵기]를 클릭하고 ❷ [미리 설정]에서 [윤곽선]을 클릭합니다. ❸ 다시 [선] 영역의 [스타일]에서 [실선]을 클릭하고 ❹ [미리 설정]에서 [안쪽]을 클릭합니다. ❺ [확인]을 클릭합니다.

➕ 선택된 범위의 바깥쪽 테두리에는 중간 굵기의 선이, 안쪽 테두리에는 실선이 적용됩니다.

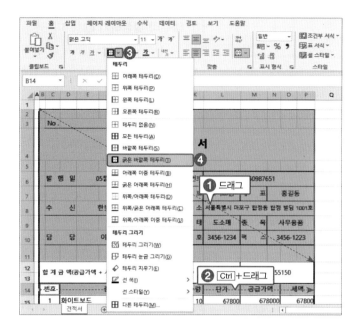

13 ❶[B2:P11] 범위를 지정하고 ❷ Ctrl 을 누른 상태에서 [B14:O14] 범위를 지정합니다. ❸[홈] 탭–[글꼴] 그룹–[테두리 ▦]의 목록 버튼 ⌄을 클릭하고 ❹[굵은 바깥쪽 테두리]를 클릭하여 윤곽선을 그립 니다.

➕ 선택된 범위의 바깥쪽 테두리에 두꺼운 선이 적용됩니다.

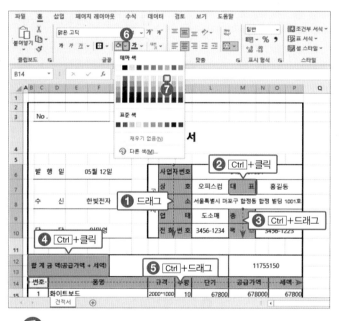

14 채우기 색 지정하기 ❶[J6:J10] 범위를 지정하고 ❷❸❹❺ Ctrl 을 누른 상태에서 [M7], [M9:M10], [B12], [B14:O14] 범위를 각각 지 정합니다. ❻[홈] 탭–[글꼴] 그 룹–[채우기 색 ◇]의 목록 버튼 ⌄을 클릭합니다. ❼[테마 색]에서 [황금 색, 강조 4, 80% 더 밝게]를 클릭해 셀에 색을 채웁니다.

➕ 선택된 범위에 [황금색, 강조 4, 80% 더 밝게] 채우기 색이 적용됩니다.

바로 통 하는 TIP 양식 문서에 다양한 서식을 지정하면 격자의 눈금선이 지저분해 보이므로 [보기] 탭–[표시] 그룹–[눈금선]을 클릭해서 체크 를 해제하면 좋습니다.

쉽고 빠른 엑셀 Note ▶ 셀 너비에 맞춘 텍스트 조정 비법 살펴보기

엑셀은 셀 단위로 작업하기 때문에 셀 너비보다 많은 내용을 입력하면 옆 셀을 침범하거나 일부 글자가 잘려 보입니다. 셀 너비를 조정 하면 내용을 모두 표시할 수 있지만 보통 인쇄 용지의 규격이 정해져 있어 무한정 셀 너비를 넓힐 수는 없습니다. 따라서 셀 폭에 맞춰 텍스트를 조정하려면 Ctrl + 1 을 눌러 [셀 서식] 대화상자를 열고 [맞춤] 탭의 [텍스트 조정] 영역에서 ❶[자동 줄 바꿈], ❷[셀에 맞 춤], ❸[셀 병합] 중 하나를 지정하여 텍스트를 조정합니다.

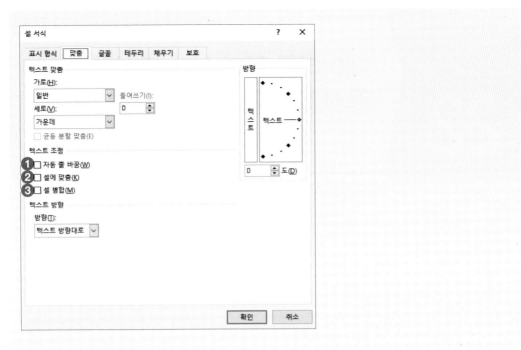

❶ **자동 줄 바꿈(텍스트 줄 바꿈)** : 입력한 내용이 셀 너비보다 길어지면 셀 너비에 맞춰 자동으로 다음 줄로 넘겨서 표시합니다. 참고로 원하는 위치에서 Alt + Enter 를 눌러 직접 줄 바꿈을 할 수도 있습니다.

❷ **셀에 맞춤** : 셀 너비가 고정되어 있고 입력한 내용이 셀 너비보다 길어지면 셀 너비에 맞춰 자동으로 글꼴 크기가 조정됩니다.

❸ **셀 병합** : 셀 너비를 조정하지 않고 여러 셀을 하나로 병합해 셀의 가운데로 내용을 정렬합니다.

데이터를 읽기 쉽게 표현하는 표시 형식 지정하기

실습 파일 3장\분기매출실적_표시형식.xlsx
완성 파일 3장\분기매출실적_표시형식_완성.xlsx

표시 형식은 문자와 숫자 데이터가 화면에 어떻게 보이도록 할 것인지 결정하는 데이터 표현 방법입니다. 숫자 데이터에 콤마나 통화 기호를 넣을 수도 있고 문자처럼 보이게 할 수도 있습니다. 이는 데이터 형식이 바뀌는 것이 아니고 데이터 표현 방법만 변경되는 것이므로 실무 데이터를 다룰 때는 혼동을 일으킬 수 있습니다. 따라서 표시 형식은 최종 단계의 보고용 문서에서 적용하는 것이 좋습니다. 표시 형식에는 숫자, 통화, 회계, 날짜, 시간, 텍스트, 사용자 지정 등이 있습니다. [홈] 탭의 [맞춤] 그룹과 [표시 형식] 그룹, 그리고 [셀 서식] 대화상자를 이용해 서식을 지정하는 방법을 알아보겠습니다.

미리 보기

회사에서 바로 통하는 키워드 : 표시 형식, 날짜, 쉼표 스타일, 백분율 스타일, 소수 자릿수, 음수 표시 형식

한눈에 보는 작업 순서
간단한 날짜 표시 형식 지정하기 ▶ 쉼표 스타일 지정하기 ▶ 백분율 스타일 및 자릿수 늘림 지정하기 ▶ 음수 표시 형식 지정하기

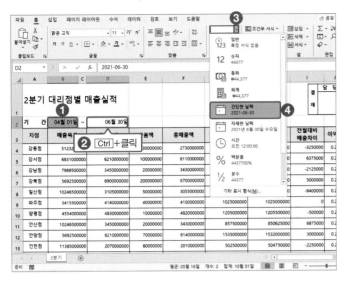

01 날짜 형식 표시하기 작성일자를 연-월-일 형식으로 표시하겠습니다. ❶ [B2] 셀을 클릭하고 ❷ Ctrl 을 누른 상태에서 [D2] 셀을 클릭합니다. ❸ [홈] 탭-[표시 형식] 그룹-[표시 형식]의 목록 버튼▼을 클릭하고 ❹ [간단한 날짜]를 클릭합니다.

➕ 간단한 날짜 형식이 적용됩니다.

02 숫자 세 자리마다 쉼표 넣기 숫자의 세 자리 구분 기호로 쉼표를 표시하겠습니다. ❶ [B4: H16] 범위를 지정하고 ❷ [홈] 탭-[표시 형식] 그룹-[쉼표 스타일🔴]을 클릭합니다.

➕ 지정된 범위의 숫자 데이터에 천 단위 구분 기호(쉼표)가 적용됩니다.

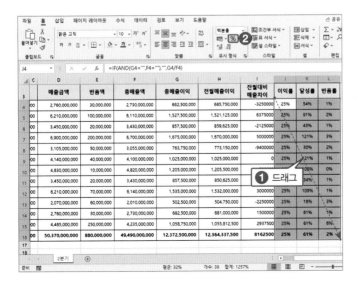

03 백분율 기호 넣기 숫자를 백분율 형식으로 표시하겠습니다. ❶ [J4:L16] 범위를 지정하고 ❷ [홈] 탭-[표시 형식] 그룹-[백분율 스타일%]을 클릭합니다.

➕ [백분율 스타일%]을 지정하면 데이터에 100을 곱한 후 숫자 뒤에 백분율(%) 기호를 표시합니다.

04 소수 자릿수 늘리기 [홈] 탭-[표시 형식] 그룹-[자릿수 늘림]을 한 번 클릭해서 소수 첫째 자리까지 표시합니다.

➕ 소수 자릿수를 줄이려면 줄일 자릿수만큼 [자릿수 줄임]을 클릭합니다.

05 음수 표시 형식 지정하기 ❶ [I4:I16] 범위를 지정하고 ❷ [홈] 탭-[표시 형식] 그룹-[표시 형식 설정]을 클릭합니다.

➕ [셀 서식] 대화상자의 [표시 형식] 탭이 나타납니다.

06 음수 표시 형식 지정하기 [셀 서식] 대화상자의 [표시 형식] 탭이 열립니다. ❶ [범주] 목록에서 [숫자]를 클릭합니다. ❷ [1000 단위 구분 기호 사용]에 체크하고 ❸ [음수] 목록에서 [(1,234)]를 클릭한 후 ❹ [확인]을 클릭합니다.

➕ 숫자 세 자리마다 구분 기호로 쉼표가 표시되고, 음수는 괄호 안에 빨강색으로 표시됩니다.

실무필수

핵심기능

23

2010 \ 2013 \ 2016 \ 2019 \ 2021

맞춤형 사용자 지정 표시 형식 만들기

실습 파일 3장\분기매출실적_사용자표시형식.xlsx
완성 파일 3장\분기매출실적_사용자표시형식_완성.xlsx

엑셀에서 제공하는 표시 형식에서 지정하고 싶은 형식을 찾을 수 없다면 직접 만들어서 사용할 수 있습니다. 사용자 지정 표시 형식을 만들 때는 데이터 형식에 사용하는 기호를 사용합니다. 문자는 @, 수치 데이터는 #, 0 등의 기호로 직접 표시 형식을 지정할 수 있습니다. 사용자 지정 형식은 한 번에 네 개까지 지정할 수 있으며 세미콜론(;)을 구분 기호로 사용합니다. 기본적으로 0보다 크면 양수 형식, 0보다 작으면 음수 형식, 0이면 0 형식, 문자면 문자 형식으로 지정하여 '양수 형식 ; 음수 형식 ; 0 ; 문자 형식'으로 표현합니다. 사용자 지정 표시 형식 기호에 대한 자세한 내용은 160쪽의 [쉽고 빠른 엑셀 Note]를 참고합니다. [셀 서식] 대화상자에서 사용자 지정 표시 형식을 지정하는 방법을 알아보겠습니다.

미리 보기

지점	매출목표	매출금액	반품액	총매출액	총매출이액	전월매출이액	전월대비 매출차이	이익률	달성률	반품률
강동점	5,123,250	2,760,000	30,000	2,730,000	682,500	685,750	▼3,250	25.0%	53.9%	1.1%
강서점	6,831,000	6,210,000	100,000	6,110,000	1,527,500	1,521,125	▲6,375	25.0%	90.9%	1.6%
강남점	7,969,500	3,450,000	20,000	3,430,000	857,500	859,625	▼2,125	25.0%	43.3%	0.6%
강북점	5,692,500	6,900,000	200,000	6,700,000	1,675,000	1,670,000	▲5,000	25.0%	121.2%	2.9%
일산점	10,246,500	3,105,000	50,000	3,055,000	763,750	773,150	▼9,400	25.0%	30.3%	1.6%
파주점	3,415,500	4,140,000	40,000	4,100,000	1,025,000	1,025,000	-	25.0%	121.2%	1.0%
양평점	4,554,000	4,830,000	10,000	4,820,000	1,205,000	1,205,500	▼500	25.0%	106.1%	0.2%
안산점	10,246,500	3,450,000	20,000	3,430,000	857,500	850,625	▲6,875	25.0%	33.7%	0.6%
안양점	5,692,500	6,210,000	70,000	6,140,000	1,535,000	1,532,000	▲3,000	25.0%	109.1%	1.1%
인천점	11,385,000	2,070,000	60,000	2,010,000	502,500	504,750	▼2,250	25.0%	18.2%	2.9%
분당점	4,554,000	2,760,000	30,000	2,730,000	682,500	681,000	▲1,500	25.0%	60.6%	1.1%
범계점	7,400,250	4,485,000	250,000	4,235,000	1,058,750	1,055,813	▲2,938	25.0%	60.6%	5.6%
합 계	83,110,500	50,370,000	880,000	49,490,000	12,372,500	12,364,338	▲8,162	25.0%	60.6%	1.7%

2분기 대리점별 매출실적

기 간 2021-04-01 ~ 2021-06-30   (단위:천원)   (단위:%)

결재 | 담 당 | 부서장 | 임 원

2분기

회사에서 바로 통하는 키워드: 사용자 지정 표시 형식, 단위 지정 숫자 자르기, 천 단위 지정 표시 형식

한눈에 보는 작업 순서   천 단위로 잘라서 사용자 표시 형식 지정하기 ▶ 양수, 음수, 기호를 사용한 사용자 표시 형식 지정하기

01 천 단위 이하는 잘라서 표시하기 자릿수가 큰 숫자는 데이터 읽기도 불편하므로 천 단위는 잘라 표시하겠습니다. ❶ [B4:H16] 범위를 지정하고 ❷ Ctrl + 1 을 누릅니다. ❸ [셀 서식] 대화상자의 [표시 형식] 탭이 열리면 [범주] 목록에서 [사용자 지정]을 클릭합니다. ❹ [형식]에 **#,##0,_-**를 입력하고 ❺ [확인]을 클릭합니다. 지정된 범위에 사용자 지정 표시 형식이 적용됩니다.

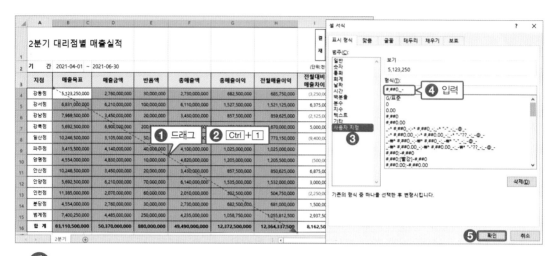

바로 통 하는 TIP #,##0 : 세 자리마다 쉼표를 표시합니다.

#,##0, : 0 뒤에 쉼표가 있으면 마지막 세 자리를 잘라 천 단위로 표시합니다.

#,##0,_- : 쉼표 뒤에 _-가 있으면 공백을 표시합니다.

바로 통 하는 TIP 천 단위 또는 백만 단위로 표시하기

사용자 형식 코드 단위(천 원) : #,##0,

사용자 형식 코드 단위(백만 원) : #,##0,,

쉼표(,)는 세 자리마다 콤마를 표시하는 형식과 세 자리 단위로 잘라서 표시하는 형식이 있습니다.

02 양수, 음수, 기호로 사용자 표시 형식 지정하기 숫자 데이터에서 양수, 음수, 0의 서식을 구별해서 표시하겠습니다. ❶[I4:I16] 범위를 지정하고 ❷ Ctrl + 1 을 누릅니다.

❶ [셀 서식] 대화상자가 나타납니다.

03 [셀 서식] 대화상자의 [표시 형식] 탭이 열립니다. ❶ [범주] 목록에서 [사용자 지정]을 클릭하고 ❷ [형식]에 **[빨강]▲#,##0,_-;[파랑]▼#,##0,_-;"-"_-**를 입력한 후 ❸ [확인]을 클릭합니다.

바로 통 하는TIP 한글 자음 ㅁ을 입력한 후 [한자]를 눌러 특수 문자 ▲, ▼를 입력합니다.

바로 통 하는TIP 사용자 지정 표시 형식에서 지정할 수 있는 색은 검정, 파랑, 녹청, 녹색, 자홍, 빨강, 흰색, 노랑으로, 색 이름을 대괄호([ ]) 안에 입력합니다. 양수, 음수, 0의 순서로 사용자 지정 서식을 입력한 표시 형식은 다음과 같습니다.

❶ 양수 서식	구분 기호	❷ 음수 서식	구분 기호	❸ 0의 서식
[빨강]▲#,##0,_-	;	[파랑]▼#,##0,_-	;	"-"_-

❶ **[빨강]▲#,##0,_-**는 양수일 때 빨간색 ▲ 기호 뒤로 세 자리마다 쉼표와 천 단위를 잘라내 표시하고 공백(_-)을 표시합니다.
❷ **[파랑]▼#,##0,_-**는 음수일 때 파란색 ▼ 기호 뒤로 세 자리마다 쉼표와 천 단위를 잘라내 표시하고 공백(_-)을 표시합니다.
❸ **"-"_-**는 0일 때 하이픈(-)을 표시하고 공백(_-)을 표시합니다.

각각의 서식을 세미콜론(;)으로 구분하여 **[빨강]▲#,##0,_-;[파랑]▼#,##0,_-;"-"_-** 표시 형식을 입력합니다.

04 양수, 음수, 0에 각각 사용자 표시 형식이 적용됩니다.

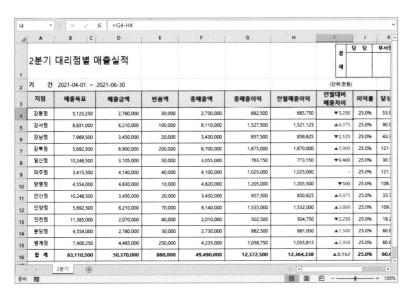

➕ 양수면 빨간색과 ▲ 기호가, 음수면 파란색과 ▼ 기호가 표시됩니다. 0일 때는 -을 표시합니다.

엑셀에서 지정하고 싶은 표시 형식이 없을 때는 사용자가 직접 표시 형식을 만들어 사용할 수 있습니다. 사용자 지정 형식은 한 번에 네 개까지 지정할 수 있으며, 기본적으로 양수, 음수, 0, 문자 형식을 세미콜론(;)으로 구분하여 다음과 같이 표현합니다. 대부분 숫자를 제외하고는 하나의 형식만 만들어 사용합니다.

사용자 지정 표시 형식 지정 순서	양수 형식 ; 음수 형식 ; 0의 형식 ; 문자 형식
조건이나 색상을 지정하는 형식	[조건]형식 ; [조건]형식 [색][조건]형식 ; [색][조건]형식

❶ **숫자와 문자** : 숫자 데이터는 0과 # 기호를 주로 사용하며, 세 자리마다 쉼표를 표시하는 **#,##0** 형태의 서식을 주로 입력합니다.

데이터 형식	서식 기호	기능
숫자	#	유효한 숫자를 표시하는 기호(무효한 0은 표시 안 함)입니다.
	0	숫자를 표시하는 기호(무효한 0을 표시하여 자릿수를 맞춤)입니다.
	?	숫자를 표시하는 기호(무효한 0을 공백으로 표시하여 자릿수를 맞춤)입니다.
	%	백분율을 표시합니다.
	.	소수점을 표시합니다.
	,	숫자 세 자리마다 구분 기호를 표시하거나 세 자리마다 잘라서 표시합니다.
	₩, $, ¥	통화 유형 기호를 표시합니다.
문자	@	문자를 대표하는 형식으로, 문자에 특정 문자를 표시하고 싶을 때 사용합니다.

❷ **숫자를 한글, 한자로 표시하는 형식 기호** : 엑셀에서는 숫자 데이터가 길어지면 값을 잘못 읽어 오해를 일으킬 가능성이 있습니다. 이런 경우에는 숫자를 한글이나 한자로 변경하여 직관적으로 읽을 수 있도록 합니다.

형식 코드	설명	표시 형식
[DBNum1][$-ko-KR]G/표준	한자로 표시	一千二百五十万
[DBNum2][$-ko-KR]G/표준	한자 갖은자로 표시	壹阡貳百伍拾萬
[DBNum3][$-ko-KR]G/표준	단위만 한자로 표시	千2百5十万
[DBNum4][$-ko-KR]G/표준	한글로 표시	일천이백오십만

✅ **엑셀 2013&이전 버전**　형식 코드로 **[DBNum1][$-412]G/표준**을 입력합니다.

❸ **날짜 표시 형식** : 날짜 형식은 연-월-일 형태의 **yyyy-mm-dd** 서식을 입력합니다. 날짜 형식에서 요일은 표시 방식에 따라 aaa, aaaa, ddd, dddd 기호를 사용합니다.

데이터 형식	서식 기호	기능
날짜	YY/YYYY	연도를 두 자리 또는 네 자리로 표시합니다.
	M/MM/ MMM/MMMM	월을 1~12 또는 01~12로, 영문 세 글자 또는 영문으로 표시합니다.
	D/DD	일을 1~31 또는 01~31로 표시합니다.
	DDD/DDDD	요일을 영문 세 글자 또는 영문으로 표시(Mon 또는 Monday)합니다.
	AAA/AAAA	요일을 한글 한 글자 또는 한글로 표시(월 또는 월요일)합니다.

❹ 시간 표시 형식 : 시간, 형식은 주로 시:분:초 형태의 **h:m:s** 형식을 입력합니다. 시간 형식에서 24시간이 넘어서는 누적 시간을 표시해야 할 때는 대괄호[ ]와 함께 h, m, s 기호를 사용합니다.

데이터 형식	서식 기호	기능
시간	H/HH	시간을 0~23 또는 00~23으로 표시합니다.
	M/MM	분을 0~59 또는 00~59로 표시합니다.
	S/SS	초를 0~59 또는 00~59로 표시합니다.

❺ 기타 표시 형식

데이터 형식	서식 기호	기능
기타	[ ]	조건이나 색을 지정할 때 대괄호([])를 입력합니다. 색상은 [검정], [파랑], [녹청], [녹색], [자홍], [빨강], [흰색], [노랑]으로 여덟 개입니다.
	*	별표(*) 기호 뒤에 문자를 입력하면 데이터가 표시되고 나머지 빈 여백만큼 문자를 반복해서 표시합니다.
	_	밑줄(_) 기호 뒤에 문자를 입력하면 문자 폭만큼 여백을 표시합니다.

거래명세서에서 다양한 데이터의 표시 형식 지정하기

실습 파일 3장 \ 거래명세표.xlsx
완성 파일 3장 \ 거래명세표_완성.xlsx

거래명세서에는 다양한 데이터 형식이 있습니다. 거래일자에서 해당 연도와 요일을 정확하게 읽으려면 연-월-일(요일)로 표시하는 것이 좋습니다. 합계금액은 숫자 데이터의 값을 잘못 읽어 오해를 일으킬 가능성이 있으므로 한글이나 한자로 변경하여 숫자를 직관적으로 읽을 수 있도록 하는 것이 좋습니다. 거래명세서에서 날짜, 문자, 숫자 데이터의 형식에 맞춰 데이터를 읽기 편한 표시 형식으로 지정해보겠습니다.

미리 보기

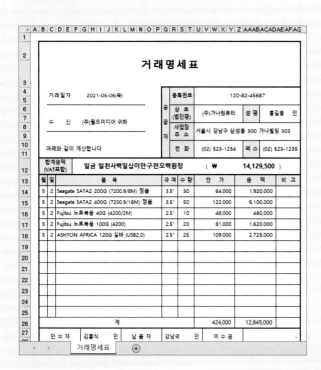

회사에서 바로 통하는 키워드 : 사용자 지정 표시 형식, 선택 영역의 가운데로

한눈에 보는 작업 순서	제목 가운데 맞춤 지정하기 ▶ 날짜에 요일 표시하기 ▶ 문자에 귀하, 인 표시하기
	▶ 사업자번호 형식에 맞춰 표시하기 ▶ 합계금액을 한글 및 화폐 기호 표시하기
	▶ 단가, 금액에 쉼표 스타일 지정하기 ▶ 규격에 인치(") 기호 표시하기

01 제목에 가운데 맞춤 지정하기 ❶ [B3:AG3] 범위를 지정한 후 ❷ [Ctrl]+[1]을 눌러 ❸ [셀 서식] 대화상자가 열리면 [맞춤] 탭을 클릭합니다. ❹ [텍스트 맞춤] 영역에서 [가로]의 목록 버튼▼을 클릭하고 ❺ [선택 영역의 가운데로]를 클릭한 후 ❻ [확인]을 클릭합니다.

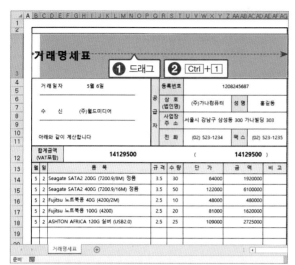 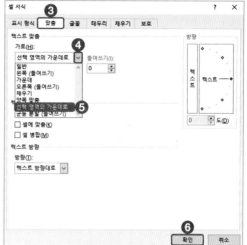

➕ [선택 영역의 가운데로]는 지정된 범위를 병합하지 않고 텍스트만 가운데로 맞춤합니다. 셀을 병합하지 않기 때문에 [병합 후 가운데 맞춤]보다 제목 서식에서 자주 사용합니다.

02 요일 표시하기 셀에 입력한 내용에 요일이 나타나도록 서식을 적용하겠습니다. ❶ [F4] 셀을 클릭한 후 ❷ [Ctrl]+[1]을 눌러 셀 서식 대화상자를 불러옵니다. ❸ [표시 형식] 탭의 [범주] 목록에서 [사용자 지정]을 클릭하고, ❹ [형식]에 **yyyy-mm-dd(aaa)**를 입력한 후 ❺ [확인]을 클릭합니다.

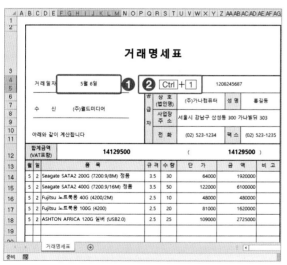 

➕ 날짜 형식 **yyyy-mm-dd(aaa)**는 연-월-일(요일)로 표시합니다. 연도와 월, 일이 각각 4자리-2자리-2자리로 표시되고 괄호 안에 요일이 한글 한 글자로 표시됩니다.

03 문자 표시 형식 사용자 지정하기 셀에 입력한 내용 뒤에 '귀하'가 나타나도록 서식을 적용하겠습니다. ❶ [F7] 셀을 클릭한 후 ❷ Ctrl + 1 을 눌러 [셀 서식] 대화상자를 불러옵니다. ❸ [표시 형식] 탭의 [범주] 목록에서 [사용자 지정]을 클릭하고 ❹ [형식]에 **@ 귀하**를 입력한 후 ❺ [확인]을 클릭합니다.

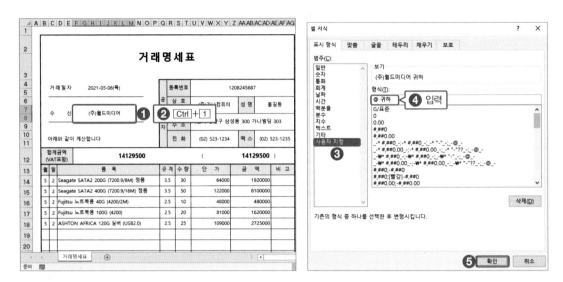

➕ 문자 형식 **@ 귀하**는 셀에 입력한 내용 뒤에 공백을 한 칸 띄우고 '귀하'를 표시합니다.

04 셀에 입력한 내용 뒤에 '인'이 나타나도록 서식을 적용하겠습니다. ❶ [AC6] 셀을 클릭하고 ❷ Ctrl 을 누른 상태로 [G27], [Q27] 셀을 각각 클릭합니다. ❸ Ctrl + 1 을 눌러 [셀 서식] 대화상자를 불러옵니다. ❹ [표시 형식] 탭의 [범주] 목록에서 [사용자 지정]을 클릭하고 ❺ [형식]에 **@* "인 "**를 입력한 후 ❻ [확인]을 클릭합니다.

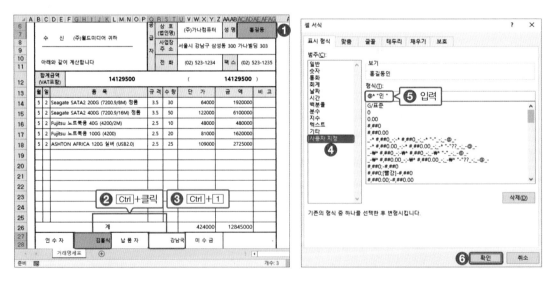

➕ 문자 형식 **@ "인 "**은 셀에 입력한 내용 뒤에 '인'을 표시합니다. 여기서 이름과 인 사이에 몇 개의 공백이 필요한지 알 수 없으므로 * 뒤에 공백을 입력해 이름과 '인' 사이의 빈 여백만큼 공백을 반복 표시합니다.

05 사업자 등록번호 형식에 맞춰 표시하기 계좌번호, 사업자 등록번호, 신용카드 일련번호와 같이 숫자의 자릿수를 맞춰 표시해야 하는 경우가 있습니다. 사업자 등록번호 10자리를 3자리-2자리-5자리 형식으로 표시하겠습니다. ❶ [U4] 셀을 클릭하고 ❷ Ctrl+1을 눌러 [셀 서식] 대화상자를 불러옵니다. ❸ [표시 형식] 탭의 [범주] 목록에서 [사용자 지정]을 클릭하고 ❹ [형식]에 **000-00-00000**을 입력한 후 ❺ [확인]을 클릭합니다.

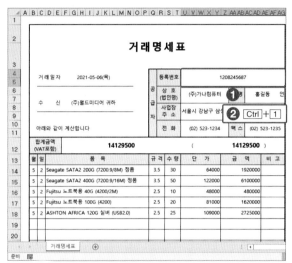 

➕ 숫자 형식 **000-00-00000**은 사업자 등록 번호를 3자리-2자리-5자리 형식으로 표시합니다. 0은 유효한 자릿수가 부족할 경우 0으로 앞자리를 채워 표시하므로 숫자의 자릿수를 맞춰야 할 때 주로 사용됩니다.

06 합계금액을 한글로 표시하기 합계금액의 숫자를 정확히 읽을 수 있도록 한글로 바꿔 표시하겠습니다 ❶ [F12] 셀을 클릭하고 ❷ Ctrl+1을 눌러 [셀 서식] 대화상자를 불러옵니다. ❸ [표시 형식] 탭의 [범주] 목록에서 [기타]를 클릭하고 ❹ [형식] 목록에서 [숫자(한글)]을 클릭합니다.

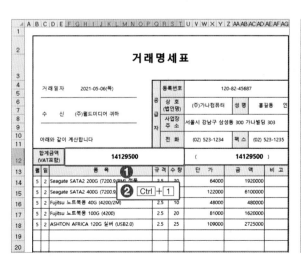 

➕ [숫자(한글)] 서식은 숫자를 입력하면 한글로 표시해주는 서식으로, [형식] 목록에 [숫자(한글)]이 없다면 [로컬(위치)]를 [한국어]로 변경합니다.

07 ❶ [범주] 목록에서 [사용자 지정]을 클릭합니다. ❷ [형식]에 입력된 서식 코드 맨 앞에 **일금**과 공백한 칸을 입력하고 ❸ 맨 뒤에 **원정**을 입력합니다. ❹ [확인]을 클릭해서 숫자(한글) 서식을 적용합니다.

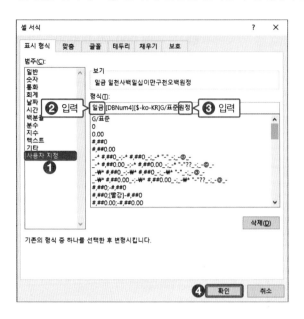

➕ 숫자를 한글로 표시하는 형식 일금 **[DBNum4][$-ko-KR]G/표준원정**은 합계금액이 한글로 표기되며 앞에 '일금', 뒤에 '원정'이 붙습니다.

08 화폐 기호 표시하기 ❶ [W12] 셀을 클릭하고 ❷ Ctrl + 1 을 눌러 [셀 서식] 대화상자를 불러옵니다. ❸ [표시 형식] 탭의 [범주] 목록에서 [사용자 지정]을 클릭하고 ❹ [형식]에 **₩* #,##0**을 입력한 후 ❺ [확인]을 클릭합니다.

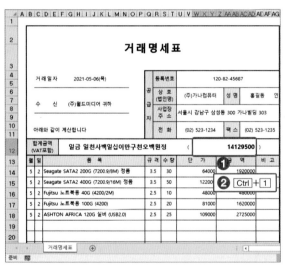
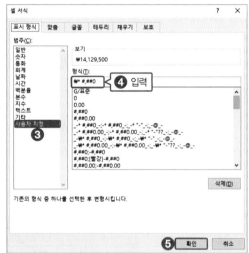

➕ 숫자 형식 **₩ #,##0**는 앞에 화폐(₩) 기호를 표시하고 세 자리마다 쉼표를 표시합니다. 여기서 '₩'과 금액 사이에 몇 개의 공백이 필요한지 알 수 없으므로 * 공백을 표시 형식으로 입력해 * 뒤에 공백을 빈 여백만큼 반복 표시합니다.

09 쉼표 스타일 표시하기 ❶ [U14:Z26] 범위를 지정하고 ❷ [홈] 탭-[표시 형식] 그룹-[쉼표 스타일 🔟]을 클릭합니다.

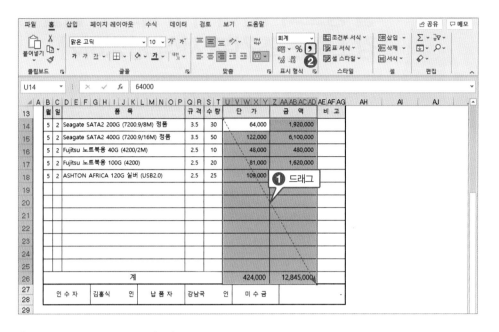

➕ 지정된 범위에 천 단위 구분 기호(쉼표)가 적용됩니다.

10 인치(") 기호 표시하기 ❶ [Q14:Q25] 범위를 지정하고 ❷ Ctrl + 1 을 눌러 [셀 서식] 대화상자를 불러옵니다. ❸ [표시 형식] 탭의 [범주] 목록에서 [사용자 지정]을 클릭합니다. ❹ [형식]에 **0.0ㄹ**을 입력한 후 한자 를 누르고 ❺ "을 클릭해 입력합니다. ❻ [확인]을 클릭합니다.

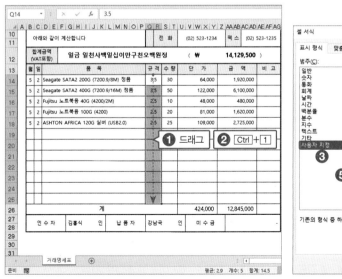 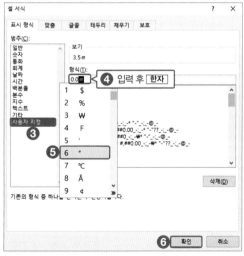

➕ **0.0"**는 소수부 한 자리를 표시한 다음 인치 특수 기호(")를 표시합니다. ㄹ을 입력한 후 한자 를 누르면 단위와 관련된 특수 기호를 입력할 수 있습니다.

셀 강조와 상/하위 규칙으로 셀을 강조하는 조건부 서식 지정하기

실습 파일 3장\신입사원평가표_조건부서식.xlsx
완성 파일 3장\신입사원평가표_조건부서식_완성.xlsx

조건부 서식이란 셀에 사용자가 지정한 조건이나 셀 값을 기준으로 서로 다른 서식을 적용하는 규칙입니다. 조건부 서식 중 셀 강조 규칙은 지정한 데이터 범위에서 비교 연산자를 기준으로 조건에 맞는 셀을 찾아 사용자가 지정한 셀 서식을 적용합니다. 상위/하위 규칙은 지정한 데이터 범위에서 셀 값을 기준으로 상윗값 또는 하윗값을 찾아 지정한 서식을 적용합니다. 수식을 사용하여 조건을 지정하면 특정 셀에 조건을 만족할 경우 행 전체를 강조할 수도 있습니다. 신입사원 교육 평가표에서 조건부 서식을 지정하여 데이터를 강조해보겠습니다.

미리 보기

이름	태도소양	전산교육	TQC교육	현장실습	어학	OJT	총점	과락유무	평균	우수사원
								(과목 60미만)		
강송구	98	65	61	80	65	90	459		76.5	
김수민	80	46	45	60	50	85	366	과락	61.0	
박민호	50	70	66	60	80	78	404	과락	67.3	
김수철	85	70	80	80	87	84	486		81.0	
김희정	60	89	77	90	90	82	488		81.3	
나영철	60	85	80	60	60	66	411		68.5	
마상태	80	99	88	78	54	80	479	과락	79.8	
박민중	85	95	90	90	90	80	530		88.3	
최인욱	98	78	70	60	70	60	436		72.7	
박민호	95	95	100	90	95	85	560		93.3	우수
문민주	78	75	77	85	85	78	478		79.7	
송선아	95	80	90	85	75	85	510		85.0	
이남주	90	54	75	80	50	90	439	과락	73.2	
이정미	89	90	78	95	60	60	472		78.7	
강순회	55	59	85	80	85	60	424	과락	70.7	
이미현	70	88	70	99	88	91	506		84.3	
홍승철	70	85	78	60	88	70	451		75.2	
이지현	60	65	80	78	78	80	441		73.5	
전미수	75	78	95	98	95	90	531		88.5	
오정미	67	80	70	60	76	80	433		72.2	
김남주	95	98	88	91	89	92	553		92.2	우수
정지수	65	80	80	60	50	75	410	과락	68.3	
최지민	75	70	90	85	88	65	473		78.8	
문호중	85	89	70	78	90	85	497		82.8	
윤민정	75	87	80	60	78	80	460		76.7	

회사에서 바로 통하는 키워드 : 조건부 서식, 셀 강조 규칙, 상/하위 규칙, 수식을 이용한 조건부 서식

한눈에 보는 작업 순서 ▸ 셀 강조 규칙으로 조건부 서식 지정하기 ▸ 상위 10 항목 규칙으로 조건부 서식 지정하기 ▸ 수식으로 조건부 서식 지정하기

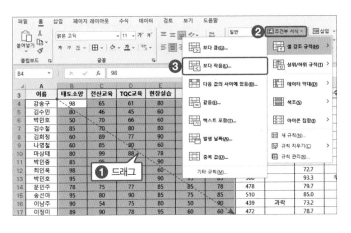

01 조건부 서식의 셀 강조 규칙 적
용하기 각 과목 점수가 일정 기준 미
만인 셀을 강조하겠습니다. ❶ [B4:
G28] 범위를 지정합니다. ❷ [홈]
탭-[스타일] 그룹-[조건부 서식🔲]
을 클릭하고 ❸ [셀 강조 규칙]-[보
다 작음]을 클릭합니다.

➕ [보다 작음] 대화상자가 나타납니다.

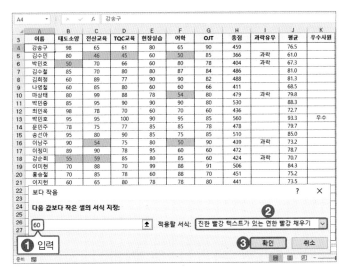

02 ❶ [보다 작음] 대화상자의 [다
음 값보다 작은 셀의 서식 지정:]에
60을 입력합니다. ❷ [적용할 서식]
을 [진한 빨강 텍스트가 있는 연한
빨강 채우기]로 설정하고 ❸ [확인]
을 클릭합니다.

➕ 각 과목 점수가 60점 미만인 셀에 서식을 적용
합니다.

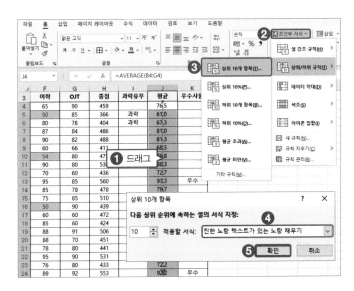

➕ 평균 점수에서 상위 10개에 포함되는 셀에 강조 서식이 적용됩니다.

03 조건부 서식의 상위/하위 규칙
적용하기 평균 점수를 기준으로 상
위 10개 목록에 포함되는 셀을 강조
하겠습니다. ❶ [J4:J28] 범위를 지정
합니다. ❷ [홈] 탭-[스타일] 그룹
-[조건부 서식🔲]을 클릭하고 ❸
[상위/하위 규칙]-[상위 10개 항목]
을 클릭합니다. ❹ [상위 10개 항목]
대화상자에서 [적용할 서식]을 [진한
노랑 텍스트가 있는 노랑 채우기]로
설정하고 ❺ [확인]을 클릭합니다.

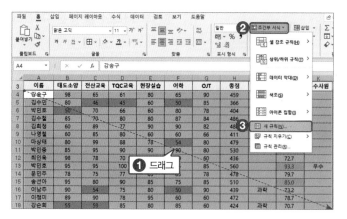

04 수식을 사용하여 조건부 서식 지정하기 우수 사원을 찾아 행 전체를 강조하겠습니다. ❶ [A4:K28] 범위를 지정합니다. ❷ [홈] 탭-[스타일] 그룹-[조건부 서식▦]을 클릭하고 ❸ [새 규칙]을 클릭합니다.

➕ [새 서식 규칙] 대화상자가 나타납니다.

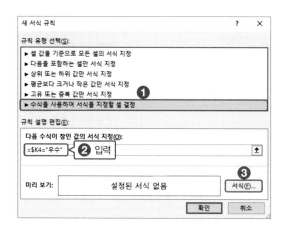

05 ❶ [새 서식 규칙] 대화상자의 [규칙 유형 선택]에서 [수식을 사용하여 서식을 지정할 셀 결정]을 클릭합니다. ❷ 우수 사원을 찾아 행 전체에 서식을 적용하기 위해 [다음 수식이 참인 값의 서식 지정:]에 **=$K4="우수"**를 입력하고 ❸ [서식]을 클릭합니다.

➕ 수식 **=$K4="우수"**는 [K4:K28] 범위에서 '우수'를 찾아 K열을 기준으로 [A4:K28] 범위를 강조합니다.

06 ❶ [셀 서식] 대화상자의 [글꼴] 탭을 클릭하고 ❷ [글꼴 스타일]은 [굵게], ❸ [색]은 [파랑]을 클릭합니다. ❹ [테두리] 탭을 클릭하고 ❺ [스타일]에서 [실선], ❻ [미리 설정]에서 [윤곽선]을 클릭합니다. ❼ [확인]을 클릭해서 서식을 적용합니다. ❽ [새 서식 규칙] 대화상자도 [확인]을 클릭해서 닫습니다.

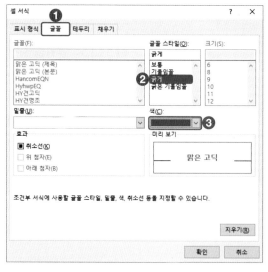

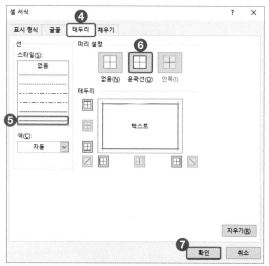

❽ [새 서식 규칙] 대화상자에서 [확인] 클릭

07 우수 사원이 있는 셀의 행 전체에 강조 서식이 적용됩니다.

	A	B	C	D	E	F	G	H	I	J	K	L
3	이름	태도소양	전산교육	TQC교육	현장실습	어학	OJT	총점	과락유무	평균	우수사원	
4	강송구	98	65	61	80	65	90	459		76.5		
5	김수민	80	46	45	60	50	85	366	과락	61.0		
6	박민호	50	70	66	60	80	78	404	과락	67.3		
7	김수철	85	70	80	80	87	84	486		81.0		
8	김희정	60	89	77	90	90	82	488		81.3		
9	나영철	60	85	80	60	60	66	411		68.5		
10	마상태	80	99	88	78	54	80	479	과락	79.8		
11	박민중	85	95	90	90	90	80	530		88.3		
12	최인욱	98	78	70	60	70	60	436		72.7		
13	박민호	95	95	100	90	95	85	560		93.3	우수	
14	문민주	78	75	77	85	85	78	478		79.7		
15	송선아	95	80	90	85	75	85	510		85.0		
16	이남주	90	54	75	80	50	90	439	과락	73.2		
17	이정미	89	90	78	95	60	60	472		78.7		
18	강순희	55	59	85	80	85	60	424	과락	70.7		
19	이미현	70	88	70	99	88	91	506		84.3		
20	홍승철	70	85	78	60	88	70	451		75.2		
21	이지헌	60	65	80	78	78	80	441		73.5		
22	전미수	75	78	95	98	95	90	531		88.5		
23	오정미	67	80	70	60	76	80	433		72.2		
24	김남주	95	98	88	91	89	92	553		92.2	우수	
25	정지수	65	80	80	60	50	75	410	과락	68.3		
26	최지민	75	70	90	85	88	65	473		78.8		
27	문호중	85	89	70	78	90	85	497		82.8		
28	윤민정	75	87	80	60	78	80	460		76.7		

바로 통 하는 TIP 조건부 서식에 적용된 규칙을 지우려면 [홈] 탭−[스타일] 그룹−[조건부 서식▦]−[규칙 지우기]를 클릭합니다. 조건부 서식의 규칙을 수정하려면 [홈] 탭−[스타일] 그룹−[조건부 서식▦]−[규칙 관리]를 클릭하고 [조건부 서식 규칙 관리자] 대화상자에서 규칙을 수정합니다.

핵심기능

25 데이터 막대, 아이콘으로 데이터를 시각화하는 조건부 서식 지정하기

2010 2013 2016 2019 2021

실습 파일 3장\분기별매출실적_조건부서식.xlsx
완성 파일 3장\분기별매출실적_조건부서식_완성.xlsx

데이터를 색, 막대, 아이콘으로 시각화하면 전체적인 추세를 한눈에 볼 수 있습니다. 데이터 막대는 셀 값에 따라 막대의 길이를 다르게 표시하고, 색조는 지정한 범위의 셀 값에 따라 최솟값과 최댓값으로 나눈 두 가지 색 또는 최대/중간/최소로 나눈 세 가지 색을 지정해서 셀을 강조합니다. 아이콘 집합은 임겟값의 범위에 따라 아이콘의 형태를 달리하여 지정한 데이터의 값을 비교해서 나타냅니다.

미리 보기

2분기 대리점별 매출실적

기 간 2021-04-01 ~ 2021-06-30 (단위:천원) (단위:%)

	지점	매출목표	매출금액	반품액	총매출액	총매출이익	전월매출이익	전월대비 매출차이	달성률	반품률
▼	강동점	5,123,250	2,760,000	30,000	2,730,000	682,500	685,750	(3,250)	53.9%	1.1%
▲	강서점	6,831,000	6,210,000	100,000	6,110,000	1,527,500	1,521,125	6,375	90.9%	1.6%
▼	강남점	7,969,500	3,450,000	20,000	3,430,000	857,500	859,625	(2,125)	43.3%	0.6%
▲	강북점	5,692,500	6,900,000	200,000	6,700,000	1,675,000	1,670,000	5,000	121.2%	2.9%
▼	일산점	10,246,500	3,105,000	50,000	3,055,000	763,750	773,150	(9,400)	30.3%	1.6%
▬	파주점	3,415,500	4,140,000	40,000	4,100,000	1,025,000	1,025,000	-	121.2%	1.0%
▼	양평점	4,554,000	4,830,000	10,000	4,820,000	1,205,000	1,205,500	(500)	106.1%	0.2%
▲	안산점	10,246,500	3,450,000	20,000	3,430,000	857,500	850,625	6,875	33.7%	0.6%
▲	안양점	5,692,500	6,210,000	70,000	6,140,000	1,535,000	1,532,000	3,000	109.1%	1.1%
▼	인천점	11,385,000	2,070,000	60,000	2,010,000	502,500	504,750	(2,250)	18.2%	2.9%
▲	분당점	4,554,000	2,760,000	30,000	2,730,000	682,500	681,000	1,500	60.6%	1.1%
▲	범계점	7,400,250	4,485,000	250,000	4,235,000	1,058,750	1,055,813	2,938	60.6%	5.6%
	합 계	83,110,500	50,370,000	880,000	49,490,000	12,372,500	12,364,338	8,162	60.6%	1.7%

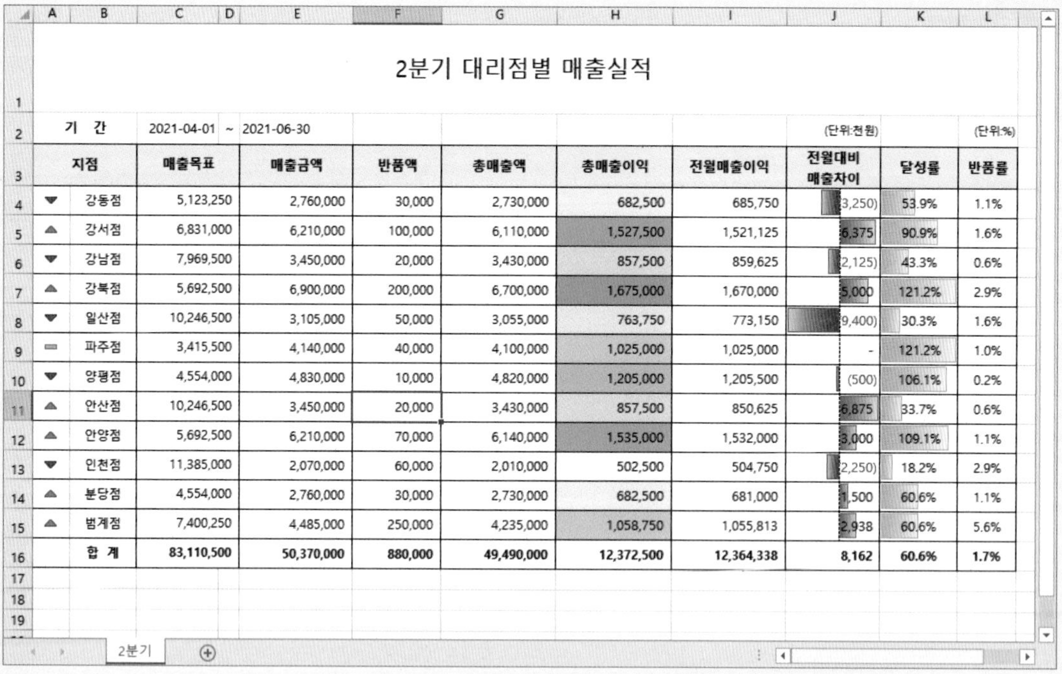

회사에서 바로 통하는 키워드 : 조건부 서식, 색조, 데이터 막대, 아이콘 조건부 서식, 규칙 관리

한눈에 보는 작업 순서

색조로 조건부 서식 지정하기 ▶ 막대로 조건부 서식 지정하기 ▶ 아이콘으로 조건부 서식 지정하기

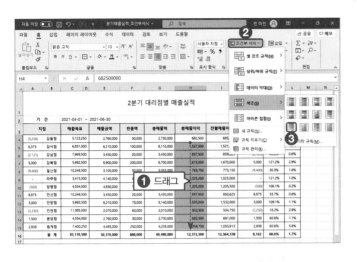

01 색조로 조건부 서식 지정하기 총 매출 이익에 녹색과 흰색의 두 가지 색조를 적용하겠습니다. ❶ [H4: H15] 범위를 지정합니다. ❷ [홈] 탭-[스타일] 그룹-[조건부 서식▦]을 클릭하고 ❸ [색조]-[녹색-흰색 색조]를 클릭합니다.

➕ 색조로 값의 크고 작음을 시각화합니다. 총매출 이익의 값이 클수록 녹색에, 작을수록 흰색에 가깝게 표시됩니다.

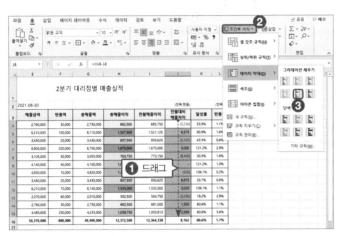

02 데이터 막대로 조건부 서식 지정하기 전월대비 매출 차이를 데이터 막대 길이로 표시하겠습니다. ❶ [J4:J15] 범위를 지정합니다. ❷ [홈] 탭-[스타일] 그룹-[조건부 서식▦]을 클릭하고 ❸ [데이터 막대]-[그라데이션 채우기] 영역의 [연한 파랑 데이터 막대]를 클릭합니다.

➕ 매출 차이에 따라서 음수값(매출이 감소)은 왼쪽으로 빨간색 막대, 양수값(매출이 증가)은 오른쪽으로 파란색 막대가 표시됩니다.

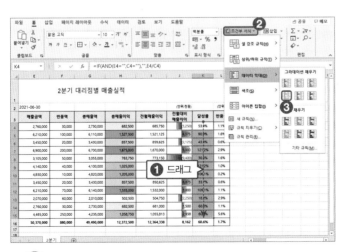

03 달성율을 데이터 막대로 표시하겠습니다. ❶ [K4:K15] 범위를 지정합니다. ❷ [홈] 탭-[스타일] 그룹-[조건부 서식▦]을 클릭하고 ❸ [데이터 막대]-[그라데이션 채우기] 영역의 [주황 데이터 막대]를 클릭합니다.

➕ 선택된 범위에 주황색의 데이터 막대가 적용됩니다.

바로 통 하는TIP [홈] 탭-[스타일] 그룹-[조건부 서식▦]-[규칙 관리]를 클릭하면 막대의 색이나 방향 등을 편집할 수 있습니다.

실무 필수

실무 활용

문서 작성

문서 편집 & 인쇄

수식 & 함수

차트

데이터 관리/ 분석& 자동화

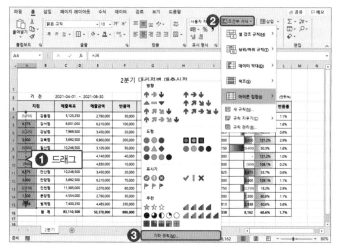

04 아이콘으로 조건부 서식 지정하기 전월대비 매출이익이 증가했을 때, 감소했을 때, 그대로일 때를 비교해 아이콘으로 표시하겠습니다. ❶ [A4:A15] 범위를 지정합니다. ❷ [홈] 탭-[스타일] 그룹-[조건부 서식 ▦]을 클릭하고 ❸ [아이콘 집합]-[기타 규칙]을 클릭합니다.

➕ [새 서식 규칙] 대화상자가 나타납니다.

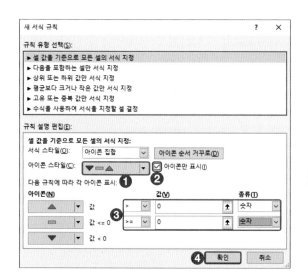

05 [새 서식 규칙] 대화상자에서 ❶ [아이콘 스타일]은 [삼각형 3개 ▼━▲]로 설정하고 ❷ [아이콘만 표시]에 체크합니다. ❸ [다음 규칙에 따라 각 아이콘 표시] 영역에서 [▲] 값을 [>], **0**, [숫자]로, [━] 값을 [>=], **0**, [숫자]로 각각 설정한 후 ❹ [확인]을 클릭합니다.

바로 통 하는 TIP 셀 값을 기준으로 백분율, 숫자, 백분위수, 수식으로 변경할 수 있습니다. 백분율과 백분위수는 0~100 사이의 값을 입력합니다.

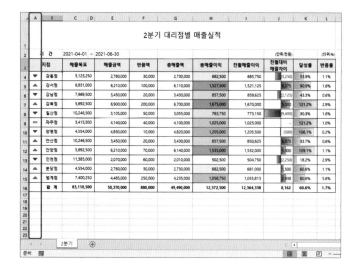

06 셀에 입력된 값이 0 초과면 ▲, 0이면 ━, 0 미만이면 ▼ 아이콘이 표시됩니다. 아이콘에 맞춰서 A열의 너비를 적당히 조정합니다.

조건부 서식이 적용된 범위를 찾아 지우기

조건부 서식이 적용된 범위 찾기

워크시트에서 조건부 서식이 적용된 범위를 확인하려면 [홈] 탭－[편집] 그룹－[찾기 및 선택 🔍▾]－[조건부 서식]을 클릭합니다.

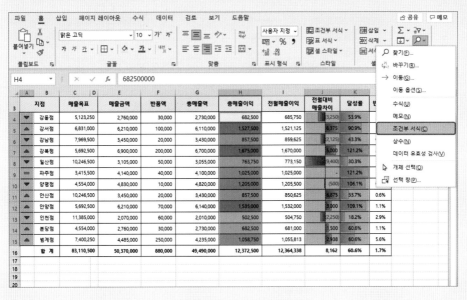

조건부 서식이 적용된 범위 지우기

조건부 서식이 적용된 시트 전체나 일부 범위를 지우려면 [홈] 탭－[스타일] 그룹－[조건부 서식 🖼]－[규칙 지우기]를 클릭하고 [선택한 셀에 규칙 지우기], [시트 전체에서 규칙 지우기], [이 표에서 규칙 지우기], [이 피벗 테이블에서 규칙 지우기] 중 하나를 선택합니다.

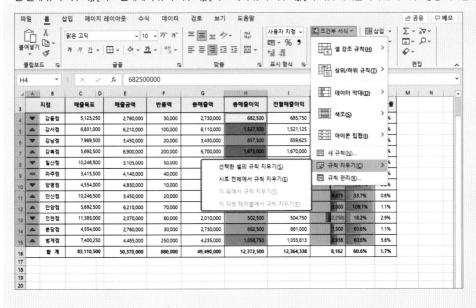

조건부 서식 편집 및 우선순위

[홈] 탭－[스타일] 그룹－[조건부 서식 🖼]－[규칙 관리]를 클릭합니다. [조건부 서식 규칙 관리자] 대화상자에서 새 규칙을 추가하거나 우선순위를 변경할 수 있으며 [규칙 편집]을 클릭해 기존에 삽입한 조건부 서식도 편집할 수 있습니다.

[조건부 서식 규칙 관리자] 대화상자 살펴보기

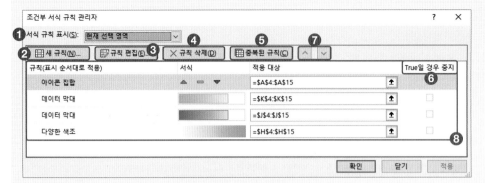

❶ **서식 규칙 표시** : 서식 규칙을 설정한 대상(현재 선택 영역, 현재 시트, …)을 선택합니다.

❷ **새 규칙** : 조건부 서식 규칙을 새로 만듭니다.

❸ **규칙 편집** : 조건부 서식 규칙을 편집합니다.

❹ **규칙 삭제** : 조건부 서식 규칙을 삭제합니다.

❺ **중복된 규칙** : 조건부 서식 규칙을 복제합니다.

❻ **True일 경우 중지** : 엑셀 2007 버전과의 호환을 위해 체크하면 이전 버전에서 조건부 서식이 중지됩니다.

❼ **우선순위** ⌃ ⌄ : 규칙의 우선순위를 위/아래로 변경합니다.

❽ **조건부 서식 목록** : 조건부 서식이 적용된 규칙과 우선순위를 표시합니다. 최근에 만든 규칙이거나, 규칙 관리자에서 표시된 목록에서 위쪽에 있을수록 우선순위가 높습니다. 두 개 이상의 규칙이 같은 범위에 적용되어 서식이 충돌할 때, 서식이 다르면 모두 적용되고 서식이 같으면 우선순위가 높은 규칙만 적용됩니다.

실무 필수

실무 활용

문서 작성

문서 편집 & 인쇄

수식 & 함수

차트

데이터 관리/ 분석& 자동화

실무활용

09

종목별 시세표에서 데이터를 강조하고 시각화하기

실습 파일 3장 \ 종목별시세.xlsx
완성 파일 3장 \ 종목별시세_완성.xlsx

특정일의 주식 종목별 시세를 기록한 표에서 전일대비 종목가는 사용자 지정 표시 형식으로 지정하고, 거래량과 거래대금은 데이터 막대로 시각화해보겠습니다. 또 전일대비 5% 상승한 종목의 데이터는 아이콘을 표시하여 강조해보겠습니다.

미리 보기

	종목별	현재가	전일비		등락률		거래량	거래대금(백만)	시가총액(억)
	종목별 시세 및 거래 데이터								
4	NAVER	410,500	▲	3,000	0.74%		474,355	193,432	67,430
5	LG화학	806,000	▼	34,000	-4.05%		251,963	204,580	56,897
6	POSCO	311,000	▲	1,500	0.48%		242,054	75,577	27,115
7	KB금융	57,400	▲	7,000	12.20%		1,755,043	99,935	23,867
8	LG생활건강	1,387,000	▲	3,000	-0.22%		23,343	32,451	21,662
9	LG전자	125,500	▲	500	0.40%		562,100	70,909	20,538
10	LG	94,700	▼	500	-0.53%		157,172	14,915	14,896
11	HMM	29,400	▲	200	0.68%		2,478,145	73,185	11,919
12	S-Oil	105,500	▲	5,500	5.21%		218,295	22,995	11,878
13	KT&G	82,100	▲	100	0.12%		238,356	19,553	11,272
14	KT	31,950	▲	350	1.11%		839,883	26,851	8,343
15	LG유플러스	14,950	▲	50	-0.33%		1,922,227	28,698	6,527
16	LG디스플레이	17,950	▼	50	-0.28%		2,374,789	42,531	6,423
17	CJ제일제당	395,500	▼	4,000	-1.00%		42,910	17,029	5,954
18	DB손해보험	66,800	▲	200	0.30%		118,959	7,905	4,729
19	LG이노텍	194,500	▲	500	0.26%		164,955	32,142	4,603
20	GS	45,250	▲	4,000	8.84%		277,876	12,519	4,204
21	NH투자증권	13,250	▲	100	0.76%		526,612	6,967	3,729
22	GS건설	41,600	▲	450	1.09%		464,911	19,329	3,560
23	CJ대한통운	151,500	▲	10,000	6.60%		31,837	4,800	3,456
24	GS리테일	32,300	▲	50	0.16%		149,939	4,857	3,382
25	OCI	139,000	▼	500	-0.36%		284,885	40,185	3,315
26	KCC	359,000	▼	1,500	-0.42%		42,048	15,165	3,190
27	BNK금융지주	9,120	▼	30	-0.33%		3,190,601	29,179	2,973
28	BGF리테일	169,000	▼	1,500	-0.88%		31,312	5,319	2,921
29	CJ	98,600	▼	1,900	-1.89%		73,903	7,343	2,877
30	DL이앤씨	133,500		0	0.00%		59,830	8,018	2,584
31	DB하이텍	54,200	▲	1,000	1.88%		761,942	41,350	2,406
32	LS	66,000	▲	700	1.07%		158,283	10,464	2,125

Sheet1 Sheet2 ⊕

회사에서 바로 통하는 키워드 : 사용자 지정 표시 형식, 조건부 서식, 조건부 서식 규칙 관리자, 서식 규칙 편집

한눈에 보는 작업 순서

사용자 지정 표시 형식 지정하기 ▶ 수식으로 조건부 서식 지정하기 ▶ 막대로 조건부 서식 지정하기 ▶ 아이콘으로 조건부 서식 지정하기

01 양수, 음수, 0의 표시 형식 지정하기 전일대비 주식의 시세에서 상승, 하락, 보합을 색깔과 기호를 이용해 분명히 구별할 수 있도록 표시 형식을 지정하겠습니다. ❶ [D4:D43] 범위를 지정하고 ❷ Ctrl +①을 눌러 [셀 서식] 대화상자를 엽니다. ❸ [표시 형식] 탭의 [범주] 목록에서 [사용자 지정]을 클릭합니다. ❹ [형식]에 **[빨강]▲* #,##0_-;[파랑]▼* #,##0_-;[파랑]0_-**를 입력하고 ❺ [확인]을 클릭합니다.

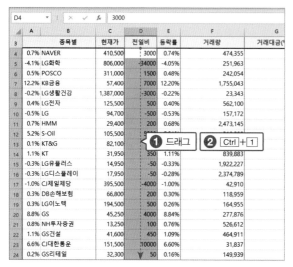

➕ '양수;음수;0'의 서식을 지정합니다. 양수일 때 빨간색([빨강])으로 ▲ 기호를, 음수일 때 파란색([파랑])으로 ▼ 기호를, 0은 파란색([파랑])으로 0을 표시합니다. 세 자리마다 콤마(#,##0)를 표시하고, 숫자 뒤에는 공백(_)을 표시합니다. 기호(▲, ▼)와 숫자 데이터 사이에 공백(*)을 여백만큼 표시합니다.

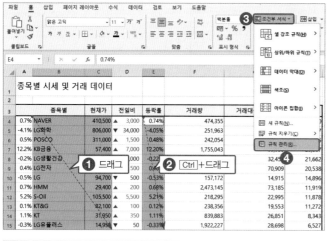

02 수식을 사용하여 조건부 서식 지정하기 전일대비 주식 시세에 따라 0보다 크면 빨간색, 0보다 작으면 파란색으로 데이터를 강조하겠습니다. ❶ [B4:C43] 범위를 지정하고 ❷ Ctrl 을 누른 상태에서 [E4:E43] 범위를 지정합니다. ❸ [홈] 탭-[스타일] 그룹-[조건부 서식▦]을 클릭하고 ❹ [규칙 관리]를 클릭합니다. ❺ [조건부 서식 규칙 관리자] 대화상자에서 [새 규칙]을 클릭합니다.

➕ [새 서식 규칙] 대화상자가 나타납니다.

03 ❶ [새 서식 규칙] 대화상자의 [규칙 유형 선택]에서 [수식을 사용하여 서식을 지정할 셀 결정]을 클릭합니다. ❷ 전일대비 주식 시세가 0보다 큰 행 전체에 서식을 적용하기 위해 수식 **=$D4>0**을 입력하고 ❸ [서식]을 클릭합니다. ❹ [셀 서식] 대화상자에서 [글꼴] 탭을 클릭하고 ❺ [색]은 [빨강]으로 설정한 후 ❻ [확인]을 클릭합니다. ❼ [새 서식 규칙] 대화상자도 [확인]을 클릭해 닫습니다.

➕ 입력한 조건 수식 **=$D4>0**은 [D4:D43] 범위에서 0보다 큰 값(>0)을 찾아 D열을 기준으로 지정된 범위(B4:C43, E4:E43)를 빨간색으로 강조합니다.

04 [조건부 서식 규칙 관리자] 대화상자가 열립니다. 첫 번째 규칙이 선택되어 있는 상태에서 ❶ [중복된 규칙]을 클릭합니다. ❷ 복제한 규칙을 클릭하고 ❸ [규칙 편집]을 클릭합니다.

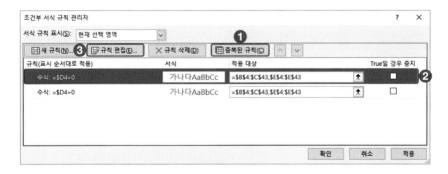

➕ [서식 규칙 편집] 대화상자가 나타납니다.

실무
필수

실무
활용

문서
작성

문서
편집
&
인쇄

수식
&
함수

차트

데이터
관리/
분석&
자동화

05 ❶ [서식 규칙 편집] 대화상자의 [규칙 유형 선택]에서 [수식을 사용하여 서식을 지정할 셀 결정]을 클릭합니다. ❷ 전일대비 주식 시세가 0보다 작은 행 전체에 서식을 적용하기 위해 수식 **=$D4<0**을 입력하고 ❸ [서식]을 클릭합니다. ❹ [셀 서식] 대화상자에서 [글꼴] 탭을 클릭합니다. ❺ [색]의 목록 버튼 🔽을 클릭하고 ❻ [최근에 사용한 색] 영역에서 [파랑]을 클릭한 후 ❼ [확인]을 클릭합니다. ❽ [새 서식 규칙] 대화상자도 [확인]을 클릭해 닫습니다.

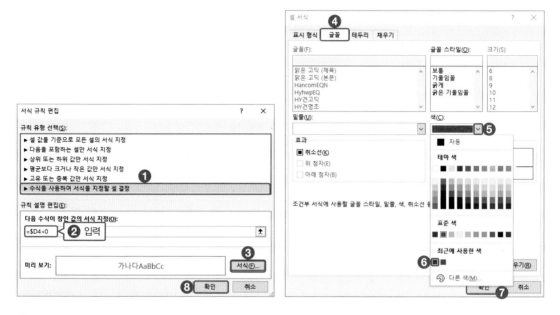

➕ 입력한 수식 **=$D4<0**은 [D4:D43] 범위에서 0보다 작은 값(<0)을 찾아 D열을 기준으로 지정된 범위(B4:C43, E4:E43)를 파란색으로 강조합니다. 0도 포함하려면 수식 **=$D4<=0**을 입력합니다.

06 [조건부 서식 규칙 관리자] 대화상자에서 [확인]을 클릭하면 조건부 서식이 적용됩니다.

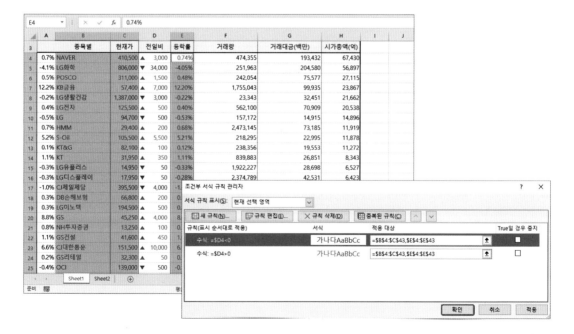

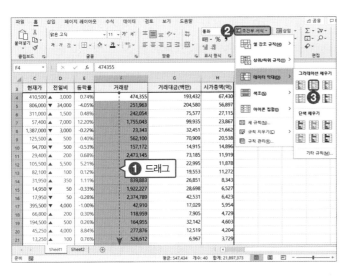

07 데이터 막대로 조건부 서식 지정하기 ❶ [F4:F43] 범위를 지정합니다. ❷ [홈] 탭-[스타일] 그룹-[조건부 서식圖]을 클릭하고 ❸ [데이터 막대]-[그라데이션 채우기] 영역의 [녹색 데이터 막대]를 클릭합니다.

✚ 선택된 범위에 녹색의 데이터 막대가 적용됩니다.

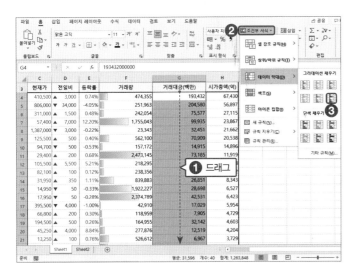

08 ❶ [G4:G43] 범위를 지정합니다. ❷ [홈] 탭-[스타일] 그룹-[조건부 서식圖]을 클릭하고 ❸ [데이터 막대]-[그라데이션 채우기] 영역의 [자주 데이터 막대]를 클릭합니다.

✚ 선택된 범위에 자주색의 데이터 막대가 적용됩니다.

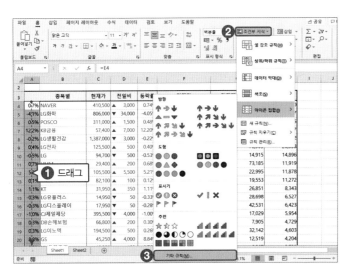

09 아이콘으로 조건부 서식 지정하기 종목별 등락률이 5% 이상 증가하면 아이콘으로 표시해보겠습니다. ❶ [A4:A43] 범위를 지정합니다. ❷ [홈] 탭-[스타일] 그룹-[조건부 서식圖]을 클릭하고 ❸ [아이콘 집합]-[기타 규칙]을 클릭합니다.

✚ [새 서식 규칙] 대화상자가 나타납니다.

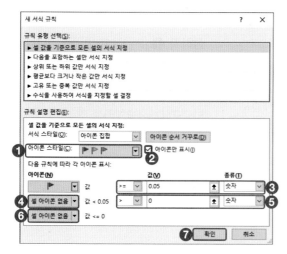

10 [새 서식 규칙] 대화상자에서 **①** [아이콘 스타일]을 [3색 플래그▶ ▶ ▶]로 설정하고 **②** [아이콘만 표시]에 체크합니다. [다음 규칙에 따라 각 아이콘 표시] 영역에서 **③** [▶] 값을 [>=], **0.05**, [숫자]로 각각 설정합니다. **④** 두 번째 아이콘은 [셀 아이콘 없음]으로 설정하고 **⑤** [>], **0**, [숫자]로 각각 설정합니다. **⑥** 세 번째 아이콘을 [셀 아이콘 없음]으로 설정하고 **⑦** [확인]을 클릭합니다.

➕ 등락률이 5% 이상인 데이터 앞에 ▶ 아이콘을 표시합니다. 나머지는 아이콘을 표시하지 않습니다.

11 등락률이 5% 이상이면 ▶ 아이콘이 표시됩니다. 아이콘에 맞춰서 A열의 너비를 적당히 조정합니다.

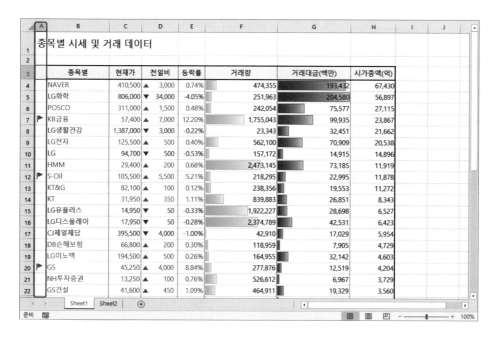

실무활용

10

자동으로 범위가 확장되는
표 서식에서 조건부 서식 지정하기

실습 파일 3장 \ 세미나참석명단.xlsx
완성 파일 3장 \ 세미나참석명단_완성.xlsx

조건부 서식은 지정한 범위에만 적용되기 때문에 범위가 늘어나거나 줄어들면 범위를 새로 지정해야 합니다. 표 서식은 자동으로 범위가 확장되므로 조건부 서식을 지정한 범위가 동적일 때는 표 서식을 지정하면 좋습니다. 표 서식이 적용된 세미나 참석자 명단에 미납된 참가비 데이터를 강조하는 조건부 서식을 지정해보겠습니다.

미리 보기

⏴	A	B	C	D	E	F	G	H	I	J
1				세미나 참석자 명단						
2								날짜	2021-10-12	
3								장소	다목적홀	
4	번호 ▾	성명 ▾	소속 ▾	단체유형 ▾	참가인원 ▾	할인율 ▾	참가비 ▾	납입금액 ▾	미납유무 ▾	
5	1	홍길동	한국전자	단체	5	10%	49,500 ✓	247,500		
6	2	이민성	미디어테크	개인	1	0%	55,000 ✓	55,000		
7	3	박민주	송국교역	개인	1	0%	55,000 ✓	55,000		
8	4	강수민	나라생명	단체	10	10%	49,500 ✗	-	미납	
9	5	최남길	사랑생명	개인	1	0%	55,000 ✓	55,000		
10	6	문형욱	국민생명	개인	1	0%	55,000 ✓	55,000		
11	7	나성민	홈테크미디어	개인	1	0%	55,000 ✓	55,000		
12	8	김수진	민국생명	개인	1	0%	55,000 ✓	55,000		
13	9	정민주	서울교역	개인	1	0%	55,000 ✓	55,000		
14	10	오철민	컴앤뷰미디어	개인	1	0%	55,000 ✓	55,000		
15	11	민호철	부국전자	개인	1	0%	55,000 ✗	-	미납	
16	12	주호연	다우교육	개인	1	0%	55,000 ✓	55,000		
17	13	윤대민	흥국전자	단체	5	10%	49,500 ✓	247,500		
18	14	김시형	소프트컴	단체	8	10%	49,500 ✓	396,000		
19	15	강진우	미디어무비	개인	1	0%	55,000 ✓	55,000		
20	16	이형우	컴닷컴	개인	1	0%	55,000 ✓	55,000		
21	17	홍주희	보성교육	개인	1	0%	55,000 ✓	55,000		
22	18	안민수	씨앤컴	개인	1	0%	55,000 ✓	55,000		
23	19	문나영	미래생명	단체	12	10%	49,500 ✗	-	미납	
24	20	송선주	보성전자	개인	1	0%	55,000 ✓	55,000		
25	21	홍길동	민소프트	개인	1	0%	55,000 ✓	55,000		
26	22	성민주	보국전자	개인	1	0%	55,000 ✓	55,000		
27	23	이민우	한빛미디어	개인	1	0%	55,000 ✗	-	미납	
28										

◀ ▶ | Sheet1 | ⊕

회사에서 바로 통하는 키워드 : 표 서식, 조건부 서식(수식, 아이콘), 데이터 추가

한눈에 보는 작업 순서	수식으로 조건부 서식 지정하기	▶	아이콘으로 조건부 서식 지정하기	▶	데이터 추가 입력하기

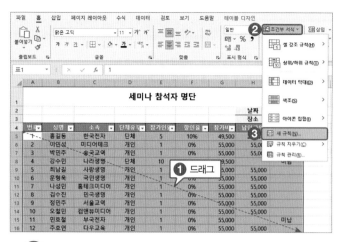

01 수식을 사용하여 조건부 서식 지정하기 참가비가 미납된 데이터를 찾아 행 전체를 강조하겠습니다. ❶ [A5:I26] 범위를 지정합니다. ❷ [홈] 탭-[스타일] 그룹-[조건부 서식 ▦]을 클릭하고 ❸ [새 규칙]을 클릭합니다.

➕ [새 서식 규칙] 대화상자가 나타납니다.

바로 통 하는 TIP [A5:I26] 범위에는 표 서식이 적용되어 있습니다. 표 서식은 핵심기능 20(142쪽)을 참고합니다.

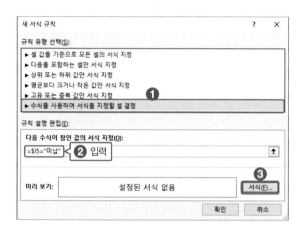

02 [새 서식 규칙] 대화상자의 ❶ [규칙 유형 선택]에서 [수식을 사용하여 서식을 지정할 셀 결정]을 클릭합니다. ❷ [다음 수식이 참인 값의 서식 지정:]에 **=$I5="미납"**를 입력하고 ❸ [서식]을 클릭합니다.

➕ 입력한 수식 =$I5="미납"는 [I4:I26] 범위에서 '미납'을 찾아 I열 기준으로 행 전체를 강조합니다.

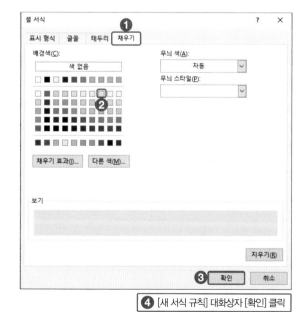

03 ❶ [셀 서식] 대화상자의 [채우기] 탭을 클릭하고 ❷ [배경색]에서 임의의 색을 클릭합니다. ❸ [확인]을 클릭합니다. ❹ [새 서식 규칙] 대화상자에서도 [확인]을 클릭합니다.

➕ 미납유무 열에 '미납'이 입력된 행 전체에 채우기 색이 표시됩니다.

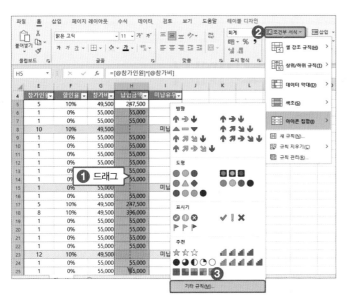

04 아이콘으로 조건부 서식 지정하기 참가비를 납입한 셀에는 ✔을 표시하고, 미납한 셀에는 ✘을 표시하겠습니다. ❶ [H5:H26] 범위를 지정합니다. ❷ [홈] 탭-[스타일] 그룹-[조건부 서식▦]을 클릭하고 ❸ [아이콘 집합]-[기타 규칙]을 클릭합니다.

➕ [서식 규칙 편집] 대화상자가 나타납니다.

05 [새 서식 규칙] 대화상자에서 ❶ [아이콘 스타일]을 [3가지 기호(원)✘❗✔]으로 설정하고 [다음 규칙에 따라 아이콘 표시] 영역에서 ❷ [✔] 값을 [>], **0**, [숫자]로 각각 설정합니다. ❸ 두 번째 아이콘을 [✘]으로 변경하고 ❹ 값을 [>=], **0**, [숫자]로 각각 설정합니다. ❺ 세 번째 아이콘은 [셀 아이콘 없음]으로 설정하고 ❻ [확인]을 클릭합니다.

➕ 납입금액이 0인 셀에는 ✘가 표시됩니다.

06 데이터 추가하기 [A27:H27] 범위에 **23, 이민우, 한빛미디어, 개인, 1, 0%, 55000, 0**을 각각 입력합니다. 표 서식과 조건부 서식이 적용된 범위가 자동으로 확장됩니다.

바로 통하는TIP 셀에 오류를 발생시키는 수식이 있으면 셀의 왼쪽 위 모서리에 초록색 세모(▨ 미납)가 나타납니다. 수식에 오류가 있다면 수식을 수정합니다. 여기서는 오류가 없으므로 [오류 검사◈]을 클릭하고 [오류 무시]를 클릭합니다.

26 인쇄 미리 보기에서 인쇄 선택 영역 및 여백 설정하기

실습 파일 3장 \ 세금계산서_인쇄.xlsx
완성 파일 3장 \ 세금계산서_인쇄_완성.xlsx

엑셀은 워크시트를 작업공간으로 사용하기 때문에 어디부터 어디까지가 한 페이지에 인쇄될지 알 수 없습니다. 따라서 반드시 인쇄 미리 보기를 통해 인쇄할 페이지를 확인해야 합니다. 인쇄하기 전에 확인해야 문서 일부가 잘리거나 불필요한 페이지가 인쇄되는 등의 실수를 막고 용지 낭비를 방지할 수 있습니다. [파일] 탭-[인쇄]에는 인쇄와 관련된 모든 작업과 메뉴가 모여 있으므로 미리 보기 화면에서 인쇄될 페이지를 확인하면서 설정할 수 있습니다.

미리 보기

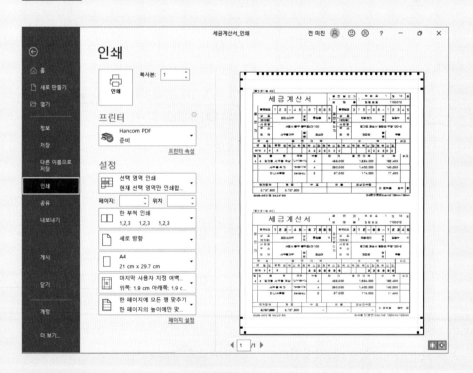

회사에서 바로 통하는 키워드 : 인쇄, 인쇄 미리 보기, 인쇄 영역 설정, 여백, 인쇄 배율, 인쇄 페이지 설정, 페이지 가운데 맞춤

| 한눈에 보는 작업 순서 | 인쇄 영역 설정하기 | ▶ | 인쇄 미리 보기 화면으로 이동하기 | ▶ | 인쇄 대상 지정하기 | ▶ | 인쇄할 여백 설정하기 | ▶ | 인쇄 배율 조절하기 | ▶ | 페이지 가운데 맞춤 지정하기 |

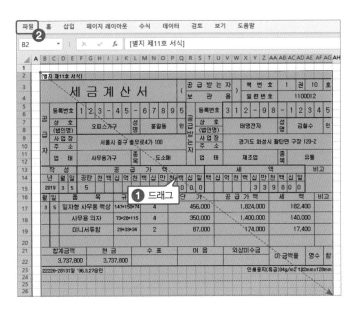

01 인쇄 영역 설정하기 ❶ 인쇄 영역을 설정하기 위해 [B2:AG48] 범위를 지정합니다. ❷ [파일] 탭을 클릭합니다.

➕ 인쇄 영역의 범위를 지정하면 A열, 1행의 여백 등 불필요한 페이지가 인쇄되는 것을 방지할 수 있습니다.

바로 **통**하는 **TIP** 편집 화면에서 단축키 Ctrl + P 를 누르면 인쇄 미리 보기가 바로 실행됩니다.

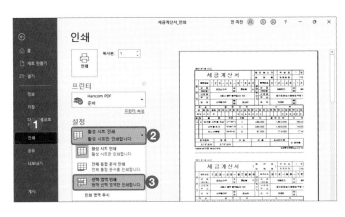

02 인쇄 미리 보기 ❶ [인쇄]를 클릭합니다. 인쇄 미리 보기 화면에서 인쇄 관련 메뉴와 미리 보기가 나타납니다. ❷ [인쇄 대상]을 클릭하고 ❸ [선택 영역 인쇄]를 클릭합니다.

바로 **통**하는 **TIP** 인쇄 미리 보기 화면에서 [페이지 이동 ◀ 1 4 ▶]을 클릭하여 다른 페이지, 이전 페이지로 이동할 수 있습니다.

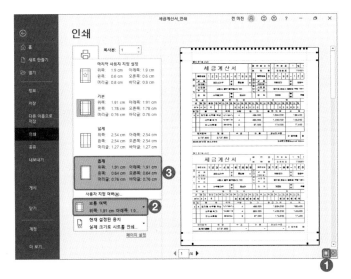

03 용지 여백 설정하기 용지의 여백을 좁게 설정하겠습니다. ❶ 미리 보기 화면 오른쪽 하단의 [여백 표시 ▦]를 클릭합니다. ❷ [여백 설정]을 클릭하고 ❸ [좁게]를 클릭합니다.

➕ 페이지의 상하좌우 여백이 좁게 설정됩니다.

실무 필수

실무 활용

문서 작성

문서 편집 & 인쇄

수식 & 함수

차트

데이터 관리/ 분석& 자동화

04 인쇄 배율 지정하기 ❶ [인쇄 크기 조정]을 클릭하고 ❷ [한 페이지에 모든 행 맞추기]를 클릭하여
인쇄 배율을 조정합니다.

➕ [한 페이지에 모든 행 맞추기]는 다음 페이지에 잘린 내용을 한 페이지에 인쇄할 수 있도록 인쇄 배율을 자동으로 조절합니다. 여기서는 97%로 인쇄 배율을 줄여서 미리 보기 화면에 보여집니다.

05 페이지 가운데 맞춤 지정하기 미리 보기 화면에서 한 장에 인쇄될 내용이 표시됩니다. 인쇄될 내용
이 가운데 위치하도록 정렬해보겠습니다. ❶ [페이지 설정]을 클릭하고 ❷ [페이지 설정] 대화상자에서
[여백] 탭을 클릭합니다. ❸ [페이지 가운데 맞춤]에서 [가로], [세로]에 각각 체크하고 ❹ [확인]을 클릭
하여 문서 내용을 페이지 가운데로 정렬합니다.

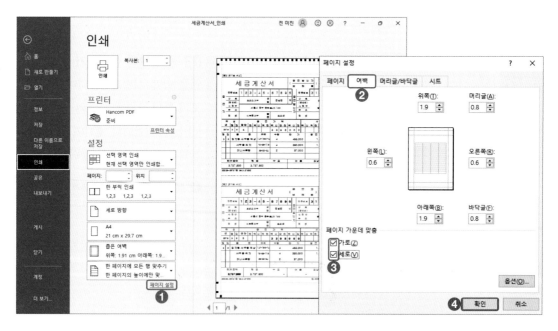

➕ 인쇄될 표가 인쇄 용지 기준 가운데로 정렬됩니다.

06 미리 보기 화면에 가운데 맞춤으로 정렬된 내용이 표시됩니다. ❶ [인쇄]를 클릭하면 프린터에서 출력이 시작되고 ❷ Esc 를 누르면 워크시트 편집 화면으로 돌아갑니다.

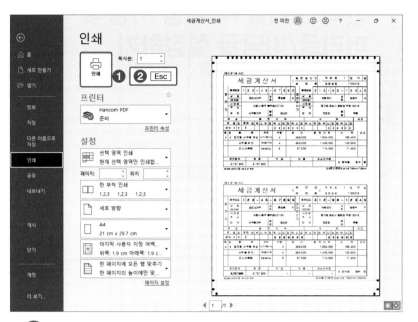

바로 통하는 TIP 인쇄 미리 보기 화면에서 [페이지 확대/축소 ☑]를 클릭하여 인쇄할 페이지를 확대하거나 축소할 수 있습니다.

쉽고 빠른 엑셀 Note | 종이 낭비 없이 한 장에 딱 맞추는 인쇄 노하우 살펴보기

인쇄 설정을 제대로 하지 않으면 불필요한 페이지가 인쇄되거나 원치 않는 부분이 잘려 인쇄되는 등의 일이 발생해 시간과 용지를 낭비할 수 있습니다. 인쇄 용지에 맞게 인쇄하기 위해 다음과 같이 페이지를 설정합니다.

순차적으로 인쇄 페이지 설정하기

❶ 인쇄할 시트를 지정합니다. 활성 시트, 전체 통합 문서 또는 선택 영역만 인쇄할 수 있습니다.

❷ 일부 페이지를 인쇄할 때 시작 페이지 번호와 종료 페이지 번호를 입력합니다.

❸ 복사본으로 여러 부를 인쇄할 때 한 부씩 인쇄할지 여부를 지정합니다.

❹ 용지 방향을 세로/가로 방향으로 지정합니다.

❺ 문서에 맞는 용지 규격을 지정합니다.

❻ 용지의 여백(위, 아래, 왼쪽, 오른쪽, 머리글, 바닥글)을 지정합니다.

❼ 페이지에 맞춰 인쇄될 인쇄 배율을 조정합니다.

❽ [페이지 설정] 대화상자에서 페이지, 여백, 머리글/바닥글, 시트 등을 설정합니다.

반복 인쇄할 제목 행 지정 및 머리글/바닥글 설정하기

실습 파일 3장 \ 제안실적_인쇄.xlsx
완성 파일 3장 \ 제안실적_인쇄_완성.xlsx

인쇄할 페이지가 많으면 첫 페이지에 표시되는 제목 행과 열이 반복적으로 다음 페이지에 인쇄되도록 인쇄 제목을 지정할 수 있습니다. 또 각 페이지의 상단이나 하단에 머리글/바닥글을 설정하여 날짜, 페이지 번호, 파일명 등을 표시할 수 있습니다. 페이지 레이아웃 보기에서 반복해서 인쇄할 제목 행과 머리글/바닥글을 설정해보겠습니다.

미리 보기

회사에서 바로 통하는 키워드 : 인쇄 미리 보기, 페이지 레이아웃 보기, 인쇄 제목, 머리글/바닥글, 제목 행 반복 인쇄, 페이지 번호, 통합 문서 보기 모드

| 한눈에 보는 작업 순서 | 페이지 레이아웃 보기 | ▶ | 페이지 여백 지정하기 | ▶ | 제목 행 설정하기 | ▶ | 머리글/바닥글 설정하기 | ▶ | 인쇄 미리 보기 및 페이지 가운데 맞춤 지정하기 |

01 페이지 레이아웃 보기 및 인쇄 배율 지정하기 ❶ 상태 표시줄에서 [페이지 레이아웃圓]을 클릭합니다. ❷ [페이지 레이아웃] 탭-[페이지 설정] 그룹-[여백圓]을 클릭하고 ❸ [좁게]를 클릭합니다.

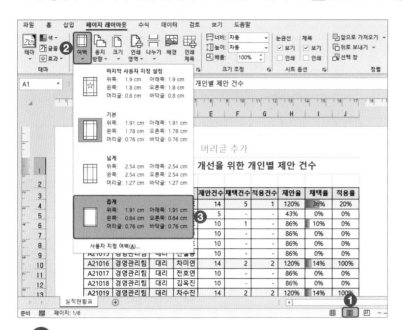

➕ 페이지의 상하좌우 여백이 좁게 설정됩니다.

바로 통하는TIP [페이지 레이아웃圓] 보기는 워드프로세서와 같이 페이지별로 내용을 표시합니다. 일부 열이 잘려서 다음 페이지에 인쇄되므로 여백을 조정하거나 [크기 조정] 탭에서 너비를 1페이지로 지정하여 인쇄 배율을 조정할 수 있습니다.

02 페이지에 제목 행이 반복 인쇄되도록 설정하기 ❶ [페이지 레이아웃] 탭-[페이지 설정] 그룹-[인쇄 제목圓]을 클릭합니다. ❷ [페이지 설정] 대화상자에서 [반복할 행]을 클릭하고 ❸ 3행 머리글을 클릭하면 반복할 행이 선택됩니다. ❹ [확인]을 클릭합니다.

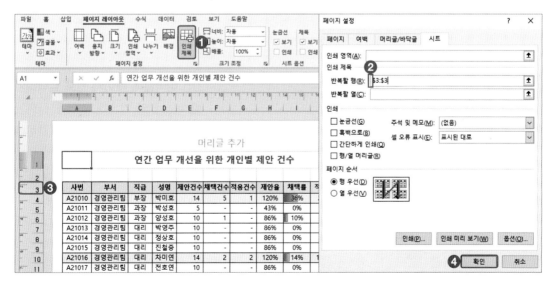

➕ 다음 페이지로 이동하면 제목 행(3행)이 표의 상단에 반복되어 표시됩니다. [인쇄 제목]은 인쇄 미리 보기에서는 지정할 수 없으므로 인쇄 미리 보기 화면으로 이동하기 전에 미리 워크시트에서 설정합니다.

실무 필수

실무 활용

문서 작성

문서 편집 & 인쇄

수식 & 함수

차트

데이터 관리/ 분석& 자동화

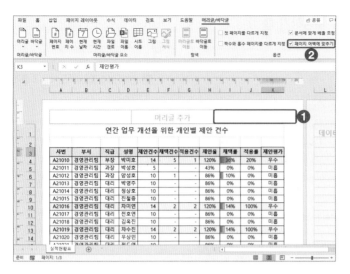

03 머리글에 현재 날짜 입력하기

❶ [머리글 추가] 영역의 오른쪽 빈 칸을 클릭합니다. ❷ [머리글/바닥글] 탭-[옵션] 그룹-[페이지 여백에 맞추기]에 체크합니다.

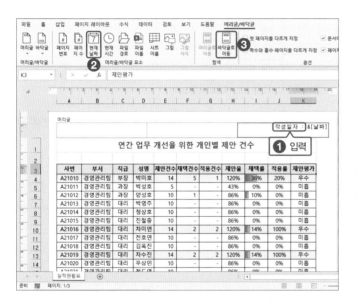

04 ❶ 작성일자 : 을 입력하고 ❷ [머리글/바닥글] 탭-[머리글/바닥글 요소] 그룹-[현재 날짜 7]를 클릭합니다. ❸ [머리글/바닥글] 탭-[탐색] 그룹-[바닥글로 이동 🖹]을 클릭해 바닥글로 이동합니다.

➕ 머리글 오른쪽 영역의 작성일자 다음에 현재 날짜가 입력됩니다.

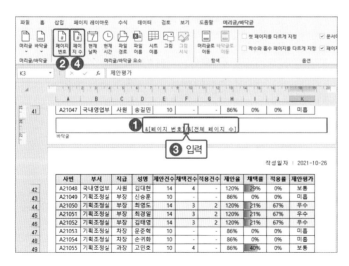

05 바닥글에 페이지 번호 입력하기

❶ 바닥글의 가운데 영역을 클릭합니다. ❷ [머리글/바닥글] 탭-[머리글/바닥글 요소] 그룹-[페이지 번호 🖹]를 클릭합니다. ❸ /를 입력한 후 ❹ [페이지 수 🖹]를 클릭합니다.

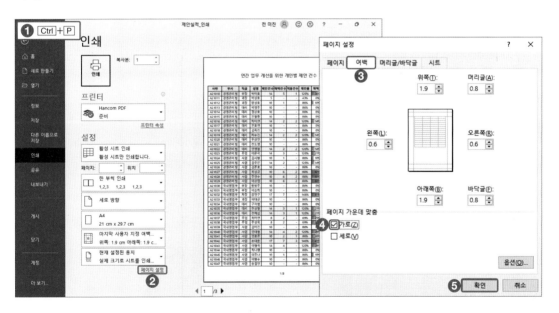

06 임의의 셀을 클릭해 머리글/바 닥글 편집 모드에서 나옵니다.

➕ 바닥글이 '페이지 번호/전체 페이지 수' 형식으로 표시됩니다.

07 인쇄될 내용이 페이지의 가운데에 위치하도록 정렬하겠습니다. ❶ Ctrl + P 를 눌러 인쇄 미리 보기 화면으로 이동합니다. ❷ [설정] 영역에서 [페이지 설정]을 클릭합니다. ❸ [페이지 설정] 대화상자에서 [여백] 탭을 클릭합니다. ❹ [페이지 가운데 맞춤] 영역에서 [가로]에 체크하고 ❺ [확인]을 클릭합니다.

➕ 인쇄 영역이 인쇄 용지 가로로 가운데에 위치합니다.

❶ **기본▦ 보기** : 엑셀을 실행할 때 나타나는 기본 화면으로, 워크시트에서 데이터와 수식을 입력하고 서식 등을 지정하는 기본 작업 공간입니다.

❷ **페이지 레이아웃▤ 보기** : 워드 프로세서와 같이 인쇄될 페이지 모양 그대로 표시하므로 한 페이지에 인쇄될 내용을 확인할 수 있으며 머리글과 바닥글을 설정할 수 있습니다.

❸ **페이지 나누기 미리 보기▥** : 인쇄 영역 전체가 파란색 실선으로 표시되고, 여러 페이지이면 페이지 구분선이 파란색 점선으로 표시됩니다. 인쇄 영역이나 페이지 구분선을 드래그하여 한 페이지에서 인쇄할 내용을 조절할 수 있습니다.

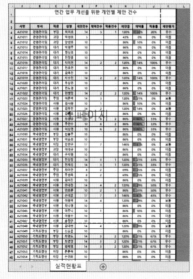

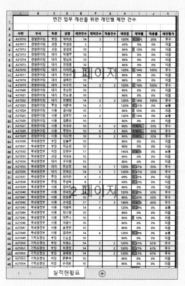

▲ 페이지 구분선 조정 전　　　　　　　　　▲ 페이지 구분선 조정 후

실무활용

11

통합 문서 전체 워크시트 페이지 설정 및 인쇄하기

실습 파일 3장\근태대장양식_인쇄.xlsx
완성 파일 3장\근태대장양식_인쇄_완성.xlsx

통합 문서에는 다수의 워크시트가 있고, 각 워크시트의 형식이 같을 경우 모두 인쇄하려면 페이지 설정과 관련된 같은 작업을 여러 번 반복해야 합니다. 근태 관리 대장 통합 문서에는 1월부터 6월까지 양식이 동일한 여섯 개의 워크시트가 있습니다. 전체 워크시트를 대상으로 한번에 인쇄와 관련된 페이지 설정을 하고 전체를 인쇄하는 방법에 대해 알아보겠습니다.

미리 보기

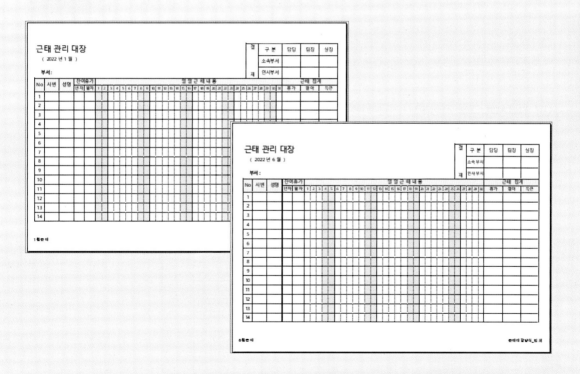

회사에서 바로 통하는 키워드 : 인쇄 미리 보기, 워크시트 그룹, 용지 방향, 여백 머리글/바닥글, 페이지 설정, 인쇄 제목

한눈에 보는 작업 순서	
페이지에 제목 행이 반복 인쇄되도록 설정하기 ▶	워크시트 그룹 지정 및 인쇄 미리 보기
▶ 인쇄 대상 설정 및 용지 방향 변경하기 ▶	페이지 여백 지정하기
▶ 페이지 설정에서 머리글/바닥글 설정하기	

01 페이지에 제목 행이 반복 인쇄되도록 설정하기 ❶ [1월근태] 시트에서 [페이지 레이아웃] 탭-[페이지 설정] 그룹-[인쇄 제목🖷]을 클릭합니다. ❷ [페이지 설정] 대화상자에서 [반복할 행]을 클릭하고 ❸ [1:5] 행 머리글 범위를 지정하면 반복할 행이 선택됩니다. ❹ [확인]을 클릭합니다.

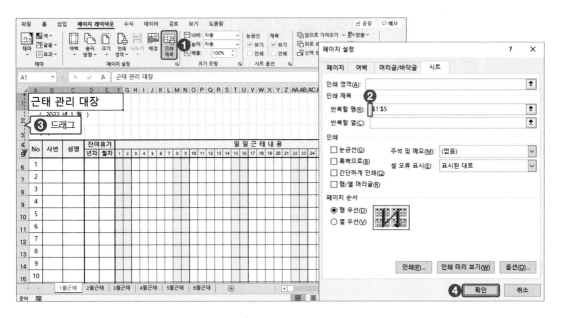

➕ 제목 행(1:5)이 표의 상단에 반복적으로 표시됩니다. [인쇄 제목]은 여러 워크시트에서 한번에 지정할 수 없으므로 워크시트별로 각각 지정해야 합니다. 예제에서는 [2월근태]~[6월근태] 시트에 인쇄 제목을 미리 지정해놓았습니다.

02 워크시트 그룹 지정 ❶ [1월근태] 시트 탭을 클릭하고 ❷ Shift 를 누른 상태에서 [6월근태] 시트 탭을 클릭합니다.

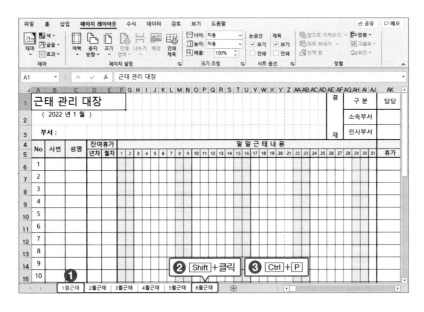

➕ 여러 워크시트를 선택하면 선택한 워크시트가 그룹으로 지정됩니다. 그룹으로 지정된 상태에서 명령을 실행하면 모든 워크시트에 동일하게 적용됩니다. 그룹을 해제하려면 그룹화되지 않은 시트 탭을 클릭합니다. 모든 워크시트가 그룹으로 지정된 경우에는 임의의 시트 탭을 클릭합니다.

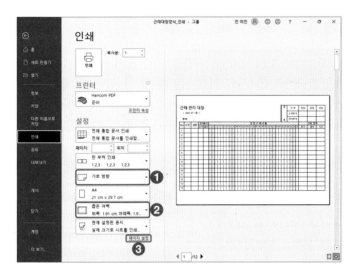

03 인쇄 대상 설정하기 ❶ Ctrl +P를 눌러 인쇄 미리 보기 화면으로 이동합니다. ❷ [설정] 영역에서 [인쇄 대상]을 클릭하고 ❸ [전체 통합 문서 인쇄]를 클릭합니다.

➕ 여러 시트를 그룹으로 지정하면 [제목 표시줄]에 '그룹'으로 표시되며, 인쇄 대상으로 [1월근태] 시트에서 [6월근태] 시트가 모두 설정됩니다.

04 용지 방향 변경 및 여백 설정하기 ❶ [용지 방향]을 클릭하고 [가로 방향]을 클릭합니다. ❷ [여백 설정]을 클릭하고 [좁은 여백]을 클릭합니다. ❸ [페이지 설정]을 클릭합니다.

➕ 페이지 여백이 좁게 설정되고 [페이지 설정] 대화상자의 [여백] 탭이 나타납니다.

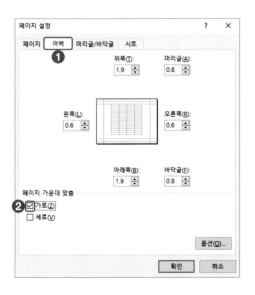

05 페이지 설정에서 가운데 맞춤 지정하기 ❶ [페이지 설정] 대화상자에서 [여백] 탭을 클릭합니다. ❷ [페이지 가운데 맞춤] 영역에서 [가로]에 체크합니다.

➕ 페이지에서 인쇄될 내용이 용지 가운데에 위치하도록 정렬합니다.

실무
필수

실무
활용

문서
작성

문서
편집
&
인쇄

수식
&
함수

차트

데이터
관리/
분석&
자동화

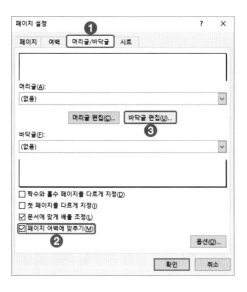

06 바닥글 설정하기 ❶ [머리글/바닥글] 탭을 클릭하고 ❷ [페이지 여백에 맞추기]에 체크합니다. ❸ [바닥글 편집]을 클릭합니다.

➕ [바닥글] 대화상자가 나타납니다.

07 ❶ [바닥글] 대화상자에서 왼쪽 구역을 클릭하고 ❷ [시트 이름 삽입⎁]을 클릭합니다. ❸ 오른쪽 구역을 클릭하고 ❹ [파일 이름 삽입⎁]을 클릭합니다. ❺ [확인]을 클릭합니다. [페이지 설정] 대화상자의 [바닥글] 영역에 시트 이름과 파일 이름이 표시됩니다. ❻ [확인]을 클릭해서 [페이지 설정] 대화상자를 닫습니다.

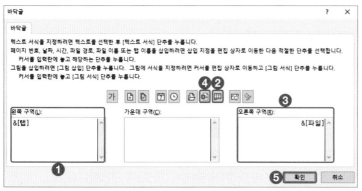

바로 통 하는TIP 워크시트가 그룹으로 지정되어 있을 때 [머리글/바닥글]에 [페이지 번호 삽입⎁], [전체 페이지 수 삽입⎁]을 설정하면 전체 통합 문서에서 인쇄되는 모든 시트를 대상으로 페이지 번호가 순차적으로 매겨집니다.

08 인쇄 미리 보기 화면에서 [페이지 이동◀ 1 /4 ▶]을 클릭하여 다음 페이지로 이동합니다. 모든 페이지에 바닥글이 표시되어 있는 것을 확인할 수 있습니다.

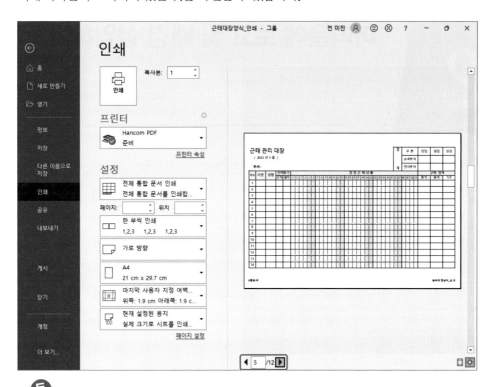

바로 통 하는TIP [인쇄]를 클릭하면 페이지의 내용이 프린터로 출력됩니다. 워크시트 편집 화면으로 돌아가려면 Esc를 누르거나 왼쪽 상단의 ◉를 클릭합니다.

12

머리글에 로고 및 배경 삽입하기

실습 파일 3장 \ 출장비청구서_인쇄.xlsx
완성 파일 3장 \ 출장비청구서_인쇄_완성.xlsx

엑셀 문서에서 이미지를 배경으로 인쇄해야 할 경우 머리글/바닥글 영역에 그림을 배경으로 삽입하여 각 페이지에 배경 그림을 표시할 수 있습니다. 출장비 청구서 양식 문서에 배경으로 사용할 그림을 페이지 전체 배경으로 삽입하고 바닥글에 회사 로고를 표시해보겠습니다.

미리 보기

회사에서 바로 통하는 키워드 : 페이지 나누기 미리 보기, 인쇄 영역 설정, 페이지 레이아웃, 인쇄 미리 보기, 머리글/바닥글, 그림 삽입, 페이지 배경 삽입

한눈에
보는
작업 순서
페이지 나누기 미리 보기에서 인쇄 영역 설정하기 ▶ 페이지 레이아웃 보기 및 머리글에 그림 삽입하기 ▶ 그림 서식 지정하기 ▶ 인쇄 미리 보기 및 페이지 가운데 맞춤 지정하기

01 페이지 나누기 미리 보기에서 인쇄 영역 설정하기 ❶ 상태 표시줄에서 [페이지 나누기 미리 보기 凹]를 클릭합니다. ❷ [B1:I29] 범위를 지정합니다. ❸ [페이지 레이아웃] 탭-[페이지 설정] 그룹-[인쇄 영역]을 클릭하고 ❹ [인쇄 영역 설정]을 클릭합니다.

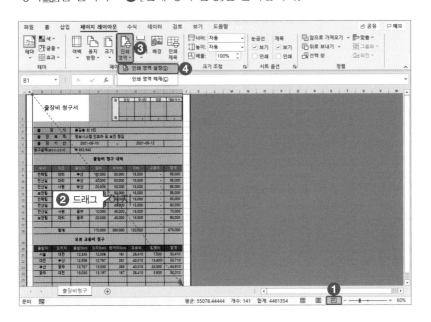

➕ 페이지 나누기 미리 보기 화면에서는 인쇄 영역이 파란색 실선으로 표시됩니다. 여러 페이지로 나뉠 경우에는 페이지 구분선이 파란색 점선 으로 표시됩니다. 인쇄 영역이나 페이지 구분선을 드래그하여 한 페이지에서 인쇄할 분량을 조정할 수 있습니다.

02 페이지 레이아웃 보기 및 회사 로고 삽입하기 ❶ 상태 표시줄에서 [페이지 레이아웃]을 클릭합니다. ❷ [머리글 추가]의 오른쪽 영역을 클릭합니다. ❸ [머리글/바닥글] 탭-[머리글/바닥글 요소] 그룹-[그림]을 클릭합니다.

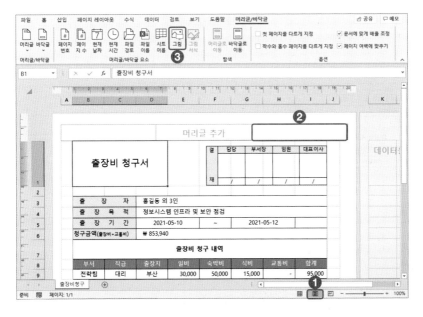

➕ [그림 삽입] 대화상자가 나타납니다.

03 ❶ [그림 삽입] 대화상자에서 [파일에서]의 [찾아보기]를 클릭합니다. ❷ [그림 삽입] 대화상자가 열리면 예제로 제공되는 [3장\그림] 폴더의 **로고.jpg** 파일을 찾아 클릭하고 ❸ [삽입]을 클릭합니다.

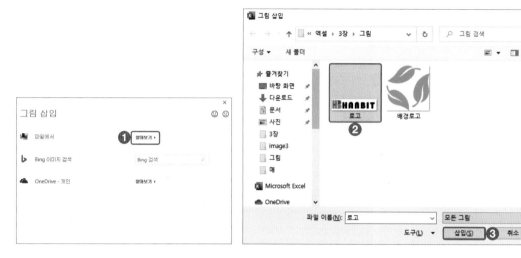

➕ 페이지 상단 오른쪽에 회사 로고 그림이 삽입됩니다.

04 페이지 전체 배경 그림 삽입하기 ❶ 머리글의 가운데 영역을 클릭합니다. ❷ [머리글/바닥글] 탭-[머리글/바닥글 요소] 그룹-[그림 🖼]을 클릭합니다.

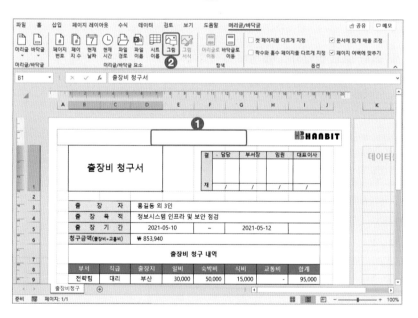

➕ [그림 삽입] 대화상자가 나타납니다.

05 ❶ [그림 삽입] 대화상자에서 [파일에서]의 [찾아보기]를 클릭합니다. ❷ [그림 삽입] 대화상자가 열리면 예제로 제공되는 [3장\그림] 폴더의 **배경로고.jpg** 파일을 찾아 클릭하고 ❸ [삽입]을 클릭합니다.

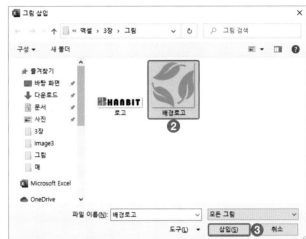

➕ 페이지 상단 가운데에 배경로고 그림이 삽입됩니다.

06 **페이지에 배경 그림 서식 지정하기** ❶ 임의의 셀을 클릭하면 페이지에 배경 그림이 삽입됩니다. ❷ 그림을 가운데에 배치하기 위해 **&[그림]** 앞에 커서를 두고 Enter 를 여러 번 누릅니다. ❸ [머리글/바닥글] 탭-[머리글/바닥글 요소] 그룹-[그림 서식 🖼]을 클릭합니다.

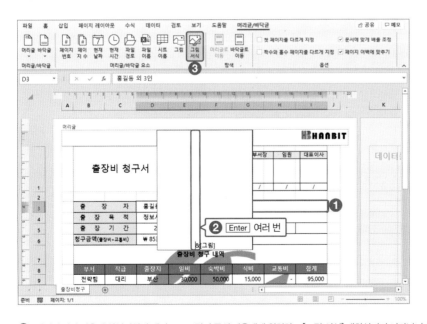

➕ 페이지 상단 가운데 삽입되었던 배경로고 그림이 문서 가운데에 위치하고 [그림 서식] 대화상자가 나타납니다.

07 ❶ [그림 서식] 대화상자에서 [크기] 탭을 클릭합니다. ❷ [배율] 영역에서 [높이]와 [너비]를 각각 **80%**로 설정합니다. ❸ [그림] 탭을 클릭한 후 ❹ [이미지 조절] 영역에서 [밝기]는 **85%**, ❺ [대비]는 **10%**로 각각 설정하고 ❻ [확인]을 클릭합니다.

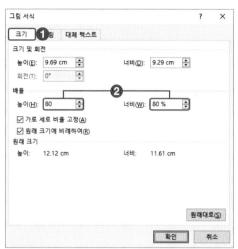
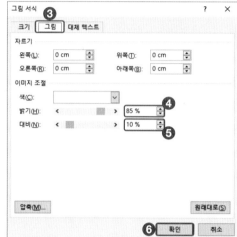

바로 통 하는TIP 삽입된 그림의 크기나 색이 인쇄될 내용에 방해될 경우 그림의 배율과 색(밝기/대비)을 조절할 수 있습니다. 그림의 색은 [회색조], [흑백], [희미하게] 중에서 선택할 수 있습니다.

08 임의의 셀을 클릭하면 머리글의 가운데 영역에 배경로고 그림이 배경으로 희미하게 삽입됩니다.

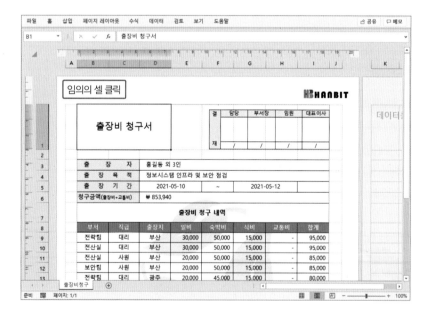

09 페이지 가운데 맞춤 지정하기 ❶ Ctrl + P 를 눌러 인쇄 미리 보기 화면으로 이동합니다. ❷ 인쇄 미리 보기 화면의 [설정] 영역에서 [페이지 설정]을 클릭합니다. ❸ [페이지 설정] 대화상자에서 [여백] 탭을 클릭합니다. ❹ [페이지 가운데 맞춤] 영역에서 [가로], [세로]에 모두 체크하고 ❺ [확인]을 클릭합니다.

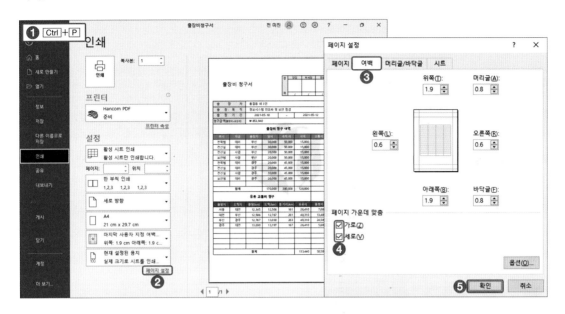

10 출장비 청구서 내용이 페이지 가운데에 정렬됩니다.

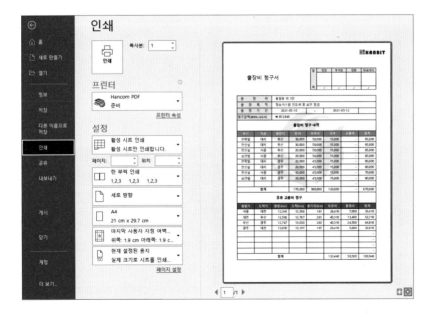

CHAPTER

04

업무 시간을
단축하는 수식으로
데이터를 더
빠르게 계산하기

엑셀을 사용하는 가장 큰 이유는 복잡한 계산을 쉽고 빠르게 끝낼 수 있기 때문입니다. 이번 CHAPTER에서는 수식의 구조를 이해하고 상대/절대/혼합 참조를 이용해 수식을 만드는 방법을 알아보겠습니다. 또한 클릭 한 번으로 합계, 평균, 개수 등을 계산하는 자동 합계 기능도 살펴보겠습니다.

28 상대 참조로 수식 만들기

실습 파일 4장\수식만들기_참조.xlsx [상대참조] 시트
완성 파일 4장\수식만들기_참조_완성.xlsx

엑셀에서는 숫자 데이터를 참조해서 계산식을 만들고, 그 결과를 빠르게 채울 수 있습니다. 계산 작업이 업무 영역을 많이 차지할 때 참조는 매우 유용하게 쓰이며, 이를 통해 업무 시간을 단축할 수 있습니다. 수식은 등호(=)를 입력하고 연산자, 피연산자, 함수 등을 조합하여 만듭니다. 피연산자로 셀 주소를 참조할 때는 일반적으로 상대 참조를 사용합니다. 상대 참조는 [A1], [B2]와 같은 일반적인 셀 주소 형식으로, 수식에서 셀을 참조할 때 사용하는 참조 방식입니다. 출장비와 출장경비를 상대 참조로 구해보겠습니다.

미리 보기

	A	B	C	D	E	F
1	출장지역	출장일수	출장비(일)	출장비	교통비	출장경비
2	부산	3	50,000		98,000	
3	광주	2	50,000		80,000	
4	제주	1	50,000		140,000	
5	부산	4	50,000		98,000	
6	대구	2	50,000		92,000	
7	세종	2				
8	대전	3				

	A	B	C	D	E	F
1	출장지역	출장일수	출장비(일)	출장비	교통비	출장경비
2	부산	3	50,000	150,000	98,000	248,000
3	광주	2	50,000	100,000	80,000	180,000
4	제주	1	50,000	50,000	140,000	190,000
5	부산	4	50,000	200,000	98,000	298,000
6	대구	2	50,000	100,000	92,000	192,000
7	세종	2	40,000	80,000	36,000	116,000
8	대전	3	40,000	120,000	40,200	160,200

회사에서 바로 통하는 키워드 : 수식, 상대 참조, 수식 복사, 수식 구조

한눈에 보는 작업 순서	상대 참조로 출장비 구하기	▶	수식 복사하기	▶	상대 참조로 출장경비 구하기	▶	수식 복사하기

	A	B	C	D	E	F	G	H
1	출장지역	출장일수	출장비(일)	출장비	교통비	출장경비		
2	부산	3	50,000	=B2*C2	98,000			
3	광주	2	50,000		80,000			
4	제주	1	50,0	입력 후 Enter	140,000			
5	부산	4	50,000		98,000			
6	대구	2	50,000		92,000			
7	세종	2	40,000		36,000			
8	대전	3	40,000		40,200			

01 상대 참조로 출장비 구하기 출장 일수에 출장비(일)를 곱해 출장비를 구하겠습니다. [상대참조] 시트의 [D2] 셀에 수식 **=B2*C2**를 입력하고 Enter 를 누릅니다.

➊ 출장일수에 따른 출장비가 구해집니다.

바로 통 하는TIP 수식 해설 : 출장비=출장일수* 출장비(일)

	A	B	C	D	E	F	G	H
1	출장지역	출장일수	출장비(일)	출장비	교통비	출장경비		
2	부산	3	50,000	150,000	98,000			
3	광주	2	50,000	100,000	80,000			
4	제주	1	50,000	50,000	140,000			
5	부산	4	50,000	200,000	채우기 핸들 드래그			
6	대구	2	50,000	100,000				
7	세종	2	40,000	80,000	36,000			
8	대전	3	40,000	120,000	40,200			

02 수식 복사하기 [D2] 셀의 채우기 핸들을 [D8] 셀까지 드래그해 수식을 복사합니다.

➊ 수식(=B2*C2)을 아래 방향으로 복사하면 셀 위치에 따라 행 번호가 증가(B3*C3, …, B8*C8) 하고 수식이 복사됩니다. 각 셀을 클릭하고 수식 입력줄을 보면 수식이 입력된 셀 위치에 따라 참조한 셀 주소가 바뀐 것을 확인할 수 있습니다.

	A	B	C	D	E	F	G	H
1	출장지역	출장일수	출장비(일)	출장비	교통비	출장경비		
2	부산	3	50,000	150,000	98,000	=D2+E2		
3	광주	2	50,000	100,000	80,000			
4	제주	1	50,000	50,000	140,0	입력 후 Enter		
5	부산	4	50,000	200,000	98,0			
6	대구	2	50,000	100,000	92,000			
7	세종	2	40,000	80,000	36,000			
8	대전	3	40,000	120,000	40,200			

03 상대 참조로 출장경비 구하기 출장비와 교통비를 더하여 출장경비를 구하겠습니다. [F2] 셀에 수식 **=D2+E2**를 입력하고 Enter 를 누릅니다.

➊ 출장비와 교통비의 합계인 출장경비가 구해집니다.

바로 통 하는TIP 수식 해설 : 출장경비=출장비+ 교통비

| F2 | | × ✓ fx | =D2+E2 | | | | |

	A	B	C	D	E	F	G	H
1	출장지역	출장일수	출장비(일)	출장비	교통비	출장경비		
2	부산	3	50,000	150,000	98,000	248,000		
3	광주	2	50,000	100,000	80,000	100,000		
4	제주	1	50,000	50,000	140,000			
5	부산	4	50,000	200,000	98,000	298,000		
6	대구	2	50,000	100,000	92,000	192,000		
7	세종	2	40,000	80,000	36,000	116,000		
8	대전	3	40,000	120,000	40,200	160,200		

❷ 채우기 핸들 더블클릭

04 수식 복사하기 ❶ [F2] 셀을 클릭하고 ❷ 채우기 핸들을 더블클릭해 수식을 복사합니다.

➕ 채우기 핸들을 더블클릭하면 인접한 셀의 데이터가 입력된 마지막 행까지 수식이 복사됩니다. [F8] 셀까지 출장경비가 구해집니다.

바로 통 하는TIP 수식을 복사하는 방법에는 ❶ 채우기 핸들을 드래그하는 방법 ❷ 채우기 핸들을 더블클릭하는 방법 ❸ 범위를 지정하고 수식을 입력한 후 Ctrl + Enter 를 누르는 방법이 있습니다.

바로 통 하는TIP 절대 참조

주소 형식	설명	설명
[A1]	일반적인 셀 주소 형식으로 셀을 참조하여 수식을 만드는 방법으로 가장 많이 사용됩니다. 수식을 복제하면 셀 위치에 따라 참조한 셀 주소가 바뀝니다.	A1 ▶ B1, C1, D1 / A2, A3, A4

쉽고 빠른 엑셀 Note 수식의 구조 이해하기

엑셀에서 수식은 등호(=)를 입력하고 연산자, 피연산자, 함수 등을 조합하여 만듭니다. 피연산자는 숫자일 수도 있지만 셀 주소가 될 수도 있습니다. 연산자는 산술, 문자, 비교 연산자로 데이터를 계산하라는 명령 기호입니다.

=   **피연산자**   **연산자**   **피연산자**

① 등호   ② 숫자 또는 셀 주소   ③ 산술, 문자, 비교 연산자 등   ④ 숫자 또는 셀 주소

연산자 종류와 우선순위

연산자는 산술, 비교, 문자, 참조 연산자가 있습니다. 산술, 문자, 참조 연산자는 수식에 직접 사용하며, 비교 연산자는 True, False 값을 결과로 표시하기 때문에 함수식에 주로 쓰입니다.

❶ **산술 연산자** : 더하기, 빼기, 곱하기와 같은 기본적인 산술 연산을 수행합니다.

기능	백분율	거듭제곱	곱하기	나누기	더하기	빼기
연산자	%	^	*	/	+	−

❷ **비교 연산자** : 두 값을 비교하여 참 또는 거짓으로 결괏값을 나타냅니다.

기능	같다	크다	크거나 같다	작다	작거나 같다	같지 않다
연산자	=	>	>=	<	<=	<>

❸ **문자 연결 연산자** : 문자열을 여러 개 연결해서 하나로 만듭니다.

기능	연결
연산자	&

각 연산자의 우선순위는 다음과 같습니다.

1순위 : 산술 연산자(−(음수), %, ^, *, /, +, −)

2순위 : 문자 연결 연산자(&)

3순위 : 비교 연산자(=, <, >, <=, >=, <>)

우선순위가 같은 연산자는 왼쪽에 있는 연산자를 먼저 계산합니다. 연산자의 우선순위를 바꾸려면 괄호( )를 사용합니다. 괄호 연산자 안에 있는 수식을 가장 먼저 계산합니다.

29

절대 참조로 수식 만들기

실습 파일 4장 \ 수식만들기_참조.xlsx [절대참조] 시트
완성 파일 4장 \ 수식만들기_참조_완성.xlsx

절대 참조를 만들 때는 [$A$1] 또는 [$B$2] 형태로 열 머리글과 행 머리글 앞에 $ 기호를 붙입니다. 절대 참조로 할인율을 적용한 단가에 수량을 곱하여 금액을 구해보겠습니다. 또 주문일에 2일을 더하여 출고예정일을 구해보겠습니다.

미리 보기

	A	B	C	D	E
1				할인율	10%
2				주문일	2021-04-05
3	상품명	수량	단가	금액	출고예정일
4	볼펜	5	1,500		
5	네임펜	10	1,100		
6	포스트잇	20	1,250		
7	A4용지	20	4,500		
8	A3용지	10	5,600		
9	종이컵	10	2,800		
10	커피믹스	5	6,900		
11	녹차티백	5	3,800		

	A	B	C	D	E
1				할인율	10%
2				주문일	2021-04-05
3	상품명	수량	단가	금액	출고예정일
4	볼펜	5	1,500	6,750	2021-04-07
5	네임펜	10	1,100	9,900	2021-04-07
6	포스트잇	20	1,250	22,500	2021-04-07
7	A4용지	20	4,500	81,000	2021-04-07
8	A3용지	10	5,600	50,400	2021-04-07
9	종이컵	10	2,800	25,200	2021-04-07
10	커피믹스	5	6,900	31,050	2021-04-07
11	녹차티백	5	3,800	17,100	2021-04-07

회사에서 바로 통하는 키워드 : 수식, 절대 참조, 수식 복사, 서식 없이 수식 채우기

한눈에 보는 작업 순서	절대 참조로 금액 구하기 ▶	절대 참조로 출고예정일 구하기 ▶	수식 복사 후 서식 없이 수식 채우기

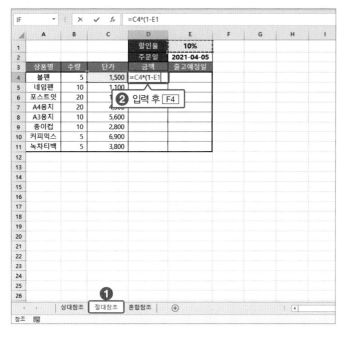

01 절대 참조로 금액 구하기 단가
에서 10%를 할인하고 수량을 곱하여 금액을 구하겠습니다. ❶ [절대참조] 시트 탭을 클릭합니다. ❷ [D4] 셀에 수식 **=C4*(1−E1**을 입력한 후 F4를 눌러 수식 내의 **E1**을 절대 참조 형식인 **$E$1**로 바꿉니다.

바로 통 하는 TIP 셀 주소를 고정할 때는 절대 참조를 사용합니다.

바로 통 하는 TIP 상대, 절대, 혼합 참조 유형을 **빠르게 변경하기** F4 를 누르면 셀 참조 유형이 상대 참조→절대 참조→혼합 참조 순서로 바뀝니다.

02 계속해서 **)*B4**를 입력하고 Enter
를 눌러 수식 **=C4*(1−$E$1)*B4**를 완성합니다.

➕ 단가에 할인율과 수량을 적용한 금액이 구해집니다.

바로 통 하는 TIP 수식 해설 : 금액=단가*(1−할인율)*수량

03 절대 참조로 출고예정일 구하기
주문일에 2일을 더하여 출고예정일을 구하겠습니다. ❶ [E4] 셀에 수식 **=E2**를 입력하고 F4 를 눌러 절대 참조 형식으로 바꿉니다. ❷ **+2**를 입력하고 Enter 를 눌러 수식 **=$E$2 +2**를 완성합니다.

➕ 주문일에서 2일을 더한 출고예정일이 구해집니다.

바로 통 하는 TIP 수식 해설 : 출고예정일=주문일+2

실무
필수

실무
활용

문서
작성

문서
편집
&
인쇄

수식
&
함수

차트

데이터
관리/
분석&
자동화

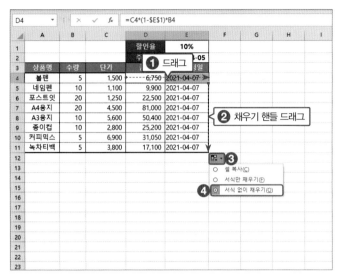

04 수식 복사 및 서식 없이 수식 채우기 ❶ [D4:E4] 범위를 지정하고 ❷ 채우기 핸들 ⊞을 [E11] 셀까지 드래그합니다. ❸ [자동 채우기 옵션 ⊞]을 클릭하고 ❹ [서식 없이 채우기]를 클릭합니다.

➕ 수식을 아래 방향으로 복사하면 셀 위치에 따라 상대 참조는 행 번호가 증가하고 절대 참조는 고정(C4*(1−$E$1)*B4, …, C11*(1−$E$1)*B11)되어 수식이 복사됩니다. 단가에 할인율과 수량이 각각 적용된 금액과 출고 예정일이 11행까지 구해집니다.

 **상대 참조**

주소 형식	설명	설명
[$A$1]	열 머리글과 행 머리글 앞에 $ 기호를 붙입니다. 절대 참조로 수식을 입력한 후 복제하면 셀 위치에 관계없이 참조한 셀 주소가 바뀌지 않고 고정됩니다.	$A$1 ──→ A1(고정) A1(고정)

핵심기능

30 혼합 참조로 수식 만들기

실습 파일 4장\수식만들기_참조.xlsx [혼합참조] 시트
완성 파일 4장\수식만들기_참조_완성.xlsx

혼합 참조는 [A$1] 또는 [$B2]의 형태로 열 또는 행 중 한 곳만 $ 기호를 붙입니다. 혼합 참조로 수식을 입력한 후 복제하면 셀 위치에 따라 $가 붙은 행(열)은 고정되고 열(행)만 바뀝니다. 혼합 참조로 인상률에 따른 기본급의 인상표를 구해보겠습니다.

미리 보기

	A	B	C	D	E	F	G	H	I
1	직급	기본급	기본급 인상률						
2			1%	2%	3%	4%	5%	6%	7%
3	사원	1,450,000							
4	주임	1,650,000							
5	대리	1,850,000							
6	과장	2,050,000							
7	차장	2,250,000							
8	부장	2,450,000							

	A	B	C	D	E	F	G	H	I
1	직급	기본급	기본급 인상률						
2			1%	2%	3%	4%	5%	6%	7%
3	사원	1,450,000	1,464,500	1,479,000	1,493,500	1,508,000	1,522,500	1,537,000	1,551,500
4	주임	1,650,000	1,666,500	1,683,000	1,699,500	1,716,000	1,732,500	1,749,000	1,765,500
5	대리	1,850,000	1,868,500	1,887,000	1,905,500	1,924,000	1,942,500	1,961,000	1,979,500
6	과장	2,050,000	2,070,500	2,091,000	2,111,500	2,132,000	2,152,500	2,173,000	2,193,500
7	차장	2,250,000	2,272,500	2,295,000	2,317,500	2,340,000	2,362,500	2,385,000	2,407,500
8	부장	2,450,000	2,474,500	2,499,000	2,523,500	2,548,000	2,572,500	2,597,000	2,621,500

회사에서 바로 통하는 키워드 : 수식, 혼합 참조, 수식 표시

| 한눈에
보는
작업 순서	혼합 참조로 기본급 구하기 ▶ 수식 복사하기 ▶ 수식 표시하기

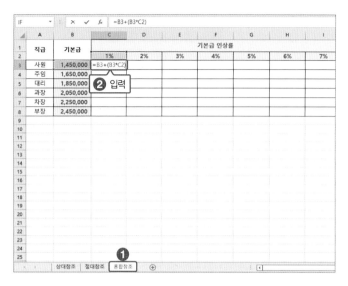

01 혼합 참조로 기본급 구하기 직급에 따른 기본급을 기준으로 인상될 기본급을 구하겠습니다. ❶ [혼합참조] 시트 탭을 클릭합니다. ❷ [C3] 셀에 수식 **=B3+(B3*C2)**를 입력합니다.

➕ 기본급에 기본급 인상률이 더해진 인상 금액이 구해집니다.

바로 통 하는TIP 수식 해설 : 인상기본급=기본급+(기본급*인상률)

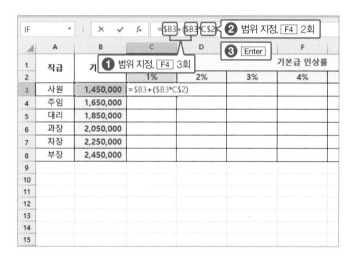

02 ❶ 수식에서 **B3**을 각각 범위 지정한 후 F4를 세 번 눌러 **$B3**으로 변경합니다. ❷ **C2**를 범위 지정한 후 F4를 두 번 눌러 **C$2**로 변경합니다. ❸ Enter를 눌러 수식 **=$B3+($B3*C$2)**를 완성합니다.

➕ [C3] 셀의 수식을 복사하면 B열과 2행은 고정되어야 하므로 B열과 2행 앞에 $ 기호를 붙여 각각 **$B3**와 **C$2**로 입력했습니다.

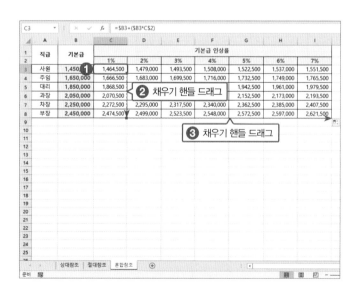

03 ❶ [C3] 셀을 클릭하고 ❷ 채우기 핸들➕을 [C8] 셀까지 드래그합니다. ❸ [C3:C8] 범위가 지정된 상태에서 [C8] 셀의 채우기 핸들➕을 [I8] 셀까지 드래그하여 수식을 복사합니다.

➕ 수식을 복사해도 B열과 2행은 변하지 않고 $ 기호가 붙지 않은 부분의 값만 변하는 혼합 참조 형태의 수식이 복사됩니다. [C3:I8] 범위에 기본급 인상율에 따른 인상 금액이 모두 구해집니다.

04 수식 표시하기 ① 데이터가 입력된 임의의 셀을 클릭하고 **②** [수식] 탭-[수식 분석] 그룹-[수식 표시☑]를 클릭합니다. 셀에 수식이 표시됩니다. 수식에서 참조 셀이 어떻게 바뀌었는지 확인할 수 있습니다.

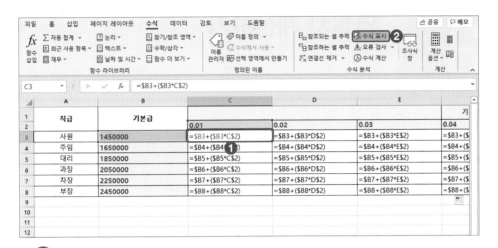

바로 통 하는 TIP [수식] 탭-[수식 분석] 그룹-[수식 표시☑]를 한 번 더 클릭하면 수식이 숨겨지고 데이터와 결괏값이 표시됩니다.

바로 통 하는 TIP [수식 표시/숨기기]의 단축키는 Ctrl + ~입니다.

바로 통 하는 TIP 혼합 참조

주소 형식	설명	설명
[A$1]	행 앞에 $를 붙입니다. 행 고정 참조로 수식을 입력한 후 복제하면 셀 위치에 따라 $가 붙은 행이 고정되고 열만 바뀝니다.	A$1 ➡ B1, C1, D1 A1(고정)
[$A1]	열 앞에 $를 붙입니다. 열 고정 참조로 수식을 입력한 후 복제하면 셀 위치에 따라 $가 붙은 열이 고정되고 행만 바뀝니다.	$A1 ➡ A1(고정) A2, A3, A4

실무활용

13

수식에서 셀을 참조하여
연월차 계산하기

실습 파일 4장\연월차정산표.xlsx
완성 파일 4장\연월차정산표_완성.xlsx

휴가 규정에 따른 연월차 정산표를 작성하려면 상대, 절대, 혼합 참조 유형을 적절하게 사용하여 수식을 만들어야 합니다. 대개 연차는 입사 1년이 지나면 연차가 10일 발생하고, 해마다 1일씩 늘어납니다. 연월차 정산표에서 기본급을 기준으로 시간당 급여, 일일 급여, 연차일수, 연차수당, 월차수당을 구해 보겠습니다.

미리 보기

이름	입사연도	기본급	일급 22(Day)	시급 8(H)	연차일수 10(Day)	연차 사용일수	월차 사용일수	연차수당	월차수당 12(Day)	합계
							기준연도:		2021 년	
이민정	2018	2,650,000	120,455	15,057	12	5	5	843,182	843,182	1,686,364
송수민	2016	2,050,000	93,182	11,648	14	10	10	372,727	186,364	559,091
이철진	2015	2,350,000	106,818	13,352	15	12	12	320,455	-	320,455
강동민	2014	1,950,000	88,636	11,080	16	7	11	797,727	88,636	886,364
문희원	2016	2,700,000	122,727	15,341	14	9	6	613,636	736,364	1,350,000
전홍국	2017	2,050,000	93,182	11,648	13	4	9	838,636	279,545	1,118,182
박철수	2018	2,950,000	134,091	16,761	12	1	2	1,475,000	1,340,909	2,815,909
문소라	2017	3,250,000	147,727	18,466	13	10	3	443,182	1,329,545	1,772,727
강민국	2016	2,050,000	93,182	11,648	14	12	12	186,364	-	186,364
정혜민	2014	2,350,000	106,818	13,352	16	11	9	534,091	320,455	854,545
최태원	2013	1,950,000	88,636	11,080	17	6	4	975,000	709,091	1,684,091
노민욱	2016	2,700,000	122,727	15,341	14	9	5	613,636	859,091	1,472,727
한상호	2017	2,050,000	93,182	11,648	13	2	10	1,025,000	186,364	1,211,364
배민우	2016	2,350,000	106,818	13,352	14	3	12	1,175,000	-	1,175,000
백봉수	2015	1,950,000	88,636	11,080	15	4	11	975,000	88,636	1,063,636
김윤아	2018	2,700,000	122,727	15,341	12	5	6	859,091	736,364	1,595,455
안미경	2014	2,050,000	93,182	11,648	16	8	9	745,455	279,545	1,025,000
민대신	2015	2,950,000	134,091	16,761	15	10	2	670,455	1,340,909	2,011,364
나준성	2013	3,250,000	147,727	18,466	17	5	3	1,772,727	1,329,545	3,102,273
한태성	2016	2,050,000	93,182	11,648	14	7	6	652,273	559,091	1,211,364

2021년 연월차 정산표

연월차정산

회사에서 바로 통하는 키워드 : 수식, 상대 참조, 혼합 참조, 절대 참조, 수식 분석

한눈에 보는 작업 순서				
제목 표시하기 ▶	상대/혼합 참조로 일급, 시급 계산하기 ▶	수식 복사하기 ▶	상대/절대 참조로 연차일수 계산하기	

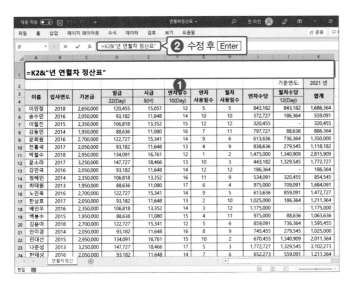

01 제목 표시하기 제목에 기준연도를 합쳐 표시하겠습니다. ❶ [A1] 셀을 클릭하고 ❷ 수식 입력줄에서 수식을 **=K2&"년 연월차 정산표"**로 수정한 후 Enter 를 누릅니다.

➕ 텍스트를 합칠 때 사용하는 문자 연결 연산자(&)를 사용하여 '2021'과 '년 연월차 정산표'를 합쳐 표시합니다.

바로 통 하는TIP **수식 해설 :** 제목=기준연도&"년 연월차 정산표"

02 상대/혼합 참조로 일급, 시급 계산하기 기본급을 한 달 평균 근무일로 나누어 일급을 구하겠습니다. ❶ [D5] 셀에 수식 **=C5/D\$4**를 입력하고 Enter 를 누릅니다.

➕ 기본급에 근무일수를 나눈 일급이 구해집니다.

바로 통 하는TIP **수식 해설 :** 일급=기본급/근무일수

03 ❶ [D5] 셀을 클릭하고 ❷ 채우기 핸들➕을 [E5] 셀까지 드래그합니다. ❸ [D5:E5] 범위가 지정된 상태에서 [E5] 셀의 채우기 핸들➕을 더블클릭하여 수식을 복사합니다.

➕ 입력한 수식 **=C5/D\$4**는 셀 위치에 따라 기본급(C5)이나 일급(D5)의 행과 열의 주소는 바뀌고, 근무일수(D\$4)나 근무시간(E\$4)은 행은 고정되고 열 이름만 바뀝니다. 시급이 구해지고 마지막 행까지 일급과 시급이 구해집니다.

04 상대/절대 참조로 연차일수 계산하기 기준연수와 입사연도를 이용해 연차일수를 구하겠습니다. [F5] 셀에 수식 **=$K$2-B5-1+$F$4**를 입력하고 Enter를 누릅니다.

➕ 연차일수는 1년이 지나면 10일이 생기고, 해마다 1일씩 늘어납니다. 기준연수에서 입사연수를 빼서 입사한지 1년이 되면 연차일수 10일이 생기므로 수식에서 1을 뺍니다.

바로 통 하는 TIP **수식 해설 :** 연차일수=기준연도-입사연도-1+연차발생일수(10)

05 ❶ [F5] 셀을 클릭하고 **❷** 채우기 핸들을 더블클릭하여 수식을 복사합니다.

➕ 입력한 수식 **=$K$2-B5-1+$F$4**는 셀 위치에 따라 입사연도(B5) 행의 번호는 바뀌고, 기준연도($K$2)와 연차발생일수($F$4)는 고정됩니다.

06 상대 참조로 연차수당 계산하기 연차일수에서 연차사용일수를 뺀 후 일급여를 곱해 연차수당을 구하겠습니다. [I5] 셀에 수식 **=(F5-G5)*D5**를 입력하고 Enter를 누릅니다.

➕ 연차일수에서 연차사용일수를 제하고 일급을 곱한 연차수당이 구해집니다.

바로 통 하는 TIP **수식 해설 :** 연차수당=(연차일수-연차사용일수)*일급

07 상대/절대 참조로 월차수당 계산하기

월차일수에서 월차사용일수를 뺀 후 일일급여를 곱해 월차수당을 구하겠습니다. [J5] 셀에 수식 **=($J$4-H5)*D5**를 입력하고 Enter 를 누릅니다.

➕ 월차일수에서 월차사용일수를 제하고 일급을 곱한 월차수당이 구해집니다.

바로 통 하는TIP **수식 해설** : 월차수당=(월차일수-월차사용일수)*일급

08 ❶ [I5:J5] 범위를 지정한 후 ❷ 채우기 핸들 +을 더블클릭하여 수식을 복사합니다.

➕ 입력한 연차수당 수식 **=(F5-G5)*D5**는 셀 위치에 따라 연차일수(F5), 연차사용일수(G5)와 일급(D5)의 행 번호가 바뀝니다. 월차수당 수식 **=($J$4-H5)*D5**는 셀 위치에 상관없이 월차일수($J$4)는 고정되고, 월차사용일수(H5)와 일급(D5)의 행 번호는 바뀝니다.

수식 분석 도구를 이용하면 수식을 작성한 후 수식에서 참조된 셀이 어느 위치에 있는지, 오류가 발생한 수식이 어느 셀을 참조하고 있는지 등 수식의 관계를 시각적으로 나타내거나 추적해서 검사할 수 있습니다. 오류가 없는 셀에는 파란색 화살표가, 오류가 있는 셀에는 빨간색 화살표가 표시됩니다. 다른 워크시트나 통합 문서를 참조하면 워크시트 아이콘과 함께 검은색 점선 화살표의 연결선이 표시됩니다.

[수식] 탭-[수식 분석] 그룹에 관련 명령어가 모여 있습니다.

```
❶ 참조되는 셀 추적    수식 표시 ❹
❷ 참조하는 셀 추적    오류 검사 ❺
❸ 연결선 제거 ∨      수식 계산 ❻     조사식 창
              수식 분석              ❼
```

❶ **참조되는 셀 추적** : 선택한 셀의 수식에 참조된 셀을 추적하여 연결선을 표시합니다.

❷ **참조하는 셀 추적** : 선택한 셀을 수식에서 참조하는 셀을 추적하여 연결선을 표시합니다.

❸ **연결선 제거** : 셀과 셀의 관계를 나타내는 연결선을 제거합니다.

❹ 수식 표시 : 각 셀에 결괏값 대신 수식을 표시하거나 숨깁니다. (단축키 : Ctrl + ~)

❺ 오류 검사 : 수식에서 발생하는 일반 오류를 검사합니다.

❻ 수식 계산 : [수식 계산] 대화상자에서 순서대로 디버그하면서 수식을 계산합니다.

❼ 조사식 창 : 조사식 창에서 변경된 특정 셀 값이 수식 계산과 결과를 모니터링합니다.

▲ 월차수당을 구하는 수식 셀(J5)에 참조되는 셀 추적

이름	입사연도	기본급	일급 22(Day)	시급 8(H)	연차일수 10(Day)	연차 사용일수	월차 사용일수	연차수당	월차수당 12(Day)	합계
이민정	2018	2,650,000	120,455	15,057	12	5	5	843,182	843,182	1,686,364
송수민	2016	2,050,000	93,182	11,648	14	10	10	372,727	186,364	559,091
이철진	2015	2,350,000	106,818	13,352	15	12	12	320,455	-	320,455
강동민	2014	1,950,000	88,636	11,080	16	7	11	797,727	88,636	886,364
문희원	2016	2,700,000	122,727	15,341	14	9	6	613,636	736,364	1,350,000
전홍국	2017	2,050,000	93,182	11,648	13	4	9	838,636	279,545	1,118,182
박철수	2018	2,950,000	134,091	16,761	12	1	2	1,475,000	1,340,909	2,815,909
문소라	2017	3,250,000	147,727	18,466	13	10	3	443,182	1,329,545	1,772,727
강민국	2016	2,050,000	93,182	11,648	14	12	12	186,364	-	186,364
정혜민	2014	2,350,000	106,818	13,352	16	11	9	534,091	320,455	854,545
최태원	2013	1,950,000	88,636	11,080	17	6	4	975,000	709,091	1,684,091
노민욱	2016	2,700,000	122,727	15,341	14	9	5	613,636	859,091	1,472,727
한상호	2017	2,050,000	93,182	11,648	13	2	10	1,025,000	186,364	1,211,364
배민우	2016	2,350,000	106,818	13,352	14	3	12	1,175,000	-	1,175,000
백봉수	2015	1,950,000	88,636	11,080	15	4	11	975,000	88,636	1,063,636

▲ 기준연도(K2)를 수식에서 참조하는 셀 추적

실무활용 14

다른 시트의 셀을 참조하여 수식 만들기

실습 파일 4장\1분기판매현황_시트참조.xlsx
완성 파일 4장\1분기판매현황_시트참조_완성.xlsx

시트가 다른 셀을 참조할 때는 셀 주소 앞에 시트명을 표시하고 시트명과 셀 주소를 구분하는 느낌표(!)를 입력하여 '=시트명!셀 주소' 형태로 참조 수식을 만듭니다. 다른 파일의 셀을 참조할 때는 파일명을 대괄호([]) 안에 표시하여 '=[파일명]시트명!셀주소' 형태로 참조 수식을 만듭니다. 전년도 시트의 판매량을 참조하여 10% 상향한 1분기 목표치를 설정하고, 1월~3월 판매량을 참조하여 1분기 판매량을 구한 후 수식과 참조 셀의 관계를 시각화해보겠습니다.

미리 보기

지점	상품명	입고단가	목표량	판매량	판매금액	달성률(%)
				기준년도:		2022년
강남점	데스크탑	825,000	330	274	226,050,000	83%
강남점	노트북	1,119,000	429	265	296,535,000	62%
강남점	태블릿	825,000	385	235	193,875,000	61%
강남점	넷북	556,700	264	199	110,783,300	75%
강서점	데스크탑	825,000	440	334	275,550,000	76%
강서점	노트북	1,119,000	352	223	249,537,000	63%
강서점	태블릿	825,000	440	295	243,375,000	67%
강서점	넷북	556,700	308	265	147,525,500	86%
강동점	데스크탑	825,000	231	376	310,200,000	163%
강동점	노트북	1,119,000	363	325	363,675,000	90%
강동점	태블릿	825,000	385	232	191,400,000	60%
강동점	넷북	556,700	330	193	107,443,100	58%
강북점	데스크탑	825,000	198	256	211,200,000	129%
강북점	노트북	1,119,000	440	196	219,324,000	45%
강북점	태블릿	825,000	550	334	275,550,000	61%
강북점	넷북	556,700	440	346	192,618,200	79%

2022년 1분기 판매현황

1월 | 2월 | 3월 | 1분기 | 전년도판매량

회사에서 바로 통하는 키워드 : 수식, 시트 참조, 상대 참조, 수식 분석, 참조되는 셀 추적, 참조하는 셀 추적

한눈에 보는 작업 순서 : 다른 시트의 셀을 참조하여 목표량 구하기 ▶ 다른 시트의 셀을 참조하여 판매량 구하기 ▶ 판매금액 구하기 ▶ 달성률 구하기 ▶ 참조 셀을 연결선으로 표시하기

01 다른 시트의 셀을 참조하여 판매량 데이터 가져오기 전년도판매량에 1.1을 곱하여 1분기 목표량을 구하겠습니다. [1분기] 시트의 [D4] 셀에 **=**를 입력합니다.

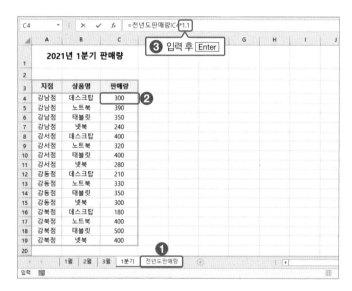

02 ❶ [전년도판매량] 시트 탭을 클릭하고 **❷** [C4] 셀을 클릭합니다. **❸** 수식 입력줄에 ***1.1**을 입력하고 Enter를 누릅니다. 수식 **=전년도판매량!C4*1.1**이 완성됩니다.

➕ 전년도 판매량에서 110%를 곱한 목표 판매량이 구해집니다.

바로 통 하는 TIP 다른 시트의 셀을 참조할 때는 **시트명!셀주소**로 수식을 입력합니다.

바로 통 하는 TIP **수식 해설** : 목표량=전년도판매량* 1.1

03 같은 방법으로 1월~3월 판매량을 더해 1분기 판매량을 구하겠습니다. **❶** [1분기] 시트 탭을 클릭합니다. **❷** [E4] 셀에 수식 **='1월'!D4+'2월'!D4+'3월'!D4**를 입력한 후 Enter를 눌러 수식을 완성합니다.

➕ 1월~3d월의 판매량 합계가 구해집니다.

바로 통 하는 TIP 시트명이 숫자로 시작하거나 공백을 포함하면 작은따옴표(')를 사용해 **'시트명'!셀주소**로 수식을 입력합니다.

바로 통 하는 TIP **수식 해설** : 판매량=1월판매량+2월판매량+3월판매량

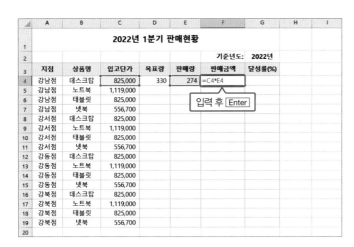

04 판매금액 구하기 입고단가에 판매량을 곱하여 판매금액을 구하겠습니다. [F4] 셀에 수식 **=C4*E4**를 입력한 후 Enter를 누릅니다.

➕ 입고단가에 판매량을 곱한 판매금액이 구해집니다.

바로 통 하는TIP **수식 해설 :** 판매금액=입고단가*판매량

05 달성률 구하기 판매량을 목표량으로 나눠 달성률을 구하겠습니다. [G4] 셀에 수식 **=E4/D4**를 입력한 후 Enter를 누릅니다.

➕ 목표량 대비 판매량의 달성률이 구해집니다.

바로 통 하는TIP 판매량을 목표량으로 나눈 결괏값은 소수로 표시됩니다. 현재 셀에는 백분율(%) 스타일로 표시 형식이 지정되어 있습니다.

바로 통 하는TIP **수식 해설 :** 달성률=판매량/목표량

06 ❶ [D4:G4] 범위를 지정하고 ❷ 채우기 핸들➕을 더블클릭하여 수식을 복사합니다.

➕ 목표량, 판매량, 판매금액, 달성률이 19행까지 구해집니다.

07 참조 셀을 연결선으로 표시하기 목표량 수식에 참조되는 셀과 참조하는 셀을 연결선으로 표시하겠습니다. ❶ [D4] 셀을 클릭합니다. ❷ [수식] 탭-[수식 분석] 그룹-[참조되는 셀 추적🔢]을 클릭합니다. ❸ [D13] 셀을 클릭하고 ❹ [수식] 탭-[수식 분석] 그룹-[참조하는 셀 추적🔢]을 클릭합니다.

❹ [D4] 셀의 수식에서 [전년도판매량] 시트가 참조되므로 워크시트 아이콘과 함께 검은색 연결선이 표시됩니다. 셀의 목표량은 달성률 수식에서 참조하므로 파란색 연결선이 표시됩니다. 이처럼 각각의 참조 관계를 시각화해 수식과 셀의 관계를 확인할 수 있습니다.

바로 통 하는 TIP 연결선을 보이지 않게 하려면 [수식] 탭-[수식 분석] 그룹-[연결선 제거🔣]를 클릭합니다.

핵심기능

31

셀 이름을 정의하여 수식에서 참조하기

실습 파일 4장\승격대상자평가표_이름정의.xlsx
완성 파일 4장\승격대상자평가표_이름정의_완성.xlsx

앞에서 셀이나 범위에 이름을 정의하는 방법을 살펴보았습니다. 정의된 이름은 수식에서도 활용할 수 있으며, 셀을 참조하는 대신 정의된 이름을 사용하면 복잡한 수식을 보다 직관적으로 이해할 수 있습니다. 승격 대상자 평가표에서 고가, 면접, 어학 점수별로 가중치를 적용하려고 합니다. 셀 이름을 정의하고 정의된 이름으로 수식을 만들어보겠습니다.

미리 보기

상반기 승격 대상자 평가표

가중치 (Weight)	고가w	면접w	어학w
	45%	35%	20%

부서명	직급	성명	평가점수			가중치적용			합계
			고가	면접	어학	고가	면접	어학	
인사팀	대리	이민호	10	9	10	4.5	3.2	2.0	9.7
인사팀	사원	강선재	8	8	8	3.6	2.8	1.6	8.0
기획팀	과장	정미선	5	7	8	2.3	2.5	1.6	6.3
기획팀	사원	홍미옥	10	9	9	4.5	3.2	1.8	9.5
기획팀	대리	박철수	7	10	8	3.2	3.5	1.6	8.3
홍보팀	차장	문영희	6	6	6	2.7	2.1	1.2	6.0
홍보팀	대리	손나영	9	10	8	4.1	3.5	1.6	9.2
총무팀	사원	최선우	7	9	8	3.2	3.2	1.6	7.9
총무팀	사원	나영우	8	10	7	3.6	3.5	1.4	8.5
재무팀	대리	김형욱	8	7	9	3.6	2.5	1.8	7.9
재무팀	과장	노상민	9	8	10	4.1	2.8	2.0	8.9

평가표

회사에서 바로 통하는 키워드 : 이름 정의, 선택 영역에서 만들기, 정의된 이름으로 수식 만들기

한눈에 보는 작업 순서 선택 영역에서 이름 만들기 ▶ 정의된 이름으로 수식 만들기 ▶ 합계 구하기

01 선택 영역에서 이름 정의하기 ❶ [B3:D4] 범위를 지정합니다. ❷ [수식] 탭-[정의된 이름] 그룹-[선택 영역에서 만들기 🔲]를 클릭합니다. ❸ [선택 영역에서 이름 만들기] 대화상자에서 [첫 행]에 체크한 후 ❹ [확인]을 클릭합니다.

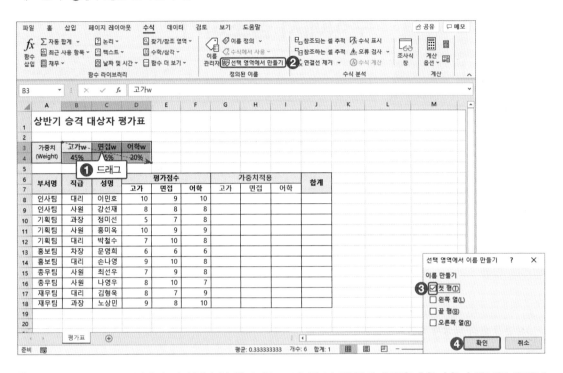

➕ 지정된 범위에서 첫 행에 해당하는 '고가w', '면접w', '어학w' 이름으로 정의됩니다. 정의된 각 이름은 [B4], [C4], [D4] 셀을 각각 참조합니다. 이름 상자를 클릭하면 정의된 이름을 확인할 수 있습니다.

02 정의된 이름으로 수식 만들기

고가점수에 가중치를 곱하여 가중치가 적용된 고가를 구하겠습니다. [G8] 셀에 수식 **=D8*고가w**를 입력한 후 Enter를 누릅니다.

➕ 고가 점수에 가중치가 적용된 점수가 구해집니다.

바로 통하는TIP 셀을 참조해 **=D8*$B$4** 형태로 수식을 입력할 수 있지만 정의된 이름을 사용한 수식 **=D8*고가w**을 사용하면 수식을 좀 더 직관적으로 이해할 수 있습니다.

바로 통하는TIP **수식 해설 :** 가중치적용고가= 고가점수*가중치

03 ❶ [H8] 셀에 **=E8***를 입력한 후 [F3]을 누릅니다. ❷ [이름 붙여넣기] 대화상자에서 [면접w]를 클릭하고 ❸ [확인]을 클릭합니다. ❹ [Enter]를 눌러 수식 **=E8*면접w**를 완성합니다.

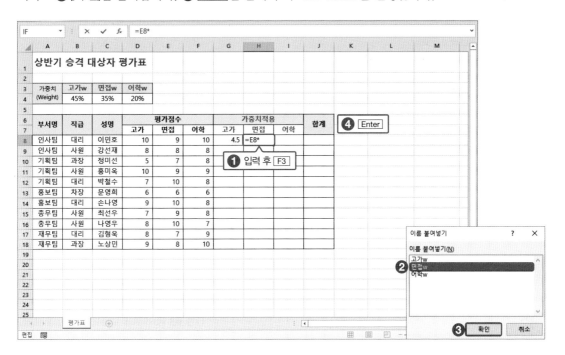

➕ 면접 점수에 가중치가 적용된 점수가 구해집니다.

바로 통 하는TIP [F3]을 누르면 [이름 붙여넣기] 대화상자에 정의된 이름의 목록이 표시됩니다. 정의된 이름이 많거나 이름이 기억나지 않을 때 사용하면 좋습니다.

바로 통 하는TIP **수식 해설** : 가중치적용면접=면접점수*가중치

04 같은 방법으로 [I8] 셀에 수식 **=F8*어학w**을 입력하고 [Enter]를 누릅니다.

➕ 어학 점수에 가중치가 적용된 점수가 구해집니다.

바로 통 하는TIP **수식 해설** : 가중치적용어학=어학점수*가중치

05 합계 구하기 각 점수에 따라 가중치를 부여한 점수의 합계를 구하겠습니다. [J8] 셀에 수식 **=G8+H8+I8**을 입력한 후 Enter 를 누릅니다.

➕ 가중치가 적용된 고가, 면접, 어학 점수의 합계가 구해집니다. 과목별 가중평균의 합계는 10점 만점으로 환산합니다.

바로통하는TIP **수식 해설 :** 합계=고가점수+면접점수+어학점수

06 ❶ [G8:J8] 범위를 지정합니다. **❷** 채우기 핸들➕을 더블클릭하여 수식을 복사합니다.

➕ 각 인원의 고가, 면접, 어학 가중치 점수와 합계가 18행까지 구해집니다.

자동 합계로 빠르게 수식 계산하기

실습 파일 4장 \ 기업평가표_자동합계.xlsx
완성 파일 4장 \ 기업평가표_자동합계_완성.xlsx

자동 합계는 실무에서 자주 사용하는 합계, 평균, 개수 등의 수식을 클릭 한 번으로 사용할 수 있는 기능입니다. 특히 엑셀이 아직 익숙하지 않은 사용자가 함수식에 쉽게 접근해 간단한 계산을 할 수 있도록 도와줍니다. 기업평가표에서 자동 합계 기능을 사용해 합계, 평균, 개수를 빠르게 계산해보겠습니다.

미리 보기

평가지표	A사	B사	C사	D사	E사	F사	G사	H사	평균
							평가기업수	8	
경영관리	90	70	60	60	90	100	80	80	78.75
경영전략	80	80	80	80	100	90	90	90	86.25
경영혁신	70	50	90	90	60	80	100	100	80.00
경영성과	80	90	100	100	70	60	40	60	75.00
조직관리	50	60	40	60	80	80	60	70	62.50
인사관리	60	40	60	70	40	80	70	50	58.75
교육훈련	70	70	70	50	50	70	80	70	66.25
채용관리	40	80	80	70	60	70	90	80	71.25
노사관리	90	60	90	80	70	90	100	70	81.25
재무관리	100	40	100	70	90	80	50	60	73.75
회계관리	90	90	50	60	40	60	40	40	58.75
재무상태	80	100	40	40	60	50	60	50	60.00
정책준수	80	70	60	50	80	80	70	90	72.50
고객만족	70	80	70	90	90	70	80	100	81.25
환경관리	60	60	80	100	70	60	60	90	72.50
합계	1,110	1,040	1,070	1,070	1,050	1,120	1,070	1,100	
평균	74.00	69.33	71.33	71.33	70.00	74.67	71.33	73.33	

기업 평가 지표

기업평가표

회사에서 바로 통하는 키워드 : 자동 합계, 자동 평균, 자동 개수

한눈에
보는
작업 순서   자동 합계 구하기 ▶ 자동 평균 구하기 ▶ 자동 개수 구하기

01 합계 구하기 열 방향으로 평가 항목의 합계를 구하겠습니다. ❶ [B19:I19] 범위를 지정합니다. ❷
[홈] 탭–[편집] 그룹–[합계∑]를 클릭합니다.

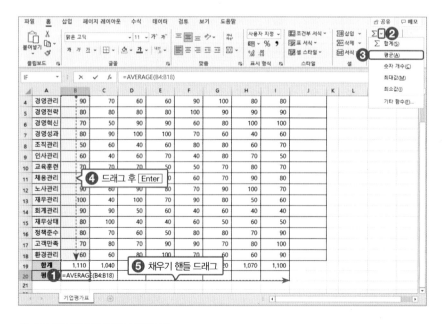

➕ 열 방향으로 수치 데이터가 있는 범위의 합계가 계산됩니다.

02 평균 구하기 평가 항목의 평균을 구하겠습니다. ❶ [B20] 셀을 클릭합니다. ❷ [홈] 탭–[편집] 그
룹–[합계∑]의 목록 버튼⏷을 클릭하고 ❸ [평균]을 클릭합니다. ❹ [B4:B18] 범위를 지정하고 Enter
를 눌러 평균을 구합니다. ❺ [B20] 셀의 채우기 핸들⊞을 [I20] 셀까지 드래그하여 수식을 복사합니다.

➕ [B4:B18] 범위의 평균이 계산됩니다.

03 ❶ [J4:J18] 범위를 지정합니다. ❷ [홈] 탭-[편집] 그룹-[합계∑]의 목록 버튼⌄을 클릭하고 ❸ [평균]을 클릭합니다.

➕ 행 방향으로 수치 데이터가 있는 범위의 평균이 계산됩니다.

04 개수 구하기 평가 기업의 개수를 구하겠습니다. ❶ [J2] 셀을 클릭합니다. ❷ [홈] 탭-[편집] 그룹-[합계∑]의 목록 버튼⌄을 클릭하고 ❸ [숫자 개수]를 클릭합니다. ❹ [B4:I4] 범위를 지정하고 Enter를 눌러 수식을 완성합니다.

➕ [B4:I4] 범위의 개수가 계산됩니다.

2010 \ 2013 \ 2016 \ 2019 \ 2021

표에서 구조적 참조를 이용해 한번에 수식 계산하기

실습 파일 4장\비품구입내역_표수식.xlsx
완성 파일 4장\비품구입내역_표수식_완성.xlsx

표 안의 데이터를 참조해 만든 수식은 대괄호([ ])와 열 머리글을 사용하는 구조적 참조 방식을 사용합니다. 이러한 방법이 익숙치 않은 사용자에게는 수식이 어렵게 보일 수 있습니다. 하지만 구조적 참조를 사용하면 수식을 직관적으로 이해하기 쉽고 표 안의 데이터가 수정, 추가, 삭제되더라도 자동으로 셀 참조가 조정되기 때문에 일반 셀 참조보다 유용합니다. 또한 표의 마지막 행에 계산 값을 넣을 수 있는 요약 행을 추가할 수 있어 합계, 평균, 개수, 최댓값, 최솟값 등을 선택했을 때 자동으로 데이터가 요약됩니다.

미리 보기

	A	B	C	D	E	F
1	상품명	수량	단가	금액	세액	합계
2	볼펜	5	1,500	7,500	750	8,250
3	네임펜	10	1,100	11,000	1,100	12,100
4	포스트잇	20	1,250	25,000	2,500	27,500
5	실버클립	5	2,560	12,800	1,280	14,080
6	클립집게	10	1,230	12,300	1,230	13,530
7	스템플러	10	6,520	65,200	6,520	71,720
8	스템플러심	10	1,270	12,700	1,270	13,970
9	A4용지	20	4,500	90,000	9,000	99,000
10	A3용지	10	5,600	56,000	5,600	61,600
11	종이컵	10	2,800	28,000	2,800	30,800
12	커피믹스	5	6,900	34,500	3,450	37,950
13	녹차티백	5	3,800	19,000	1,900	20,900
14	둥글레차	5	5,640	28,200	2,820	31,020
15	키피스틱	2	3,800	7,600	760	8,360
16	요약			409,800	40,980	450,780

비품

회사에서 바로 통하는 키워드 : 표 만들기, 구조적 참조, 수식, 요약 행, 엑셀 표

한눈에 보는 작업 순서	표 만들기 ▶	구조적 참조로 수식 만들기 ▶	요약 행 추가 및 총합계 표시하기 ▶	데이터 추가 입력하기

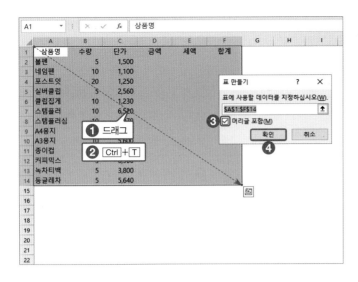

01 표 만들기 데이터를 표로 변환하고 서식을 적용해보겠습니다. ❶ [A1:F14] 범위를 지정하고 ❷ Ctrl + T 를 누릅니다. ❸ [표 만들기] 대화상자에서 데이터 범위를 확인하고 [머리글 포함]에 체크한 후 ❹ [확인]을 클릭합니다.

➕ [A1:F14] 범위에 엑셀 표가 적용됩니다.

바로 통 하는 TIP [테이블 디자인] 탭-[속성] 그룹에서 표 이름을 확인하고 변경할 수 있습니다.

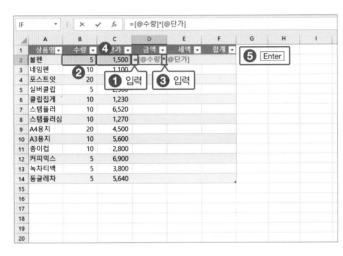

02 구조적 참조로 금액 구하기 상품의 수량과 단가를 곱해 금액을 계산하겠습니다. ❶ [D2] 셀에 =를 입력한 후 ❷ [B2] 셀을 클릭합니다. ❸ *를 입력한 후 ❹ [C2] 셀을 클릭하면 **=[@수량]*[@단가]**로 수식이 자동 입력됩니다. ❺ Enter 를 누릅니다. 표의 구조적 수식으로 금액 전체가 계산됩니다.

➕ 구조적 참조 수식에서 [열 머리글]은 열 전체의 범위를 의미하고, [@열 머리글]은 현재 셀이 위치하는 각각의 행을 의미합니다. 즉, [수량]이면 [B2:B14] 셀의 범위, [@수량]이면 각각의 [B2], [B3], …, [B14] 셀을 의미합니다.

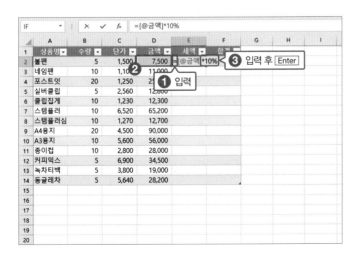

03 구조적 참조로 세액 구하기 ❶ [E2] 셀에 =를 입력하고 ❷ [D2] 셀을 클릭한 후 ❸ ***10%**를 입력하고 Enter 를 눌러 **=[@금액]*10%**를 완성합니다.

➕ 금액에 10%가 곱해진 세액이 마지막 행까지 구해집니다.

실무 필수

실무 활용

문서 작성

문서 편집 & 인쇄

수식 & 함수

차트

데이터 관리/ 분석& 자동화

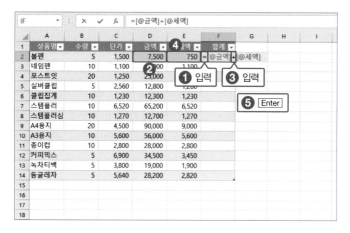

04 구조적 참조로 합계 구하기 ❶
[F2] 셀에 =를 입력하고 ❷ [D2] 셀을 클릭합니다. ❸ +를 입력하고 ❹ [E2] 셀을 클릭하면 **=[@금액]+[@세액]**로 수식이 자동 입력됩니다. ❺ Enter 를 눌러 합계 전체를 구합니다.

➕ 금액과 세액의 합계가 마지막 행까지 구해집니다.

05 요약 행 표시 및 합계 구하기 표에 요약 행을 추가하고 합계를 계산하겠습니다. ❶ 표의 임의의 셀을 클릭하고 ❷ [테이블 디자인] 탭-[표 스타일 옵션] 그룹-[요약 행]에 체크합니다.

➕ 표의 마지막 행에 요약 행이 삽입되고 열의 전체 합계가 표시됩니다.

06 금액, 세액의 합계 표시하기 ❶ 금액의 요약 목록 단추 ▼ 를 클릭하고 ❷ [합계]를 클릭해서 금액의 합계를 구합니다. ❸ 세액의 요약 목록 단추 ▼ 를 클릭하고 ❹ [합계]를 클릭해서 세액의 합계를 구합니다.

07 데이터 입력하기 표 범위에서 데이터의 마지막 셀인 ❶ [F14] 셀을 클릭하고 Tab 을 누르면 자동으로 행이 추가됩니다. ❷ 추가된 [A15:C15] 범위에 **커피스틱, 2, 3800**을 각각 입력하면 금액, 세액, 합계, 요약 행이 자동으로 계산됩니다.

➕ 요약 행이 삽입되면 데이터를 추가할 때 데이터의 마지막 셀(F14)을 클릭하고 Tab 을 눌러 행을 추가합니다.

쉽고 빠른 엑셀 Note | **표의 구조적 참조 알아보기**

표로 변환된 표 범위에서는 일반 셀 참조 형식이 아닌 구조적 참조 형식으로 수식을 작성합니다. 구조적 참조는 일반적으로 사용하는 [A1], [B$1], [$A$2] 등의 셀 참조를 수식에서 사용하지 않는 대신 표 이름, 행/열 머리글을 참조하는 방식입니다.

표의 구조적 참조의 구성 요소

표의 이름은 문자로 시작하고 공백을 포함하지 않으며 최대 255자로 정의합니다. 표의 구성 요소는 표, 머리글, 데이터, 열 등이며, 각 구성 요소가 어느 영역을 참조하는지 알아두면 좋습니다.

❶ **표1[#모두]** : 표 전체를 참조합니다.
❷ **표1[#머리글]** : 머리글 영역 전체를 참조합니다.
❸ **표1[단가]** : 머리글 영역을 제외한 데이터 영역을 참조합니다.
❹ **표1[@세액]** : 선택된 셀과 행 위치가 같은 값을 참조합니다.

구조적 참조로 수식 작성하기

표 안의 데이터를 참조해서 만들어진 수식은 대괄호([ ])와 열 머리글을 사용하는 구조적 참조 방식을 사용합니다.

구조적 참조 수식	일반 셀 참조 수식
표1에서 수량과 단가를 곱하기 **수식** : =[@수량]*[@단가]	수량(D4)과 단가(E4)를 곱하기 **수식** : =D4*E4
표1에서 금액 열의 합계를 계산 **수식** : =SUM(표1[금액])	[F4:F10] 범위의 합계를 계산 **수식** : =SUM(F4:F10)

실무활용

15

다른 시트의 표를 참조하는 수식 만들기

실습 파일 4장 \ 차량경비지출집계표.xlsx
완성 파일 4장 \ 차량경비지출집계표_완성.xlsx

외부 셀이나 다른 시트에서 표 안의 데이터를 참조하려면 표의 이름을 알고 있어야 합니다. 표의 이름은 표1, 표2, 표3, … 순으로 자동 정의되며 [테이블 디자인] 탭-[속성] 그룹에서 재정의할 수 있습니다. 월별 차량 경비 지출 내역을 기록하는 표의 이름을 재정의하고 주유비와 지출합계를 구조적 참조로 계산한 후 요약 행을 추가해 전체 합계를 계산해보겠습니다. 또 월별 시트의 요약 행 합계를 참조하는 수식을 만들어 연간 차량 경비 지출 내역 집계표를 완성하겠습니다.

미리 보기

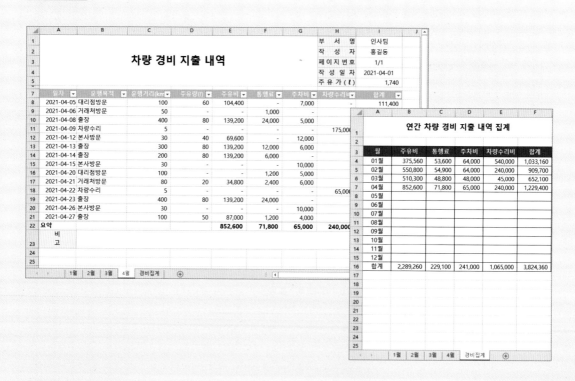

회사에서 바로 통하는 키워드 : 수식, 표 이름, 구조적 참조, 요약 행, 자동 합계

| 한눈에 보는 작업 순서 | 표 이름 변경하기 | ▶ | 구조적 참조로 주유비 구하기 | ▶ | 자동 합계와 구조적 참조로 합계 구하기 | ▶ | 요약 행 추가하기 | ▶ | 데이터 추가하기 | ▶ | 요약 행을 참조하여 데이터 가져오기 |

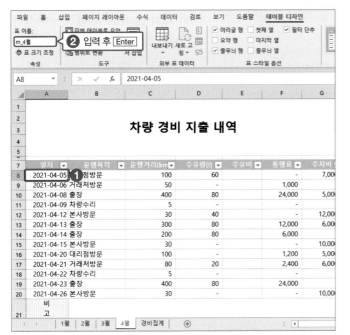

01 표 이름 변경하기 ❶ [4월] 시트
의 표에서 임의의 셀을 클릭합니다.
❷ [테이블 디자인] 탭–[속성] 그룹
–[표 이름]에 **m_4월**을 입력하고
Enter를 누릅니다.

➕ 표의 이름이 'm_4월'로 변경됩니다.

바로 통 하는 TIP 표의 이름은 문자로 시작하
고 공백을 포함하지 않아야 하며 최대 255자로 정
의합니다. 숫자가 아닌 문자로 시작해야 하므로
'm_4'월로 지정합니다. [1월]~[3월] 시트의 표 이
름은 'm_1월', 'm_2월', 'm_3월'로 지정되어 있습
니다.

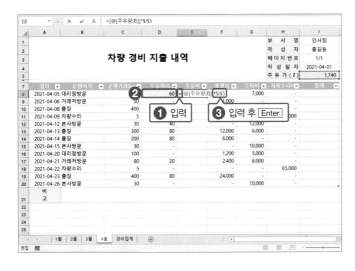

02 구조적 참조로 주유비 구하기
❶ [E8] 셀에 =를 입력하고 ❷ [D8]
셀을 클릭합니다. ❸ *$I$5를 입력
해 수식 **=[@[주유량(ℓ)]]*$I$5**를 완
성하고 Enter를 누릅니다.

➕ 주유량에 주유가를 곱한 주유비가 마지막 행까
지 구해집니다.

바로 통 하는 TIP 수식 해설 : 주유비 = 주유량*
주유가

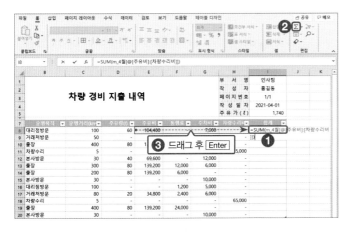

03 자동 합계와 구조적 참조로 합
계 구하기 ❶ [I8] 셀을 클릭하고 ❷
[홈] 탭–[편집] 그룹–[합계∑]를 클
릭합니다. ❸ [E8:H8] 범위를 지정
하고 Enter를 눌러 수식 **=SUM(m_
4월[@[주유비]:[차량수리비]])**을 완성
합니다.

➕ 주유비, 통행료, 주차비, 차량수리비를 더한 합
계가 마지막 행까지 구해집니다.

04 요약 행 표시 및 합계 구하기 표에 요약 행을 추가하고 합계를 계산하겠습니다. ❶ 표의 임의의 셀을 클릭하고 ❷ [테이블 디자인] 탭-[표 스타일 옵션] 그룹-[요약 행]에 체크를 합니다.

➕ 표 가장 아래에 요약 행이 추가됩니다.

05 주유비, 통행료, 주차비, 차량수리비의 합계를 계산하겠습니다. ❶ 주유비의 요약 단추 ▼를 클릭하고 ❷ [합계]를 클릭해서 금액의 합계를 구합니다. ❸ 마찬가지로 통행료, 주차비, 차량수리비의 합계를 각각 구합니다.

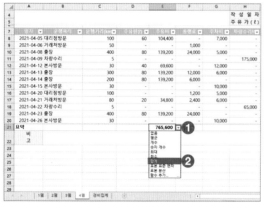

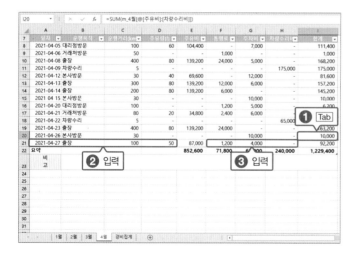

06 데이터 입력하기 ❶ 표 범위에서 데이터의 마지막 셀인 [I20] 셀을 클릭하고 Tab 을 눌러 행을 추가합니다. ❷ 추가된 [A21: D21] 범위에 **4-27, 출장, 100, 50**을 각각 입력하고, ❸ [F21:H21] 범위에 **1200, 4000, 0**을 각각 입력합니다.

➕ 주유비, 합계, 요약 행이 자동으로 계산됩니다.

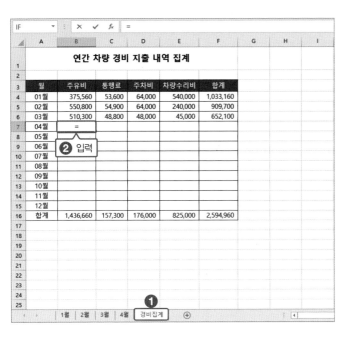

07 요약 행을 참조하여 데이터 가져오기 [4월] 시트의 요약 행을 참조하여 데이터를 가져오겠습니다. ❶ [경비집계] 시트 탭을 클릭합니다. ❷ [B7] 셀에 =를 입력합니다.

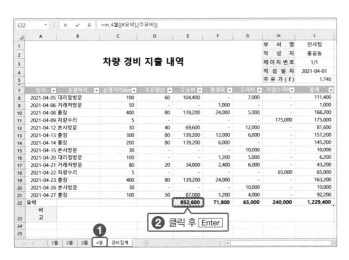

08 ❶ [4월] 시트 탭을 클릭합니다. ❷ [E22] 셀을 클릭하고 Enter를 눌러 수식 **=m_4월[[#요약],[주유비]]**를 완성합니다.

➕ 4월 시트의 표(m_4월)에 있는 요약 행([#요약])에서 주유비 열([주유비])의 값을 가져오는 수식은 **=m_4월[[#요약],[주유비]]**를 입력합니다. 4월 시트의 표(m_4월)에 데이터를 추가해 요약 행의 위치가 바뀌어도 구조적으로 수식을 참조하기 때문에 수식을 수정할 필요가 없습니다.

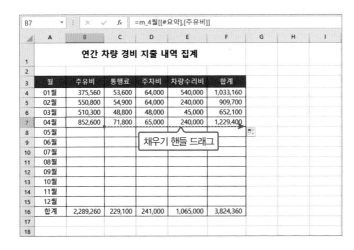

09 [B7] 셀의 채우기 핸들▪️을 [F7] 셀까지 드래그합니다.

➕ 구조적 참조의 수식을 오른쪽으로 복사하면 [열 이름]이 바뀝니다. 여기서는 요약 행([#요약])에서 주유비 열([주유비])이 통행료 열([통행료]), 주차비 열([주차비]), 차량 수리비 열([차량수리비]), 합계 열([합계])로 바뀝니다.

CHAPTER

05

업무 효율을 높이는 최강 실무 함수 활용하기

함수를 사용하면 복잡한 수식과 반복되는 계산도 간단하게 해결할 수 있어 시간을 절약하고 업무 효율을 높일 수 있습니다. 이번 CHAPTER에서는 함수식의 구조를 이해하고 실무에서 자주 쓰는 활용도 높은 함수를 사용하는 방법을 알아보겠습니다.

핵심기능

34

SUM, MAX, MIN 함수로 합계, 최댓값, 최솟값 구하기

실습 파일 5장\판매현황_기초함수.xlsx
완성 파일 5장\판매현황_기초함수_완성.xlsx

엑셀을 사용하는 가장 큰 이유 중 하나는 복잡하고 반복되는 수식을 함수로 간단하게 해결할 수 있기 때문입니다. 함수의 수식에 값을 대입하면 계산한 결괏값이 반환됩니다. 함수식을 작성하려면 함수 라이브러리의 범주에서 함수를 찾아 사용하거나 직접 입력합니다. 함수명은 알고 있지만 인수 사용 방법을 정확히 알지 못할 때는 함수 라이브러리 범주에서 찾아 삽입하는 것이 편리합니다. 1분기 판매 현황 표에서 합계, 최댓값, 최솟값을 구해보겠습니다.

미리 보기

	지점	상품명	단가	수량	금액		지점	상품명	단가	수량	금액
					지점별 1분기 판매 현황						
	강남점	LTE폰	487,000	35	17,045,000		강서점	PDA단말기	354,000	18	6,372,000
	강남점	PDA단말기	354,000	22	7,788,000		강서점	이북단말기	134,500	18	2,421,000
	강남점	5G폰	325,000	27	8,775,000		강서점	5G폰	325,000	27	8,775,000
	강남점	폴더폰	298,000	22	6,556,000		강서점	폴더폰	298,000	18	5,364,000
	강남점	태블릿	525,000	27	14,175,000		강서점	태블릿	525,000	27	14,175,000
	강남점	이북단말기	134,500	18	2,421,000		강서점	LTE 폰	487,000	35	17,045,000
	지점	상품명	단가	수량	금액		지점	상품명	단가	수량	금액
	강북점	이북단말기	134,500	22	2,959,000		강동점	LTE폰	487,000	35	17,045,000
	강북점	5G폰	325,000	18	5,850,000		강동점	PDA단말기	354,000	16	5,664,000
	강북점	LTE폰	487,000	35	17,045,000		강동점	5G폰	325,000	33	10,725,000
	강북점	폴더폰	298,000	22	6,556,000		강동점	폴더폰	298,000	12	3,576,000
	강북점	태블릿	325,000	18	5,850,000						
	강북점	PDA단말기	354,000	22	7,788,000						
								총판매금액			193,970,000
								최대금액			17,045,000
								최소금액			2,421,000

지점별

회사에서 바로 통하는 키워드 : SUM, MAX, MIN, 합계, 최댓값, 최솟값

한눈에
보는
작업 순서   **SUM 함수로 합계 구하기** ▶ **MAX 함수로 최댓값 구하기** ▶ **MIN 함수로 최솟값 구하기**

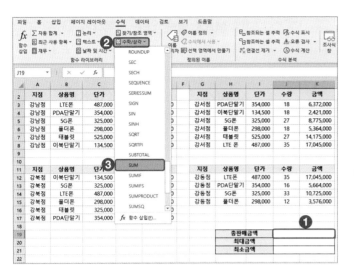

01 지점별 금액의 합계 구하기 지점별 판매금액의 합계를 구하겠습니다. ❶ [J19] 셀을 클릭합니다. ❷ [수식] 탭-[함수 라이브러리] 그룹-[수학/삼각🔣]을 클릭하고 ❸ [SUM]을 클릭합니다.

➕ [함수 인수] 대화상자가 표시됩니다.

02 SUM 함수 인수 입력하기 ❶ [함수 인수] 대화상자의 [Number1]에 **E3:E8**을, [Number2]에 **E12:E17**을, [Number3]에 **K3:K8**을, [Number4]에 **K12:K15**를 입력하고 ❷ [확인]을 클릭합니다.

➕ 함수식에서 범위를 인수로 사용하면 **시작셀:종료셀** 형식으로 입력합니다. 여기서는 강남점(E3:E8), 강북점(E12:E17), 강서점(K3:K8), 강동점(K12:K15)의 합계를 구합니다.

바로 통 하는TIP 완성 수식 : =SUM(E3:E8, E12:E17, K3:K8, K12:K15)

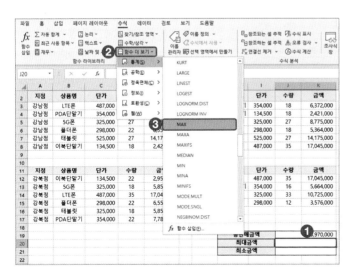

03 최대 판매 금액 구하기 지점별 판매 금액의 최대 금액을 구하겠습니다. ❶ [J20] 셀을 클릭합니다. ❷ [수식] 탭-[함수 라이브러리] 그룹-[함수 더 보기🔣]를 클릭하고 ❸ [통계]-[MAX]를 클릭합니다.

➕ [함수 인수] 대화상자가 표시됩니다.

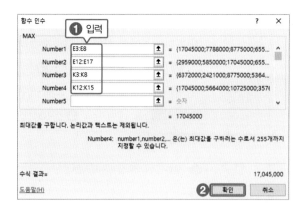

04 MAX 함수 인수 입력하기 ① [함수 인수] 대화상자의 [Number1]에 **E3:E8**을, [Number2]에 **E12:E17**을, [Number3]에 **K3:K8**을, [Number4]에 **K12:K15**를 입력하고 ② [확인]을 클릭합니다.

➕ 강남점(E3:E8), 강북점(E12:E17), 강서점(K3:K8), 강동점(K12:K15)에서 최댓값을 구합니다.

05 최소 판매 금액 구하기 MIN 함수식을 직접 입력하여 지점별 판매 금액의 최소 금액을 구하겠습니다. ① [J21] 셀에 **=M**을 입력한 후 ② 수식 자동 완성 목록에서 [MIN]을 클릭하고 Tab 을 누릅니다.

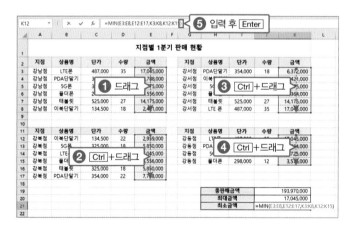

06 ① [E3:E8] 범위를 지정하고 ② ③ ④ Ctrl 을 누른 채 [E12:E17], [K3:K8], [K12:K15] 범위를 각각 지정합니다. ⑤)를 입력하고 Enter 를 누릅니다. 수식 **=MIN(E3:E8, E12:E17, K3:K8, K12:K15)**가 완성됩니다.

➕ 강남점(E3:E8) 강북점(E12:E17), 강서점(K3:K8), 강동점(K12:K15)의 최소 금액을 구합니다. 직접 입력하면 함수식의 구조를 확인할 수 있어 좋습니다. 함수식의 구조를 잘 모르면 수식을 수정하기 어렵습니다. 따라서 함수에 익숙해지려면 함수식을 직접 입력하는 연습이 필요합니다.

바로통하는TIP 함수식은 수식 입력줄에서 함수 이름을 클릭한 후 [함수 삽입 ƒ]을 클릭하여 [함수 인수] 대화상자에서 수정할 수 있습니다. 직접 수정하려면 수식 입력줄을 클릭하거나 F2 를 누른 후 함수식을 수정합니다.

다음을 참고해 SUM, MAX, MIN 함수를 자세히 이해할 수 있습니다.

범주	이름	설명
수학/삼각 함수	SUM(숫자1, 숫자1, 숫자2, …, 숫자255)	숫자의 합계를 구합니다.
통계 함수	MAX(숫자1, 숫자2, …, 숫자255)	숫자 중에서 최댓값을 구합니다.
	MIN(숫자1, 숫자2, …, 숫자255)	숫자 중에서 최솟값을 구합니다.

함수를 사용하면 엑셀에서 준비된 수식에 필요한 값을 입력하여 복잡한 연산을 빠르고 정확하게 수행할 수 있습니다. 엑셀에서 사용되는 함수는 대략 수백 개에 달하고 범주도 열 가지 이상으로 분류됩니다. 다만 실제 실무에서 자주 사용하는 함수는 날짜 및 시간, 재무, 논리, 찾기, 통계, 텍스트 함수 등에 속한 40~50개 정도입니다.

함수의 기본적인 형식은 다음과 같습니다.

$$= \underset{\textbf{①}}{\text{함수 이름}} \ \underset{\textbf{③}}{(} \ \underset{\textbf{⑤}}{\text{인수1}_{\square}} \ \underset{\textbf{④}}{\text{인수2, 인수3, …, 인수n}} \ \underset{\textbf{③}}{)}$$

① 등호 : 함수식은 일반 수식과 마찬가지로 등호(=)로 시작합니다.

② 함수 이름 : 일련의 계산식이 약속되어 있으며 원하는 계산에 필요한 함수를 골라서 사용합니다.

③ 괄호 : 함수의 시작과 끝을 알려주는 기호로, 인수가 들어가는 공간입니다.

④ 인수 : 함수 계산에 필요한 데이터(숫자, 문자, 셀 주소, 논릿값, 수식, 함수식)입니다. 사용할 수 있는 인수의 종류와 개수는 함수에 따라 다릅니다.

⑤ 쉼표 : 인수와 인수를 구분하는 기호입니다.

함수식은 ❶ 직접 입력하거나 ❷ [수식] 탭 – [함수 라이브러리] 그룹에서 함수를 찾거나, ❸ 단축키 Shfit + F3 을 사용해 함수 마법사 창을 열어 찾으려는 함수를 입력합니다. 각 함수별 자세한 사용 방법은 핵심 기능의 본문을 참조합니다.

COUNT, COUNTBLANK, COUNTA 함수로 인원수 구하기

실습 파일 5장\워크샵참가명단_COUNT.xlsx
완성 파일 5장\워크샵참가명단_COUNT_완성.xlsx

일정 범위에서 조건에 해당하는 셀의 개수를 세는 함수에는 COUNT, COUNTA, COUNTBLANK 함수가 있습니다. 셀의 개수를 세는 COUNTA 함수와 숫자 셀의 개수를 세는 COUNT 함수, 빈 셀의 개수를 세는 COUNTBLANK 함수를 사용하여 세미나 참석자 명단에서 참석/미참석 인원수와 참가비를 납입/미납한 인원수를 구해보겠습니다.

미리 보기

번호	이름	부서명	직급	성별	참석확인	참가비		총인원수	29
1	전철민	재무팀	과장	남	유	10,000			
2	최은지	해외영업1팀	부장	여		10,000		참석	인원수
3	김경옥	해외영업2팀	부장	여	유	10,000		확인	19
4	홍성형	국내영업1팀	부장	남		10,000		미확인	10
5	정세라	해외영업1팀	부장	여					
6	송미라	해외영업2팀	부장	여	유	10,000			
7	최송철	전산실	과장	남	유	10,000		참가비	인원수
8	민홍라	국내영업2팀	사원	여	유	10,000		납입	24
9	구서라	국내영업1팀	부장	여		10,000		미납	5
10	조종환	연구실	과장	남	유				
11	박민중	해외영업2팀	차장	남		10,000			
12	김인숙	국내영업1팀	부장	여	유	10,000			
13	김난영	국내영업1팀	부장	여	유	10,000			
14	박철수	자재관리팀	차장	남		10,000			
15	정홍수	해외영업1팀	부장	남	유	10,000			
16	김만중	연구실	과장	남	유	10,000			
17	전상철	전략기획팀	부장	남		10,000			
18	정미옥	해외영업2팀	부장	여		10,000			
19	손미라	전산실	과장	여					
20	송구영	국내영업1팀	부장	남	유	10,000			
21	민대홍	국내영업1팀	부장	남	유	10,000			
22	송철민	연구실	과장	남	유	10,000			

회사에서 바로 통하는 키워드 : COUNT, COUNTA, COUNTBLANK, 셀 개수, 공백 제외 셀 개수, 빈 셀 개수

한눈에 보는 작업 순서	참석 확인 인원수 구하기	▶	참석 미확인 인원수 구하기	▶	참가비를 낸 인원수 구하기	▶	참가비를 미납한 인원수 구하기

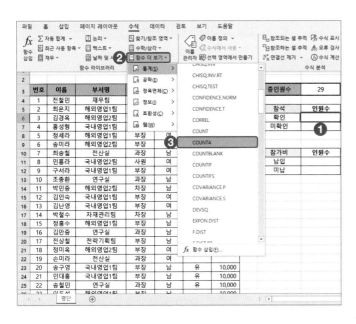

01 참석 확인 인원수 구하기 세미나 참석을 확인한 인원수를 구하겠습니다. ❶ [J6] 셀을 클릭합니다. ❷ [수식] 탭-[함수 라이브러리] 그룹-[함수 더 보기🔲]를 클릭하고 ❸ [통계]-[COUNTA]를 클릭합니다.

➕ [함수 인수] 대화상자가 표시됩니다.

바로 통 하는TIP COUNTA 함수는 공백을 제외한 셀 개수를 구합니다.

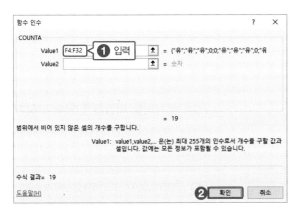

02 COUNTA 함수 인수 입력하기 [함수 인수] 대화상자에서 ❶ [Value1]에 **F4:F32**를 입력하고 ❷ [확인]을 클릭합니다.

➕ 입력한 범위(F4:F32)에서 공백을 제외한 셀의 개수를 구합니다. 여기서는 '유'가 입력된 셀의 개수를 구합니다.

바로 통 하는TIP 완성 수식 : =COUNTA(F4:F32)

03 참석 미확인 인원수 구하기 세미나 참석을 확인하지 못한 인원수를 구하겠습니다. ❶ [J7] 셀을 클릭합니다. ❷ [수식] 탭-[함수 라이브러리] 그룹-[함수 더 보기🔲]를 클릭하고 ❸ [통계]-[COUNTBLANK]를 클릭합니다.

➕ [함수 인수] 대화상자가 표시됩니다.

바로 통 하는TIP COUNTBLANK 함수는 범위 내 공백 셀의 개수를 구합니다.

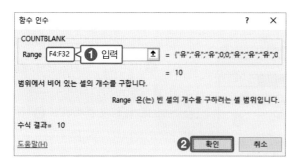

04 COUNTBLANK 함수 인수 입력하기

[함수 인수] 대화상자에서 ❶ [Range]에 **F4: F32**를 입력하고 ❷ [확인]을 클릭합니다.

➕ 입력한 범위(F4:F32)에서 빈 셀의 개수, 즉 세미나 참석을 확인하지 못한 인원수를 구합니다.

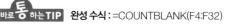 완성 수식 : =COUNTBLANK(F4:F32)

05 참가비를 낸 인원수 구하기

[J11] 셀에 **=COUNT(G4:G32)**를 입력한 후 Enter 를 누릅니다.

➕ 입력한 범위(G4:G32)에서 공백을 제외한 셀의 숫자 개수를 구합니다. 여기서는 10,000이 입력된 셀의 개수를 구합니다.

06 참가비를 미납한 인원수 구하기

[J12] 셀에 **=COUNTBLANK(G4:G 32)**를 입력한 후 Enter 를 누릅니다.

➕ 입력한 범위(G4:G32)에서 빈 셀의 개수 즉 참가비를 내지 않은 인원수를 구합니다.

쉽고 빠른 함수 Note COUNT, COUNTA, COUNTBLANK 함수 알아보기

다음을 참고해 COUNT, COUNTA, COUNTBLANK 함수를 자세히 이해할 수 있습니다.

범주	이름	설명
통계 함수	COUNT(값1, 값2, …, 값255)	값 중에서 공백을 제외한 범위의 숫자 개수를 구합니다.
	COUNTA(값1, 값2, …, 값255)	값 중에서 공백을 제외한 범위의 개수를 구합니다.
	COUNTBLANK(범위)	범위 중 비어 있는 셀의 개수를 구합니다.

핵심기능

36

RANK.EQ, RANK.AVG 함수로 순위 구하기

실습 파일 5장 \ 기업평가표_RANK.xlsx
완성 파일 5장 \ 기업평가표_RANK_완성.xlsx

RANK 계열의 함수는 숫자 범위에서 순위를 계산하는 함수로 경기 기록이나 성적, 매출 금액, 생산량 등의 순위를 구할 때 유용합니다. RANK 함수는 엑셀 2010 버전에서 두 가지로 분리되었습니다. RANK.EQ 함수는 동 순위가 나오면 동일한 순위를 표시하고, RANK.AVG는 동 순위가 나오면 순위의 구간 평균값을 표시합니다. 기업 평가표에서 평가 항목별 순위와 기업별 순위를 구해보겠습니다.

미리 보기

	A	B	C	D	E	F	G	H	I	J	K	L
1						기업 평가 지표						
2												
3	평가지표	A사	B사	C사	D사	E사	F사	G사	H사	I사	평균	평가지표 낮은순위
4	경영관리	9	7	6	6	9	10	8	8	8	7.89	12
5	경영전략	8	8	8	8	10	9	9	9	9	8.67	15
6	경영혁신	7	5	5	6	6	8	6	8	7	6.44	3.5
7	경영성과	8	9	10	10	7	10	4	6	4	7.56	9
8	조직관리	6	6	4	6	8	8	6	7	6	6.33	2
9	인사관리	6	9	6	7	4	8	8	5	7	6.67	5
10	교육훈련	7	7	7	5	5	10	7	7	8	7.00	6.5
11	채용관리	9	8	8	7	6	7	8	8	9	7.78	11
12	노사관리	6	9	5	7	5	6	5	7	8	6.44	3.5
13	재무관리	10	5	10	7	9	8	9	8	10	8.44	14
14	회계관리	9	9	5	6	4	6	4	4	4	5.67	1
15	재무상태	8	10	8	9	6	5	6	5	9	7.33	8
16	정책준수	8	7	6	9	8	9	9	9	7	8.00	13
17	고객만족	7	8	7	9	9	7	6	10	6	7.67	10
18	환경관리	6	6	8	10	7	6	6	8	6	7.00	6.5
19	합계	114	113	103	112	103	117	101	109	108		
20	평균	7.60	7.53	6.87	7.47	6.87	7.80	6.73	7.27	7.20		
21	기업지표 높은순위	2	3	7	4	7	1	9	5	6		
22												

기업평가표 ⊕

회사에서 바로 통하는 키워드: RANK.EQ, RANK.AVG, 순위 구하기

한눈에
보는
작업 순서

RANK.EQ 함수로 내림차순 순위 구하기 ▶ **RANK.AVG 함수로 오름차순 순위 구하기**

실무
함수

실무
활용

문서
작성

문서
편집
&
인쇄

수식
&
함수

차트

데이터
관리/
분석&
자동화

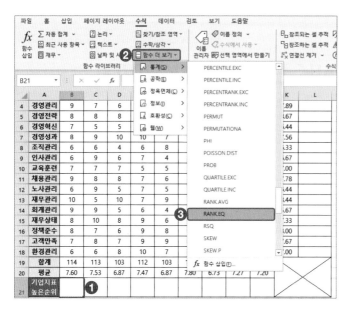

01 RANK.EQ 함수로 내림차순 순위 구하기 평가 지표의 평균 점수가 높은 기업의 순위를 구해보겠습니다. ❶ [B21] 셀을 클릭합니다. ❷ [수식] 탭-[함수 라이브러리] 그룹-[함수 더 보기冊]를 클릭하고 ❸ [통계]-[RANK.EQ]를 클릭합니다.

➕ [함수 인수] 대화상자가 표시됩니다.

---

02 RANK.EQ 함수 인수 입력하기 [함수 인수] 대화상자에서 ❶ [Number](순위를 구할 셀)에 **B20**을, [Ref](순위를 구할 때 참조할 범위)에 **$B$20:$J$20**을, [Order](오름차순/내림차순)에 **0**을 입력하고 ❷ [확인]을 클릭합니다.

➕ 특정 셀(B20)이 범위($B$20:$J$20)에서 몇 위인지 내림차순(0)으로 순위를 구합니다.

바로 통 하는TIP 완성 수식 : =RANK.EQ(B20, $B$20:$J$20, 0)

	A	B	C	D	E	F	G	H	I	J	K	L
3	평가지표	A사	B사	C사	D사	E사	F사	G사	H사	I사	평균	평가지표 낮은순위
4	경영관리	9	7	6	6	9	10	8	8	8	7.89	
5	경영전략	8	8	8	8	10	9	9	9	9	8.67	
6	경영혁신	7	5	5	6	6	8	6	8	7	6.44	
7	경영성과	8	9	10	10	7	10	4	6	4	7.56	
8	조직관리	6	6	4	6	8	8	6	7	6	6.33	
9	인사관리	6	9	6	7	4	8	8	5	7	6.67	
10	교육훈련	7	7	7	5	5	10	7	7	8	7.00	
11	채용관리	9	8	8	7	6	7	8	8	9	7.78	
12	노사관리	6	9	5	7	5	6	5	7	8	6.44	
13	재무관리	10	5	10	7	9	8	9	8	10	8.44	
14	회계관리	9	9	5	6	4	4	5	4	4	5.67	
15	재무상태	8	10	8	9	6	5	6	5	9	7.33	
16	정책준수	8	7	6	9	8	9	9	9	7	8.00	
17	고객만족	7	8	7	9	9	7	6	10	6	7.67	
18	환경관리	6	6	8	10	7	6	6	7	7	7.00	
19	합계	114	113	103	112	103	117	101	109	108		
20	평균	7.60	7.53	6.87	7.47	6.87	7.80	6.73	7.27	7.20		
21	기업지표 높은순위	2	3	7					5	6		
22												

03 [B21] 셀의 채우기 핸들➡을 [J21] 셀까지 드래그해서 수식을 복사합니다.

➕ 점수가 높은 순서대로 순위가 표시됩니다. 점수가 같은 7위 기업은 동 순위로 표시되고, 동 순위 다음은 동 순위의 개수를 건너뛴 9위로 표시됩니다.

바로 통 하는TIP 기업지표 순위 범위(B21:J21), 평가지표 순위 범위(L4:L18)에는 중복값의 셀 서식을 다르게 표시하는 조건부 서식이 설정되어 있습니다.

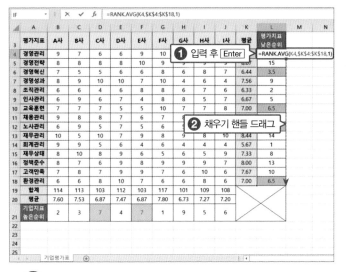

04 RANK.AVG 함수로 오름차순 순위 구하기 기업별 평가지표의 점수 합계가 큰 순위를 알아보겠습니다. ❶ [L4] 셀에 **=RANK.AVG(K4, $K$4:$K$18, 1)**를 입력하고 Enter 를 누릅니다. ❷ [L4] 셀의 채우기 핸들 을 [L18] 셀까지 드래그해 수식을 복사합니다.

➕ 범위($K$4:$K$18)에서 평균 점수인 6.44는 두 개로 동 순위입니다. 따라서 3위, 4위의 구간 평균값인 3.5위로 순위가 표시됩니다.

바로 통 하는 TIP 특정 셀(K4)이 범위($K$4:$K$18)에서 몇 위인지 오름차순(1)으로 순위를 구합니다.

쉽고 빠른 함수 Note ｜ RANK, RANK.EQ, RANK.AVG 함수 알아보기

엑셀 2007 이전 버전에서는 RANK 함수를 사용했고, RANK.EQ, RANK.AVG 함수는 엑셀 2010 버전에 추가된 함수입니다. 다음을 참고해 RANK, RANK.EQ, RANK.AVG 함수를 자세히 이해할 수 있습니다.

범주	이름	설명
통계 함수	RANK(순위를 구하는 수, 범위, 순위 결정 방법) RANK.EQ(순위를 구하는 수, 범위, 순위 결정 방법)	범위에서 지정한 수의 순위를 구합니다. 순위가 같으면 동 순위를 표시합니다.
	RANK.AVG(순위를 구하는 수, 범위, 순위 결정 방법)	범위에서 지정한 수의 순위를 구합니다. 동 순위가 나오면 순위의 구간 평균값을 표시합니다.
	순위 결정 방법 : 0 또는 1	**0** : 큰 값에서 작은 값으로 순위를 계산합니다(생략 가능). **1** : 작은 값에서 큰 값으로 순위를 계산합니다.

ROUND, ROUNDDOWN 함수로 반올림과 내림 표시하기

실습 파일 5장\도서주문_ROUND.xlsx
완성 파일 5장\도서주문_ROUND_완성.xlsx

ROUND 함수는 반올림하는 함수로 지정된 자릿수의 값이 5 이상이면 올리고 4 이하면 아래의 값을 버립니다. ROUNDDOWN 함수는 내림하는 함수로 지정된 자릿수의 값과 상관없이 버립니다. ROUNDUP 함수는 올림하는 함수입니다. 도서 주문 내역서에서 할인율과 적립률에 따라 할인가와 주문가격의 자릿수를 조절해보겠습니다.

미리 보기

	도서 주문 내역서									반올림	버림
주문날짜	주문자	주문도서	수량	정상가	적립율	할인율	할인가	포인트	할인가	주문가격
05-17	김수철	소크라테스 익스프레스	1	18,000	5%	10%	16,200	810	16,200	15,300
05-20	이정민	달러구트 꿈 백화점 1	1	13,800	5%	10%	12,420	621	12,420	11,700
05-23	나민욱	달러구트 꿈 백화점 2	1	13,800	5%	10%	12,420	621	12,420	11,700
05-26	송진영	그냥 하지 말자	1	17,000	5%	10%	15,300	765	15,300	14,500
05-29	민소라	방금 떠나온 세계	1	15,000	5%	10%	13,500	675	13,500	12,800
06-01	문영희	미드나잇 라이브러리	1	15,800	5%	10%	14,220	711	14,220	13,500
06-04	고민국	거꾸로 읽는 세계사	1	17,500	5%	10%	15,750	788	15,750	14,900
06-14	김수진	삐뽀삐뽀 119 소아과	1	29,800	5%	10%	26,820	1,341	26,820	25,400
06-07	이승국	죽을 때 후회하는 25가지	1	12,400	3%	15%	10,540	316	10,540	10,200
06-10	최필승	거장들의 시크릿	1	9,000	3%	15%	7,650	230	7,650	7,400
06-13	전국환	안드로이드 개발자 가이드	1	28,000	3%	15%	23,800	714	23,800	23,000
06-15	이미영	상상력을 깨워라	2	12,400	3%	15%	10,540	316	10,540	20,400
06-15	홍영길	덕혜옹주	1	11,800	2%	17%	9,794	196	9,790	9,500
06-15	박민희	행복의 조건	1	19,000	2%	17%	15,770	315	15,770	15,600
06-16	강진희	EBS 수능 특강 외국어 영역	2	9,500	1%	19%	7,695	77	7,700	15,200
06-16	김나미	좋은 사진을 만드는 인물사진	1	11,800	1%	19%	9,558	96	9,560	9,400
06-16	조성미	CSS 비밀 매뉴얼	1	27,000	1%	19%	21,870	219	21,870	21,600

회사에서 바로 통하는 키워드 : ROUND, ROUNDDOWN, ROUNDUP, 반올림, 올림, 내림

한눈에
보는
작업 순서
ROUND 함수로 할인가 반올림하기 ▶ ROUNDDOWN 함수로 주문가격 내림하기

01 할인가를 십의 자리로 표시하기
도서 정가에 할인율을 적용한 할인 가격을 반올림해 십의 자리로 표시 하겠습니다. ❶ [J4] 셀을 클릭합니다. ❷ [수식] 탭-[함수 라이브러리] 그룹-[수학/삼각🔢]을 클릭하고 ❸ [ROUND]를 클릭합니다.

➕ [함수 인수] 대화상자가 표시됩니다.

바로 통 하는TIP ROUND 함수는 지정한 자릿수가 5 이상이면 올림하고 4 이하면 내림합니다.

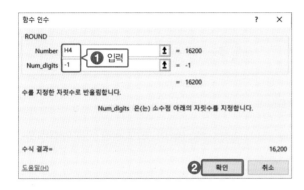

02 ROUND 함수 인수 입력하기 [함수 인수] 대화상자에서 ❶ [Number](반올림할 셀)에 **H4**를, [Num_digits](자릿수)에 **−1**을 입력하고 ❷ [확인]을 클릭합니다.

바로 통 하는TIP 완성 수식 : =ROUND(H4, −1)

➕ 할인가(H4)의 일의 자리에서 반올림한 후 십의 자리(−1)로 표시합니다. 할인가(H4:H20)에는 **정가*(1−할인율)** 수식이 입력되어 있습니다.

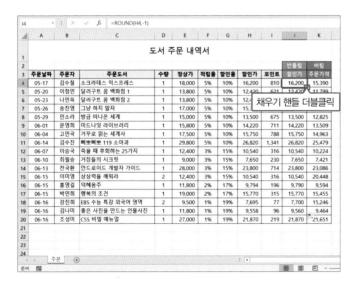

03 [J4] 셀의 채우기 핸들➕을 더블클릭해서 수식을 복사합니다.

➕ 일의 자리에서 반올림하여 십의 자리부터 표시된 할인가가 20행까지 채워집니다.

바로 통 하는TIP ROUND 함수의 자릿수는 0을 기준으로 양수(1, 2, 3, …)로 지정하면 소수점 아래 자리에서 반올림하고, 음수(−1, −2, −3, …)로 지정하면 소수점 위의 자리에서 반올림합니다.

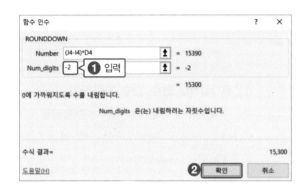

04 주문가격을 내림하여 백의 자리로 표시하기 각 도서의 주문가격을 십의 자리에서 내림해서 백의 자리로 값을 표시하겠습니다. ❶ [K4] 셀을 클릭합니다. ❷ 수식 입력줄에서 = 뒤를 클릭한 후 **ROUNDDOWN(** 를 입력하고 ❸ [함수 삽입 f_x]을 클릭합니다.

➕ [함수 인수] 대화상자가 표시됩니다.

05 ROUNDDOWN 함수 인수 입력하기 [함수 인수] 대화상자의 [Number]에는 **(J4-I4)*D4**가 입력되어 있습니다. ❶ [Num_digits]에 **-2**를 입력하고 ❷ [확인]을 클릭합니다.

바로 통 하는 TIP 완성 수식 : =ROUNDDOWN((J4-I4)*D4, -2)

➕ 주문가격(K4)의 십의 자리에서 내림한 후 백의 자리(-2)로 표시합니다. 주문가격(K4)에는 **(할인가-포인트)*수량** 수식이 입력되어 있습니다.

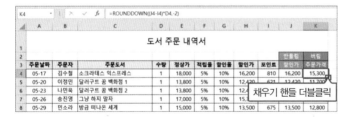

06 [K4] 셀의 채우기 핸들 █을 더블클릭하여 수식을 복사합니다.

➕ 십의 자리에서 내림된 주문가격이 20행까지 채워집니다.

쉽고 빠른 함수 Note ROUND, ROUNDDOWN, ROUNDUP 함수 알아보기

다음을 참고해 ROUND, ROUNDDOWN, ROUNDUP 함수를 자세히 이해할 수 있습니다.

범주	이름	설명
수학/삼각 함수	ROUND(숫자, 반올림할 자릿수)	인수를 지정한 자릿수로 반올림합니다.
	ROUNDDOWN(숫자, 내림할 자릿수)	인수를 지정한 자릿수로 내림합니다.
	ROUNDUP(숫자, 올림할 자릿수)	인수를 지정한 자릿수로 올림합니다.
	자릿수 : …, 3, 2, 1, 0, -1, -2, -3, …	음수 값은 십의 자리, 백의 자리, 천의 자리로 표시합니다. 0은 소수 첫째 자리에서 반올림(올림/내림)하여 정수로 표시합니다. 양수 값은 소수 첫째, 소수 둘째, 소수 셋째 자리로 표시합니다.

핵심기능

38

AVERAGE, AVERAGEIF, TRIMMEAN, FILTER 함수로 설문 데이터 평균 구하기

실습 파일 5장\설문조사_AVERAGE.xlsx
완성 파일 5장\설문조사_AVERAGE_완성.xlsx

보편적으로 셀의 산술 평균을 계산할 때는 AVERAGE 함수를 사용하지만 복합적으로 평균을 구할 때는 평균과 관련된 다양한 함수를 알아두는 것이 좋습니다. 셀의 평균을 계산하는 AVERAGE 함수, 조건에 만족하는 셀의 평균을 계산하는 AVERAGEIF 함수, 양쪽 극단의 값을 제외하고 평균을 계산하는 TRIMMEAN 함수를 살펴보겠습니다. 또 엑셀 2021에 새롭게 추가된 FILTER 함수는 조건에 맞는 데이터를 필터링하는 동적 배열 함수입니다. 이 함수들을 사용해 소비자 만족도 설문 조사 결과표의 평균을 계산하는 수식을 완성해보겠습니다.

미리 보기

회사에서 바로 통하는 키워드 : AVERAGE, AVERAGEIF, TRIMMEAN, FILTER, 산술 평균, 절사 평균, 필터 함수

| 한눈에
보는
작업 순서 | 설문 항목의
평균 구하기 | ▶ | 설문 항목의
절사 평균
구하기 | ▶ | 0을 제외한
설문 항목의
평균 구하기 | ▶ | 0보다 큰
데이터
필터링하기 | ▶ | 필터링한 결과로
설문 항목의
절사 평균 구하기 |

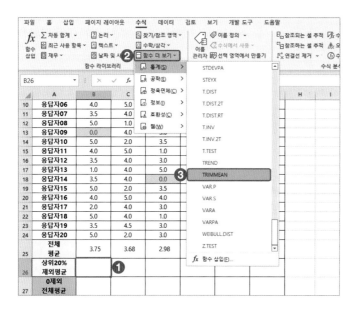

01 설문 항목의 평균 구하기 소비자 만족도 설문 조사 결과표에서 설문 항목의 산술 평균을 구하겠습니다. ❶ [B25] 셀을 클릭한 후 ❷ **=AVERAGE(B5:B24)**를 입력하고 Enter를 누릅니다. ❸ [B25] 셀의 채우기 핸들➕을 [G25] 셀까지 드래그해서 수식을 복사합니다.

➕ 항목의 응답자 범위(B5:B24)의 산술 평균을 계산합니다.

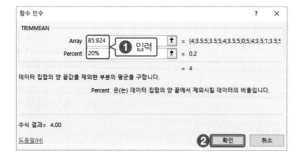

02 설문 항목의 절사 평균 구하기 설문 항목의 점수에서 상/하위를 제거하고 평균을 구하겠습니다. ❶ [B26] 셀을 클릭하고 ❷ [수식] 탭-[함수 라이브러리] 그룹-[함수 더 보기📋]를 클릭합니다. ❸ [통계]-[TRIMMEAN]을 클릭합니다.

➕ [함수 인수] 대화상자가 표시됩니다.

바로통하는TIP 절사 평균은 자료의 편차가 커 산술 평균이 적합하지 않을 때 사용합니다. 자료에서 일정 비율만큼 가장 큰 부분과 작은 부분을 제거한 후 평균을 계산합니다.

03 TRIMMEAN 함수 인수 입력하기 [함수 인수] 대화상자에서 ❶ [Array](범위)에 **B5:B24**를, [Percent](비율)에 **20%**를 입력하고 ❷ [확인]을 클릭합니다.

➕ 데이터 범위(B5:B24)에서 비율(20%)만큼 상위/하위의 값을 제외하고 산술 평균을 계산합니다. 예를 들어 데이터 항목 20개의 20%는 4이므로 상위/하위 각각 큰 값, 작은 값 두 개를 제외하고 계산합니다.

바로통하는TIP 완성 수식 : =TRIMMEAN(B5:B24, 20%)

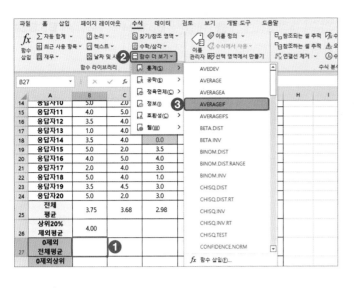

04 0을 제외한 설문 항목의 평균 구하기 설문 항목의 점수에서 0점을 제외하고 평균을 구하겠습니다. ❶ [B27] 셀을 클릭하고 ❷ [수식] 탭-[함수 라이브러리] 그룹-[함수 더 보기▦]를 클릭합니다. ❸ [통계]-[AVERAGEIF]를 클릭합니다.

➕ [함수 인수] 대화상자가 표시됩니다.

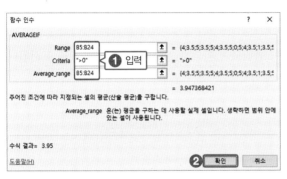

05 AVERAGEIF 함수 인수 입력하기 [함수 인수] 대화상자에서 ❶ [Range](범위)에 **B5:B24**를, [Criteria](조건)에 **">0"**를, [Average_range](평균 범위)에 **B5:B24**를 입력한 후 ❷ [확인]을 클릭합니다.

➕ 전체 평가 항목의 범위(B5:B25)에서 0보다 큰 조건(">0")을 만족하는 점수의 평균을 계산합니다.

바로 통 하는TIP 완성 수식 : =AVERAGEIF(B5:B24, ">0", B5:B24)

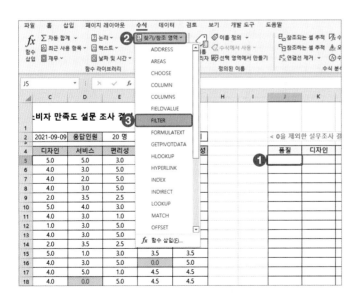

06 0을 제외한 설문 데이터 필터링하기 품질 설문 항목 데이터에서 0 보다 큰 데이터를 필터링하겠습니다. ❶ [J5] 셀을 클릭한 후 ❷ [수식] 탭-[함수 라이브러리] 그룹-[찾기/참조 영역▦]을 클릭하고 ❸ [FILTER]를 클릭합니다.

➕ [함수 인수] 대화상자가 표시됩니다.

✅ **엑셀 2021 버전** 엑셀 2021 버전에서 새로 추가된 FILTER 함수는 조건을 만족하는 데이터를 추출하는 동적 배열 함수입니다.

실무 필수

실무 활용

문서 작성

문서 편집 & 인쇄

수식 & 함수

차트

데이터 관리/ 분석& 자동화

07 FILTER 함수 인수 입력하기 [함수 인수] 대화상자에서 ① [배열]에 **B5:B24**를, [포함]에 **B5:B24 >0**을, [If_empty]에 "**"**를 입력한 후 ② [확인]을 클릭합니다.

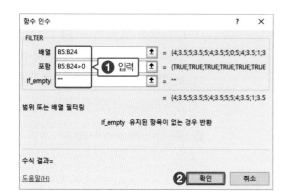

💡 인수 설명

배열 : 데이터 전체를 입력해야 하므로 데이터 범위(B5:B24)를 입력합니다.

포함 : 품질의 범위(B5:B24)에서 추출할 조건(>0)을 지정합니다.

If_empty : 조건에 맞는 데이터가 없는 경우 공란("")을 표시합니다.

바로통하는TIP **완성 수식** : =FILTER(B5:B24, B5:B24>0, " ")

➕ 품질 항목에서 0점인 결과를 제외한 나머지 결과가 표시됩니다.

✅ **엑셀 2019&이전 버전** 엑셀 2019&이전 버전에서는 FILTER 함수를 사용할 수 없으므로 수식 **=IFERROR(INDEX(IF(B5:B24> 0, 1, ""), 0, 0)*INDEX(B5:B24, 0, 0), "")**를 대신 입력합니다. 결과는 완성 파일의 [엑셀 2019이전] 시트를 참고합니다.

08 품질 설문 항목 데이터에서 0보다 큰 결괏값이 범위로 반환되고, 파란색 테두리로 강조 표시됩니다. [J5] 셀의 채우기 핸들 ➕을 [O5] 셀까지 드래그해서 수식을 복사합니다.

	F	G	H	I	J	K	L	M	N	O
					=FILTER(B5:B24,B5:B24>0,"")					
2	무용답	0점 처리			< 0을 제외한 설문조사 결과 필터링 >					
4	가격적합도	광고일치성			품질	디자인	서비스	편리성	가격적합도	광고일치성
5	3.5	3.5			4	5	5	3	3.5	3.5
6	4.5	4.5			3.5	4		5	4.5	4.5
7	4.0	4.0			5	4			4	4
8	4.5	4.5			3.5	4	3	5	4.5	4.5
9	0.0	1.0			5	2	3.5	2.5	3.5	1
10	3.5	3.5			4	5	4	3	4.5	3.5
11	4.5	4.5			3.5	4	3	1	3	4.5
12	3.0	3.0			5	1	3	5	4.5	3
13	4.5	4.5			5	4	3	5	1	4.5
14	1.0	1.0			4	2	3.5	2.5	3.5	1
15	3.5	3.5			3.5	5	1	3	4.5	3.5
16	0.0	5.0			1	4	3	5	4.5	5
17	4.5	4.5			3.5	4	5	1	1	4.5
18	4.5	4.5			5	4	3.5	5	2.5	4.5
19	1.0	1.0			4	2	4	2.5	4.5	1
20	2.5	2.5			2	5	3	3	5	2.5
21	4.5	4.5			5	4	1	5	4.5	4.5
22	5.0	5.0			3.5	4	3	5	1	5
23	4.5	4.5			5	4.5	3	5		4.5
24	1.0	1.0			2			2.5		1
	3.20	3.50								

(J5 셀 선택, 품질 열에 "채우기 핸들 드래그" 표시)

설문

준비 100%

바로통하는TIP 동적 배열 함수의 수식을 복사할 때는 범위가 아닌 수식을 입력한 셀(J5)의 채우기 핸들 ➕을 사용하여 복사합니다.

09 필터링한 설문 항목의 절사 평균 구하기 설문 항목의 점수에서 0점을 제외한 범위의 절사 평균을 구하겠습니다. [B28] 셀에 **=TRIMMEAN(**을 입력한 후 Ctrl + A 를 누릅니다.

	A	B	C	D	E	F	G	H	I	J	K	L
9	응답자05	5.0	2.0	3.5	2.5	0.0	1.0			5	2	
10	응답자06	4.0	5.0	4.0	3.0	3.5	3.5			4	5	
11	응답자07	3.5	4.0	3.0	1.0	4.5	4.5			3.5	4	
12	응답자08	5.0	1.0	3.0	5.0	3.0	3.0			5	1	
13	응답자09	0.0	4.0	3.0	5.0	4.5	4.5			5	4	
14	응답자10	5.0	2.0	3.5	2.5	1.0	1.0			4	2	
15	응답자11	4.0	5.0	1.0	3.0	3.5	3.5			3.5	5	
16	응답자12	3.5	4.0	3.0	5.0	0.0	5.0			1	4	
17	응답자13	1.0	4.0	5.0	1.0	4.5	4.5			3.5	4	
18	응답자14	3.5	4.0	0.0	5.0	4.5	4.5			5	4	
19	응답자15	5.0	2.0	3.5	2.5	1.0	1.0			4	2	
20	응답자16	4.0	5.0	4.0	3.0	2.5	2.5			2	5	
21	응답자17	2.0	4.0	3.0	5.0	4.5	4.5			5	4	
22	응답자18	5.0	4.0	1.0	3.0	5.0	5.0			3.5	4	
23	응답자19	3.5	4.5	3.0	5.0	4.5	4.5			5	4.5	
24	응답자20	5.0	2.0	3.0	2.5	1.0	1.0				2	
25	전체 평균	3.75	3.68	2.98	3.60	3.20	3.50					
26	상위20% 제외평균	4.00										
27	0제외 전체평균	3.95										
28	0제외상위 20% 제외평균	=TRIMMEAN(										
29												

입력 후 Ctrl + A

➕ 함수 이름을 입력하고 Ctrl + A 를 누르면 [함수 인수] 대화상자가 열립니다.

10 TRIMMEAN 함수 인수 입력하기 [함수 인수] 대화상자에서 ❶ [Array](범위)에 **J5#**을, [Percent] (비율)에 **4/COUNT(J5#)**를 입력하고 ❷ [확인]을 클릭합니다.

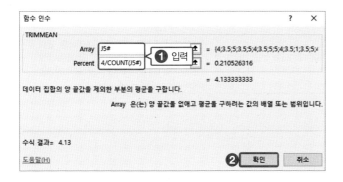

➕ 동적 배열 함수로 추출한 범위를 참조할 때 수식을 입력한 셀 주소(J5) 뒤에 #을 입력하면 범위를 반환합니다. 0보다 큰 데이터를 필터링한 범위(J5#)에서 상위/하위 각 두 개의 값(4/COUNT(J5#))을 제외하고 산술 평균을 계산합니다. 여기서 0보다 큰 데이터는 19개 항목으로 이 범위의 20%는 3.8개입니다. 가장 가까운 2의 배수로 내림하면 2이므로 상위/하위의 값 각각 한 개씩을 제외하고 산술 평균을 계산합니다. 따라서 네 개의 점수를 제외하려면 **제외할개수/COUNT(범위)**를 입력하여 비율을 계산합니다.

🔵 **바로 통 하는TIP** **완성 수식 :** =TRIMMEAN(J5#, 4/COUNT(J5#))

✅ **엑셀 2019&이전 버전** 엑셀 2019&이전 버전에서는 FILTER함수 결과를 참조할 수 없으므로 **07**번에 버전 팁에서 INDEX 함수의 범위를 참조하여 수식 **=TRIMMEAN(J5:J24,4/COUNT(J5:J24))**를 대신 입력합니다. 결과는 완성 파일의 [엑셀2019이전] 시트를 참고합니다.

B26		▼	:	×	✓	fx	=TRIMMEAN(B5:B24,20%)		

⬜	A	B	C	D	E	F	G	H	I
10	응답자06	4.0	5.0	4.0	3.0	3.5	3.5		
11	응답자07	3.5	4.0	3.0	1.0	4.5	4.5		
12	응답자08	5.0	1.0	3.0	5.0	3.0	3.0		
13	응답자09	0.0	4.0	3.0	5.0	4.5	4.5		
14	응답자10	5.0	2.0	3.5	2.5	1.0	1.0		
15	응답자11	4.0	5.0	1.0	3.0	3.5	3.5		
16	응답자12	3.5	4.0	3.0	5.0	0.0	5.0		
17	응답자13	1.0	4.0	5.0	1.0	4.5	4.5		
18	응답자14	3.5	4.0	0.0	5.0	4.5	4.5		
19	응답자15	5.0	2.0	3.5	2.5	1.0	1.0		
20	응답자16	4.0	5.0	4.0	3.0	2.5	2.5		
21	응답자17	2.0	4.0	3.0	5.0	4.5	4.5		
22	응답자18	5.0	4.0	1.0	3.0	5.0	5.0		
23	응답자19	3.5	4.5	3.0	5.0	4.5	4.5		
24	응답자20	5.0	2.0	3.0	2.5	1.0	1.0		
25	전체 평균	3.75	3.68	2.98	3.60	3.20	3.50		
26	상위20% 제외평균	4.00	3.78	3.03	3.75	3.41	3.63		
27	0제외 전체평균	3.95	3.68	3.13	3.60	3.56	3.50		
28	0제외상위 20% 제외평균	4.13	3.78	3.17	3.75	3.75	3.63		
29									
30									

채우기 핸들 드래그

11 [B26:B28] 범위의 채우기 핸들 ⊞을 [G28] 셀까지 드래그해서 수식을 복사합니다.

➕ 상위 20% 제외평균, 0제외 전체평균, 0제외 상위 20% 제외평균의 값이 G열까지 구해집니다.

쉽고 빠른 함수 Note | AVERAGE, AVERAGEIF, TRIMMEAN, FILTER 함수 알아보기

아래 표를 참고해 AVERAGE, AVERAGEIF, TRIMMEAN 함수와 엑셀 2021 버전에 추가된 FILTER 함수를 자세히 이해할 수 있습니다.

범주	이름	설명
통계 함수	AVERAGE(평균을 계산할 범위, …)	셀의 평균을 계산합니다.
	AVERAGEIF(조건을 검사할 범위, 조건, 평균을 계산할 범위)	조건을 만족하는 셀의 평균을 구합니다.
	TRIMMEAN(평균을 계산할 범위, 상위/하위 값을 제외할 비율)	데이터 범위에서 양 끝(상위/하위) 값의 비율(n%, n개)를 제외하고 평균을 계산합니다. **n개 :** TRIMMEAN(범위, 제외할 개수/COUNT(범위))
찾기/참조 함수	FILTER(배열, 배열 조건, 조건에 해당 데이터가 없을 경우 표시할 값)	배열에서 조건을 만족하는 데이터를 필터링하는 동적 배열 함수로, 결과를 범위로 반환합니다. 반환할 위치에 다른 값이 있으면 #SPILL! 오류가 표시됩니다.

핵심기능

39

2010 \ 2013 \ 2016 \ 2019 \ 2021

COUNTIF, COUNTIFS, SUMIF 함수로 조건에 맞는 개수와 합계 구하기

실습 파일 5장\업무제안_집계표.xlsx
완성 파일 5장\업무제안_집계표_완성.xlsx

조건을 만족하는 셀의 개수와 합계를 구하는 COUNTIF 함수와 SUMIF 함수, 다중 조건을 만족하는 셀의 개수와 합계를 구하는 COUNTIFS 함수와 SUMIFS 함수에 대해 살펴보겠습니다. 업무 개선을 위한 제안 건수 표에서 부서별, 제안평가 항목별 합계와 개수를 구하는 집계표를 완성해보겠습니다.

미리 보기

사번	부서	직급	성명	제안건수	채택건수	적용건수	제안율	채택율	적용율	제안평가
								우수인원	37	
A21010	경영관리팀	부장	박미호	14	5	1	120%	36%	20%	우수
A21011	경영관리팀	과장	박성호	5	-	-	43%	0%	0%	미흡
A21012	경영관리팀	과장	양성호	10	1	-	86%	10%	0%	미흡
A21013	경영관리팀	대리	박영주	10	-	-	86%	0%	0%	미흡
A21014	경영관리팀	대리	정상호	10	-	-	86%	0%	0%	미흡
A21015	경영관리팀	대리	진철중	10	-	-	86%	0%	0%	미흡
A21016	경영관리팀	대리	차미연	14	2	2	120%	14%	100%	우수
A21017	경영관리팀	대리	전호연	10	-	-	86%	0%	0%	미흡
A21018	경영관리팀	대리	김옥진	10	-	-	86%	0%	0%	미흡
A21019	경영관리팀	대리	차수진	14	2	2	120%	14%	100%	우수
A21020	경영관리팀	대리	우상민	10	-	-	86%	0%	0%	미흡
A21021	경영관리팀	대리	전도영	10	-	-	86%	0%	0%	미흡
A21022	경영관리팀	대리	민병철	14	2	2	86%	14%	100%	우수
A21023	경영관리팀	주임	이문국	14	3	-	120%	21%	0%	보통
A21024	경영관리팀	사원	김시형	10	1	-	86%	10%	0%	미흡
A21025	경영관리팀	사원	김우진	14	2	-	120%	14%	0%	보통
A21026	경영관리팀	사원	김준호	10	-	-	86%	0%	0%	미흡
A21027	경영관리팀	사원	최성규	10	6	2	86%	60%	33%	우수
A21028	경영관리팀	사원	주민수	10	6	2	86%	60%	33%	우수
A21029	경영관리팀	사원	이상엽	10	6	2	86%	60%	33%	우수
A21030	국내영업부	부장	한봉주	10	-	-	86%	0%	0%	미흡
A21031	국내영업부	부장	이숭회	10	-	-	86%	0%	0%	미흡
A21032	국내영업부	차장	강민구	17	7	-	146%	41%	0%	보통
A21033	국내영업부	과장	이대규	10	-	-	86%	0%	0%	미흡
A21034	국내영업부	대리	구자범	10	-	-	86%	0%	0%	미흡
A21035	국내영업부	대리	전상철	14	3	1	120%	21%	33%	우수

부서	제안건수	채택건수	적용건수
경영관리팀	219	36	13
국내영업부	220	39	8
기획조정실	336	61	16
인사총부팀	208	60	26
해외영업부	181	36	4

제안평가	우수	보통	미흡
경영관리팀	7	2	11
국내영업부	5	3	11
기획조정실	10	6	13
인사총부팀	12	2	3
해외영업부	3	4	8

연간 업무 개선을 위한 개인별 제안 건수

회사에서 바로 통하는 키워드 : COUNTIF, COUNTIFS, SUMIF, 조건 함수

한눈에 보는 작업 순서   우수 인원수 구하기 ▶ 부서별 제안건수 합계 구하기 ▶ 부서별 평가 항목 인원수 구하기

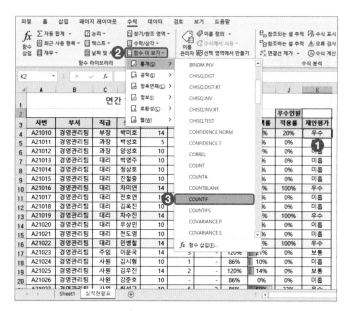

01 우수 인원수 구하기 제안평가에서 우수, 보통, 미흡 중 우수 평가를 받은 인원수를 세어보겠습니다. ❶ [K4] 셀을 클릭합니다. ❷ [수식] 탭-[함수 라이브러리] 그룹-[함수 더 보기▦]를 클릭합니다. ❸ [통계]-[COUNTIF]를 클릭합니다.

➊ [함수 인수] 대화상자가 표시됩니다.

바로**통**하는TIP COUNTIF 함수는 조건에 맞는 개수를 구합니다.

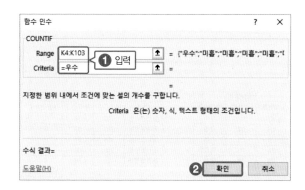

02 COUNTIF 함수 인수 입력하기 [함수 인수] 대화상자의 ❶ [Range](범위)에 **K4:K103**을, [Criteria](조건)에 **=우수**를 입력하고 ❷ [확인]을 클릭합니다.

➊ 범위(K4:K103)에서 조건(우수)을 만족하는 셀의 개수, 즉 우수 평가를 받은 인원수가 표시됩니다.

바로**통**하는TIP 완성 수식 : =COUNTIF(K4:K103, "=우수")

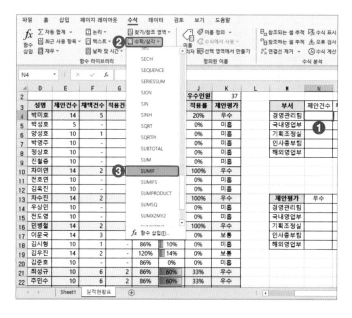

03 부서별 제안건수 합계 구하기 부서별로 제안건수, 채택건수, 적용건수의 합계를 구하겠습니다. ❶ [N4] 셀을 클릭합니다. ❷ [수식] 탭-[함수 라이브러리] 그룹-[수학/삼각▦]을 클릭하고 ❸ [SUMIF]를 클릭합니다.

➊ [함수 인수] 대화상자가 표시됩니다.

바로**통**하는TIP SUMIF 함수는 조건에 맞는 합계를 구합니다.

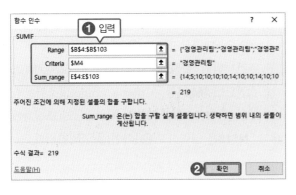

04 SUMIF 함수 인수 입력하기 [함수 인수] 대화상자의 ❶ [Range](범위)에 **$B$4: $B$103**을, [Criteria](조건)에 **$M4**를, [Sum_ range](합계 범위)에 **E$4:E$103**을 입력하고 ❷ [확인]을 클릭합니다.

➕ 부서 범위($B$4:$B$103)에서 조건($M4)을 만족하는 범위(E$4:E$103)의 합계를 구합니다. 조건에 **"경영관리팀"**을 입력하면 조건이 고정되므로 [$M4] 셀을 지정합니다. 합계를 구할 범위는 [E4:E103], [F4:F103], [G4:G103]이므로 혼합 참조를 [E$4:E$103] 범위로 지정하여 범위가 바뀌도록 합니다.

바로 통 하는TIP 완성 수식 : =SUMIF($B$4:$B$103, $M4, E$4:E$103)

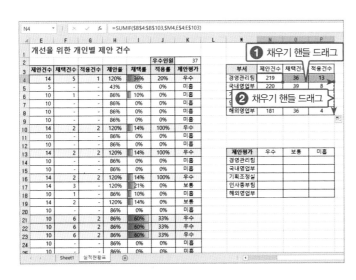

05 ❶ [N4] 셀의 채우기 핸들🔲을 [P4] 셀까지 드래그한 후 ❷ [N4:P4] 범위의 채우기 핸들🔲을 [P8] 셀까지 드래그해서 수식을 복사합니다.

➕ 경영관리팀의 채택건수, 적용건수가 구해지고 나머지 부서의 제안건수, 채택건수, 적용건수가 각각 구해집니다.

06 부서별 평가 항목 인원수 구하기 부서별 우수, 보통, 미흡의 평가 항목별 인원수를 세어보겠습니다. [N14] 셀에 = **COUNTIFS**를 입력하고 Ctrl+A를 누릅니다.

➕ [함수 인수] 대화상자가 표시됩니다.

바로 통 하는TIP COUNTIFS 함수는 다중 조건을 만족하는 개수를 구합니다.

실무 필수

실무 활용

문서 작성

문서 편집 & 인쇄

수식 & 함수

차트

데이터 관리/ 분석& 자동화

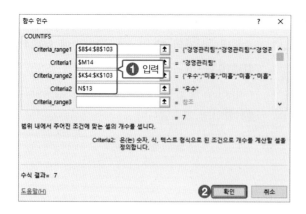

07 COUNTIFS 함수 인수 입력하기 [함수 인수] 대화상자에서 ❶ [Criteria_range1](조건1 범위)에 **$B$4:$B$103**을, [Criteria1](조건1)에 **$M14**를, [Criteria_range2](조건2 범위)에 **$K$4:$K$103**을, [Criteria2](조건2)에 **N$13**을 입력하고 ❷ [확인]을 클릭합니다.

➕ 부서 범위($B$4:$B$103)에서 조건1($M14)을 만족하고, 제안평가 범위($K$4:$K$103)에서 조건2(N$13)를 만족하는 개수를 셉니다.

바로 통 하는 TIP 완성 수식 : =COUNTIFS($B$4:$B$103, $M14, $K$4:$K$103, N$13)

08 ❶ [N14] 셀의 채우기 핸들을 [P14] 셀까지 드래그해 수식을 복사한 후 ❷ [N14:P14] 범위의 채우기 핸들을 [P18] 셀까지 드래그합니다.

➕ 각 부서의 우수, 보통, 미흡 건수가 각각 구해집니다.

다음을 참고해 COUNTIF, COUNTIFS, SUMIF, SUMIFS 함수를 자세히 이해할 수 있습니다.

범주	이름	설명
통계 함수	COUNTIF(개수를 세고 싶은 범위, 조건)	조건에 맞는 셀의 개수를 구합니다.
	COUNTIFS(개수를 세고 싶은 범위1, 조건1, 개수를 세고 싶은 범위2, 조건2, …)	다중 조건을 만족하는 셀의 개수를 구합니다.
수학/삼각 함수	SUMIF(조건을 검사할 범위, 조건, 합계를 계산할 범위)	조건에 맞는 셀의 합계를 구합니다.
	SUMIFS(합계를 계산할 범위, 조건을 검사할 범위1, 조건1, 조건을 검사할 범위2, 조건2, …)	다중 조건을 만족하는 셀의 합계를 구합니다.

16

2010 \ 2013 \ 2016 \ 2019 \ 2021

생산 현황표에서 조건에 맞는
합계, 평균, 순위 구하기

실습 파일 5장\생산현황01_집계.xlsx
완성 파일 5장\생산현황01_집계_완성.xlsx

주간 생산 현황표에서 SUMIF, AVERAGEIF, ROUND, RANK.EQ 함수를 사용하여 교대조별 생산, 불량 개수를 구하고, 불량의 평균값과 순위를 구해 집계표를 완성해보겠습니다.

미리 보기

	A	B	C	D	E	F	G	H	I	J	K	L
1	주간 생산량 현황표											
2		(11.08~11.12)					<교대조별 생산/불량/평균 및 순위>					
3	날짜	교대조	이름	생산	불량		교대조	생산량합계	불량합계	불량평균	불량낮은순위	
4	11-08	생산직1조	김성철	280	1		생산직1조	3,046	11	0.9	2	
5	11-08	생산직2조	이병욱	300	2		생산직2조	3,039	16	1.3	4	
6	11-08	생산직3조	서기린	270	4		생산직3조	2,000	19	2.4	5	
7	11-08	생산직3조	유태현	220	2		생산직4조	2,409	3	0.3	1	
8	11-08	생산직4조	박민우	200	0		생산직5조	2,945	14	1.2	3	
9	11-08	생산직4조	김태성	190	1							
10	11-08	생산직2조	남진섭	210	1							
11	11-08	생산직1조	강은철	320	0							
12	11-08	생산직4조	최진우	189	0							
13	11-08	생산직5조	황욱진	220	2		<주간 생산량 집계표>					
14	11-08	생산직1조	김진섭	180	4		날짜	생산직1조	생산직2조	생산직3조	생산직4조	생산직
15	11-08	생산직3조	박태수	280	1		11-08					
16	11-08	생산직2조	민태명	280	2		11-09					
17	11-08	생산직5조	문정미	245	0		11-10					
18	11-09	생산직1조	김성철	210	1		11-11					
19	11-09	생산직2조	이병욱	290	2		11-12					
20	11-09	생산직3조	서기린	280	4							
21	11-09	생산직3조	유태현	240	2							
22	11-09	생산직4조	박민우	190	0							
23	11-09	생산직4조	김태성	210	1							
24	11-09	생산직2조	남진섭	200	1							
25	11-09	생산직1조	강은철	300	0							

주간현황 추가 ⊕

회사에서 바로 통하는 키워드: SUMIF, AVERAGEIF, ROUND, RANK.EQ, 합계, 평균, 반올림, 순위

한눈에 보는 작업 순서	생산량, 불량의 합계 구하기 ▶	불량 평균 구하기 ▶	평균값 반올림하기 ▶	오름차순 순위 구하기

01 생산량, 불량의 합계 구하기 교대조별로 생산량, 불량의 합계를 구하겠습니다. [H4] 셀에 **=SUMIF**를 입력하고 Ctrl + A 를 누릅니다.

➕ [함수 인수] 대화상자가 표시됩니다.

02 SUMIF 함수 인수 입력하기 [함수 인수] 대화상자에서 ❶ [Range](범위)에 **$B$4:$B$59**를, [Criteria](조건)에 **$G4**를, [Sum_range](합계 범위)에 **D$4:D$59**를 입력하고 ❷ [확인]을 클릭합니다.

➕ 교대조 범위($B$4:$B$59)에서 조건($G4)을 만족하는 생산량 범위(D$4:D$59)의 합계를 계산합니다.

완성 수식 : =SUMIF($B$4:$B$59, $G4, D$4:D$59)

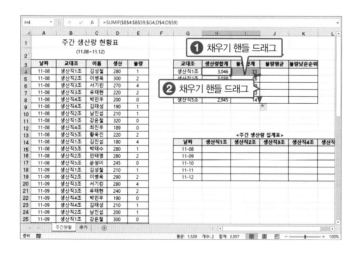

03 ❶ [H4] 셀의 채우기 핸들➕을 [I4] 셀까지 드래그해 복사합니다. ❷ [H4:I4] 범위의 채우기 핸들➕을 [I8] 셀까지 드래그합니다.

➕ 각 조의 생산량합계와 불량합계가 구해집니다.

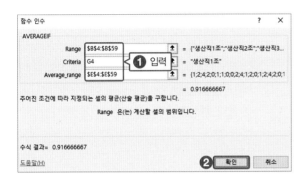

04 불량 평균 구하기 교대조별 불량의 평균을 구하겠습니다. [J4] 셀에 **=AVERAGEIF**를 입력한 후 Ctrl +A를 누릅니다.

➕ [함수 인수] 대화상자가 표시됩니다.

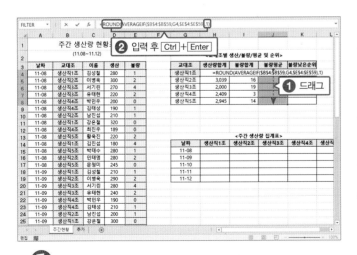

05 AVERAGEIF 함수 인수 입력하기 [함수 인수] 대화상자에서 ❶ [Range](범위)에 **$B$4:$B$59**를, [Criteria](조건)에 **G4**를, [Average_range](평균 범위)에 **$E$4:$E$59** 를 입력한 후 ❷ [확인]을 클릭합니다.

➕ 교대조 범위($B$4:$B$59)에서 조건(G4)에 맞는 불량 범위($E$4:$E$59)의 평균을 계산합니다.

바로 통 하는 TIP **완성 수식 :** =AVERAGEIF($B$4:$B$59, G4, $E$4:$E$59)

06 평균값 반올림하기 교대조별 평균값을 반올림하여 소수 첫째 자리로 표시하겠습니다. ❶ [J4:J8] 범위를 지정한 후 ❷ 수식 입력줄에서 수식을 **=ROUND(AVERAGEIF($B $4:$B$59, G4, $E$4:$E$59), 1)**로 수정하고 Ctrl + Enter 를 누릅니다.

➕ 각 조의 불량평균이 구해집니다.

바로 통 하는 TIP ROUND 함수는 5 이상이면 올림하고, 4 이하면 내림합니다. 반올림한 후 표시할 자릿수로 1을 지정하여 소수 둘째 자리에서 반올림하여 첫째 자리까지 표시합니다.

07 오름차순 순위 구하기 불량이 적은 교대조의 순위를 구하겠습니다. [K4] 셀에 **=RANK.EQ**를 입력하고 Ctrl+A를 누릅니다.

➕ [함수 인수] 대화상자가 표시됩니다.

08 RANK.EQ 함수 인수 입력하기 [함수 인수] 대화상자에서 ❶ [Number](순위를 구할 셀)에 **I4**를, [Ref](순위를 구할 때 참조할 범위)에 **$I$4:$I$8**을, [Order](오름차순/내림차순)에 **1**을 입력하고 ❷ [확인]을 클릭합니다.

➕ 특정 셀(I4)이 범위($I$4:$I$8)에서 몇 위인지 오름차순(1)으로 순위를 구합니다.

바로 통하는TIP **완성 수식 :** =RANK.EQ(I4, $I$4:$I$8, 1)

09 [K4] 셀의 채우기 핸들을 더블클릭하여 수식을 복사합니다.

➕ 각 조의 불량률 낮은 순위가 구해집니다.

실무활용

17

생산 현황표에서 구조적 참조로 생산량 집계표 만들기

실습 파일 5장 \ 생산현황02_집계.xlsx
완성 파일 5장 \ 생산현황02_집계_완성.xlsx

변동이 큰 데이터로 작업하는 경우에는 데이터 범위 확장성이 좋은 표로 변환하는 것이 좋습니다. 표로 변환한 후 구조적 참조로 수식을 작성하는 방법이 어려울 수 있으나 익숙해지면 수식을 직관적으로 이해하는 데도 매우 유용합니다. 주간 생산량 현황 데이터를 표로 변환하고 구조적 참조와 SUMIFS 함수로 일자별, 교대조별 생산량의 합계를 구해 집계표를 완성해보겠습니다.

미리 보기

회사에서 바로 통하는 키워드 : SUMIFS, 표 만들기, 구조적 참조 수식

한눈에 보는 작업 순서   표 만들기 ▶ 일자별, 교대조별 합계 구하기 ▶ 데이터 추가하기

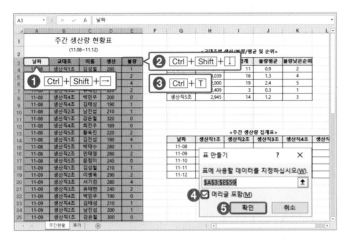

01 표 만들기 데이터를 표로 변환하고 서식을 적용하겠습니다. ❶ [A3] 셀을 클릭하고 Ctrl + Shift + → 를 누른 후 ❷ Ctrl + Shift + ↓ 를 눌러 범위를 지정합니다. ❸ Ctrl + T 를 눌러 [표 만들기] 대화상자를 열고 ❹ 선택된 데이터 범위를 확인한 후 [머리글 포함]에 체크합니다. ❺ [확인]을 클릭합니다.

➕ 지정된 범위가 엑셀 표로 변환됩니다. [테이블 디자인] 탭-[속성] 그룹에서 표 이름을 확인합니다. 여기서 표의 이름은 '표1'입니다.

바로 통 하는TIP [테이블 디자인] 탭-[표 스타일] 그룹에서 표 스타일을 변경할 수 있습니다.

02 일자별 교대조를 조건으로 생산량 합계 구하기 일자별로 교대조가 생산한 생산량의 합계를 구하겠습니다. [H15] 셀에 **=SUMIFS**를 입력하고 Ctrl + A 를 누릅니다.

➕ [함수 인수] 대화상자가 표시됩니다.

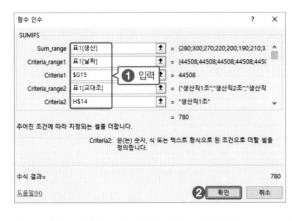

03 SUMIFS 함수 인수 입력하기 [함수 인수] 대화상자에서 ❶ [Sum_range](합계 범위)에 **표1[생산]**를, [Criteria_range1](조건1 범위)에 **표1[날짜]**를, [Criteria1](조건1)에 **$G15**를, [Criteria_range2](조건2 범위)에 **표1[교대조]**를, [Criteria2](조건2)에 **H$14**를 입력합니다. ❷ [확인]을 클릭합니다.

➕ 표1의 날짜 데이터(표1[날짜])에서 조건($G15)을 만족하고 표1의 교대조 데이터(표1[교대조])에서 조건(H$14)을 만족하는 표1의 생산량 데이터(표1[생산])의 합계를 계산합니다.

바로 통 하는TIP 완성 수식 : =SUMIFS(표1[생산], 표1[날짜], $G15, 표1[교대조], H$14)

04 ❶ [H15:L19] 범위를 지정한 후 ❷ 수식 입력줄에서 수식을 클릭하고 Ctrl + Enter 를 누릅니다.

➕ 각 생산직조의 일자에 따른 생산량 집계가 모두 구해집니다.

바로 통 하는 TIP 구조적 참조 수식을 채우기 핸들 ▪️로 복사하면 데이터 범위에 해당하는 구조적 참조가 상대 참조로 변합니다. 예를 들어 '표1[날짜]'는 '표1[교대조], …, 표1[불량]' 순으로 참조가 변합니다. 따라서 Ctrl + Enter 를 눌러 구조적 참조를 고정합니다.

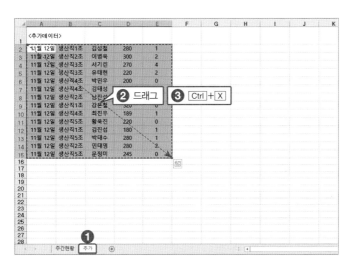

05 데이터 추가하기 ❶ [추가] 시트 탭을 클릭하고 ❷ [A2:E15] 범위를 지정한 후 ❸ Ctrl + X 를 눌러 잘라냅니다.

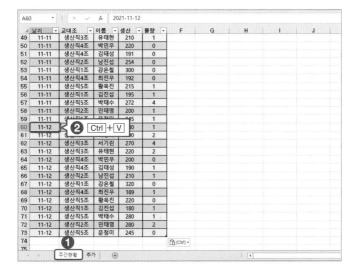

06 ❶ [주간현황] 시트 탭을 클릭하고 ❷ [A60] 셀에서 Ctrl + V 를 눌러 데이터를 추가합니다.

➕ 표 영역이 확장되고 11월 12일의 생산량 데이터가 집계표에 업데이트됩니다.

2010 \ 2013 \ 2016 \ 2019 \ 2021

IF 함수로 할인율과 미납 유무 표시하기

실습 파일 5장 \ 세미나참석명단_IF.xlsx
완성 파일 5장 \ 세미나참석명단_IF_완성.xlsx

IF 함수는 조건식에 따라 참 또는 거짓으로 구분할 때 사용합니다. 엑셀에서 가장 많이 사용하는 함수 중 하나이고 쓰임새 또한 다양하므로 잘 알아두는 것이 좋습니다. 세미나 참석자 명단에서 단체로 등록되면 참가비에서 10% 할인하여 납입금액을 표시하고, 납입금액이 0이면 미납으로 표시해보겠습니다.

미리 보기

번호	성명	소속	구분	참가인원	할인율	참가비	납입금액		미납유무
					날짜		2021-10-12		
					장소		다목적룸		
1	홍길동	한국전자	단체	5	10%	49,500		247,500	
2	이민성	미디어테크	개인	1	0%	55,000		55,000	
3	박민주	송국교역	개인	1	0%	55,000		55,000	
4	강수민	나라생명	단체	10	10%	49,500		-	미납
5	최남길	사랑생명	개인	1	0%	55,000		55,000	
6	문형욱	국민생명	개인	1	0%	55,000		55,000	
7	나성민	홈테크미디어	개인	1	0%	55,000		55,000	
8	김수진	민국생명	개인	1	0%	55,000		55,000	
9	정민주	서울교역	개인	1	0%	55,000		55,000	
10	오철민	컴앤뷰미디어	개인	1	0%	55,000		55,000	
11	민호철	부국전자	개인	1	0%	55,000		-	미납
12	주호연	다우교육	개인	1	0%	55,000		55,000	
13	윤대민	흥국전자	단체	5	10%	49,500		247,500	
14	김시형	소프트컴	단체	8	10%	49,500		396,000	
15	강진우	미디어무비	개인	1	0%	55,000		55,000	
16	이형우	컴닷컴	개인	1	0%	55,000		55,000	
17	홍주회	보성교육	개인	1	0%	55,000		55,000	
18	안민수	씨앤컴	개인	1	0%	55,000		55,000	
19	문나영	미래생명	단체	12	10%	49,500		-	미납
20	송선주	보성전자	개인	1	0%	55,000		55,000	
21	홍길동	민소프트	개인	1	0%	55,000		55,000	
22	성민주	보국전자	개인	1	0%	55,000		55,000	
23	이민우	한빛미디어	개인	1	0%	55,000		-	미납

세미나 참석자 명단

명단

회사에서 바로 통하는 키워드 : IF, 조건 함수

한눈에 보는 작업 순서 ▸ 구분에 따라 할인율 표시하기 ▸ 납입금액이 0이면 미납 표시하기

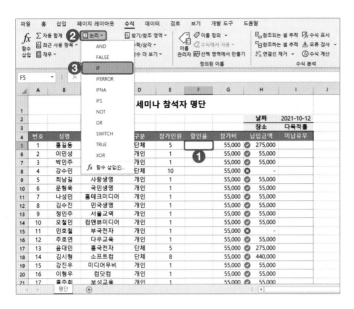

01 구분에 따라 할인율 표시하기
구분에서 단체인 경우 10%를, 그렇지 않을 경우 0%를 표시하겠습니다. ❶ [F5] 셀을 클릭합니다. ❷ [수식] 탭－[함수 라이브러리] 그룹－[논리②]를 클릭하고 ❸ [IF]를 클릭합니다.

➕ [함수 인수] 대화상자가 표시됩니다.

바로 통 하는TIP IF 함수는 조건을 지정하고, 그 조건을 만족하면 참값, 아니면 거짓값을 표시합니다.

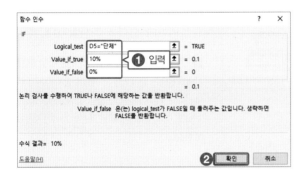

02 IF 함수 인수 입력하기 [함수 인수] 대화상자에서 ❶ [Logical_test](조건)에 **D5="단체"**를, [Value_if_true](참값)에 **10%**를, [Value_if_false](거짓값)에 **0%**를 입력한 후 ❷ [확인]을 클릭합니다.

➕ 구분(D5)이 '단체'일 경우 참값에 '10%' 할인율을 표시하고, 거짓값에 '0%'를 표시합니다.

바로 통 하는TIP 완성 수식 : =IF(D5="단체", 10%, 0%)

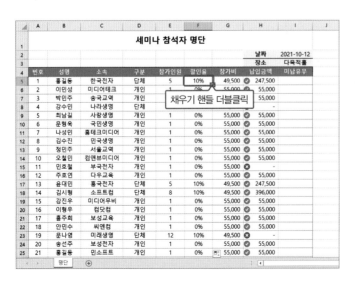

03 [F5] 셀의 채우기 핸들 ➕을 더블클릭하여 수식을 복사합니다.

➕ 할인율이 27행까지 구해집니다.

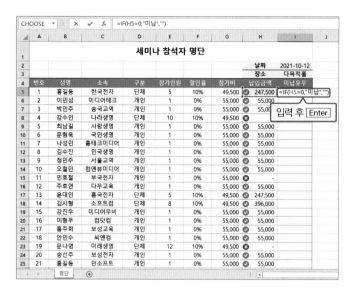

04 납입금액이 0이면 미납 표시하기

납입금액이 0이면 미납을 출력하고, 0이 아니면 공란으로 표시하겠습니다. [I5] 셀에 수식 **=IF(H5=0, "미납", "")**를 입력하고 Enter를 누릅니다.

➕ 납입금액(H5)이 0일 경우 참값에 '미납'을 표시하고, 거짓값에 공란을 표시합니다. 참값과 거짓값이 문자일 경우 큰따옴표("")로 묶어 입력합니다.

05 [I5] 셀의 채우기 핸들➕을 더블클릭하여 수식을 복사합니다.

➕ 27행까지 참가비를 미납한 인원은 '미납'이 표시되고 동일한 행에 채우기 색으로 강조 표시가 나타납니다. 세미나 참석자 명단 범위(A5:I27)에는 '미납'일 경우 셀을 강조하는 조건부 서식이 지정되어 있습니다.

쉽고 빠른 함수 Note   IF 함수 알아보기

다음을 참고해 IF 함수를 자세히 이해할 수 있습니다.

범주	이름	설명
논리 함수	IF(조건식, 참값, 거짓값)	조건식에 따라 참 또는 거짓으로 구분합니다.

실무필수
핵심기능
41

중첩 IF 함수와 IFS 함수로 기업평가 지표 작성하기

실습 파일 5장 \ KESG기업평가표_IFS.xlsx
완성 파일 5장 \ KESG기업평가표_IFS_완성.xlsx

IF 함수는 단독으로 쓰일 때도 있지만 다수의 조건을 비교할 경우에는 중첩하여 사용하고, IFS 함수를 사용할 수도 있습니다. IF 함수는 IF를 중첩하거나 다른 함수와 중첩해서 수식을 만드는 경우가 많으므로 직접 수식을 입력해보는 것이 수식의 구조를 이해하는 데 유용합니다. 기업평가 지표에서 점수를 조건으로 우수/개선으로 평가하고, 평균 점수로 A/B/C 등급을 표시해보겠습니다.

미리 보기

한국형(K-ESG) 기업평가 지표

구분		A사		B사		C사		D사		E사		F사	
평가지표	평가등급	B		평가보류		평가보류		B		평가보류		A	
정보공시	정보공시	80		80		80		80		90	우수	90	우수
	경영정책	90	우수	70		60	개선	90	우수	80		90	우수
환경(E)	경영성과	80		80		80				90	우수	90	우수
	경영검증	70		88		90	우수	90	우수	100	우수	100	우수
	법규준수	80		90	우수	100	우수	100	우수	40	개선	95	우수
	책임경영	90	우수	70		100	우수	90	우수	60	개선	70	
	임직원	86		55	개선	60	개선	95	우수	70		90	우수
	인적자원	90	우수	70		70		80		80		95	우수
사회(S)	근로환경	70		80		70		90	우수	80		100	우수
	인권	70		90	우수	70		90	우수	80		100	우수
	협력사	70		80		70		88		80		100	우수
	지역사회	70		80		70		90	우수	80		100	우수
	정보보호	80		100	우수	88		70		60	개선	95	우수
	법규준수	80		70		60	개선	80		70		90	우수
	이사회	70		80		70		90	우수	80		100	우수
	주주	90	우수	90	우수	80		100	우수	59	개선	100	우수
지배구조(G)	소유구조	80		85		70		90	우수	80		100	우수
	윤리경영및반부패	80		80		70		90	우수	80		100	우수
	감사	90	우수	90	우수	90	우수	90	우수	80		100	우수
	법규준수	90	우수	80		70		90	우수	80		100	우수
평균점수		80.3	-	80.4	1	75.9	3	88.2	-	76.0	4	94.8	-

기업	등급
A사	B
B사	평가보류
C사	평가보류
D사	B
E사	평가보류
F사	A

기업평가표

회사에서 바로 통하는 키워드 : IF, IFS, 조건 함수, 다중 조건

한눈에 보는 작업 순서

IF 함수 중첩해 지표 점수에 따라 우수/개선 표시하기 ▶ IFS 함수로 평가 지표 등급 표시하기

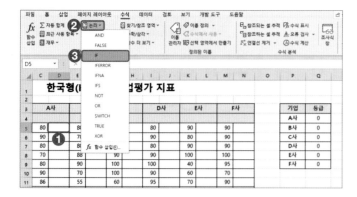

01 IF 함수를 중첩해 지표 점수에 따라 우수/개선 표시하기 기업별 지표 점수에 따라 90 이상이면 우수, 70 이상이면 공란, 70 미만이면 개선으로 표시하겠습니다. ❶ [D5] 셀을 클릭합니다. ❷ [수식] 탭-[함수 라이브러리] 그룹-[논리 ②]를 클릭하고 ❸ [IF]를 클릭합니다.

➕ [함수 인수] 대화상자가 표시됩니다.

02 IF 함수 인수 입력하기 [함수 인수] 대화상자에서 ❶ [Logical_test]에 **C5>=90**을, [Value_if_true]에 **"우수"**를 입력합니다. ❷ [Value_if_false]를 클릭한 후 ❸ 이름 상자 목록에서 [IF]를 클릭합니다.

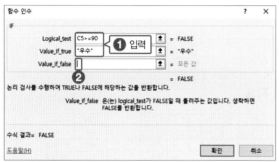

ⓕ **인수 설명**

Logical_test(조건식) : 지표 점수가 90 이상인지 판단하는 조건식으로 **C5>=90**을 입력합니다.
Value_if_true(참값) : 조건식을 만족하면 우수를 출력합니다.
Value_if_false(거짓값) : 첫 번째 조건이 거짓인 경우 두 번째 조건으로 IF 함수를 중첩하기 위해 이름 상자에서 [IF]를 클릭합니다.

03 새로운 [함수 인수] 대화상자가 열립니다. ❶ [Logical_test]에 **C5>=70**을, [Value_if_true]에 **""**를, [Value_if_false]에 **개선**을 입력하고 ❷ [확인]을 클릭합니다.

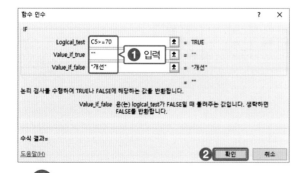

➕ 지표 점수에 따라 90점 이상이면 우수, 70점 이상이면 공란("") 70점 미만은 '개선'이 출력됩니다.

ⓕ **인수 설명**

Logical_test : 지표 점수가 70 이상인지 판단하는 조건식으로 **C5>=70**을 입력합니다.
Value_if_true : 조건식을 만족하면 공란으로 표시합니다.
Value_if_false : 조건식을 만족하지 않으면 '개선'을 출력합니다.

🔵통하는TIP **완성 수식** IF 중첩 함수를 사용한 수식 : =IF(C5>=90, "우수", IF(C5>=70, " ", "개선"))
IFS 함수를 사용한 수식 : =IFS(C5>=90, "우수", C5>=70, " ", TRUE, "개선")

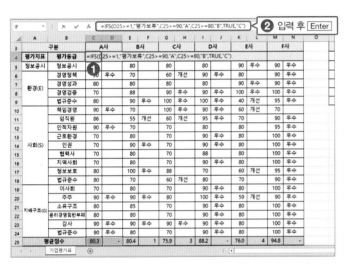

04 ❶ [D5] 셀의 채우기 핸들🔲을 더블클릭하여 수식을 복사합니다. ❷ [D5:D24] 범위가 지정된 상태에서 Ctrl+C를 누릅니다. ❸ [F5] 셀을 클릭하고 ❹ Ctrl을 누른 상태에서 [H4], [J4], [L4], [N4] 셀을 각각 클릭한 후 ❺ Ctrl+V를 눌러 수식을 붙여 넣습니다.

05 **IFS 함수로 평가 지표 등급 표시하기** 점수별 평가지표에서 개선의 개수가 1개 이상이면 평가를 보류하고, 평가지표 평균 점수가 90점 이상이면 A, 80점 이상이면 B, 80점 미만이면 C를 표시하겠습니다. ❶ [C4] 셀을 클릭한 후 ❷ **=IFS(D25>=1, "평가보류", C25>=90, "A", C25>=80, "B", TRUE, "C")**를 입력하고 Enter를 누릅니다.

➕ 개선 개수가 1개 이상인 경우 '평가보류', 평균 점수에 따라 'A', 'B', 'C' 등급이 표시됩니다.

✔ **엑셀 2013&이전 버전** 중첩 IF 함수를 사용하려면 **=IF(D25>=1, "평가보류", IF(C25>=90, "A", IF(C25>=80, "B", "C")))**를 입력합니다.

06 [C4] 셀의 채우기 핸들🔲을 [M4] 셀까지 드래그하여 수식을 복사합니다.

➕ 나머지 B~F사의 평가등급도 구해집니다.

다음을 참고해 IF 중첩 함수와 IFS 함수를 자세히 이해할 수 있습니다.

범주	이름	설명

논리 함수	IF(조건식1, 참값1,
	　IF(조건식2, 참값2,
	　…
	　　IF(조건식64, 참값64, 거짓값)…))
		IF를 중첩하여 다중 조건식을 지정하고, 그에 따라 참 또는 거짓으로 구분합니다.

	IFS(조건식1, 참값1, 조건식2, 참값2,…)	엑셀 2016 버전에 새로 추가된 함수로, 다중 조건식에 따라 참 또는 거짓으로 구분합니다.

IF 함수 형식은 **IF(Logical_test, Value_if_true, Value_if_false)** 입니다.
　　　　　　　　　　조건식　　　　　　참값　　　　　　거짓값

기본적으로 조건이 하나일 때 사용하지만, 조건이 여러 개일 때도 IF 함수 안에 IF 함수를 64개 중첩해서 쓸 수 있습니다. 예를 들어 평가 점수가 90점 이상이면 교육 이수 점수를 2점, 70점 이상이면 1점, 70점 미만이면 0점을 주는 경우 다음과 같이 말로 옮길 수 있습니다.

=만약(점수가 90점 이상이면, 2점, 만약(점수가 70점 이상이면 1점, 70점 미만이면 0점을 준다))

이것을 함수식으로 표현하면 다음과 같습니다. 교육 점수에는 교육 점수가 담긴 셀 주소를 입력합니다.

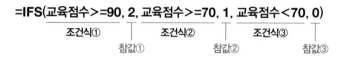

=IF(교육점수>=90, 2, IF(교육점수>=70, 1, 0))
　　조건식①　　참값①　　거짓값①

엑셀 2016 버전에 새로 추가된 IFS(조건식①, 참값①, 조건식②, 참값②, …) 함수는 IF를 중첩하지 않고 127개의 조건식을 만들 수 있습니다. IFS 함수를 사용하면 다음과 같습니다. 각각의 조건을 지정한 후 앞서 지정한 조건을 만족하지 않을 경우를 모두 포괄하려면 조건식에 **TRUE**를 입력합니다.

=IFS(교육점수>=90, 2, 교육점수>=70, 1, 교육점수<70, 0)
　　조건식①　　　　조건식②　　　　조건식③
　　　　　참값①　　　　　참값②　　　　　참값③

또는

=IFS(교육점수>=90, 2, 교육점수>=70, 1, TRUE, 0)
　　조건식①　　　　조건식②　　　　조건식③
　　　　　참값①　　　　　참값②　　　　　참값③

2010 \ 2013 \ 2016 \ 2019 \ 2021

IF, AND, OR, NOT 함수로
승격 대상자 표시하기

실습 파일 5장\승격대상자평가표_IFANDOR.xlsx
완성 파일 5장\승격대상자평가표_IFANDOR_완성.xlsx

수식에서 여러 항목의 조건을 비교하여 조건을 모두 만족할 경우 참값을 반환하는 함수는 AND이며, 일부 조건을 만족할 경우 참값을 반환하는 함수는 OR입니다. 승격 대상자 심사표에서 평가점수와 발표점수, 동료평가 등을 종합적으로 판단해 승격 대상을 표시해보겠습니다.

미리 보기

상반기 승격 대상자 평가표

가중치 (Weight)	고가w	면접w	어학w
	45%	35%	20%

부서명	직급	성명	평가점수			가중치적용			점수	발표	동료	발표평가	등료평가	승격유무
			고가	면접	어학	고가	면접	어학						
인사팀	대리	이민호	10	9	10	4.5	3.2	2.0	9.7	A	A	우수	우수	승격
인사팀	사원	강선재	8	8	8	3.6	2.8	1.6	8.0	A	B	우수	우수	승격
기획팀	과장	정미선	5	7	8	2.3	2.5	1.6	6.3	C	C			
기획팀	사원	홍미옥	10	9	9	4.5	3.2	1.8	9.5	C	C			
기획팀	대리	박철수	7	10	8	3.2	3.5	1.6	8.3	B	B	우수	우수	승격
홍보팀	차장	문영희	6	6	6	2.7	2.1	1.2	6.0	A	A	우수	우수	
홍보팀	대리	손나영	9	10	8	4.1	3.5	1.6	9.2	A	A	우수	우수	승격
총무팀	사원	최선우	8	9	8	3.6	3.2	1.6	8.4	B	B	우수	우수	승격
총무팀	사원	나영우	8	10	7	3.6	3.5	1.4	8.5	D	B		우수	
재무팀	대리	김형욱	8	7	9	3.6	2.5	1.8	7.9	C	C			
재무팀	과장	노상민	9	8	10	4.1	2.8	2.0	8.9	A	B	우수	우수	승격
마케팅	사원	김형욱	8	7	9	3.6	2.5	1.8	7.9	C	C			
마케팅	주임	노상민	9	8	7	4.1	2.8	1.4	8.3	A	B	우수	우수	승격
영업팀	사원	김형욱	7	7	8	3.2	2.5	1.6	7.2	C	C			
영업팀	대리	노상민	9	8	10	4.1	2.8	2.0	8.9	A	B	우수	우수	승격

평가표

회사에서 바로 통하는 키워드 : IF, AND, OR, NOT, 논리 함수

한눈에 보는 작업 순서	IF와 OR 함수를 중첩해 발표평가 등급에 따라 우수사원 표시하기	▶	IF와 NOT 함수로 동료평가 등급에 따라 우수사원 표시하기	▶	IF와 AND로 승격 대상자 표시하기

**01 IF와 OR 함수를 중첩해 발표
평가하기** 승격 대상자 심사표에서
발표등급이 A나 B이면 우수로 표시
하고, 그렇지 않으면 공란으로 표시
하겠습니다. ❶ [M8] 셀을 클릭합니
다. ❷ [수식] 탭-[함수 라이브러리]
그룹-[논리 ?]를 클릭하고 ❸ [IF]
를 클릭합니다.

➕ [함수 인수] 대화상자가 표시됩니다.

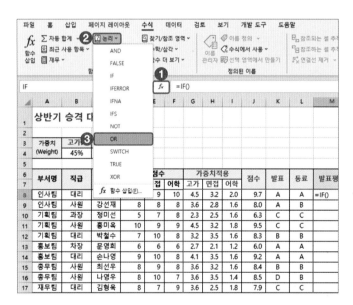

02 발표등급이 A나 B 중 하나 이상
의 조건을 만족하면 되므로 조건식
에 OR 함수를 중첩하겠습니다. ❶
수식 입력줄에서 [함수 삽입 𝑓𝑥]을
클릭합니다. 열렸던 IF 함수의 [함수
인수] 대화상자가 닫히고 인수를 입
력할 괄호 안에 커서가 위치합니다.
❷ [수식] 탭-[함수 라이브러리] 그
룹-[논리 ?]를 클릭하고 ❸ [OR]을
클릭합니다.

➕ IF 함수의 [함수 인수] 대화상자가 사라지고
OR 함수의 [함수 인수] 대화상자가 표시됩니다.

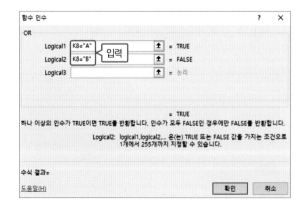

03 OR 함수 인수 입력하기 [함수 인수] 대
화상자에서 [Logical1]에 **K8="A"**를, [Logical
2]에 **K8="B"**를 입력합니다.

🔧 **인수 설명**

Logical1(조건1) : 발표등급이 A인지 판단하는 조건입니다.
Logical2(조건2) : 발표등급이 B인지 판단하는 조건입니다.

04 IF 함수 인수 입력하기 IF 함수의 [함수 인수] 대화상자로 돌아가기 위해 수식 입력줄에서 IF 부분을 클릭합니다.

➕ IF 함수의 [함수 인수] 대화상자가 표시됩니다.

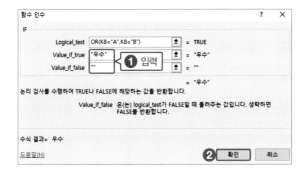

05 ❶ [Value_if_true]에 **우수**를, [Value_if_false]에 "**"**를 입력한 후 **❷** [확인]을 클릭합니다.

➕ 발표등급이 A 혹은 B인 경우에만 우수가 표시되고, 거짓이면 공란으로 표시합니다.

🔢 **인수 설명**
Logical_test : 발표등급이 A나 B인 조건입니다.
Value_if_true : 조건 결과가 참이면 '우수'로 표기합니다.
Value_if_false : 조건 결과가 거짓이면 공란("")으로 표시합니다.

바로 통 하는 TIP **완성 수식** IF 함수를 이용한 수식 : =IF(OR(K8="A", K8="B"), "우수", "")
IFS 함수를 사용한 수식 : =IFS(OR(K8="A", K8="B"), "우수", TRUE, "")

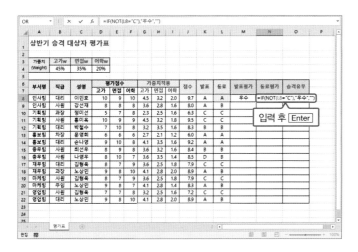

06 IF와 NOT 함수로 동료 평가 표시하기 동료 평가가 C만 아니면 우수로 표시하겠습니다. [N8] 셀에 수식 **=IF(NOT(L8="C"), "우수", "")**를 입력하고 Enter 를 누릅니다.

➕ 동료 평가가 C가 아니면(NOT(L8="C") 조건을 만족하여 결과가 참이면 '우수', 거짓이면 공란으로 표시합니다.

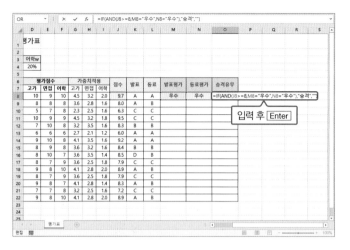

07 IF와 AND로 승격 대상자 표시하기 점수가 8점 이상이고, 발표평가와 동료평가 모두 우수이면 승격으로 표시하겠습니다. [O8] 셀에 수식 **=IF(AND(J8>=8, M8="우수", N8="우수"), "승격", "")**를 입력하고 Enter 를 누릅니다.

➕ 지정한 조건(AND(J8>=8, M8="우수", N8="우수"))을 모두 만족한 결과가 참이면 '승격'을 출력하고, 거짓이면 공란으로 표시합니다.

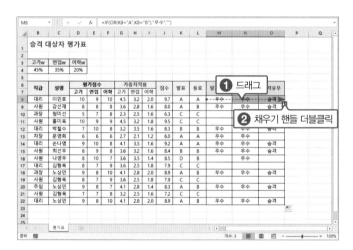

08 ➊ [M8:O8] 범위를 지정한 후 ➋ 채우기 핸들을 더블클릭하여 나머지 셀에 수식을 복사합니다.

➕ 나머지 인원의 발표평가, 동료평가, 승격유무가 모두 구해집니다.

쉽고 빠른 함수 Note   AND, OR, NOT 함수 알아보기

다음을 참고해 AND, OR, NOT 함수를 자세히 이해할 수 있습니다.

범주	이름	설명
논리 함수	AND(조건1, 조건2, …, 조건255)	여러 항목의 조건을 비교해 모두 만족할 경우 참값을 반환합니다.
	OR(조건1, 조건2, …, 조건255)	여러 항목의 조건을 비교해 일부 조건을 만족할 경우 참값을 반환합니다.
	NOT(조건)	지정한 조건이 아니면 참값을 반환합니다.

실무필수

핵심기능

43

IFERROR, ISERROR 함수로 오류 처리하기

실습 파일 5장\상품출고목록_수식오류.xlsx
완성 파일 5장\상품출고목록_수식오류_완성.xlsx

IFERROR 함수는 수식이나 셀의 오류를 검사하여 오류를 처리하고, ISERROR 함수는 오류를 검사하여 오류가 있는지만 알려줍니다. 오류 처리 함수는 수식에서 오류가 발생할 경우 사용자가 지정한 값을 반환하고, 그렇지 않으면 수식 결과를 반환합니다. 상품 출고 목록의 청구금액과 회수율에 표시되어 있는 #VALUE! 오류를 처리해보겠습니다.

미리 보기

회사에서 바로 통하는 키워드 : IF, IFERROR, ISERROR, 논리 함수, 정보 함수

| 한눈에 보는 작업 순서 | #VALUE! 오류 발생 시 0 표시하기 | ▶ | #DIV/0! 오류 발생 시 미출고로 표시하기 |

01 #VALUE! 오류 발생 시 0 표시하기 상품명에 #VALUE! 오류가 발생한 경우 셀에 0을 표시하겠습니다. ❶ [F4] 셀을 클릭합니다. ❷ 수식 입력줄에서 = 뒤에 커서를 위치시키고 **IFERROR(**를 입력합니다. ❸ [함수 삽입 fx]을 클릭해 [함수 인수] 대화상자를 엽니다.

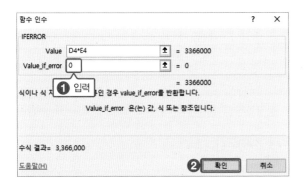

02 IFERROR 함수 인수 입력하기 [함수 인수] 대화상자의 [Value]에 **D4*E4**가 입력되어 있습니다. ❶ [Value_if_error]에 **0**을 입력하고 ❷ [확인]을 클릭합니다.

➕ 셀 계산 결과로 오류가 발생하면 0을 표시합니다.

바로 통하는TIP **완성 수식** : =IFERROR(D4* E4, 0)

fx 인수 설명

Value : [F4] 셀에 오류(#N/A, #VALUE!, #REF!, #DIV/0!, #NUM!, #NAME?, #NULL!)가 있는지 검사합니다.
Value_if_error : 수식에서 오류(#VALUE!)가 발생했을 때 반환할 값을 0으로 지정합니다.

상품명	출고수량	반품수량	총합계	단가	청구금액	회수금액	회수율(%)
머그컵SET	100	1	99	34,000	3,366,000	2,500,000	74%
조리도구SET	200	2	198	54,000			79%
유리컵SET	100	1	99	25,600			80%
텀블러550	150		150	30,000	4,500,000		0%
텀블러700		0		34,000	0	0	#DIV/0!
보온병350	300	1	299	35,000	10,465,000	10,000,000	96%
보온병500				43,000	0		#DIV/0!
우드트레이	100	1	99	40,000	3,960,000	3,300,000	83%
사각트레이	200	2	198	20,000	3,960,000	3,168,000	80%
라탄트레이		0		30,000	0	0	#DIV/0!
티코스터	300	1	299	5,000	1,495,000	1,000,000	67%
테이블매트	300	2	298	10,000	2,980,000	2,980,000	100%
합 계	1,750	11	1,739		43,952,400	33,475,520	76%

03 [F4] 셀의 채우기 핸들을 더블클릭하여 수식을 복사합니다.

➕ 나머지 상품의 청구금액 중 에러가 발생했던 셀이 모두 0으로 바뀝니다.

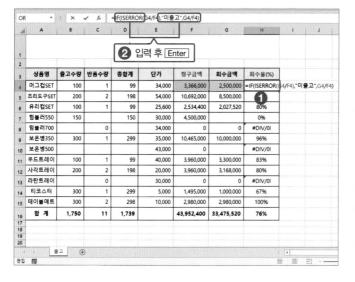

04 #DIV/0! 오류 발생 시 미출고로 표시하기 회수율에 #DIV/0! 오류가 발생한 경우 셀에 미출고를 출력하겠습니다. ❶ [H4] 셀을 클릭합니다. ❷ 수식 입력줄에서 **=IF(ISERROR(G4/F4), "미출고", G4/F4)**를 입력하고 Enter 를 누릅니다.

➕ 회수율 셀의 수식(ISERROR(G4/F4))에 오류(#DIV/0!)가 있으면 TRUE, 없으면 FALSE를 반환합니다. 참값이면 '미출고'를, 거짓이면 회수율(G4/F4)을 표시합니다. ISERROR 함수는 주로 IF 함수와 같이 사용합니다.

05 [H4] 셀의 채우기 핸들을 더블클릭하여 수식을 복사합니다.

➕ 나머지 상품 중 #DIV/0! 에러가 발생했던 셀이 모두 '미출고'로 바뀝니다.

쉽고 빠른 함수 Note   IFERROR, ISERROR 함수 알아보기

다음을 참고해 IFERROR, ISERROR 함수를 자세히 이해할 수 있습니다.

범주	이름	설명
논리 함수	IFERROR(오류를 검사할 셀, 오류일 때 표시할 값)	수식이나 셀의 오류를 검사하고 오류가 있다면 이를 처리합니다.
정보 함수	ISERROR(오류를 검사할 셀)	수식이나 셀의 오류를 검사하고 오류가 있으면 TRUE, 없으면 FALSE를 반환합니다.

실무
필수

실무
활용

문서
작성

문서
편집
&
인쇄

수식
&
함수

차트

데이터
관리/
분석&
자동화

부품 관리 현황표에서 폐기 부품 및 부품별 재고량 조회하기

실습 파일 5장\부품관리현황.xlsx
완성 파일 5장\부품관리현황_완성.xlsx

생산라인별 부품 관리 현황표에서 IF, AND 함수로 재고량을 파악하고, 폐기처분할 부품을 표시한 후 폐기 비용을 계산합니다. 엑셀 2021에 새로 추가된 UNIQUE와 SORT 배열 함수를 사용하여 생산라인과 부품명에서 고유 행을 추출해 목록을 만들어보겠습니다. 생산라인과 부품명을 데이터 유효성 검사 목록으로 설정한 후 재고량을 조회할 수 있도록 SUMIFS 함수로 재고량 합계를 계산해보겠습니다.

미리 보기

	A	B	C	D	E	F	G	H	I	J	K	L	M
1	부품 관리 현황					<부품 재고량 조회>							
2	실사부서	부품 관리팀			생산라인		부품명	상태	재고량				
3	실사기간	2021.5.2 ~ 2021.5.10			생산2팀		릴레이3NJ	양호	95				
4	조 사 원	이명수 外 2명			생산1팀		소켓MY2						
5	실사공장	울산 공장			생산2팀		소켓MK2						
6					생산3팀		릴레이T90						
7	생산라인	부품코드	부품명	상태	재고량	실사량	릴레이3NJ	기처분	비용				
8	생산1팀	S10-MY2	소켓MY2	불량	50	50	버저14A	폐기	100,000				
9	생산1팀	S10-MK2	소켓MK2	불량	80	80	버저22A	폐기	160,000				
10	생산1팀	R10-T90	릴레이T90	양호	100	100	컨넥터12		-				
11	생산1팀	R10-3NJ	릴레이3NJ	양호	50	50	컨넥터16		-				
12	생산1팀	B20-14A	버저14A	양호	45	45			-				
13	생산1팀	Z20-22A	버저22A	양호	45	45			-				
14	생산1팀	CNT-12	컨넥터12	양호	70	50	재실사		-				
15	생산2팀	S10-MY2	소켓MY2	불량	45	45		폐기	90,000				
16	생산2팀	S10-MK2	소켓MK2	양호	50	62	재실사		-				
17	생산2팀	R10-T90	릴레이T90	양호	80	80			-				
18	생산2팀	R10-3NJ	릴레이3NJ	양호	95	95			-				
19	생산2팀	B20-14A	버저14A	양호	60	55	재실사		-				
20	생산2팀	Z20-22A	버저22A	양호	100	100			-				
21	생산2팀	CNT-12	컨넥터12	양호	70	70			-				
	생산2팀	S10-MY2	소켓MY2	불량	10	10		폐기	20,000				

부품

회사에서 바로 통하는 키워드: IF, AND, SUMIFS, SORT, UNIQUE, 데이터 유효성 검사

한눈에 보는 작업 순서	재실사 표시하기 ▶ 폐기 표시하기 ▶ 폐기처분 비용 계산하기
	▶ 생산라인과 부품명 목록 만들기 ▶ 생산라인/부품명 데이터 유효성 검사 설정하기
	▶ 재고량 계산하기

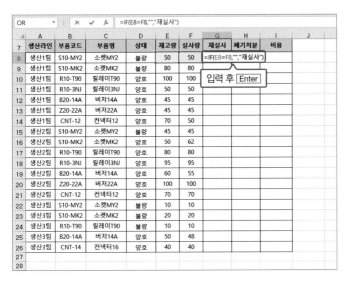

01

재실사 표시하기 재고량과 실사량이 다르면 재실사를 표시하겠습니다. [G8] 셀에 수식 **=IF(E8=F8, "", "재실사")**를 입력하고 Enter를 누릅니다.

➕ 재고량과 실사량이 다른 경우 '재실사'가 표시됩니다.

=IF(E8=F8,"","재실사")

	A	B	C	D	E	F	G	H	I	J
7	생산라인	부품코드	부품명	상태	재고량	실사량	재실사	폐기처분	비용	
8	생산1팀	S10-MY2	소켓MY2	불량	50	50	=IF(E8=F8,"","재실사")			
9	생산1팀	S10-MK2	소켓MK2	불량	80	80				
10	생산1팀	R10-T90	릴레이T90	양호	100	100				
11	생산1팀	R10-3NJ	릴레이3NJ	양호	50	50				
12	생산1팀	B20-14A	버저14A	양호	45	45				
13	생산1팀	Z20-22A	버저22A	양호	45	45				
14	생산1팀	CNT-12	컨넥터12	양호	70	50				
15	생산2팀	S10-MY2	소켓MY2	불량	45	45				
16	생산2팀	S10-MK2	소켓MK2	양호	50	62				
17	생산2팀	R10-T90	릴레이T90	양호	80	80				
18	생산2팀	R10-3NJ	릴레이3NJ	양호	95	95				
19	생산2팀	B20-14A	버저14A	양호	60	55				
20	생산2팀	Z20-22A	버저22A	양호	100	100				
21	생산2팀	CNT-12	컨넥터12	양호	70	70				
22	생산3팀	S10-MY2	소켓MY2	불량	10	10				
23	생산3팀	S10-MK2	소켓MK2	불량	20	20				
24	생산3팀	R10-T90	릴레이T90	불량	10	10				
25	생산3팀	B20-14A	버저14A	양호	50	48				
26	생산3팀	CNT-14	컨넥터16	양호	40	40				
27										
28										

입력 후 Enter

02

폐기 표시하기 상태가 불량인 부품은 폐기로 표시하겠습니다. [H8] 셀에 수식 **=IF(AND(G8="", D8="불량"), "폐기", "")**를 입력하고 Enter를 누릅니다.

➕ [D8] 셀에 '불량'이 입력되어 있다면 '폐기'가 표시됩니다.

=IF(AND(G8="",D8="불량"),"폐기","")

	A	B	C	D	E	F	G	H	I	J
7	생산라인	부품코드	부품명	상태	재고량	실사량	재실사	폐기처분	비용	
8	생산1팀	S10-MY2	소켓MY2	불량	50	50		=IF(AND(G8="",D8="불량"),"폐기","")		
9	생산1팀	S10-MK2	소켓MK2	불량	80	80				
10	생산1팀	R10-T90	릴레이T90	양호	100	100				
11	생산1팀	R10-3NJ	릴레이3NJ	양호	50	50				
12	생산1팀	B20-14A	버저14A	양호	45	45				
13	생산1팀	Z20-22A	버저22A	양호	45	45				
14	생산1팀	CNT-12	컨넥터12	양호	70	50				
15	생산2팀	S10-MY2	소켓MY2	불량	45	45				
16	생산2팀	S10-MK2	소켓MK2	양호	50	62				
17	생산2팀	R10-T90	릴레이T90	양호	80	80				
18	생산2팀	R10-3NJ	릴레이3NJ	양호	95	95				
19	생산2팀	B20-14A	버저14A	양호	60	55				
20	생산2팀	Z20-22A	버저22A	양호	100	100				
21	생산2팀	CNT-12	컨넥터12	양호	70	70				
22	생산3팀	S10-MY2	소켓MY2	불량	10	10				
23	생산3팀	S10-MK2	소켓MK2	불량	20	20				
24	생산3팀	R10-T90	릴레이T90	불량	10	10				
25	생산3팀	B20-14A	버저14A	양호	50	48				
26	생산3팀	CNT-14	컨넥터16	양호	40	40				
27										
28										

입력 후 Enter

03

폐기처분 비용 계산하기 폐기할 부품의 수량에 2000을 곱해 비용으로 처리하겠습니다. [I8] 셀에 수식 **=IF(H8="폐기", F8*2000, 0)**를 입력하고 Enter를 누릅니다.

➕ [H8] 셀에 '폐기'가 표시된다면 현재 실사량에 폐기 비용 2000을 곱한 값이 구해집니다.

=IF(H8="폐기",F8*2000,0)

	A	B	C	D	E	F	G	H	I	J
7	생산라인	부품코드	부품명	상태	재고량	실사량	재실사	폐기처분	비용	
8	생산1팀	S10-MY2	소켓MY2	불량	50	50		폐기	=IF(H8="폐기",F8*2000,0)	
9	생산1팀	S10-MK2	소켓MK2	불량	80	80				
10	생산1팀	R10-T90	릴레이T90	양호	100	100				
11	생산1팀	R10-3NJ	릴레이3NJ	양호	50	50				
12	생산1팀	B20-14A	버저14A	양호	45	45				
13	생산1팀	Z20-22A	버저22A	양호	45	45				
14	생산1팀	CNT-12	컨넥터12	양호	70	50				
15	생산2팀	S10-MY2	소켓MY2	불량	45	45				
16	생산2팀	S10-MK2	소켓MK2	양호	50	62				
17	생산2팀	R10-T90	릴레이T90	양호	80	80				
18	생산2팀	R10-3NJ	릴레이3NJ	양호	95	95				
19	생산2팀	B20-14A	버저14A	양호	60	55				
20	생산2팀	Z20-22A	버저22A	양호	100	100				
21	생산2팀	CNT-12	컨넥터12	양호	70	70				
22	생산3팀	S10-MY2	소켓MY2	불량	10	10				
23	생산3팀	S10-MK2	소켓MK2	불량	20	20				
24	생산3팀	R10-T90	릴레이T90	불량	10	10				
25	생산3팀	B20-14A	버저14A	양호	50	48				
26	생산3팀	CNT-14	컨넥터16	양호	40	40				
27										
28										

입력 후 Enter

실무 필수

실무 활용

문서 작성

문서 편집 & 인쇄

수식 & 함수

차트

데이터 관리/ 분석& 자동화

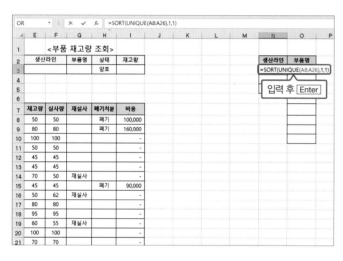

04 ❶ [G8:I8] 범위를 지정하고 ❷ 채우기 핸들➕을 더블클릭하여 수식을 복사합니다.

➕ 나머지 부품의 재실사, 폐기처분 여부, 폐기 비용이 모두 구해집니다.

05 생산라인과 부품명 목록 만들기
생산라인과 부품명 범위에서 고유 행을 UNIQUE 함수로 추출하고, SORT 함수로 오름차순 정렬해보겠습니다. [N3] 셀에 수식 **=SORT (UNIQUE(A8:A26), 1, 1)**를 입력하고 Enter 를 누릅니다.

➕ 생산라인 범위(A8:A26)에서 고윳값(UNIQUE(A8:A26))을 추출한 후 첫 번째 열(1)을 기준으로 오름차순(1) 정렬(SORT)합니다. 동적 배열 함수는 결괏값을 범위로 반환하고, 파란색 테두리로 강조해 표시합니다. 반환할 위치에 다른 값이 있다면 #SPILL! 오류가 표시됩니다.

✔ **엑셀 2019&이전 버전** UNIQUE, SORT 함수를 사용해 고유 열을 추출하지 못한 경우에는 [목록] 시트의 [A4:A6] 범위를 복사해서 [부품] 시트의 [N3] 셀에 붙여 넣습니다.

쉽고 빠른 함수 Note UNIQUE, SORT 함수 알아보기

UNIQUE, SORT 함수는 엑셀 2021 버전에 새로 추가된 동적 배열 함수입니다. 다음을 참고해 UNIQUE, SORT 함수를 자세히 이해할 수 있습니다.

범주	이름	설명
찾기/참조 영역 함수	UNIQUE(배열, [방향], [고윳값])	배열의 방향(행 : FALSE, 열 : TRUE)에서 고윳값을 추출합니다.
	SORT(배열, [정렬기준열], [정렬 순서], [정렬 방향])	배열에서 기준 열로 정렬(1 : 오름, −1 : 내림)합니다.

06 [O3] 셀에 수식 **=SORT(UNIQUE(C8:C26), 1, 1)**를 입력하고 Enter 를 누릅니다.

➕ 부품 범위(C8:C26)에서 고윳값(UNIQUE(C8:C26))을 추출한 후 첫 번째 열(1)을 기준으로 오름차순(1) 정렬(SORT)합니다.

🔵 **엑셀 2019&이전 버전** UNIQUE, SORT 함수를 사용해 고유 열을 추출하지 못한 경우에는 [목록] 시트의 [B4:B11] 범위를 복사해서 [부품] 시트의 [O3] 셀에 붙여 넣습니다.

07 생산라인에 데이터 유효성 검사 설정하기 생산라인에 데이터 유효성 검사를 목록으로 설정하겠습니다. ❶ [E3] 셀을 클릭합니다. ❷ [데이터] 탭-[데이터 도구] 그룹-[데이터 유효성 검사 📄]를 클릭합니다. ❸ [데이터 유효성] 대화상자의 [설정] 탭에서 [제한 대상]을 [목록]으로 설정합니다. ❹ [원본]을 클릭하고 ❺ [N3:N5] 범위를 지정한 후 ❻ [확인]을 클릭합니다.

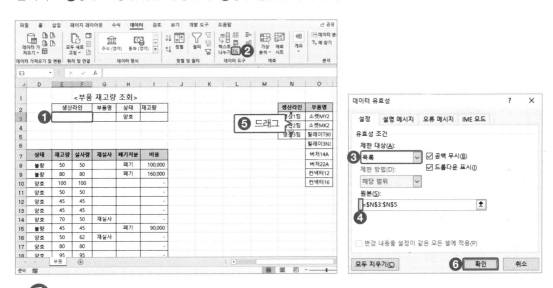

바로 통 하는TIP 동적 배열 함수로 고윳값을 추출한 범위를 참조할 때 수식을 입력한 셀 주소(N3) 뒤에 **#**을 입력하면 범위를 반환합니다. 여기서는 [원본]에 **=N3#**을 입력할 수 있습니다.

08 부품명에 데이터 유효성 검사 설정하기 부품명에 데이터 유효성 검사를 목록으로 설정하겠습니다. ❶ [G3] 셀을 클릭합니다. ❷ [데이터] 탭−[데이터 도구] 그룹−[데이터 유효성 검사 📝]를 클릭합니다. ❸ [데이터 유효성] 대화상자의 [설정] 탭에서 [제한 대상]을 [목록]으로 설정합니다. ❹ [원본]을 클릭하고 ❺ [O3:O10] 범위를 지정한 후 ❻ [확인]을 클릭합니다.

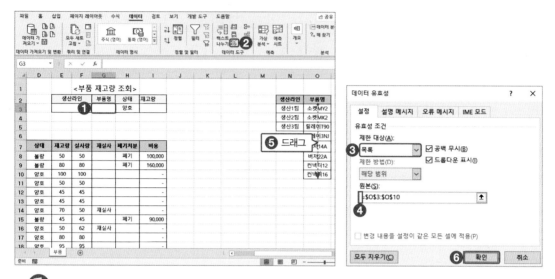

바로 통하는TIP 동적 배열 함수로 고윳값을 추출한 범위를 참조할 때 수식을 입력한 셀 주소(O3) 뒤에 #을 입력하면 범위를 반환합니다. 여기서는 [원본]에 **=O3#**을 입력할 수 있습니다.

09 재고량 표시하기 상태가 양호한 생산라인별 부품의 재고량을 표시해보겠습니다. [I3] 셀에 **=SUMIFS**를 입력하고 Ctrl + A 를 누릅니다.

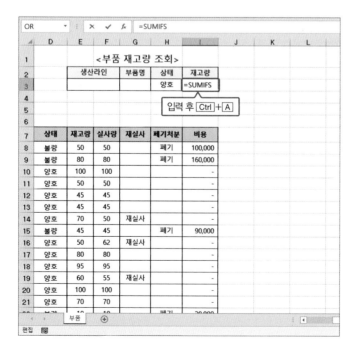

➕ [함수 인수] 대화상자가 표시됩니다.

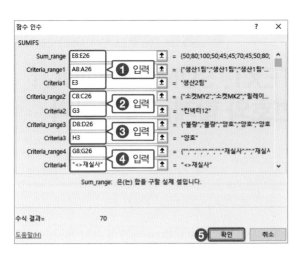

10 SUMIFS 함수 인수 입력하기 [함수 인수] 대화상자에서 ❶ [Sum_range]에 **E8: E26**을, [Criteria_range1]에 **A8:A26**을, [Criteria1]에 **E3**을 입력합니다. ❷ [Criteria_range2]에 **C8:C26**을, [Criteria2]에 **G3**을 입력합니다. ❸ [Criteria_range3]에 **D8: D26**을, [Criteria3]에 **H3**을 입력합니다. ❹ [Criteria_range4]에 **G8:G26**을, [Criteria4]에 **"<>재실사"**를 입력합니다. ❺ [확인]을 클릭합니다.

➕ 생산라인(A8:A26)에서 조건(E3)을 만족하고, 부품명(C8:C26)에서 조건(G3)을 만족하고, 상태(D8:D26)에서 조건(H3)을 만족하고, 재실사(G8:G26)에서 조건(<>재실사)을 만족하는 재고량(E8:E26)의 합계를 계산합니다.

바로 통 하는TIP **완성 수식 :** =SUMIFS(E8:E26, A8:A26, E3, C8:C26, G3, D8:D26, H3, G8:G26, "<>재실사")

11 ❶ [E3] 셀의 목록 단추▼를 클릭하고 ❷ [생산 2팀]을 선택합니다. ❸ [G3] 셀의 목록 단추▼를 클릭하고 ❹ [릴레이3NJ]를 선택하면 해당 생산라인의 부품명에 해당하는 재고량이 표시됩니다.

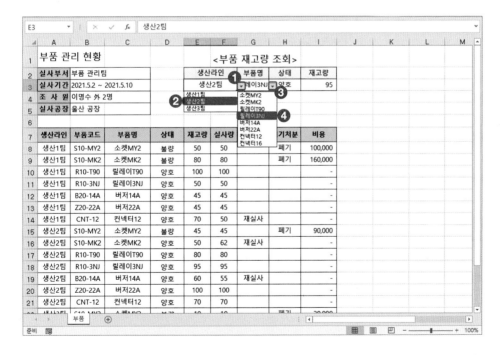

핵심기능

44

ROW, TEXT, SUMPRODUCT 함수로 번호와 합계금액 구하기

실습 파일 5장 \ 거래명세표1_SUMPRODUCT.xlsx
완성 파일 5장 \ 거래명세표1_SUMPRODUCT_완성.xlsx

ROW 함수는 현재 셀이나 특정 셀의 번호를 구할 때 사용하고 TEXT 함수는 셀 값의 표시 형식을 지정할 때 사용합니다. SUMPRODUCT 함수는 배열 또는 범위의 대응하는 값끼리 곱하고 더할 때 사용합니다. 거래명세표에서 품목의 번호를 표시하고 합계금액을 계산해보겠습니다.

미리 보기

거 래 명 세 표

거래일자:		2021년 05월 06일				등록번호		120-820-12345		
					공급자	상 호 (법인명)	㈜미래컴퓨터	성 명	홍길동	인
수　신:		㈜블루미디어 貴下				사업장 주 소	서울시 용산구 한강로3가 성우빌딩 303			
아래와 같이 계산합니다						전 화	(02) 365-1234	팩 스	(02) 365-1235	

합계금액 (VAT포함)	일금 이천삼백칠십만구백삼십 원정	(₩ 23,700,930)

No	품목	수량	공급가	공 급 가 액									세　　액						
				억	천	백	십	만	천	백	십	일	천	백	십	만	천	백	십	일
01	노트북 NT-X420-PA40SE	10	1,456,000																
02	외장하드 XD5 Mini 500GB	20	146,000																
03	무선USB허브(UWB-01)	10	167,000																
04	레이저 프린터 P2035	3	329,000																
05	토너 C7115X	3	45,600																
06	잉크젯 프린터 오피스젯 K7100	5	235,600																
07	잉크 C8766WA	5	18,900																
08																			
09																			
10																			
합계		56	2,398,100			21,546,300									2,154,630				

거래명세표

회사에서 바로 통하는 키워드 : ROW, TEXT, SUMPRODUCT, 행 번호 구하기, 텍스트 함수

한눈에 보는 작업 순서

행 번호 표시하기 ▶ 공급가액 합계 구하기 ▶ 부가세 10%를 포함한 합계금액 구하기

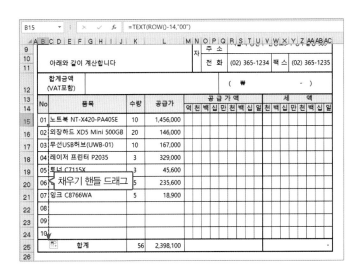

01 행 번호 표시하기 품명의 행 번호를 구하고 표시 형식을 지정하겠습니다. [B15] 셀에 수식 **=TEXT(ROW ()-14, "00")**를 입력하고 [Enter]를 누릅니다.

➕ [B15] 셀의 현재 행 번호는 15이므로 ROW 함수에서 14를 빼서 '1'을 표시했습니다. 행 번호를 두 자리로 표시하기 위해 TEXT 함수로 표시 형식 **"00"**을 지정합니다.

02 [B15] 셀의 채우기 핸들 🔳을 [B 24] 셀까지 드래그합니다.

➕ 24행까지 No에 해당하는 행 번호가 채워집니다.

03 공급가액 합계 구하기 수량과 공급가를 곱한 후 모두 더하여 합계를 구하겠습니다. ❶ [M25] 셀을 클릭합니다. ❷ [수식] 탭-[함수 라이브러리] 그룹-[수학/삼각🔳]을 클릭하고 ❸ [SUMPRODUCT]를 클릭합니다.

➕ [함수 인수] 대화상자가 표시됩니다.

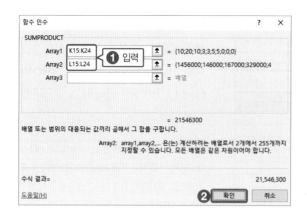

04 SUMPRODUCT 함수 인수 입력하기

[함수 인수] 대화상자에서 ❶ [Array1](대응하여 곱할 범위1)에 **K15:K24**를, [Array2](대응하여 곱할 범위2)에 **L15:L24**를 입력한 후 ❷ [확인]을 클릭합니다.

➕ 범위의 수량과 공급가를 곱한 후 모두 더한 값이 구해집니다.

바로 통하는 TIP **완성 수식** : =SUMPRODUCT(K15:K24, L15:L24)

05 부가세 10%를 포함한 합계금액 구하기 [G12] 셀에 수식 **=SUMPRODUCT(K15:K24, L15:L24) *1.1**을 입력한 후 Enter 를 누릅니다.

➕ 공급가액의 합계에 10%를 추가한 합계금액이 구해집니다.

쉽고 빠른 함수 Note ROW, COLUMN, TEXT, SUMPRODUCT 함수 알아보기

다음을 참고해 ROW, COLUMN, TEXT, SUMPRODUCT 함수를 자세히 이해할 수 있습니다.

범주	이름	설명
찾기/참조 함수	ROW(셀 주소)	현재 셀이나 특정 셀의 행 번호를 표시합니다.
	COLUMN(셀 주소)	현재 셀이나 특정 셀의 열 번호를 표시합니다.
텍스트 함수	TEXT(사용자 지정 형식을 지정할 값, 사용자 지정 형식)	셀 값의 표시 형식을 지정하는 함수입니다. 셀 서식에서 지정하는 표시 형식은 화면에 보이는 형식일 뿐 실제 데이터 형식은 그대로 유지됩니다. TEXT 함수를 사용하면 데이터 형식이 텍스트로 바뀝니다.
수학/삼각 함수	SUMPRODUCT(배열1, 배열2, …)	배열 또는 범위의 대응하는 값끼리 곱하고 더합니다.

실무필수

핵심기능

45

| 2010 | 2013 | 2016 | 2019 | 2021 |

LEFT, MID, RIGHT, TEXTJOIN, LEN, CHOOSE 함수로 계좌정보 암호화하고 성별 구하기

실습 파일 5장 \ 고객계좌정보_텍스트.xlsx
완성 파일 5장 \ 고객계좌정보_텍스트_완성.xlsx

텍스트 함수 중 LEFT, RIGHT 함수는 글자 일부를 왼쪽/오른쪽에서 추출하고, LEN 함수는 텍스트의 길이를 알려줍니다. TEXTJOIN 함수는 구분 기호를 사용하여 문자열을 합칩니다. CHOOSE 함수는 인덱스(색인) 번호에 따라 원하는 목록을 직접 입력하여 인덱스 값에 따른 목록을 찾아줍니다. MID 함수는 문자열에서 글자 일부를 추출합니다. 고객 정보 목록에서 계좌번호를 암호화하여 표시하고, 주민번호에서 성별을 의미하는 숫자를 추출해 성별을 표시하겠습니다.

미리 보기

	A	B	C	D	E	F	G	H	I	J	K	L	M	N
1		고객 정보 목록									고객 계좌 정보			
2														
3	고객명	주민번호	지역	납입액	결제일	은행	계좌번호	예금주		생년월일	계좌번호	결제일/은행	예금주	성별
4	김민철	791248-1345789	서울	15,000	20일	국민은행	110-212-090965	김민철		791248	110-212-09****	20일/국민은행	김O철	남
5	이성우	741220-2545612	서울	24,500	25일	우리카드	6631-1100-1113-0542	이성우		741220	6631-1100-1113-****	25일/우리카드	이O우	여
6	강민욱	800748-1045678	경기	15,000	30일	우리은행	232-2464-668453	강민욱		800748	232-2464-66****	30일/우리은행	강O욱	남
7	송선진	850108-1087741	대구	24,500	25일	농협	613047-32-687788	송선진		850108	613047-32-68****	25일/농협	송O진	남
8	이미옥	860712-1549091	부산	32,000	25일	수협	214-32-033765	이미옥		860712	214-32-03****	25일/수협	이O옥	남
9	김수민	850720-1099887	경기	15,000	25일	씨티은행	232-54-9163344	김수민		850720	232-54-916****	25일/씨티은행	김O민	남
10	오성우	874530-2045777	서울	24,500	25일	하나은행	221-810197-51209	오성우		874530	221-810197-5****	25일/하나은행	오O우	여
11	박민주	810407-2145678	서울	15,000	25일	신한카드	1100-3555-1234-0202	박민주		810407	1100-3555-1234-****	25일/신한카드	박O주	여
12	문호영	830530-1545698	대구	24,500	25일	국민은행	110-212-123455	문호영		830530	110-212-12****	25일/국민은행	문O영	남
13	김상호	820505-1245781	경기	15,000	25일	하나카드	6631-3456-9873-3135	김상호		820505	6631-3456-9873-****	25일/하나카드	김O호	남
14	성민중	901212-2014335	대전	24,500	25일	우리은행	291-2414-668551	성민중		901212	291-2414-66****	25일/우리은행	성O중	여
15	강호수	721105-2020112	광주	15,000	25일	농협	613047-32-687715	강호수		721105	613047-32-68****	25일/농협	강O수	여
16	이정필	840504-1087741	충남	24,500	20일	수협	214-32-123456	이정필		840504	214-32-12****	20일/수협	이O필	남
17	박상우	210211-3012345	서울	15,000	20일	씨티은행	232-41-9663322	박상우		210211	232-41-966****	20일/씨티은행	박O우	남
18	우정민	840103-2077456	서울	24,500	20일	하나은행	221-810222-51214	우정민		840103	221-810222-5****	20일/하나은행	우O민	여
19	안민호	774715-2356789	경기	32,000	30일	신한은행	110-285-123454	안민호		774715	110-285-12****	30일/신한은행	안O호	남
20	김호정	801009-1047797	대구	32,000	30일	국민은행	110-212-563412	김호정		801009	110-212-56****	30일/국민은행	김O정	남
21	이경민	781106-2567891	부산	15,000	30일	삼성카드	6633-1133-2345-1541	이경민		781106	6633-1133-2345-****	30일/삼성카드	이O민	여
22	민경필	800607-2546789	경기	24,500	30일	우리은행	232-3451-778411	민경필		800607	232-3451-77****	30일/우리은행	민O필	여
23	홍성수	850825-1546789	서울	15,000	30일	농협카드	6130-4712-6877-3133	홍성수		850825	6130-4712-6877-****	30일/농협카드	홍O수	남
24	강민주	750206-1678910	서울	24,500	20일	수협	214-32-165767	강민주		750206	214-32-16****	20일/수협	강O주	남
25	최태미	801205-2067891	대구	15,000	30일	씨티은행	232-44-9163311	최태미		801205	232-44-916****	30일/씨티은행	최O미	여
26	김홍주	840748-1076345	경기	24,500	25일	하나은행	221-815597-63412	김홍주		840748	221-815597-6****	25일/하나은행	김O주	남
27	임성수	200211-4012345	대전	32,000	25일	신한은행	110-355-345472	임성수		200211	110-355-34****	25일/신한은행	임O수	여
28														
29														
30														
31														
32														

고객정보

회사에서 바로 통하는 키워드 : LEFT, MID, RIGHT, LEN, TEXTJOIN, CHOOSE, 텍스트 함수

| 한눈에 보는 작업 순서 | 주민번호에서 생년월일 추출하기 | ▶ | 계좌번호 뒷자리 암호화하기 | ▶ | 결제일과 은행 합치기 | ▶ | 이름 암호화하기 | ▶ | 성별 표시하기 |

01 주민번호에서 생년월일 추출하기 주민번호에서 앞 여섯 자리를 추출하여 생년월일을 표시하겠습니다. ❶ [J4] 셀을 클릭합니다. ❷ [수식] 탭–[함수 라이브러리] 그룹–[텍스트]를 클릭하고 ❸ [LEFT]를 클릭합니다.

➕ [함수 인수] 대화상자가 표시됩니다.

바로 통 하는TIP LEFT 함수는 왼쪽에서 일부 문자를 추출합니다.

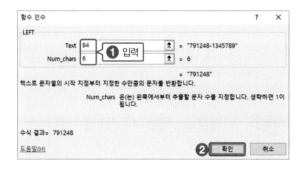

02 LEFT 함수 인수 입력하기 [함수 인수] 대화상자의 ❶ [Text]에 **B4**를, [Num_chars]에 **6**을 입력하고 ❷ [확인]을 클릭합니다.

➕ 주민번호(B4)에서 앞 여섯 자리를 추출합니다.

바로 통 하는TIP 완성 수식 : =LEFT(B4, 6)

03 계좌번호 뒷자리 암호화하기 계좌번호에서 앞자리를 추출한 후 나머지 네 자리를 기호 *로 표시하겠습니다. [K4] 셀에 수식 **=LEFT(G4, LEN(G4)–4)&"****"**을 입력한 후 Enter를 누릅니다.

➕ 계좌번호(G4)의 총 글자수(LEN(G4))에서 네 자리를 뺀(LEN(G4)–4) 앞자리 계좌번호를 추출하고 뒷자리 네 자리를 '****'로 표시합니다.

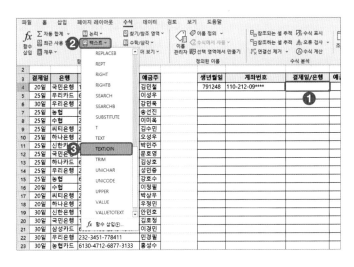

04 결제일과 은행 합치기 결제일과 은행을 구분 기호 /로 합치겠습니다. ❶ [L4] 셀을 클릭합니다. ❷ [수식] 탭-[함수 라이브러리] 그룹-[텍스트 圖]를 클릭하고 ❸ [TEXTJOIN]을 클릭합니다.

➕ [함수 인수] 대화상자가 표시됩니다.

✅ **엑셀 2019 버전** TEXTJOIN 함수는 엑셀 2019 버전에 새로 추가된 함수로, 텍스트와 텍스트의 기호를 구분하여 합칩니다.

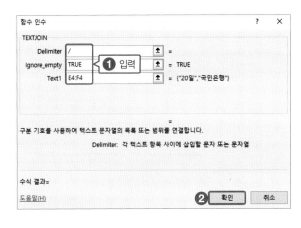

05 TEXTJOIN 함수 인수 입력하기 [함수 인수] 대화상자의 ❶ [Delimiter]에 /를, [Ignore_empty]에 **TRUE**를, [Text1]에 **E4:F4**를 입력하고 ❷ [확인]을 클릭합니다.

바로 통 하는TIP 완성 수식 : =TEXTJOIN("/", TRUE, E4:F4)

✅ **엑셀 2016&이전 버전** 결제일/은행을 각각의 문자와 '/' 구분 기호로 합쳐야 하므로 & 연산자를 사용해 수식 **=E4&"/"&F4**를 입력합니다.

𝑓x 인수 설명

Delimiter : 문자열을 합칠 때 구분 기호 /를 입력합니다.

Ignore_empty : 합칠 문자열의 범위에 빈 셀을 포함하지 않으려면 **TRUE**를 입력합니다.

Text1 : 합칠 범위(E4:F4)를 지정합니다.

06 이름 암호화하기 이름에서 앞 글자와 뒷글자를 추출하고, 가운데 글자를 기호 O로 표시하겠습니다. [M4] 셀에 수식 **=LEFT(H4, 1)&"O"&RIGHT(H4, 1)**를 입력한 후 [Enter]를 누릅니다.

➕ 고객 이름 가운데 글자가 ○로 처리됩니다.

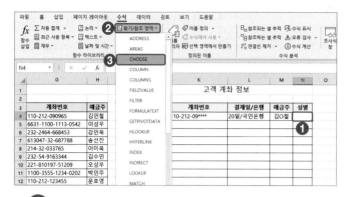

07 CHOOSE와 MID 함수를 중첩하여 성별 표시하기 주민번호에서 여덟 번째 자리의 값이 1이나 3이면 성별에 남을, 2나 4면 여를 표시하겠습니다. ❶ [N4] 셀을 클릭합니다. ❷ [수식] 탭-[함수 라이브러리] 그룹-[찾기/참조 영역📷]을 클릭하고 ❸ [CHOOSE]를 클릭합니다.

바로통하는TIP CHOOSE 함수는 인덱스 번호(1~254)에 따라 번호 위치의 값을 찾아줍니다.

08 [함수 인수] 대화상자의 ❶ [Index_num]에 **MID( )**를 입력하고 ❷ MID 함수의 인수를 입력하기 위해 수식 입력줄에서 MID( ) 부분을 클릭합니다.

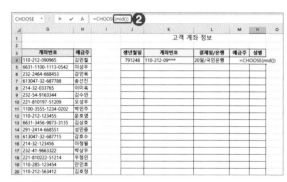

바로통하는TIP MID 함수는 텍스트에서 지정한 위치로부터 일부 글자를 추출합니다.

09 MID 함수 인수 입력하기 [함수 인수] 대화상자에서 ❶ [Text]에 **B4**를, [Start_num]에 **8**을, [Num_chars]에 **1**을 입력합니다. ❷ CHOOSE 함수의 [함수 인수] 대화상자로 돌아가기 위해 수식 입력줄에서 CHOOSE 부분을 클릭합니다.

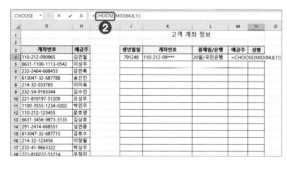

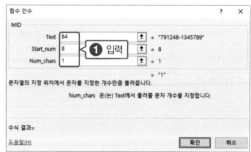

fx **인수 설명**

Text : 주민번호가 있는 셀 주소(B4)를 지정합니다.

Start_num : 주민번호에서 추출할 시작 위치(8)를 입력합니다.

Num_chars : 시작 위치로부터 추출할 문자 개수(1)를 입력합니다.

10 CHOOSE 함수 인수 입력하기 ❶ [Value 1]에 **남**을, [Value2]에 **여**를, [Value3]에 **남**을, [Value4]에 **여**를 입력합니다. ❷ [확인]을 클릭합니다.

➕ 주민등록번호의 여덟 번째 자리가 1900년대 출생자 중 1이면 남자, 2면 여자, 2000년대 출생자 중 3이면 남자, 4면 여자이므로 주민등록 성별 구분 번호(1~4)에 따라 순서대로 **남, 여, 남, 여**를 반환합니다.

바로 **통**하는TIP **완성 수식 :** =CHOOSE(MID(B4, 8, 1), "남", "여", "남", "여")

11 ❶ [J4:N4] 범위를 지정하고 ❷ 채우기 핸들을 [N27] 셀까지 드래그해서 수식을 복사합니다.

➕ 나머지 고객의 생년월일, 암호처리된 계좌번호, 결제일/은행, 예금주명, 성별 등이 한번에 구해집니다.

쉽고 빠른 함수 Note LEFT, MID, RIGHT, TEXTJOIN, LEN, CHOOSE 함수 알아보기

다음을 참고해 LEFT, MID, RIGHT, TEXTJOIN, LEN, CHOOSE 함수를 자세히 이해할 수 있습니다.

범주	이름	설명
텍스트 함수	LEFT(문자열, 왼쪽에서 추출할 문자의 수)	문자열에서 왼쪽 일부 글자를 추출합니다.
	MID(문자열, 추출할 시작 위치, 추출할 문자의 수)	문자열에서 시작 위치부터 일부 글자를 추출합니다.
	RIGHT(문자열, 오른쪽에서 추출할 문자의 수)	문자열에서 오른쪽 일부 글자를 추출합니다.
	TEXTJOIN(구분 텍스트, 빈 셀 포함 유무, 문자열1, 문자열2, …, 문자열252)	구분 기호를 사용하여 문자열을 합칩니다. TEXTJOIN 함수는 엑셀 2019 버전에서 새로 추가되었습니다.
	LEN(문자열)	문자열의 길이를 숫자로 표시합니다.
찾기/참조 영역 함수	CHOOSE(인덱스 번호, 값1, 값2, …)	인덱스 번호(1~254)에 따른 위치의 목록(값1, 값2, …)을 찾아줍니다.

거래명세서의 금액을 자릿수별로 입력하기

실습 파일 5장\거래명세표2.xlsx
완성 파일 5장\거래명세표2_완성.xlsx

세금계산서, 교통비 청구서, 거래명세서, 발주서 등의 양식에는 일반 회계 장부처럼 금액을 자릿수별로 한 칸에 하나씩 입력합니다. 그런데 숫자를 하나하나 입력하기도 번거롭고 자릿수를 맞추기도 쉽지 않습니다. 거래명세서에서 TEXT, MID, COLUMN 함수를 사용하여 자릿수별로 숫자를 표시해보겠습니다.

미리 보기

거 래 명 세 표

거래일자: 2021년 05월 06일

수 신: ㈜블루미디어 貴下

아래와 같이 계산합니다

공급자	등록번호	120-820-12345		
	상 호 (법인명)	㈜미래컴퓨터	성 명	홍길동 인
	사업장 주 소	서울시 용산구 한강로3가 성우빌딩 303		
	전 화	(02) 365-1234	팩 스	(02) 365-1235

합계금액 (VAT포함)	일금 이천삼백칠십만구백삼십 원정	(₩ 23,700,930)

No	품목	수량	공급가	공 급 가 액								세 액							
				억	천	백	십	만	천	백	십	일	천	백	십	만	천	백	십	일
01	노트북 NT-X420-PA40SE	10	1,456,000		1	4	5	6	0	0	0		1	4	5	6	0	0	0
02	외장하드 XD5 Mini 500GB	20	146,000			2	9	2	0	0	0			2	9	2	0	0	0
03	무선USB허브(UWB-01)	10	167,000			1	6	7	0	0	0			1	6	7	0	0	0
04	레이저 프린터 P2035	3	329,000				9	8	7	0	0				9	8	7	0	0
05	토너 C7115X	3	45,600				1	3	6	8	0				1	3	6	8	0
06	잉크젯 프린터 오피스젯 K7100	5	235,600			1	1	7	8	0	0			1	1	7	8	0	0
07	잉크 C8766WA	5	18,900					9	4	5	0					9	4	5	0
08																			
09																			
10																			
합계		56	2,398,100	2	1	5	4	6	3	0	0		2	1	5	4	6	3	0	0

거래명세표

회사에서 바로 통하는 키워드 : TEXT, MID, COLUMN

한눈에 보는 작업 순서	공급가액 자릿수 고정하기	▶	세액 자릿수 고정하기	▶	공급가액 자릿수 위치에 숫자 표시하기	▶	세액 자릿수 위치에 숫자 표시하기	▶	공급가액과 세액 열 숨기기

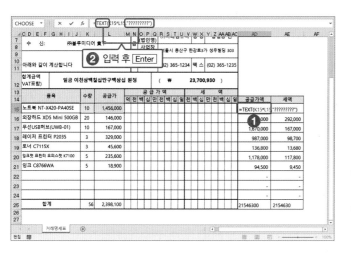

01 공급가액 자릿수 맞춰 표시하기

TEXT 함수로 공급가액의 자릿수를 9자리로 고정하겠습니다. ❶ [AD15] 셀을 클릭하고 ❷ 수식을 =TEXT **(K15*L15, "?????????")**로 수정한 후 Enter를 누릅니다.

➕ 공급가액(K15*L15)을 곱한 금액의 표시 형식을 아홉 자리(?????????) 텍스트로 나타냅니다. 물음표(?) 기호는 자릿수에 맞춰 표시하고 남은 자리가 있으면 앞자리를 공백으로 채웁니다.

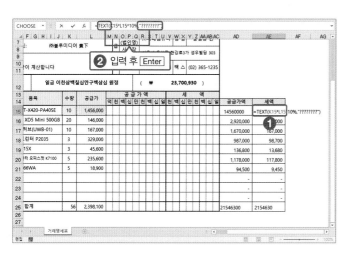

02 세액 자릿수 맞춰 표시하기

TEXT 함수로 세액의 자릿수를 8자리로 고정하겠습니다. ❶ [AE15] 셀을 클릭하고 ❷ 수식을 =TEXT(K **15*L15*10%, "????????")**로 수정한 후 Enter를 누릅니다.

➕ 세액의 표시 형식을 여덟 자리(????????) 텍스트로 나타냅니다.

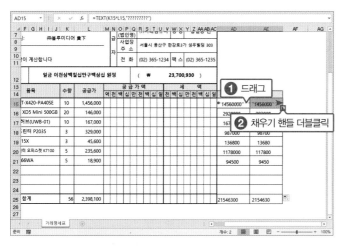

03 ❶ [AD15:AE15] 범위를 지정하고 ❷ 채우기 핸들을 더블클릭합니다.

➕ 나머지 제품의 공급가액과 세액이 한번에 구해집니다.

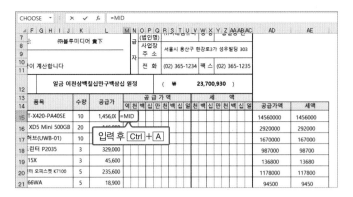

04 공급가액 자릿수 위치에 숫자 표시하기 공급가액을 각 자릿수에 맞게 입력하겠습니다. [M15] 셀에 수식 **=MID**를 입력한 후 Ctrl+A 를 누릅니다.

➕ [함수 인수] 대화상자가 표시됩니다.

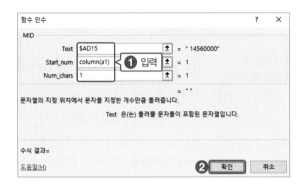

05 MID 함수 인수 입력하기 [함수 인수] 대화상자에서 ❶ [Text]에 **$AD15**를, [Start_num]에 **COLUMN(A1)**를, [Num_chars]에 **1**을 입력하고 ❷ [확인]을 클릭합니다.

바로 **통** 하는**TIP** **완성 수식 :** =MID($AD15, COLUMN (A1), 1)

fx **인수 설명**

Text : 공급가액이 있는 셀 주소($AD15)를 지정합니다.
Start_num : 공급가액에서 추출한 시작 위치(COLUMN(A1))를 입력합니다. COLUMN(A1)은 [A1] 셀의 열 번호 **1**을 표시합니다.
Num_chars : 시작 위치로부터 추출할 문자 개수(1)를 입력합니다.

06 ❶ [M15] 셀의 채우기 핸들➕을 [U15] 셀까지 드래그한 후 ❷ [자동 채우기 옵션➕]을 클릭하고 ❸ [서식 없이 채우기]를 클릭합니다. ❹ [M15:U15] 범위의 채우기 핸들➕을 [U25] 셀까지 드래그한 후 ❺ [자동 채우기 옵션➕]을 클릭하고 ❻ [서식 없이 채우기]를 클릭합니다.

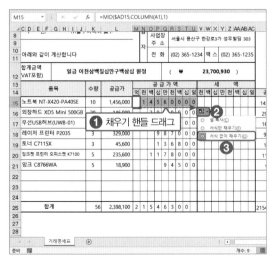

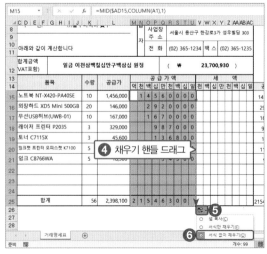

07 세액 자릿수 위치에 숫자 표시하기 [V15] 셀에 수식 **=MID($AE15, COLUMN(A1), 1)**를 입력하고 Enter를 누릅니다.

➕ 세액($AE15)에서 추출할 시작 위치(COLUMN(A1))로부터 문자 개수(1)만큼 추출합니다.

08 ❶ [V15] 셀의 채우기 핸들➕을 [AC15] 셀까지 드래그한 후 **❷** [자동 채우기 옵션🖳]을 클릭하고 **❸** [서식 없이 채우기]를 클릭합니다. **❹** [V15:AC15] 범위의 채우기 핸들➕을 [AC25] 셀까지 드래그한 후 **❺** [자동 채우기 옵션🖳]을 클릭하고 **❻** [서식 없이 채우기]를 클릭합니다.

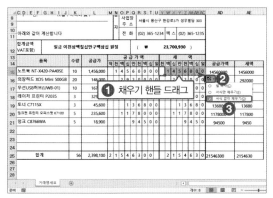

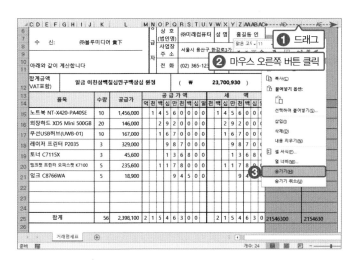

09 공급가액과 세액 열 숨기기 ❶ [AD:AE] 열 머리글 범위를 지정하고 **❷** 마우스 오른쪽 버튼을 클릭한 후 **❸** [숨기기]를 클릭합니다.

➕ 자릿수를 맞추기 위해 추가한 열을 숨겨 거래명세표 양식만 보여집니다. 거래명세표에 품목, 수량, 공급가액을 입력하면 각각의 위치에 자릿수가 표시됩니다.

핵심기능

46

DATE, YEAR, EOMONTH, NETWORKDAYS.INTL 함수로 종료일 및 근무 일수 계산하기

실습 파일 5장\예비인력예산안_날짜.xlsx
완성 파일 5장\예비인력예산안_날짜_완성.xlsx

날짜 함수는 연, 월, 일, 기간 등의 계산을 할 때 사용합니다. DATE 함수에서 연, 월, 일 형태의 날짜 형식으로 변경합니다. YEAR, MONTH, DAY 함수는 날짜에서 연, 월, 일을 추출합니다. EOMONTH 함수는 지정한 날짜 전/후 월의 마지막 날짜를 반환합니다. NETWORKDAYS.INTL 함수는 시작일과 종료일 사이에서 주말과 공휴일을 제외한 일수를 계산합니다. 부서별 예비인력의 실근무일수를 구해 인건비를 계산해보겠습니다.

미리 보기

	A	B	C	D	E	F	G	H
1	2021년 상반기 부서별 인건비 예산안							
2							총예산금액	278,730,000
3	부서명	예비인력	기간(월)	시작일	종료일	실근무일수	인건비	식대
4	인 사 팀	2	1	2021-01-01	2021-01-31	20	3,200,000	400,000
5	기 획 팀	1	1	2021-01-01	2021-01-31	20	1,600,000	200,000
6	홍 보 팀	1	2	2021-02-01	2021-03-31	40	3,200,000	400,000
7	인 사 팀	4	2	2021-02-01	2021-03-31	40	12,800,000	1,600,000
8	홍 보 팀	5	3	2021-02-01	2021-04-30	62	24,800,000	3,100,000
9	영 업 1 팀	4	1	2021-03-01	2021-03-31	22	7,040,000	880,000
10	마 케 팅 팀	3	2	2021-03-01	2021-04-30	44	10,560,000	1,320,000
11	영 업 2 팀	2	3	2021-04-01	2021-06-30	63	10,080,000	1,260,000
12	영 업 1 팀	1	3	2021-04-01	2021-06-30	63	5,040,000	630,000
13	영 업 2 팀	5	4	2021-05-01	2021-08-31	84	33,600,000	4,200,000
14	영 업 3 팀	3	5	2021-05-01	2021-09-30	103	24,720,000	3,090,000
15	마 케 팅 팀	2	3	2021-05-01	2021-07-31	63	10,080,000	1,260,000
16	인 사 팀	5	4	2021-05-01	2021-08-31	84	33,600,000	4,200,000
17	IT 팀	1	4	2021-06-01	2021-09-30	84	6,720,000	840,000
18	마 케 팅 팀	1	3	2021-06-01	2021-08-31	65	5,200,000	650,000
19	인 사 팀	5	4	2021-06-01	2021-09-30	84	33,600,000	4,200,000
20	IT 팀	1	4	2021-06-01	2021-09-30	84	6,720,000	840,000
21	마 케 팅 팀	1	3	2021-06-01	2021-08-31	65	5,200,000	650,000
22	IT 팀	1	6	2021-06-01	2021-11-30	125	10,000,000	1,250,000
23								
24								
25								

인력예산 공휴일 +

회사에서 바로 통하는 키워드 : DATE, YEAR, EOMONTH, NETWORKDAYS.INTL, 날짜 함수

한눈에 보는 작업 순서
공휴일 날짜 형식으로 변환하기 ▶ 연도와 제목 합치기 ▶ 업무 종료일 계산하기 ▶ 실근무일수 계산하기

01 공휴일 날짜 형식으로 변환하기

연, 월, 일에 입력된 값을 합쳐 날짜 형식으로 변환하겠습니다. ❶ [공휴일] 시트 탭을 클릭하고 ❷ [D4:D21] 범위를 지정합니다. ❸ 수식 **=DATE(A4, B4, C4)**를 입력한 후 Ctrl + Enter 를 누릅니다.

➕ DATE 함수는 연도(A4), 월(B4), 일(C4)을 순서대로 입력하면 날짜 형식으로 변환합니다. 일자의 범위(D4:D29)는 이름을 '공휴일'로 정의해놓았습니다.

02 제목에 연도 표시하기

시작일에서 연도를 추출하여 제목과 합쳐보겠습니다. ❶ [인력예산] 시트 탭을 클릭하고 ❷ [A1] 셀을 클릭합니다. ❸ 수식 입력줄에서 수식을 **=YEAR(D4)&"년 상반기 부서별 인건비 예산안"**으로 수정한 후 Enter 를 누릅니다.

➕ YEAR(날짜) 함수로 시작일(D4)에서 연도를 추출한 다음 제목과 합쳐 표시합니다.

03 종료일 계산하기

업무 시작일에 기간(월)을 더하여 종료일을 계산하겠습니다. [E4] 셀에 수식 **=EOMONTH(D4, C4-1)**를 입력한 후 Enter 를 누릅니다.

➕ EOMONTH(시작일, 개월 수) 함수는 시작일(D4)에 개월 수(C4-1)를 더한 마지막 날짜를 계산합니다. 예를 들어 1월 1일에서 1개월 뒤의 마지막 날짜는 2월 28일이므로 개월 수에서 1을 빼야 당월의 마지막 날짜인 1월 31일이 계산됩니다. EOMONTH 함수는 결과를 일련번호로 반환하기 때문에 시작일(E4:E22)에는 날짜 형식으로 표시 형식이 지정되어 있습니다.

04 실근무일수 계산하기 시작일과 종료일 사이의 일수에서 주말과 공휴일을 제외한 일수를 계산하겠습니다. ❶ [F4] 셀을 클릭합니다. ❷ [수식] 탭–[함수 라이브러리] 그룹–[날짜 및 시간🗓]을 클릭하고 ❸ [NETWORKDAYS.INTL]을 클릭합니다.

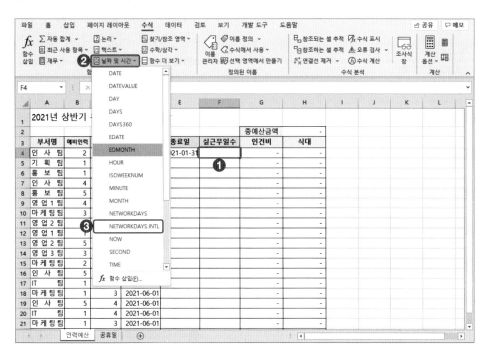

➕ [함수 인수] 대화상자가 표시됩니다.

바로 통 하는 TIP NETWORKDAYS.INTL 함수는 시작일과 종료일 사이의 일수에서 주말과 공휴일을 뺀 근무일수를 계산합니다.

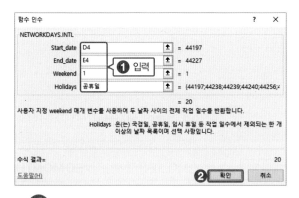

05 NETWORKDAYS.INTL 함수 인수 입력하기 [함수 인수] 대화상자에서 ❶ [Start_date]에 **D4**를, [End_date]에 **E4**를, [Weekend]에 **1**을, [Holidays]에 **공휴일**을 입력하고 ❷ [확인]을 클릭합니다.

➕ [F4] 셀에 실근무일수가 구해집니다.

바로 통 하는 TIP 완성 수식 : =NETWORKDAYS.INTL (D4, E4, 1, 공휴일) 또는 =NETWORKDAYS(D4, E4, 공휴일)

ƒx **인수 설명**

Start_date : 시작일(D4)을 지정합니다.

End_date : 종료일(E4)을 지정합니다.

Weekend : 일수에서 제외할 주말(토,일)의 매개변수 **1**을 입력합니다.

Holidays : 일수에서 제외할 법정 공휴일의 범위(공휴일[D4:D29]를 이름 정의한 **공휴일**을 입력합니다.

06 ❶ [E4:F4] 범위를 지정한 후 ❷ 채우기 핸들➕을 더블클릭하여 수식을 복사합니다.

➕ 각 팀별 인건비 계산 시작일과 종료일, 실근무일수가 한번에 구해집니다.

쉽고 빠른 함수 Note   DATE, YEAR, MONTH, DAY, EOMONTH, NETWORKDAYS.INTL 함수 알아보기

다음을 참고해 DATE, YEAR, EOMONTH, NETWORKDAYS.INTL 함수를 자세히 이해할 수 있습니다.

범주	이름	설명
날짜 및 시간 함수	DATE(연, 월, 일)	입력된 연도, 월, 일의 날짜를 나타냅니다.
	YEAR(날짜)	날짜에서 연도를 추출합니다.
	MONTH(날짜)	날짜에서 월을 추출합니다.
	DAY(날짜)	날짜에서 일을 추출합니다.
	EOMONTH(시작일, 개월 수)	시작일에서 개월 수만큼 전이나 후의 마지막 날짜를 계산하여 일련번호를 반환합니다.
	NETWORKDAYS.INTL (시작일, 종료일, 매개변수, 공휴일)	시작일과 종료일 사이의 일수에서 주말과 공휴일을 뺀 작업 일수를 계산합니다. 매개변수는 일수에서 제외할 값으로 1(토, 일)~7(금, 토)과 11(일)~17(토)의 숫자를 입력합니다.
	NETWORKDAYS (시작일, 종료일, 공휴일)	시작일과 종료일 사이의 일수에서 주말(토, 일)과 공휴일을 뺀 작업 일수를 계산합니다.

실무활용 20

주간업무일정표에서 스핀 단추와 조건부 서식을 활용하여 양식 문서 만들기

실습 파일 5장 \ 주간일정표양식.xlsx
완성 파일 5장 \ 주간일정표양식_완성.xlsx

주간 일정표나 달력과 같은 양식은 날짜가 변경될 때마다 일자와 서식을 변경해야 하므로 같은 작업을 매번 반복해야 합니다. 그런데 날짜 함수와 조건부 서식, 양식 컨트롤을 활용하면 쉽게 양식을 만들 수 있습니다. 날짜를 스핀 단추로 변경하면 달력과 주간일정표의 일자와 서식이 자동으로 바뀌는 양식을 함수와 조건부 서식을 사용하여 만들어보겠습니다.

미리 보기

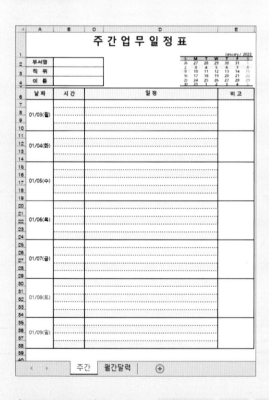

회사에서 바로 통하는 키워드 : WEEKDAY, DATE, AND, OR, MOD, ROW, 스핀 단추, 조건부 서식

한눈에 보는 작업 순서	[개발 도구] 탭 표시하기 ▶ 스핀 단추 양식 컨트롤 삽입하고 셀과 연결하기
	▶ 일요일 찾아 달력 만들기 ▶ 한 주 범위 강조하기 ▶ 주말 날짜 강조하기
	▶ 표에서 짝수 행 강조하기

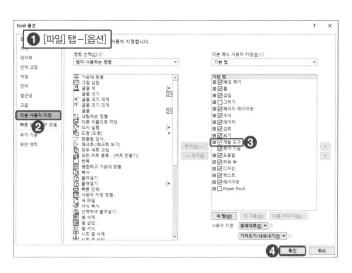

01 [개발 도구] 탭 표시하기 ① [파일] 탭-[옵션]을 클릭합니다. **②** [Excel 옵션] 대화상자에서 [리본 사용자 지정]을 클릭하고 **③** [리본 메뉴 사용자 지정]에서 [개발 도구]에 체크합니다. **④** [확인]을 클릭합니다.

➕ 엑셀 리본 메뉴에 [개발 도구] 탭이 추가됩니다.

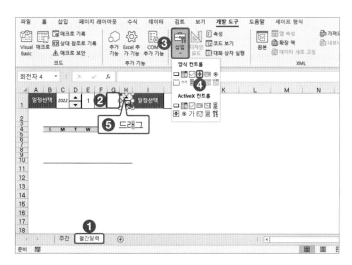

02 스핀 단추 양식 컨트롤 삽입하기 ① [월간달력] 시트에서 **②** [G1] 셀을 클릭합니다 **③** [개발 도구] 탭-[컨트롤] 그룹-[삽입🗔]을 클릭하고 **④** [양식 컨트롤]의 [스핀 단추🔼]를 클릭합니다. **⑤** [H1] 셀에 적당한 크기로 드래그하여 스핀 단추를 삽입합니다.

바로 통 하는 TIP 스핀 단추는 위/아래 버튼을 클릭하면 값이 증가/감소하는 컨트롤입니다.

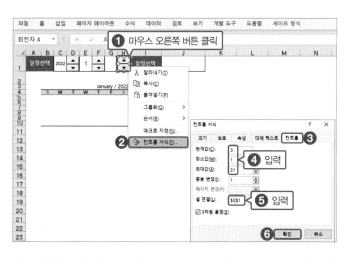

03 ① [H1] 셀에 삽입한 스핀 단추를 마우스 오른쪽 버튼으로 클릭하고 **②** [컨트롤 서식]을 클릭합니다. **③** [컨트롤 서식] 대화상자에서 [컨트롤] 탭을 클릭하고 **④** [현재값]에 **3**, [최소값]에 **1**, [최대값]에 **31**을 각각 입력합니다. **⑤** [셀 연결]에 **$G$1**을 입력하고 **⑥** [확인]을 클릭합니다. [G1] 셀에 [현재값]에서 지정한 3이 표시됩니다.

➕ 스핀 단추는 일자의 범위인 1에서 31 사이의 값을 증가/감소하여 연결된 셀($G$1)에 값을 표시합니다. 연도(C1), 월(E1) 셀도 스핀 단추와 연결되어 있습니다.

실무 함수
실무 활용
문서 작성
문서 편집 & 인쇄
수식 & 함수
차트
데이터 관리/ 분석& 자동화

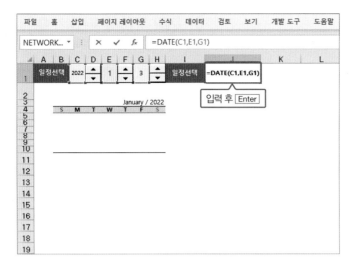

04 시작일 입력하기 [J1] 셀에 수식 **=DATE(C1, E1, G1)**를 입력한 후 Enter를 누릅니다.

➕ 연(C1), 월(E1), 일(G1)에 입력된 값을 날짜로 변환합니다. 달력의 시작일(E3)에는 수식 **=DATE(C1, E1, 1)**가 입력되어 있습니다.

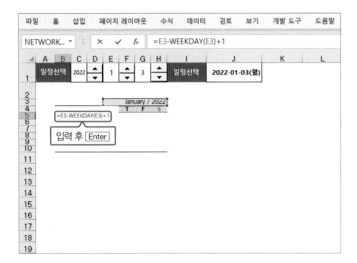

05 일요일 찾아 달력 완성하기 달력에 일요일인 날짜를 찾아 입력해 보겠습니다. [B5] 셀에 수식 **=E3-WEEKDAY(E3)+1**을 입력한 후 Enter를 누릅니다.

➕ WEEKDAY(날짜) 함수는 요일을 숫자(1(일)~7(토))로 반환합니다. 날짜(E3)에서 가장 가까운 이전 토요일(E3-WEEKDAY(E3))을 찾아 1을 더해 일요일을 표시합니다. 일요일을 찾는 수식이므로 공식처럼 외우면 좋습니다.

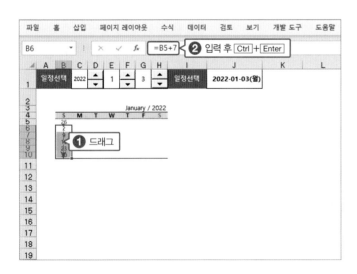

06 ❶ [B6:B10] 범위를 지정합니다. **❷** 수식 **=B5+7**을 입력한 후 Ctrl+Enter를 누릅니다.

➕ 이전 일요일 날짜에서 다음 일요일 날짜(+7)가 구해집니다.

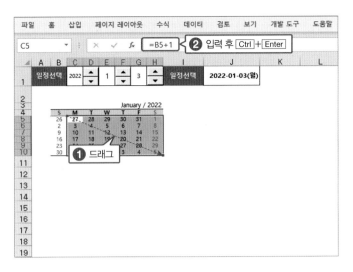

07 ❶ [C5:H10] 범위를 지정합니다. ❷ 수식 입력줄에서 수식 **=B5+1**을 입력한 후 Ctrl + Enter 를 누릅니다.

➕ 바로 이전 날짜인 왼쪽 셀에서 하루 더해진 날짜(+1)가 구해집니다.

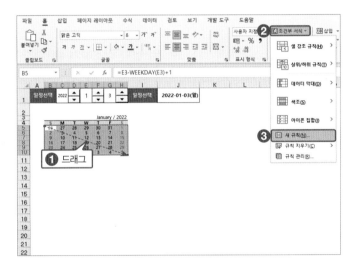

08 한 주 범위를 조건부 서식으로 지정하기 한 주에 해당하는 범위를 강조하겠습니다. ❶ [B5:H10] 범위를 지정합니다. ❷ [홈] 탭-[스타일] 그룹-[조건부 서식 ▦]을 클릭하고 ❸ [새 규칙]을 클릭합니다.

➕ [새 서식 규칙] 대화상자가 표시됩니다.

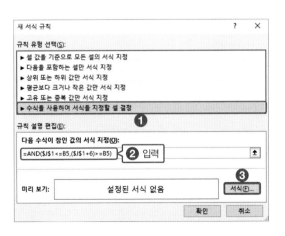

09 ❶ [새 서식 규칙] 대화상자의 [규칙 유형 선택]에서 [수식을 사용하여 서식을 지정할 셀 결정]을 클릭합니다. ❷ 월요일에서 일요일 사이의 범위를 강조하기 위해 수식 **=AND($J$1<=B5, ($J$1+6)>=B5)**를 입력하고 ❸ [서식]을 클릭합니다.

➕ 한 주(월~일)의 범위를 찾기 위해 업무 시작일(J1)에 6일을 더한 범위에 해당하는 수식입니다.

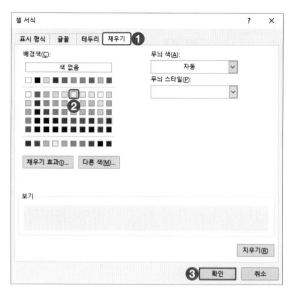

10 ❶ [셀 서식] 대화상자의 [채우기] 탭을 클릭하고 ❷ 임의의 배경색을 클릭한 후 ❸ [확인]을 클릭해 서식을 적용합니다.

➕ 달력에서 한 주에 해당하는 범위가 강조됩니다.

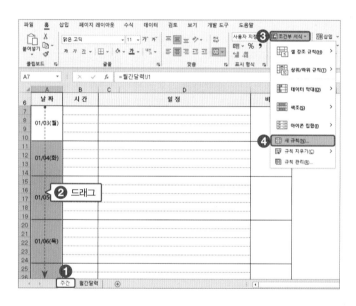

11 토, 일 날짜 강조하기 ❶ [주간] 시트 탭을 클릭하고 ❷ [A7:A38] 범위를 지정합니다. ❸ [홈] 탭-[스타일] 그룹-[조건부 서식▦]을 클릭하고 ❹ [새 규칙]을 클릭합니다.

➕ [새 서식 규칙] 대화상자가 표시됩니다.

바로 통하는 TIP 달력(B3:H10)은 [주간] 시트에 그림으로 연결되어 있습니다. 만약 앞에서 지정한 조건부 서식이 적용되어 표시되지 않으면 그림 개체를 클릭하고 수식 입력줄에 입력된 연결된 범위를 클릭한 후 Enter 를 눌러 새로 고칩니다.

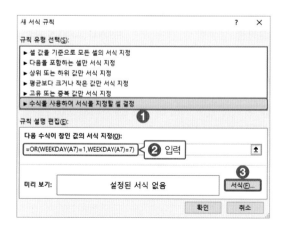

12 ❶ [새 서식 규칙] 대화상자의 [규칙 유형 선택]에서 [수식을 사용하여 서식을 지정할 셀 결정]을 클릭합니다. ❷ 월요일에서 일요일 사이의 범위를 강조하기 위해 수식 **=OR(WEEKDAY(A7)=1, WEEKDAY(A7)=7)**를 입력하고 ❸ [서식]을 클릭합니다.

➕ 날짜에서 일요일(WEEKDAY(A7)=1)이나 토요일(WEEKDAY(A7)=7)을 찾습니다.

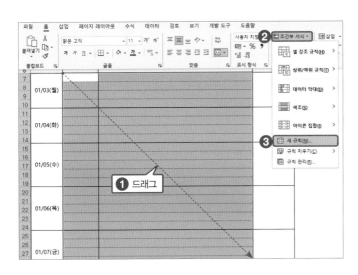

13 ❶ [셀 서식] 대화상자의 [글꼴] 탭을 클릭합니다. ❷ [색]의 목록 버튼▼을 클릭하고 ❸ [빨강]을 클릭한 후 ❹ [확인]을 클릭합니다.

➕ 토, 일에 해당하는 셀의 글자 색이 빨간색으로 강조됩니다.

14 짝수 행 강조하기 표에서 짝수 행에 해당하는 셀을 강조하겠습니다. ❶ [B7:C38] 범위를 지정합니다. ❷ [홈] 탭-[스타일] 그룹-[조건부 서식▦]을 클릭하고 ❸ [새 규칙]을 클릭합니다.

➕ [새 서식 규칙] 대화상자가 표시됩니다.

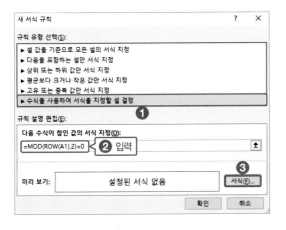

15 [새 서식 규칙] 대화상자의 ❶ [규칙 유형 선택]에서 [수식을 사용하여 서식을 지정할 셀 결정]을 클릭합니다. ❷ 월요일에서 일요일 사이의 범위를 강조하기 위해 수식 **=MOD(ROW(A1), 2) =0**을 입력하고 ❸ [서식]을 클릭합니다.

바로 통 하는TIP MOD(피제수, 제수)는 피제수(ROW(A1))를 제수(2)로 나눠 나머지 값을 반환하는 함수입니다. 따라서 행 번호 (ROW(A1))를 2로 나누어 나머지 값이 0이 되면 2의 배수이므로 짝수 행을 찾아줍니다.

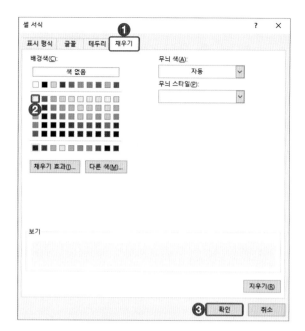

16 ❶ [셀 서식] 대화상자의 [채우기] 탭을 클릭하고 ❷ 임의의 배경색을 클릭합니다. ❸ [확인]을 클릭해 서식을 적용합니다.

➕ 짝수 행에 당하는 셀의 채우기 색이 강조되었습니다. [월간달력] 시트에서 연, 월, 일을 변경하면 [주간] 시트의 양식이 자동으로 변경됩니다.

쉽고 빠른 함수 Note　　　WEEKDAY, MOD 함수 알아보기

다음을 참고해 WEEKDAY, MOD 함수를 자세히 이해할 수 있습니다.

범주	이름	설명
날짜 및 시간 함수	WEEKDAY(날짜)	날짜의 요일을 찾아 숫자 1~7을 반환합니다. 1은 일요일이고 7은 토요일입니다.
수학/삼각 함수	MOD(피제수, 제수)	피제수(나뉘는 수)를 제수(나누는 수)로 나눠 나머지를 구합니다.

실무필수

핵심기능

47

VLOOKUP, HLOOKUP 함수로 제품명, 단가, 할인율 표시하기

2010 \ 2013 \ 2016 \ 2019 \ 2021

실습 파일 5장 \ 매입매출장_VHLOOKUP.xlsx
완성 파일 5장 \ 매입매출장_VHLOOKUP_완성.xlsx

찾기/참조 함수는 특정 범위나 배열을 참조하여 원하는 값을 찾거나 필요한 정보를 가져옵니다. 대표적인 찾기/참조 함수인 HLOOKUP 함수는 목록 범위의 첫 번째 행에서 가로(Horizontal) 방향으로 검색하면서 원하는 값을 추출하고, VLOOKUP 함수는 목록 범위의 첫 번째 열에서 세로(Vertical) 방향으로 검색하면서 원하는 값을 추출합니다. 상품의 코드를 참조하여 품명, 매입단가, 매출단가를 찾아 표시하고, 수량의 개수에 따른 할인율을 적용하겠습니다.

미리 보기

A	B	C	D	E	F	G	H	I
				매입매출장				
NO	일자	구분	코드	품명	수량	단가	할인율	매입금액
1	03월 02일	매출	H607	외장하드	10	137,550	3%	1,334,235
2	03월 02일	매출	EF345	출퇴근기록기	5	177,100	0%	885,500
3	03월 03일	매출	D204	문서 세단기	25	217,360	3%	5,270,980
4	03월 04일	매입	L451	코팅기	5	74,000	0%	370,000
5	03월 04일	매입	H607	외장하드	6	131,000	0%	786,000
6	03월 04일	매출	EF345	출퇴근기록기	10	177,100	3%	1,717,870
7	03월 05일	매출	RS130	제본기	4	112,700	0%	450,800
8	03월 06일	매입	NCB23	전자칠판	30	1,198,000	3%	34,861,800
9	03월 06일	매출	EF345	출퇴근기록기	45	177,100	4%	7,650,720
10	03월 07일	매입	RS130	제본기	10	98,000	3%	950,600
11	03월 08일	매출	NCB23	전자칠판	36	1,257,900	3%	43,925,868
12	03월 09일	매출	D204	문서 세단기	20	217,360	3%	4,216,784
13	03월 09일	매입	L451	코팅기	55	74,000	4%	3,907,200
14	03월 10일	매입	H607	외장하드	28	131,000	3%	3,557,960
15	03월 11일	매출	EF345	출퇴근기록기	41	177,100	4%	6,970,656
16	03월 12일	매입	C013	라벨 프린터	25	185,000	3%	4,486,250
17	03월 13일	매출	D204	문서 세단기	22	217,360	3%	4,638,462
18	03월 13일	매출	L451	코팅기	34	81,400	3%	2,684,572
19	03월 14일	매입	H607	외장하드	23	131,000	3%	2,922,610
20	03월 15일	매입	EF345	출퇴근기록기	20	154,000	3%	2,987,600
21	03월 16일	매출	RS130	제본기	15	112,700	3%	1,639,785
22	03월 17일	매출	NCB23	전자칠판	5	1,257,900	0%	6,289,500
23	03월 18일	매입	BF500	지폐계수기	6	286,000	0%	1,716,000

매입매출장 테이블

회사에서 바로 통하는 키워드 : VLOOKUP, HLOOKUP, IF, 이름 정의, 찾기/함수

| 한눈에
보는
작업 순서 | 이름 정의하기 | ▶ | VLOOKUP 함수로
상품명 표시하기 | ▶ | VLOOKUP 함수로
입고가, 출고가 표시하기 | ▶ | HLOOKUP 함수로
할인율 표시하기 |

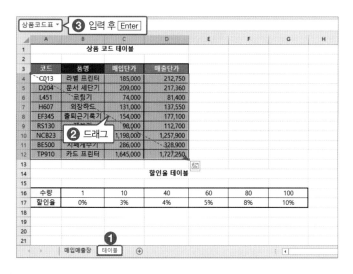

01 이름 정의하기 상품 코드 테이블과 할인율 테이블의 범위를 이름으로 정의하겠습니다. ❶ [테이블] 시트에서 ❷ [A4:D12] 범위를 지정합니다. ❸ 이름 상자에 **상품코드표**를 입력하고 Enter 를 누릅니다.

➕ VLOOKUP 함수에서 테이블 범위에 해당하는 인수를 '상품코드표'로 이름 정의합니다. 정의된 이름은 수식을 직관적으로 이해하는 데 도움이 됩니다.

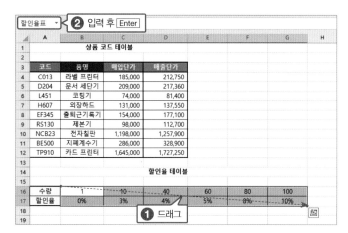

02 ❶ [B16:G17] 범위를 지정합니다. ❷ 이름 상자에 **할인율표**를 입력하고 Enter 를 누릅니다.

➕ HLOOKUP 함수에서 테이블 범위에 해당하는 인수를 '할인율표'로 이름 정의합니다.

03 VLOOKUP 함수를 이용하여 품명 입력하기 상품 코드 테이블을 참조하여 매입매출장에 품명을 표시하겠습니다. ❶ [매입매출장] 시트 탭을 클릭하고 ❷ [E3] 셀을 클릭합니다. ❸ [수식] 탭-[함수 라이브러리] 그룹-[찾기/참조 영역🔲]을 클릭하고 ❹ [VLOOKUP]을 클릭합니다.

➕ [함수 인수] 대화상자가 표시됩니다.

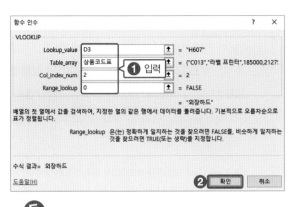

04 VLOOKUP 함수 인수 입력하기 [함수 인수] 대화상자의 ❶ [Lookup_value](찾을 값)에 **D3**을, [Table_array](범위)에 **상품코드 표**를, [Col_index_num](추출할 열)에 **2**를, [Range_lookup](옵션)에 **0**을 입력합니다. ❷ [확인]을 클릭합니다.

➕ '상품코드표' 범위에서 코드(D3)에 정확하게 일치(0)하는 품명(2)을 찾아 표시합니다.

바로 통 하는TIP **완성 수식:** =VLOOKUP(D3, 상품코드표, 2, 0)

ƒx 인수 설명

Lookup_value : 상품 코드를 찾아 품명을 입력해야 하므로 [D3] 셀을 입력합니다.

Table_array : [D3] 셀의 값을 찾을 범위로 **상품코드표**를 지정합니다. 표의 범위는 [테이블!$A$4:$D$12]입니다.

Col_index_num : 상품 코드 테이블에서 [B3] 셀 값을 찾아 품명을 반영할 열 번호입니다.

Range_lookup : 정확하게 일치하는 값을 찾을 때는 **FALSE** 또는 **0**을 입력합니다.

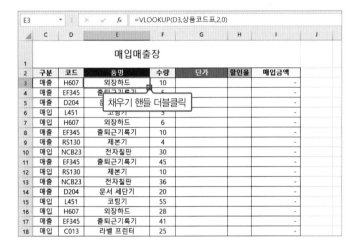

05 [E3] 셀의 채우기 핸들━을 더블클릭하여 수식을 복사합니다.

➕ 나머지 제품의 품명도 한번에 구해집니다.

06 VLOOKUP 함수 이용하여 단가 입력하기 상품 코드 테이블을 참조하여 매입매출장에 단가를 표시하겠습니다. [G3] 셀에 **=VLOOKUP**을 입력하고 Ctrl + A를 누릅니다.

➕ [함수 인수] 대화상자가 표시됩니다.

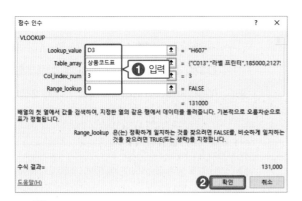

07 VLOOKUP 함수 인수 입력하기 [함수 인수] 대화상자에서 ❶ [Lookup_value](찾을 값)에 **D3**을, [Table_array](범위)에 **상품코드표**를, [Col_index_num](추출할 열)에 **3**을, [Range_lookup](옵션)에 **0**을 입력합니다. ❷ [확인]을 클릭합니다.

➕ '상품코드표' 범위에서 코드(D3)에 정확하게 일치(0)하는 단가(3)를 찾는 수식입니다.

바로 통하는TIP 완성 수식 : =VLOOKUP(D3, 상품코드표, 3, 0)

08 매입/매출단가 표시하기 구분 항목에 따라 매입단가와 매출단가를 표시하겠습니다. 수식 입력줄에서 수식을 **=VLOOKUP (D3,상품코드표,IF(C3="매입", 3, 4), 0)**로 수정합니다.

➕ 상품코드표에서 매입단가는 3열을, 매출단가는 4열을 표시해야 합니다. 따라서 [C3] 셀의 값이 '매입'이면 3열, '매출'이면 4열을 표시하는 수식 **IF(C3="매입", 3, 4)**를 입력합니다.

바로 통하는TIP 완성 수식 : =VLOOKUP(D3, 상품코드표, IF(C3="매입", 3, 4), 0)

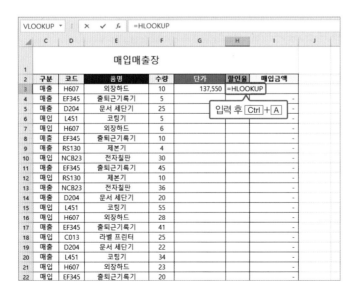

09 HLOOKUP 함수 이용하여 할인율 입력하기 할인율 테이블을 참조하여 할인율을 입력하겠습니다. [H3] 셀에 **=HLOOKUP**을 입력하고 Ctrl + A 를 누릅니다.

➕ [함수 인수] 대화상자가 표시됩니다.

10 HLOOKUP 함수 인수 입력하기 [함수 인수] 대화상자에서 ❶ [Lookup_value]에 **F3**을, [Table_array]에 **할인율표**를, [Row_index_num]에 **2**를, [Range_lookup]에 **1**을 입력합니다. ❷ [확인]을 클릭합니다.

➕ '할인율표' 범위에서 수량(F3)에 근삿값(1)을 찾아 할인율(2)을 찾아 표시합니다.

바로 통 하는 TIP 완성 수식 : =HLOOKUP(F3, 할인율표, 2, 1)

_fx_ 인수 설명

Lookup_value : 수량을 찾아 할인율을 입력해야 하므로 [F3] 셀을 입력합니다.

Table_array : [F3] 셀 값을 찾을 범위로 **할인율표**를 입력합니다. 표의 범위는 [테이블!$B$16:$G$17]입니다.

Row_index_num : 할인율 표 범위에서 [F3] 셀 값을 찾아 할인율을 반영할 행 번호입니다.

Range_lookup : 찾는 값의 근삿값을 찾을 때는 **TRUE** 또는 **1**을 입력합니다.

| G3 | ▼ | : | × | ✓ | _fx_ | =VLOOKUP(D3,상품코드표,IF(C3="매입",3,4),0) |

	C	D	E	F	G	H	I	J
1			**매입매출장**					
2	**구분**	**코드**	**품명**	**수량**			**매입금액**	
3	매출	H607	외장하드	10	137,550	3%	1,334,235	
4	매출	EF345	출퇴근기록기	5	177,100	0%	885,500	
5	매출	D204	문서 세단기	25				
6	매입	L451	코팅기	5	74,000	0%	370,000	
7	매입	H607	외장하드	6	131,000	0%	786,000	
8	매출	EF345	출퇴근기록기	10	177,100	3%	1,717,870	
9	매출	RS130	제본기	4	112,700	0%	450,800	
10	매입	NCB23	전자칠판	30	1,198,000	3%	34,861,800	
11	매출	EF345	출퇴근기록기	45	177,100	4%	7,650,720	
12	매입	RS130	제본기	10	98,000	3%	950,600	
13	매출	NCB23	전자칠판	36	1,257,900	3%	43,925,868	
14	매출	D204	문서 세단기	20	217,360	3%	4,216,784	
15	매출	L451	코팅기	55	74,000	4%	3,907,200	
16	매입	H607	외장하드	28	131,000	3%	3,557,960	
17	매출	EF345	출퇴근기록기	41	177,100	4%	6,970,656	
18	매입	C013	라벨 프린터	25	185,000	3%	4,486,250	
19	매출	D204	문서 세단기	22	217,360	3%	4,638,462	
20	매출	L451	코팅기	34	81,400	3%	2,684,572	
21	매입	H607	외장하드	23	131,000	3%	2,922,610	
22	매입	EF345	출퇴근기록기	20	154,000	3%	2,987,600	

❶ 드래그 / ❷ 채우기 핸들 더블클릭

11 ❶ [G3:H3] 범위를 지정하고 ❷ 채우기 핸들 ➕을 더블클릭하여 수식을 복사합니다.

➕ 나머지 제품의 단가와 할인율도 한번에 구해집니다.

쉽고 빠른 함수 Note **VLOOKUP, HLOOKUP 함수 알아보기**

다음을 참고해 VLOOKUP 함수와 HLOOKUP 함수를 자세히 이해할 수 있습니다.

범주	이름	설명
찾기/참조 영역 함수	VLOOKUP(찾을 값, 데이터를 검색하고 참조할 범위, 범위에서 추출할 행 번호, 옵션)	목록 범위의 첫 번째 열에서 세로(Vertical) 방향으로 검색하면서 원하는 값을 추출합니다.
	HLOOKUP(찾을 값, 데이터를 검색하고 참조할 범위, 범위에서 추출할 열 번호, 옵션)	목록 범위의 첫 번째 행에서 가로(Horizontal) 방향으로 검색하면서 원하는 값을 추출합니다.

실무 필수

실무 활용

문서 작성

문서 편집 & 인쇄

수식 & 함수

차트

데이터 관리/ 분석& 자동화

VLOOKUP과 HLOOKUP은 사용법과 기능이 유사합니다. VLOOKUP은 첫 행에서 원하는 값을 찾아 지정한 열에 있는 값을 반환하고 HLOOKUP은 첫 열에서 원하는 값을 찾아 지정한 행에 있는 값을 반환합니다.

❶ 찾는 값(Lookup_value)은 반드시 Table_array 인수 범위의 첫 번째 행(열)에 있어야 합니다.

	A	B	C	D
3	코드	품명	매입단가	매출단가
4	C013	라벨 프린터	185,000	212,750
5	D204	문서 세단기	209,000	217,360
6	L451	코팅기	74,000	81,400
7	H607	외장하드	131,000	137,550
8	EF345	출퇴근기록기	154,000	177,100
9	RS130	제본기	98,000	112,700
10	NCB23	전자칠판	1,198,000	1,257,900
11	BE500	지폐계수기	286,000	328,900
12	TP910	카드 프린터	1,645,000	1,727,250

[A4:D12] 범위의 [코드] 열에서
코드 값을 찾아 매입단가를 표시

→

	G	H
	코드	매입단가
	D204	209,000
	L451	74,000
	H607	131,000
	EF345	154,000
	BE500	286,000
	D204	209,000

❷ Table_array 인수 범위의 첫 번째 열(행)에서 근삿값을 찾을 경우에는 반드시 **오름차순**으로 **정렬**되어 있어야 합니다.

	A	B	C	D	E
16	수량	1	30	70	100
17	할인율	0%	3%	5%	10%

1 : 수량이 1~29 사이에 있으면 0%

30 : 수량이 30~69 사이에 있으면 3%

70 : 수량이 70~99 사이에 있으면 4%

100 : 수량이 100 이상이면 10%

[B16:E17] 범위를 참조하여
할인율을 찾음

→

H	I
수량	할인율
5	0%
35	3%
80	5%

❸ VLOOKUP이나 HLOOKUP 함수를 사용할 때 원하는 값을 찾지 못하면 해당 셀에 **#N/A 오류**가 나타납니다.

핵심기능

48

INDEX, MATCH 함수로 사무기기 렌탈비 표시하기

실습 파일 5장\사무기기대여_INDEX.xlsx
완성 파일 5장\사무기기대여_INDEX_완성.xlsx

특정 범위나 배열을 참조하여 원하는 값을 찾거나 셀 주소에 필요한 정보를 가져오는 엑셀의 찾기/참조 함수 중에 INDEX 함수는 특정 범위에서 행 번호와 열 번호에 해당하는 셀 값을 찾아줍니다. MATCH 함수는 행/열 범위에서 찾으려고 하는 값이 몇 번째 행/열에 위치하는지 행/열 번호를 찾아줍니다. 사무기기를 대여하는 집계표에서 제조사별, 대여기간별 렌탈비를 찾아 표시해보겠습니다.

미리 보기

날짜	제조사	대여기간	행번호	열번호	렌탈비	대여수량	렌탈비
2021-03-02	Epson	1년	1	1	230,000	1	230,000
2021-03-02	Epson	4년	1	4	170,000	2	340,000
2021-03-02	HP	3년	3	3	210,000	1	210,000
2021-03-05	HP	3년	3	3	210,000	1	210,000
2021-03-06	Canon	5년	6	5	100,000	1	100,000
2021-03-06	Sindoh	4년	7	4	110,000	2	220,000
2021-03-06	Huji	3년	5	3	120,000	1	120,000
2021-03-07	HP	2년	3	2	230,000	3	690,000
2021-03-10	Samsung	4년	2	4	100,000	2	200,000
2021-03-10	Canon	4년	6	4	120,000	1	120,000
2021-03-12	Konica	3년	4	3	110,000	1	110,000
2021-03-13	Konica	1년	4	1	150,000	1	150,000
2021-03-13	Konica	5년	4	5	70,000	2	140,000
2021-03-15	Huji	1년	5	1	160,000	3	480,000
2021-03-16	Samsung	3년	2	3	120,000	1	120,000
2021-03-16	Epson	1년	1	1	230,000	1	230,000
2021-03-16	Epson	3년	1	3	190,000	1	190,000
2021-03-19	HP	3년	3	3	210,000	2	420,000
2021-03-20	HP	5년	3	5	170,000	1	170,000
2021-03-20	Canon	4년	6	4	120,000	4	480,000
2021-03-22	Sindoh	3년	7	3	130,000	5	650,000
2021-03-23	Huji	2년	5	2	140,000	1	140,000
2021-03-23	HP	4년	3	4	190,000	2	380,000
2021-03-25	Samsung	4년	2	4	100,000	3	300,000
2021-03-25	Canon	3년	6	3	140,000	2	280,000
2021-03-25	Konica	1년	4	1	150,000	2	300,000
2021-03-26	Samsung	5년	2	5	80,000	1	80,000

사무기기 렌탈 집계

<제조사/기간별 렌탈비>

제조사/대여기간	1년	2년	3년	4년	5년
Epson	230,000	210,000	190,000	170,000	150,000
Samsung	160,000	140,000	120,000	100,000	80,000
HP	250,000	230,000	210,000	190,000	170,000
Konica	150,000	130,000	110,000	90,000	70,000
Huji	160,000	140,000	120,000	100,000	80,000
Canon	180,000	160,000	140,000	120,000	100,000
Sindoh	170,000	150,000	130,000	110,000	90,000

렌탈집계

회사에서 바로 통하는 키워드 : INDEX, MATCH, 찾기/참조 함수

한눈에 보는 작업 순서   제조사 행의 위치 찾기 ▶ 대여기간 열의 위치 찾기 ▶ INDEX 함수로 렌탈비 표시하기

01 제조사 행의 위치(번호) 찾기 제조사가 몇 번째 행에 위치하는지 찾아 번호로 표시하겠습니다. ❶ [D4] 셀을 클릭합니다. ❷ [수식] 탭–[함수 라이브러리] 그룹–[찾기/참조 영역ᅵᅵ]을 클릭하고 ❸ [MATCH]를 클릭합니다.

➕ [함수 인수] 대화상자가 표시됩니다.

바로 통하는TIP MATCH 함수는 특정 범위 내 행 번호를 찾아줍니다.

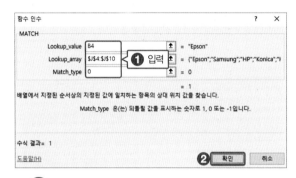

02 MATCH 함수 인수 입력하기 [함수 인수] 대화상자의 ❶ [Lookup_value](찾을 값)에 **B4**를, [Lookup_array](범위)에 **$J$4:$J$10**을, Match_type(찾을 방법)에 **0**을 입력하고 ❷ [확인]을 클릭합니다.

➕ 제조사 범위에서 제조사에 해당하는 행 번호를 찾아 표시합니다.

바로 통하는TIP 완성 수식 : =MATCH(B4, $J$4:$J$10, 0)

ƒx **인수 설명**

Lookup_value : 제조사의 행 번호를 찾기 위해 제조사 [B4] 셀을 입력합니다.

Lookup_array : [B4] 셀 값이 포함된 행의 위치를 찾기 위한 제조사의 범위로 [$J$4:$J$10]을 지정합니다.

Match_type : 정확하게 찾고 싶은 첫 번째 위치의 값을 검색해야 하므로 **0**을 입력합니다.

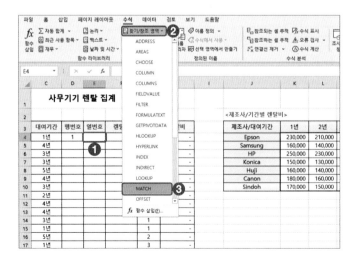

03 대여기간의 열 위치(번호) 찾기 대여기간이 몇 번째 열에 위치하는지 찾아 번호로 표시하겠습니다. ❶ [E4] 셀을 클릭합니다. ❷ [수식] 탭–[함수 라이브러리] 그룹–[찾기/참조 영역ᅵᅵ]을 클릭하고 ❸ [MATCH]를 클릭합니다.

➕ [함수 인수] 대화상자가 표시됩니다.

04 MATCH 함수 인수 입력하기 [함수 인수] 대화상자의 ❶ [Lookup_value](찾을 값)에 **C4**를, [Lookup_array](범위)에 **$K$3:$O$3**을, [Match_type](찾을 방법)에 **0**을 입력하고 ❷ [확인]을 클릭합니다.

➕ 대여기간 범위에서 대여기간에 해당하는 열 번호를 찾아 표시합니다.

바로 통하는TIP **완성 수식 :** =MATCH(C4, $K$3:$O$3, 0)

fx **인수 설명**

Lookup_value : 대여기간의 열 번호를 찾기 위해 대여기간[C4] 셀을 입력합니다.
Lookup_array : [C4] 셀 값이 포함된 열의 위치를 찾기 위한 대여기간의 범위로 [$K$3:$O$3]을 지정합니다.
Match_type : 정확하게 찾고 싶은 첫 번째 위치의 값을 검색해야 하므로 **0**을 입력합니다.

05 ❶ [D4:E4] 범위를 지정하고 ❷ 채우기 핸들을 더블클릭해 수식을 복사합니다.

➕ 나머지 제품의 제조사에 따른 행번호와 열번호가 한번에 구해집니다.

06 제조사별, 대여기간별로 렌탈비 찾기 제조사별, 대여기간별로 렌탈비를 표시하겠습니다. ❶ [F4] 셀에 **=INDEX**를 입력한 후 Ctrl + A 를 누릅니다. ❷ [인수 선택] 대화상자에서 첫 번째 항목인 [array, row_num, column_num]을 클릭하고 ❸ [확인]을 클릭합니다.

➕ [함수 인수] 대화상자가 표시됩니다.

실무 필수

실무 활용

문서 작성

문서 편집 & 인쇄

수식 & 함수

차트

데이터 관리/ 분석& 자동화

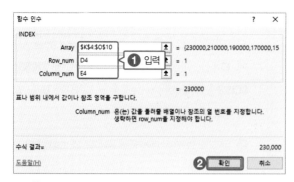

07 INDEX 함수 인수 입력하기 [함수 인수] 대화상자의 ❶ [Array]에 **$K$4:$O$10**을, [Row_num]에 **D4**를, [Column_num]에 **E4**를 입력한 후 ❷[확인]을 클릭합니다.

➕ 제조사/대여기간 범위에서 행과 열번호가 교차하는 지점의 값을 찾아 표시합니다.

바로 통 하는TIP **완성 수식** : =INDEX($K$4:$O$10, D4, E4)

ⓕ 인수 설명

Array : 행 번호와 열 번호를 사용해서 검색할 렌탈 비용의 전체 범위인 [$K$4:$O$10]을 지정합니다.
Row_num : 행 번호를 지정하는 인수로 [D4] 셀을 지정합니다.
Column_num : 열 번호를 지정하는 인수로 [E4] 셀을 지정합니다.

08 [F4] 셀의 채우기 핸들을 더블클릭하여 수식을 복사합니다. 제조사별, 대여기간별로 렌탈 비용이 표시됩니다.

➕ 제조사/기간별 렌탈비 표 범위에서 대여기간에 따른 렌탈비가 한번에 구해집니다.

바로 통 하는TIP 렌탈비를 모두 표시한 이후에 불필요한 열을 숨기려면 [D:E] 열 머리글 범위를 지정한 후 마우스 오른쪽 버튼을 클릭하고 [숨기기]를 클릭합니다.

쉽고 빠른 함수 Note　　　INDEX, MATCH 함수 알아보기

다음을 참고해 INDEX 함수와 MATCH 함수를 자세히 이해할 수 있습니다.

범주	이름	설명
찾기/ 참조 영역 함수	INDEX(배열, 행 위치, 열 위치)	특정 범위에서 행 번호와 열 번호에 해당하는 셀 값을 찾아줍니다.
	MATCH(행 또는 열 번호를 찾으려는 값, 배열 행 또는 배열 열, Match_type)	특정 범위 내에서 지정한 값과 일치하는 항목의 상대 위치를 찾아 번호를 반환합니다.

실무활용

21

XLOOKUP 함수로
거래처 조회 양식 만들기

실습 파일 5장\거래처관리대장_XLOOKUP.xlsx
완성 파일 5장\거래처관리대장_XLOOKUP_완성.xlsx

XLOOKUP 함수는 엑셀 2021 버전에 새로 추가된 함수로, VLOOKUP, HLOOKUP, LOOKUP 함수를 하나로 합치면서 처리 속도도 향상되었습니다. 기존 함수(VLOOKUP, HLOOKUP)에서 반드시 첫 열(행)에 찾을 값이 있어야 했던 불편함이 해소되었으며, LOOKUP 함수에서 찾을 범위가 반드시 오름차순으로 정렬되어 있어야 했던 점도 개선되었습니다. 거래선 관리 대장을 데이터 관리의 확장성이 높은 표로 변환하고, 거래처를 조회하는 시트에서 거래선 관리 대장 표를 참조하여 XLOOKUP 함수로 각각의 값을 가져와 조회하는 화면을 완성해보겠습니다.

미리 보기

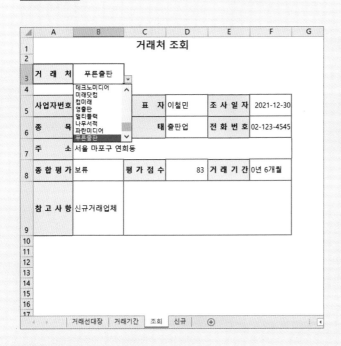

바로 통 하는TIP 엑셀 2019&이전 버전 사용자는 XLOOKUP 함수 대신에 VLOOKUP, HLOOKUP, INDEX, LOOKUP 함수로 작성된 완성 파일을 참고하기 바랍니다.
• 5장\거래처관리대장_LOOKUP_완성.xlsx
• 5장\거래처관리대장_VLOOKUP_완성.xlsx

회사에서 바로 통하는 키워드 : XLOOKUP, DATEDIF, INDIRECT, 표, 데이터 유효성 검사, 이름 정의

한눈에 보는 작업 순서	
표 변환 및 이름 정의하기 ▶ 거래기간 계산하기 ▶ 데이터 유효성 검사를 거래처 목록으로 설정하기	
▶ XLOOKUP 함수로 사업자 번호 표시하기 ▶ XLOOKUP 함수로 종합평가 표시하기	
▶ 신규 거래처 추가 후 거래처 조회하기	

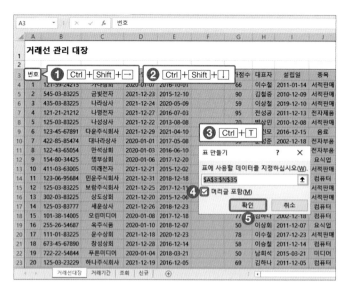

01 표 만들기 데이터를 표로 변환하고 서식을 적용해보겠습니다. ❶ [거래선대장] 시트의 [A3] 셀을 클릭하고 Ctrl + Shift + → 를 누른 후 ❷ Ctrl + Shift + ↓ 를 눌러 표 전체 범위를 지정합니다. ❸ Ctrl + T 를 누릅니다. ❹ [표 만들기] 대화상자에서 데이터 범위를 확인하고 [머리글 포함]에 체크한 후 ❺ [확인]을 클릭합니다.

➕ 지정된 범위에 엑셀 표가 적용됩니다.

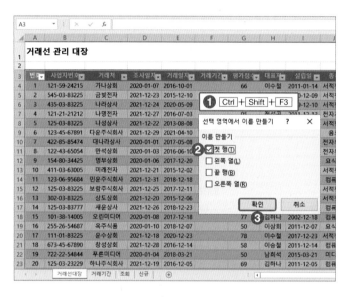

02 이름으로 정의하기 범위의 첫 행을 이름으로 정의하겠습니다. 범위가 지정된 상태에서 ❶ Ctrl + Shift + F3 을 누릅니다. ❷ [선택 영역에서 이름 만들기] 대화상자에서 [첫 행]에만 체크하고 ❸ [확인]을 클릭합니다.

➕ 엑셀 표 범위에서 첫 행을 기준으로 각 열이 이름 정의됩니다.

03 ❶ 표에서 임의의 셀을 클릭합니다. ❷ [테이블 디자인] 탭-[속성] 그룹-[표 이름]에 **거래대장**을 입력하고 Enter 를 누릅니다.

바로 통하는 TIP [테이블 디자인]-[표 스타일] 그룹에서 표 스타일을 변경할 수 있습니다.

04 DATEDIF 함수로 거래기간 계산하기 거래일자와 조사일자를 비교해 거래기간을 계산하겠습니다. ❶ [F4] 셀을 클릭하고 ❷ **=DATEDIF([@거래일자], [@조사일자], "Y")&"년"&DATEDIF([@거래일자], [@조사일자], "YM")&"개월"**를 입력한 후 Enter를 누릅니다.

바로 통 하는 TIP DATEDIF(시작일, 종료일, 옵션) 함수는 시작일과 종료일 사이의 기간을 연(Y), 월(M), 일(D)로 계산합니다. 예제에서는 거래일자([@거래일자])와 조사일자([@조사일자]) 사이의 경과 연수("Y")를 계산하고, 이어서 나머지 개월 수("YM")를 계산하여 문자 연결 연산자(&)를 사용해 연 수와 개월 수를 합쳐 표시합니다.

쉽고 빠른 함수 Note **DATEDIF 함수 알아보기**

DATEDIF(시작일, 종료일, 옵션) 함수는 시작일과 종료일 사이의 기간을 계산합니다. 함수 마법사나 수식 자동 완성 목록, 도움말이 따로 없기 때문에 직접 입력하여 수식을 완성해야 합니다.

범주	함수 형식		
날짜 및 시간 함수	DATEDIF(시작일, 종료일, 옵션)		
	옵션	설명	
	Y	두 날짜 사이 경과된 연수	
	M	두 날짜 사이 경과된 개월 수	
	D	두 날짜 사이 경과된 일수	
	YM	두 날짜 사이 경과 연도를 제외한 나머지 개월 수	
	YD	두 날짜 사이 경과 연도를 제외한 나머지 일수	
	MD	두 날짜 사이 경과 연도와 개월 수를 제외한 나머지 일수	

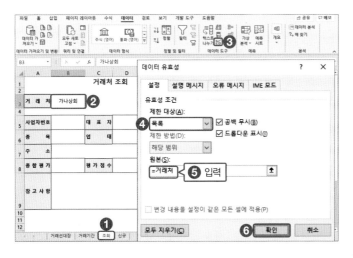

05 거래처 데이터 유효성 목록으로 설정하기 거래처를 데이터 유효성 검사 목록으로 설정하겠습니다. ❶ [조회] 시트 탭을 클릭하고 ❷ [B3] 셀을 클릭합니다. ❸ [데이터] 탭-[데이터 도구] 그룹-[데이터 유효성 검사]를 클릭합니다. ❹ [데이터 유효성] 대화상자의 [설정] 탭에서 [제한 대상]을 [목록]으로 설정합니다. ❺ [원본]에 **=거래처**를 입력한 후 ❻ [확인]을 클릭합니다.

➕ 앞서 **02**에서 [거래처대장] 시트의 거래처 범위(C4:C35)를 '거래처'로 이름 정의했습니다.

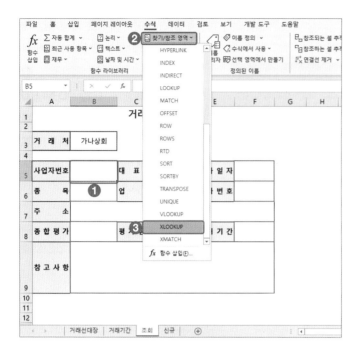

06 XLOOKUP 함수로 사업자 번호 표시하기 거래대장 표를 참조하여 사업자번호를 표시하겠습니다. ❶ [B5] 셀을 클릭합니다. ❷ [수식] 탭–[함수 라이브러리] 그룹–[찾기/참조 영역圓]을 클릭하고 ❸ [XLOOKUP]을 클릭합니다.

➕ [함수 인수] 대화상자가 표시됩니다.

바로 통하는TIP XLOOKUP(찾을 값, 찾을 범위, 결과 범위, 일치하지 않을 때 처리할 값, 찾는 방법) 함수는 엑셀 2021 버전에 새로 추가된 함수입니다.

✔️ **엑셀 2019&이전 버전** XLOOKUP 함수 대신 VLOOKUP, LOOKUP, INDEX 함수 중 하나를 사용합니다.

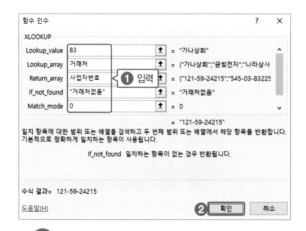

07 XLOOKUP 함수 인수 입력하기 [함수 인수] 대화상자의 ❶ [Lookup_value](찾을 값)에 **B3**을, [Lookup_array](찾을 범위)에 **거래처**를, [Return_array](결과 범위)에 **사업자번호**를, [If_not_found](일치하지 않을 때 처리할 값)에 **"거래처없음"**을, [Match_mode](옵션)에 **0**을 입력하고 ❷ [확인]을 클릭합니다.

➕ 거래처 범위에서 거래처에 해당하는 사업자번호를 찾아 표시합니다.

바로 통하는TIP 완성 수식 : =XLOOKUP(B3, 거래처, 사업자번호, "거래처없음", 0) 또는 =XLOOKUP(B3, 거래처, 사업자번호)

fx **인수 설명**

Lookup_value : 거래처를 찾아야 하므로 [B3] 셀을 입력합니다.

Lookup_array : [B3] 셀의 값을 찾을 범위로 **거래처**를 지정합니다. 거래처 범위는 [거래체!C4:C35]입니다.

Return_array : 거래처를 찾으면 사업자번호를 표시할 범위로 **사업자번호**를 입력합니다. 사업자번호 범위는 [거래체!B4:B35]입니다.

If_not_found : 거래처와 일치하는 항목이 없을 경우 **거래처없음**을 출력합니다(생략 가능).

Match_mode : 정확하게 일치하는 값을 찾을 것이므로 **0**을 입력합니다(생략 가능).

✔️ **엑셀 2019&이전 버전** 찾을 범위가 거래처 대장의 첫 열에 없으므로 VLOOKUP 함수 대신 수식 **=INDEX(사업자번호, MATCH(조회!B3, 거래처, 0), 1)**를 입력합니다.

XLOOKUP 함수는 엑셀 2021에서 새로 추가된 함수로, VLOOKUP, HLOOKUP, LOOKUP 함수가 하나로 합쳐지면서 처리 속도가 향상되었습니다. 기존 함수(VLOOKUP, HLOOKUP)에서 반드시 첫 열(행)에 찾을 값이 있어야 했던 불편함이 해소되었으며, LOOKUP 함수에서 찾을 범위가 반드시 오름차순으로 정렬되어 있어야 했던 점도 개선되었습니다.

함수 범주	함수 형식	
찾기/참조 영역 함수	XLOOKUP(찾을 값, 찾을 범위, 결과범위, 불일치, 찾는 방법, 찾는 순서)	
	인수	설명
	찾을 값	찾을 값을 지정합니다.
	찾을 범위	찾을 범위를 참조하여 찾을 값을 검색합니다.
	결과 범위	결과 범위를 참조하여 결괏값을 표시합니다.
	불일치	찾는 값이 없을 경우 셀에 표시할 값을 입력합니다. 생략시 일치하는 값이 없으면 #N/A가 반환됩니다.
	찾는 방법	찾는 방법으로 정확하게 일치할 때 0, 일치하지 않을 때 작은 값(-1), 큰 값(1)을 반환합니다. 생략시 0이 기본값입니다.
	찾는 순서	찾는 순서로 첫 항목부터는 1, 마지막 항목부터는 -1, 오름차순으로 정렬된 범위에서는 2, 내림차순으로 정렬된 범위에서는 -2를 입력합니다. 생략시 1이 기본값입니다.

08 수식을 복사하기 위해 결과가 표시될 범위를 수정합니다. ❶ [B5] 셀을 클릭합니다. ❷ 수식 입력줄에서 수식을 **=XLOOKUP($B$3, 거래처, INDIRECT(A5), "거래처없음", 0)**로 수정한 후 Enter 를 누릅니다.

바로 통 하는TIP 결과가 표시될 범위가 사업자번호, 대표자, 조사일자 등으로 변경되어야 하므로 그 이름과 동일한 제목(INDIRECT(A5))을 참조하는 함수로 변경합니다.

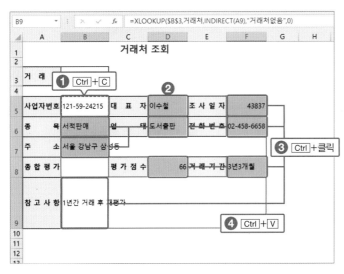

09 ❶ [B5] 셀을 클릭하고 Ctrl + C 를 누릅니다. ❷ [D5] 셀을 클릭하고 ❸ Ctrl 을 누른 상태에서 [F5], [B6], [D6], [F6], [B7], [D8], [F8], [B9] 셀을 각각 클릭한 후 ❹ Ctrl + V 를 누릅니다.

✅ **엑셀 2019&이전 버전** 대표자(D5) 셀에 수식 **=VLOOKUP($B$3, 거래선[[거래처]:[참고사항]], 6, 0)**를 입력하고 [Col_index_num]에 해당하는 세 번째 인수의 '6'을 각각 조사일자(2), 종목(8), 업태(9) 열 번호를 변경하여 수식을 수정합니다. 자세한 수식은 완성 파일을 참고합니다.

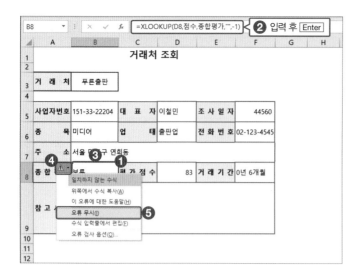

10 종합평가 표시하기 종합평가 표를 참조하여 평가점수를 찾아 종합평가를 표시하겠습니다. ❶ [B8] 셀을 클릭하고 ❷ 수식 입력줄에서 수식 **=XLOOKUP(D8, 점수, 종합평가, "", −1)**를 입력한 후 Enter를 누릅니다. ❸ [B8] 셀을 다시 클릭한 후 ❹ [수식 오류 옵션 ⚠]을 클릭하고 ❺ [오류 무시]를 클릭합니다.

➕ 평가점수에 따른 종합평가 결과를 찾아 표시합니다.

⨍ 인수 설명

Lookup_value : 평가점수를 찾아야 하므로 [D8] 셀을 입력합니다.

Lookup_array : [D8] 셀의 값을 찾을 범위로 **점수**를 입력합니다. 점수 범위는 [거래기간!B3:D3]입니다.

Return_array : 점수를 찾으면 종합평가를 표시할 범위로 **종합평가**를 입력합니다. 종합평가 범위는 [거래기간!B4:D4]입니다.

If_not_found : 점수와 일치하는 항목이 없을 경우 공란("")을 입력합니다.

Match_mode : 찾는 값이 일치하지 않을 때 다음으로 작은 값을 찾을 경우 **−1**을 입력합니다.

바로 통 하는TIP [거래기간] 시트에서 [B3:D3] 범위는 **점수**, [B4:D4] 범위는 **종합평가**로 이름 정의되어 있습니다. 점수가 정확하게 일치하지 않을 경우 작은 값(−1)으로 찾습니다. 예를 들어 59점이면 점수가 일치하지 않으므로 점수보다 작은 값인 0을 찾아 **불량**을 표시합니다.

	A	B	C	D
3	점수	0	60	85
4	종합평가	불량	보류	우량

0 : 0~59 범위
60 : 60~84 범위
85 : 85 이상 범위

✅ **엑셀 2019&이전 버전** HLOOKUP 또는 LOOKUP 함수를 사용해 완성한 파일을 참고합니다.

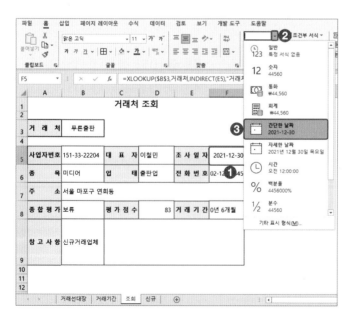

11 조사일자 날짜 형식 표시하기 조사일자를 연−월−일 형식으로 표시하겠습니다. ❶ [F5] 셀을 클릭합니다. ❷ [홈] 탭−[표시 형식] 그룹−[표시 형식]의 목록 버튼 ▾을 클릭하고 ❸ [간단한 날짜]를 클릭합니다.

➕ 날짜 형식이 연−월−일 형식으로 바뀝니다.

12 신규 데이터 추가하기 ❶ [신규] 시트 탭을 클릭합니다. ❷ [A4] 셀을 클릭하고 Ctrl + Shift + →를 눌러 범위를 지정한 후 ❸ Ctrl + X를 누릅니다. ❹ [거래선대장] 시트 탭을 클릭합니다. ❺ [A36] 셀을 클릭하고 Ctrl + V를 눌러 붙여 넣습니다.

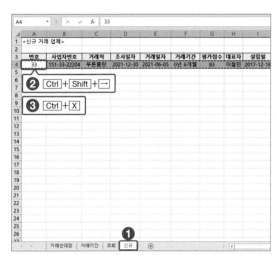

➕ 붙여 넣은 데이터가 추가되며 표의 마지막 범위가 확장됩니다.

13 거래처 조회하기 ❶ [조회] 시트 탭을 클릭하고 ❷ [B3] 셀의 목록을 엽니다. 새로운 거래처로 [푸른출판] 이 추가된 것을 볼 수 있습니다. 거래처를 선택하면 각 거래처의 정보가 변경되면서 거래처 전체를 조회할 수 있습니다.

CHAPTER

06

데이터를 시각화하여 흐름이 한눈에 보이는 차트 만들기

차트는 표 형태의 자료를 효과적으로 분석해 데이터의 변화와 추이를 시각적으로 보여줍니다. 따라서 데이터의 흐름을 한눈에 파악할 때 사용하면 좋습니다. 이번 CHAPTER에서는 차트 구성 요소를 익히고 막대, 원형, 혼합 등 다양한 차트를 살펴보겠습니다. 또 셀에서 데이터의 추이를 확인할수 있는 스파크라인 차트도 만들어보겠습니다. 차트 만들기 실습은 엑셀 2013 이후 버전을 기준으로 작성되었습니다.

2010 \ 2013 \ 2016 \ 2019 \ 2021

데이터에 적합한 차트 삽입하고 차트 서식 변경하기

실습 파일 6장 \ 시장규모1_차트.xlsx
완성 파일 6장 \ 시장규모1_차트_완성.xlsx

차트는 일반 텍스트나 표 형태의 자료와 비교했을 때 데이터 추세나 유형을 한눈에 비교할 수 있어 매우 유용합니다. 엑셀에는 추천 차트 기능이 있어 선택한 차트가 데이터에 적합한지 아닌지 고민할 필요 없이 데이터에 알맞은 차트를 빠르게 만들 수 있습니다. 또한 차트 레이아웃과 색, 스타일 등 다양한 차트 서식을 적용해 빠르게 꾸밀 수 있습니다. 연도별 스포츠웨어 시장 규모 데이터를 차트로 시각화하고 차트 서식을 변경해보겠습니다.

바로 통 하는TIP CHAPTER 06의 모든 예제는 엑셀 2013 이상 버전을 기준으로 작성되었습니다.

미리 보기

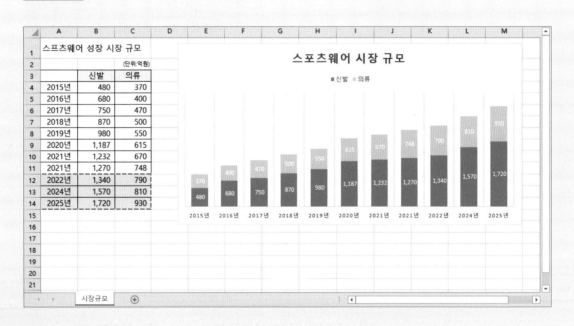

회사에서 바로 통하는 키워드 : 추천 차트, 누적 가로 막대, 누적 세로 막대, 차트 레이아웃, 차트 스타일

한눈에
보는
작업 순서
추천 차트로 데이터에 적합한 차트 삽입하기 ▶ 차트 종류 변경하기 ▶ 차트 레이아웃 및 스타일 변경하기 ▶ 색 변경하기

01 추천 차트로 데이터에 적합한 차트 삽입하기 연도별 스포츠웨어의 시장 규모 데이터를 추천 차트로 만들겠습니다. ❶ 차트로 만들 데이터인 [A3:C14] 범위를 지정합니다. ❷ [삽입] 탭-[차트] 그룹-[추천 차트📊]를 클릭합니다. ❸ [차트 삽입] 대화상자의 [추천 차트] 탭에서 [누적 가로 막대형]을 클릭하고 ❹ [확인]을 클릭합니다. 선택한 차트가 삽입됩니다.

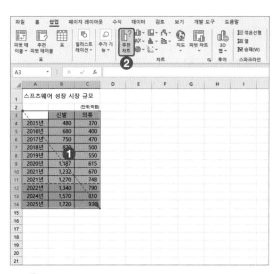

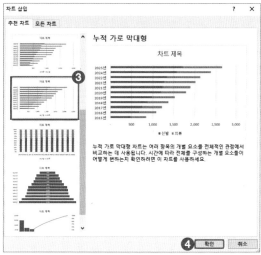

바로 통 하는TIP [추천 차트]는 데이터의 특징에 맞는 차트 종류를 추천합니다.

✔ **엑셀 2010&이전 버전** [삽입] 탭-[차트] 그룹-[가로 막대형]을 클릭하고 [2차원 가로 막대형]에서 [누적 가로 막대형]을 클릭합니다.

02 차트 위치와 크기 조절하기 [D1] 셀 위치로 차트를 이동한 후 적당한 크기로 조절합니다.

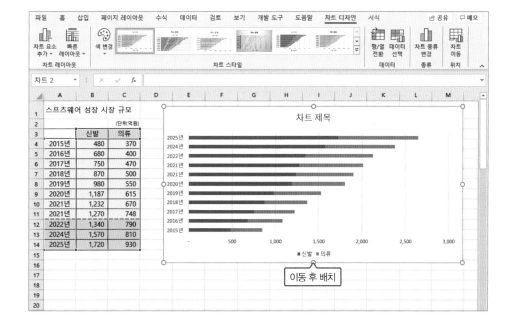

03 차트 종류 변경하기 삽입된 차트의 종류를 변경하겠습니다. ❶ 차트 영역이 선택된 상태에서 [차트 디자인] 탭-[종류] 그룹-[차트 종류 변경🔳]을 클릭합니다. ❷ [차트 종류 변경] 대화상자의 [모든 차트] 탭에서 [세로 막대형]을 클릭하고 ❸ [누적 세로 막대형]을 클릭한 후 ❹ [확인]을 클릭합니다. 누적 세로 막대형 차트로 변경됩니다.

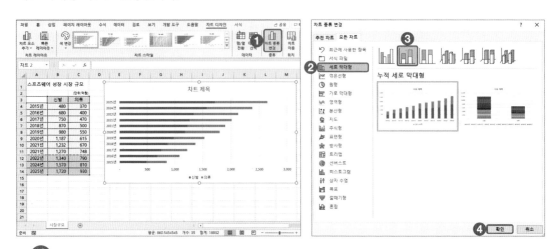

바로 통하는 TIP [차트 디자인] 탭-[위치] 그룹-[차트 이동]을 클릭하고 [차트 이동] 대화상자에서 [새 시트]를 클릭하면 새로운 차트 시트로 차트가 이동합니다.

04 차트 레이아웃 변경하기 [빠른 레이아웃]을 이용하면 미리 구성된 차트 서식을 빠르게 적용할 수 있습니다. 차트 레이아웃을 변경하겠습니다. ❶ 차트 영역이 선택된 상태에서 [차트 디자인] 탭-[차트 레이아웃] 그룹-[빠른 레이아웃📊]을 클릭하고 ❷ [레이아웃 3]을 클릭합니다. ❸ 차트 제목을 클릭하고 **스포츠웨어 시장 규모**를 입력합니다.

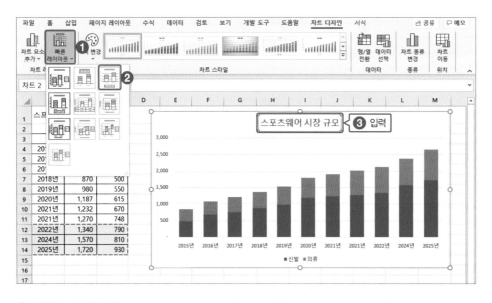

✅ **엑셀 2010&이전 버전** 엑셀 2010&이전 버전에서 [차트 도구]-[디자인] 탭-[차트 레이아웃] 그룹-[자세히⬇]를 클릭하고 [레이아웃 3]을 클릭합니다.

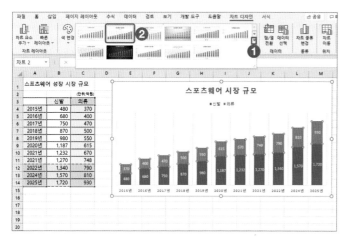

05 차트 스타일 변경하기 차트 스타일을 변경하겠습니다. ❶ 차트 영역이 선택된 상태에서 [차트 디자인] 탭-[차트 스타일] 그룹-[자세히▾]를 클릭하고 ❷ [스타일 2]를 클릭합니다.

➕ 차트 스타일이 변경됩니다.

바로 통 하는TIP 차트 스타일은 엑셀 버전에 따라 테마 목록이 다를 수 있습니다.

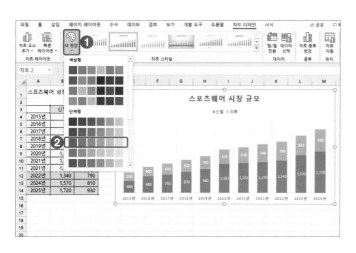

06 색 변경하기 [색 변경]을 이용하면 미리 구성된 차트 색 배합을 빠르게 적용할 수 있습니다. 차트 색을 변경하겠습니다. ❶ 차트 영역이 선택된 상태에서 [차트 디자인] 탭-[차트 스타일] 그룹-[색 변경🎨]을 클릭하고 ❷ [단색형]의 [단색 색상표 3]을 클릭합니다.

➕ 차트 색상이 변경됩니다.

✔ **엑셀 2010&이전 버전** 각각의 데이터 계열을 클릭하고 [차트 도구]-[서식] 탭-[도형 스타일] 그룹-[도형 채우기]를 클릭한 후 원하는 색을 선택합니다.

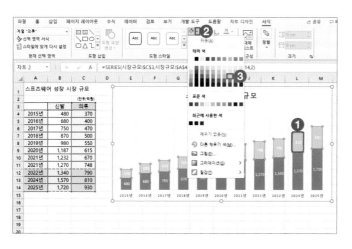

07 ❶ '의류' 데이터 계열 중 하나를 클릭합니다. ❷ [서식] 탭-[도형 스타일] 그룹-[도형 채우기🎨]의 목록 버튼▾을 클릭하고 ❸ [황금색, 강조 4, 40% 더 밝게]를 클릭합니다.

➕ '의류' 계열의 막대 색상이 변경됩니다.

차트는 일반 텍스트나 표에 비해 데이터 추세나 유형을 한눈에 비교하는 데 효과적입니다. 텍스트와 숫자로 이루어진 표에 비해 시각적으로 표현되어 정보를 비교하거나 파악하는 데 도움이 되며, 특히 프레젠테이션 자료를 만들거나 정보를 빠르게 전달할 때 유용하게 활용할 수 있습니다.

차트 구성 요소 살펴보기

차트 제목, 눈금선, 범례, 축, 레이블 등 다양한 구성 요소의 서식을 지정하려면 구성 요소의 이름을 알아야 합니다. 아래 그림을 참고하여 차트의 구성 요소를 살펴보겠습니다.

차트의 각 구성 요소는 차트 안에서 각각 독립적으로 이동하거나 크기를 조절하고 수정, 삭제할 수 있습니다.

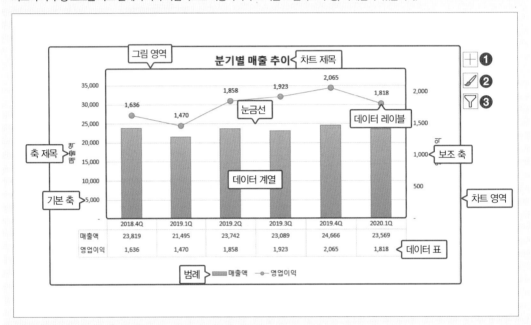

❶ **차트 요소**⊞ : 축 제목, 데이터 레이블 등의 요소를 추가하거나 숨깁니다.

❷ **차트 스타일**⬚ : 차트 스타일 및 색 구성표 등의 디자인을 지정합니다.

❸ **차트 필터**▽ : 차트에 표시된 데이터 요소 및 이름을 변경합니다.

핵심기능

50

차트 배경 설정 및 데이터 필터링하기

실습 파일 6장\시장규모2_차트.xlsx
완성 파일 6장\시장규모2_차트_완성.xlsx

차트 영역, 그림 영역, 데이터 계열의 배경을 색, 그림, 질감 등으로 채울 수 있습니다. 또한 구성 요소에 그림을 배경으로 채우고 필요 없는 구성 요소를 제거하여 차트의 내용을 보다 효과적으로 전달할 수 있습니다. 차트의 데이터 계열 축의 눈금 간격을 조절하고 레이블의 서식을 지정하여 데이터 계열의 값을 명확하게 보여주고 차트의 데이터 계열을 필터링하여 필요한 데이터 계열만 표시할 수 있도록 수정해보겠습니다.

미리 보기

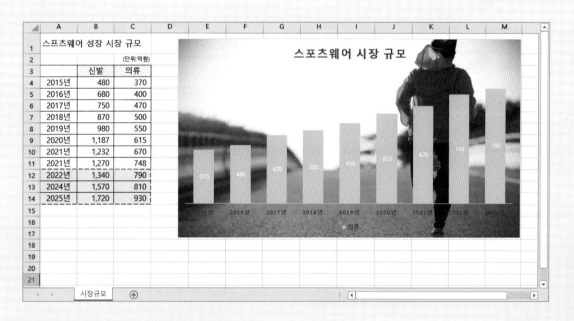

회사에서 바로 통하는 키워드 : **누적 세로 막대 차트, 차트 배경, 눈금선, 범례, 차트 필터**

한눈에 보는 작업 순서 차트 배경 설정하기 ▶ 눈금선 삭제 및 범례 위치 바꾸기 ▶ 차트 데이터 필터링하기

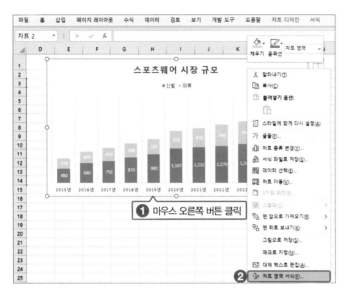

01 차트 배경 꾸미기 그림으로 차트 배경을 채우겠습니다. ❶ 차트 영역을 마우스 오른쪽 버튼으로 클릭한 후 ❷ [차트 영역 서식]을 클릭합니다.

➕ [차트 영역 서식] 작업 창이 표시됩니다.

02 ❶ [차트 영역 서식] 작업 창에서 [채우기 및 선◇]의 [채우기]를 클릭합니다. ❷ [그림 또는 질감 채우기]를 클릭하고 ❸ [삽입]을 클릭합니다. ❹ [그림 삽입] 대화상자에서 [파일에서]를 클릭합니다.

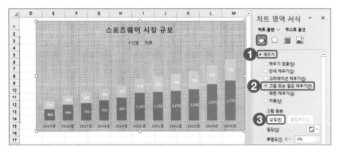

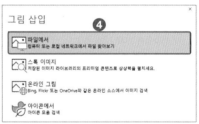

✅ **엑셀 2010&이전 버전** [차트 영역 서식] 대화상자에서 [채우기] 항목을 클릭한 후 [그림 또는 질감 채우기]를 클릭하고 [파일]을 클릭합니다.

03 ❶ [그림 삽입] 대화상자가 나타나면 예제로 제공되는 [6장\그림] 폴더에서 **스포츠배경.jpg** 파일을 찾아 클릭하고 ❷ [삽입]을 클릭합니다. ❸ [차트 영역 서식] 작업 창은 [닫기✖]를 클릭하여 닫습니다.

➕ 차트 배경에 선택된 사진이 표시됩니다.

바로 통하는 TIP 예제의 사진은 엑셀에서 제공하는 [스톡 이미지]의 사진입니다. 스톡 이미지는 [삽입] 탭-[일러스트레이션] 그룹-[그림🖼]-[스톡 이미지]를 클릭하고 원하는 그림을 선택해 삽입할 수 있습니다.

04 눈금선 지우기 ❶ [가로 (항목) 축 주 눈금선] 중 하나를 클릭하고 **❷** Delete 를 누릅니다.

➕ 차트의 주 눈금선이 모두 삭제됩니다.

바로 통하는TIP [차트 요소⊞]를 클릭하고 [축], [눈금선]을 각각 추가한 후 가로/세로 축 또는 가로/세로 눈금선을 선택해 축과 눈금선을 다시 표시할 수 있습니다.

05 범례 위치 바꾸기 범례를 데이터 계열 아래쪽에 표시하겠습니다. **❶** 차트 영역이 선택된 상태에서 [차트 요소⊞]를 클릭하고 **❷** [범례]-[아래쪽]을 클릭합니다. **❸** [차트 요소⊞]를 다시 클릭하여 차트 요소 설정을 마칩니다.

➕ 차트의 범례가 차트 하단으로 이동합니다.

✅ **엑셀 2010&이전 버전** [차트 도구]-[레이아웃] 탭-[레이블] 그룹-[범례]-[아래쪽에 범례 표시]를 클릭합니다.

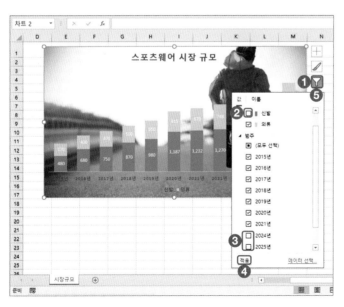

06 차트 데이터 필터링하기 [차트 필터]를 이용해 일정 기간의 의류 데이터 계열만 표시하겠습니다. **❶** 차트 영역이 선택된 상태에서 [차트 필터▽]를 클릭합니다. **❷** [계열]에서 [신발], **❸** [범주]에서 [2024], [2025]의 체크를 해제하고 **❹** [적용]을 클릭합니다. **❺** [차트 필터▽]를 다시 클릭하여 차트 필터 설정을 마칩니다.

✅ **엑셀 2010&이전 버전** 차트 데이터 필터링 기능을 지정할 수 없습니다.

07 연도별(2015년~2022년) 의류 매출액의 데이터 계열로 필터링되어 차트가 표시됩니다.

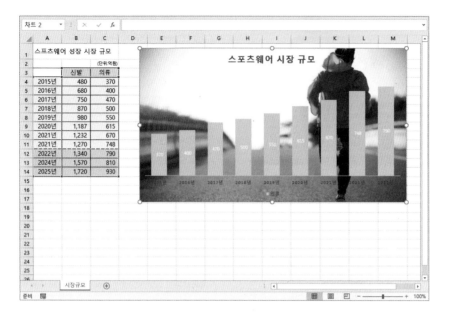

실무필수

핵심기능

51

원형 차트 3차원 서식 및 테마 바꾸기

실습 파일 6장 \ 시장점유율_원형.xlsx
완성 파일 6장 \ 시장점유율_원형_완성.xlsx

원형이나 도넛 차트는 전체에 대한 계열의 구성비를 나타냅니다. 각 항목의 전체에 대한 비율을 나타낼 때 사용하며 원을 나누는 항목은 다섯 개에서 여섯 개가 적당합니다. Statcounter.com 사이트에서 제공하는 웹브라우저의 시장 점유율 데이터를 3차원 원형 차트로 작성하고 3차원 서식 및 테마 색을 변경해보겠습니다.

미리 보기

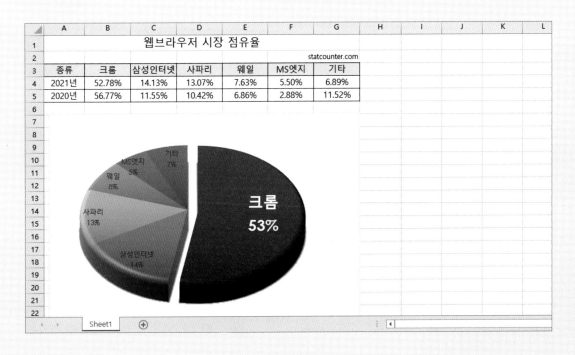

회사에서 바로 통하는 키워드 : 3차원 원형, 테마, 차트 레이아웃, 차트 스타일, 3차원 서식, 3차원 회전

| 한눈에 보는 작업 순서 | 차트 레이아웃과 스타일 변경하기 | ▶ | 데이터 계열 3차원 서식 지정하기 | ▶ | 3차원 회전 지정하기 | ▶ | 차트의 항목 조각내기 | ▶ | 테마 변경하기 |

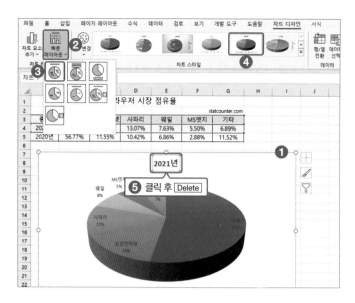

01 차트 레이아웃과 스타일 변경하기 웹브라우저 시장 점유율이 3차원 원형 차트로 삽입되어 있습니다. 차트 레이아웃과 스타일을 변경하겠습니다. ❶ 차트 영역을 클릭합니다. ❷ [차트 디자인] 탭-[차트 레이아웃] 그룹-[빠른 레이아웃]을 클릭하고 ❸ [레이아웃1]을 클릭합니다. ❹ [차트 디자인] 탭-[차트 스타일] 그룹-[스타일 5]를 클릭합니다. ❺ 차트 제목을 클릭하고 Delete 를 누릅니다.

➕ 차트 스타일이 변경되고 차트 제목이 삭제됩니다.

바로 통하는 TIP 원형 차트는 차트 범위(A3:G4)를 지정하고 [삽입] 탭-[차트] 그룹-[원형 또는 도넛형 차트 삽입]-[3차원 원형]을 클릭하여 삽입했습니다. 엑셀 버전에 따라 차트 스타일 목록이 다를 수 있습니다.

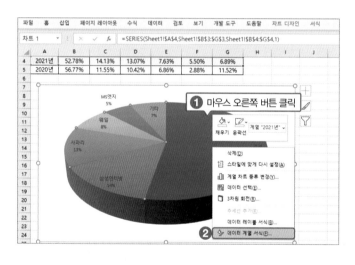

02 3차원 서식 지정하기 3차원 서식이 좀 더 두드러지도록 데이터 계열 서식에서 너비와 높이를 조정하겠습니다. ❶ 데이터 계열 영역을 마우스 오른쪽 버튼으로 클릭하고 ❷ [데이터 계열 서식]을 클릭합니다.

➕ [데이터 계열 서식] 작업 창이 나타납니다.

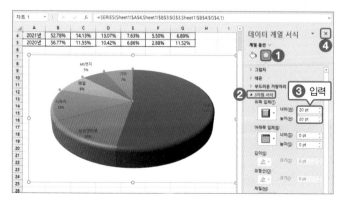

03 [데이터 계열 서식] 작업 창에서 ❶ [효과]를 클릭하고 ❷ [3차원 서식]을 클릭합니다. ❸ [위쪽 입체]의 [너비]와 [높이]에 모두 **20**을 입력하고 ❹ [닫기]를 클릭합니다.

✅ **엑셀 2010&이전 버전** [데이터 계열 서식] 대화상자에서 [3차원] 서식을 클릭합니다.

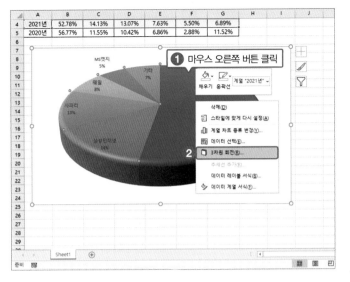

04 3차원 회전 지정하기 3차원 원형 차트의 축과 깊이를 조정하겠습니다. ❶ 데이터 계열을 마우스 오른쪽 버튼으로 클릭하고 ❷ [3차원 회전]을 클릭합니다.

➕ [차트 영역 서식] 작업 창이 나타납니다.

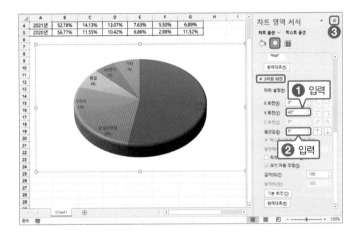

05 [차트 영역 서식] 작업 창에서 ❶ [효과 🔲]–[3차원 회전]의 [Y 회전]에 **40**을, ❷ [원근감]에 **5**를 입력합니다. ❸ [닫기 ✖]를 클릭합니다.

➕ 차트의 3차원 입체 서식이 변경됩니다.

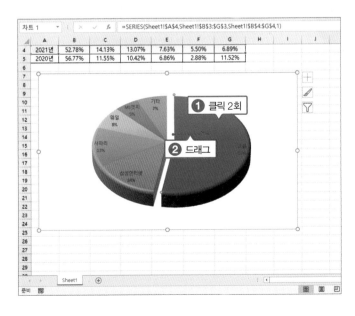

06 데이터 항목 조각내기 원형 차트의 '크롬' 데이터 항목을 조각내서 보기 좋게 배치하겠습니다. ❶ '크롬' 항목을 클릭해 선택한 상태에서 한 번 더 클릭합니다. ❷ '크롬' 항목을 오른쪽으로 조금 드래그하여 조각을 분리합니다.

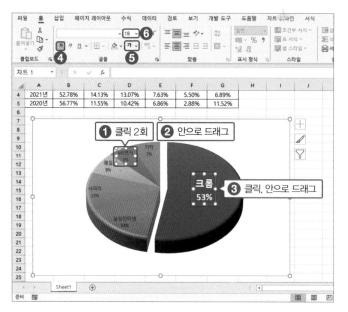

07 데이터 레이블 글꼴색 변경하기

❶ 'MS엣지' 데이터 레이블을 클릭해 선택한 상태에서 한 번 더 클릭한 다음 ❷ 차트 안쪽으로 보기 좋게 드래그합니다. ❸ '크롬' 데이터 레이블을 클릭하여 보기 좋게 안쪽으로 드래그합니다. ❹ '크롬' 데이터 레이블이 선택된 상태에서 [홈] 탭-[글꼴] 그룹-[굵게 <u>가</u>]를 클릭합니다. ❺ [글꼴 색]은 하얀색으로, ❻ [글꼴 크기]는 [18]로 지정합니다.

➕ 차트 중 '크롬'의 레이블 텍스트가 하얀색에 더 굵고 큰 크기로 변경됩니다.

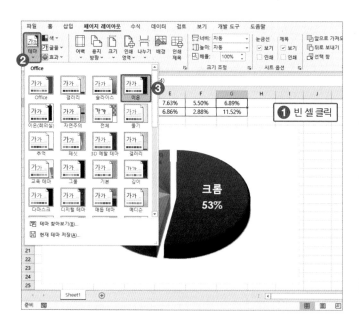

08 차트에 테마 적용하기 ❶ 임의의 빈 셀을 클릭해 차트 선택을 해제합니다. ❷ [페이지 레이아웃] 탭-[테마] 그룹-[테마 <u>가</u>]를 클릭하고 ❸ [이온]을 클릭해서 테마를 변경합니다.

➕ 차트의 테마가 변경됩니다. 테마에 따라 차트의 색상과 글꼴, 서식이 바뀝니다. 차트의 데이터 계열(항목) 색을 직접 변경하는 것보다, 테마 또는 테마 색을 변경하면 엑셀에서 만든 색으로 차트의 계열 색을 손쉽게 변경할 수 있습니다.

바로 통하는 TIP 엑셀 버전에 따라 테마 목록이 다를 수 있습니다.

핵심기능

| 2010 | 2013 | 2016 | 2019 | 2021 |

52

혼합(이중 축 콤보) 차트 만들기

실습 파일 6장\분기매출실적_혼합차트.xlsx
완성 파일 6장\분기매출실적_혼합차트_완성.xlsx

혼합형 차트는 두 종류 이상의 차트를 사용하여 차트에 다른 정보가 있음을 강조합니다. 데이터 계열별로 데이터 값 유형이 서로 다르거나 두 계열의 데이터 차이가 큰 경우 이중 축(보조 축)을 사용합니다. 세로 막대형 차트와 꺾은선형 차트를 조합하면 더욱 효과적입니다. 연도별 매출 실적표에서 매출액은 꺾은선형으로, 영업이익은 세로 막대형으로 표시되는 이중 축 혼합 차트를 만들어보겠습니다.

미리 보기

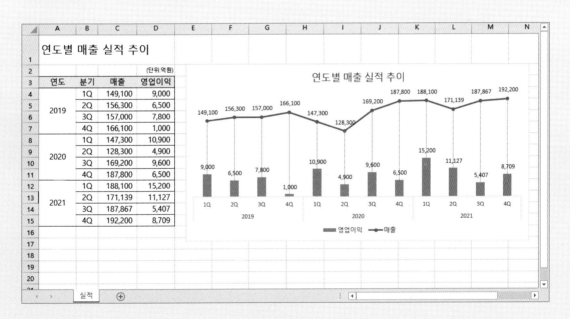

회사에서 바로 통하는 키워드 : 혼합 차트, 막대 차트, 꺾은선형 차트, 눈금 조정, 하강선, 데이터 레이블

| 한눈에 보는 작업 순서 | 이중 축 혼합 차트 만들기 | ▶ | 기본/보조 축 주 눈금 조정하기 | ▶ | 하강선 표시 및 서식 지정하기 | ▶ | 데이터 레이블 표시하기 |

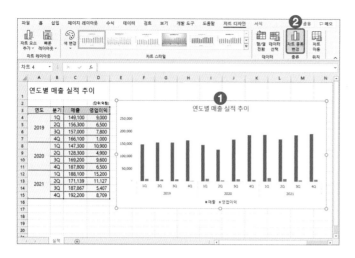

01 이중 축 혼합 차트 만들기 2차원 세로 막대형 차트로 만들어보면 '매출' 데이터 계열과 '영업이익' 데이터 계열의 막대 길이 차이가 너무 큽니다. '매출' 데이터 계열을 오른쪽 보조 축으로 지정한 후 꺾은선형으로 변경하겠습니다. ① 차트 영역을 클릭하고 ② [차트 디자인] 탭-[종류] 그룹-[차트 종류 변경 📊]을 클릭합니다.

➕ [차트 종류 변경] 대화상자가 나타납니다.

✅ **엑셀 2010&이전 버전** 엑셀 2010 버전에서는 '매출' 데이터 계열에서 마우스 오른쪽 버튼을 클릭하고 [데이터 계열 서식]을 클릭한 후 [보조 축]으로 변경합니다. 같은 방법으로 [계열 차트 종류 변경]을 클릭한 후 차트의 종류를 [꺾은선형]-[표식이 있는 꺾은선형]으로 변경합니다.

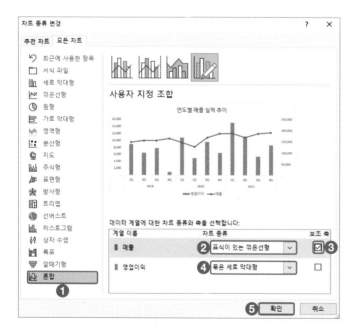

02 ① [차트 종류 변경] 대화상자의 [모든 차트] 탭에서 [혼합]을 클릭합니다. ② '매출' 데이터 계열은 [꺾은선형]의 [표식이 있는 꺾은선형]으로 설정하고 ③ [보조 축]에 체크합니다. ④ '영업이익' 데이터 계열은 [세로 막대형]의 [묶은 세로 막대형]으로 설정합니다. ⑤ [확인]을 클릭합니다.

➕ '매출' 데이터가 '표식이 있는 꺾은선형'으로 변경되고 보조 축으로 표시됩니다.

✅ **엑셀 2013&이전 버전** [차트 종류 변경] 대화상자의 [모든 차트] 탭에서 [콤보]를 클릭합니다.

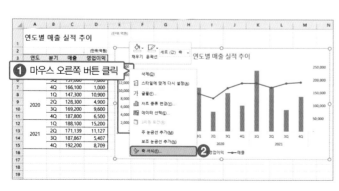

03 기본 축 주 눈금 조정하기 기본 세로축의 주 단위 눈금 간격을 조정하겠습니다. ① 기본 세로(값)축을 마우스 오른쪽 버튼으로 클릭하고 ② [축 서식]을 클릭합니다.

🔵**바로 통 하는TIP** 기본 세로(값)축을 더블 클릭하여 [축 서식]을 지정할 수도 있습니다.

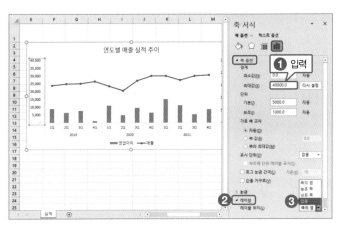

04 ❶[축 서식] 작업 창의 [축 옵션 📊]–[축 옵션]에서 [경계]의 [최대값]에 **40000**을 입력합니다. ❷[레이블]을 클릭하고 ❸[레이블 위치]를 [없음]으로 설정합니다.

➕ 기본축의 주 단위 눈금이 0부터 40000까지 표시되고 축의 레이블은 숨겨집니다.

✔ **엑셀 2010&이전 버전**　[축 서식] 대화상자에서 [축 옵션]의 [최대값]에 40000을 입력하고 [축 레이블]에서 [없음]을 선택합니다.

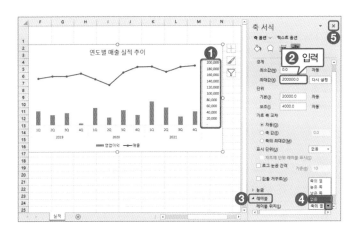

05 보조 축 주 눈금 조정하기 보조 세로(값)축의 주 단위 눈금 간격을 조정하겠습니다. ❶ 보조 세로(값)축을 클릭하고 ❷ [축 서식] 작업 창에서 [경계]의 [최대값]에 **200000**을 입력합니다. ❸ [레이블]을 클릭하고 ❹ [레이블 위치]를 [없음]으로 설정합니다. ❺ [창 닫기 ☒]를 클릭합니다.

✔ **엑셀 2010&이전 버전**　보조 세로(값)축을 마우스 오른쪽 버튼으로 클릭하고 [축 서식]을 클릭합니다.

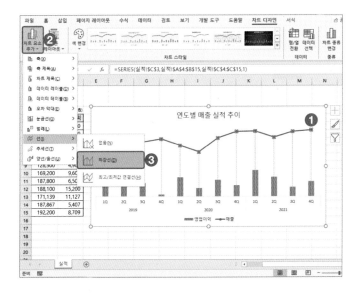

06 하강선 표시하기 ❶ 꺾은선형으로 삽입된 '매출' 데이터 계열을 클릭합니다. ❷ [차트 디자인] 탭–[차트 레이아웃] 그룹–[차트 요소 추가 📊]를 클릭하고 ❸ [선]–[하강선]을 클릭합니다.

➕ '매출' 데이터의 표식 아래에 하강선이 표시됩니다.

✔ **엑셀 2010&이전 버전**　'매출' 데이터 계열을 클릭합니다. [차트 도구]–[레이아웃] 탭–[분석] 그룹–[선]–[하강선]을 클릭합니다.

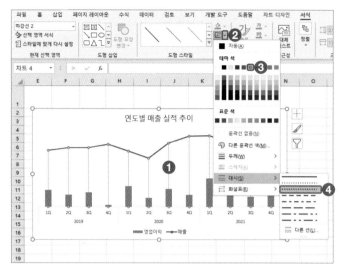

07 하강선과 꺾은선형 서식 지정하기 하강선과 꺾은선형의 윤곽선 색과 대시 모양을 변경하겠습니다. ❶ 하강선을 클릭합니다. ❷ [서식] 탭-[도형 스타일] 그룹-[도형 윤곽선☑]의 목록 버튼⬝을 클릭하고 ❸ [주황, 강조 2]를 클릭합니다. ❹ 다시 [도형 윤곽선]의 [대시]-[사각 점선]을 클릭합니다.

➕ 하강선의 모양이 사각 점선으로 변경됩니다.

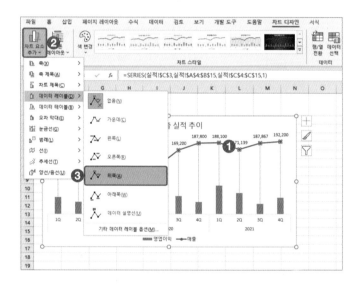

08 데이터 레이블 표시하기 ❶ '매출' 데이터 계열을 클릭합니다. ❷ [차트 디자인] 탭-[차트 레이아웃] 그룹-[차트 요소 추가🔳]를 클릭하고 ❸ [데이터 레이블]-[위쪽]을 클릭합니다.

➕ '매출' 데이터 계열 위에 데이터 레이블이 표시됩니다.

✔ **엑셀 2010&이전 버전** '매출' 데이터 계열을 클릭합니다. [차트 도구]-[레이아웃] 탭-[레이블] 그룹-[데이터 레이블]-[위쪽]을 클릭합니다.

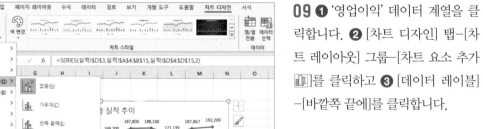
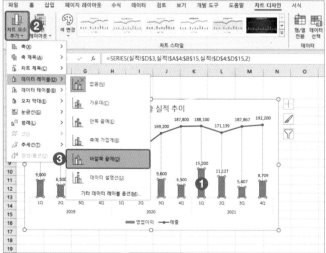

09 ❶ '영업이익' 데이터 계열을 클릭합니다. ❷ [차트 디자인] 탭-[차트 레이아웃] 그룹-[차트 요소 추가🔳]를 클릭하고 ❸ [데이터 레이블]-[바깥쪽 끝에]를 클릭합니다.

➕ 데이터 레이블이 차트와 겹치지 않도록 위치가 조절됩니다.

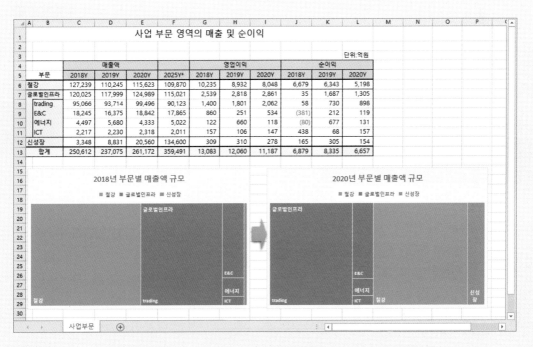

실무활용

22

트리맵 차트로 사업 부문 규모의 매출 비중을 한눈에 보기

실습 파일 6장\사업부문_트리맵차트.xlsx
완성 파일 6장\사업부문_트리맵차트_완성.xlsx

엑셀 2016 버전에서 추가된 트리맵 차트는 데이터의 계층 구조를 사각형으로 나타내며, 각 하위 구조를 더 작은 사각형으로 나타냅니다. 사각형 면적을 통해 하나의 조각이 어떤 요소와 어떤 비율로 구성되어 있는지 상대적 크기를 비교하는 데 적합합니다. 2018년과 2020년에 사업 규모의 매출실적 비중이 어떻게 변화했는지 트리맵 차트를 만들어 비교해보겠습니다.

미리 보기

✅ **엑셀 2013&이전 버전** 엑셀 2013&이전 버전에서는 트리맵 차트를 삽입할 수 없습니다. 이 예제는 엑셀 2016&이후 버전에서 가능합니다.

회사에서 바로 통하는 키워드: 트리맵 차트, 테마 색, 차트 스타일, 데이터 범위 변경, 선 버스트 차트

| 한눈에 보는 작업 순서 | 트리맵 차트 삽입하기 | ▶ | 제목 입력 및 차트 스타일 변경하기 | ▶ | 차트 복사 후 데이터 범위 변경하기 | ▶ | 색상 변경 및 테마색 지정하기 |

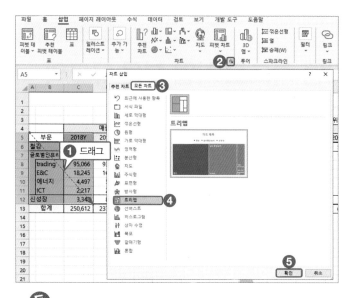

01 트리맵 차트 만들기 2018년 사업 부문별 매출실적이 차지하는 비중을 한눈에 볼 수 있도록 트리맵 차트를 만들겠습니다. ❶ [A5:C12] 범위를 지정하고 ❷ [삽입] 탭-[차트] 그룹-[모든 차트 보기⬛]를 클릭합니다. ❸ [차트 삽입] 대화상자에서 [모든 차트] 탭을 클릭하고 ❹ [트리맵]를 클릭한 후 ❺ [확인]을 클릭합니다.

➕ 트리맵 차트가 삽입됩니다.

바로 **통** 하는 **TIP** 트리맵 차트는 계층 구조로 데이터가 입력되어 있어야 합니다. 사업 부문에서 주영역-부영역 항목의 계층 구조로 입력하고, 항목의 내용이 없을 경우에는 빈 셀로 둡니다.

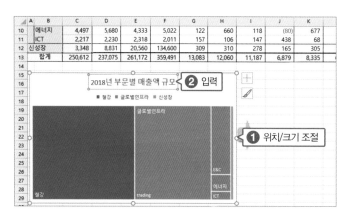

02 차트 위치와 크기 조절하기 ❶ 차트를 [A15] 셀 위치로 이동하고 적당한 크기로 조절합니다. ❷ 차트 제목을 클릭하고 **2018년 부문별 매출액 규모**를 입력합니다.

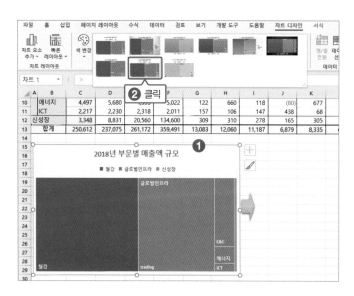

03 차트 스타일 변경하기 차트 스타일을 변경하겠습니다. ❶ 차트 영역을 선택하고 ❷ [차트 디자인] 탭-[차트 스타일] 그룹의 갤러리에서 [스타일 8]을 클릭합니다.

➕ 차트 스타일이 변경됩니다.

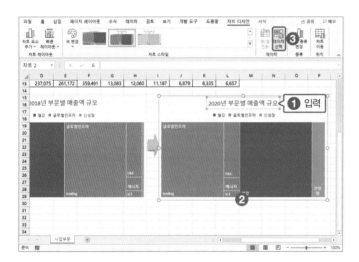

04 차트 복사하기 ❶ 차트 영역을 클릭하고 ❷ Ctrl + Shift 를 누른 채 오른쪽으로 드래그하여 차트를 복사합니다.

05 차트 제목 입력 및 데이터 범위 변경하기 복사한 차트의 제목과 데이터 범위를 2020년 매출액으로 변경하겠습니다. ❶ 복사한 차트의 제목을 클릭하고 **2020년 부문별 매출액 규모**를 입력합니다. ❷ 차트 영역을 클릭하고 ❸ [차트 디자인] 탭-[데이터] 그룹-[데이터 선택📊]을 클릭합니다.

➕ [데이터 원본 선택] 대화상자가 나타납니다.

06 ❶ [데이터 원본 선택] 대화상자의 [범례 항목(계열)]에서 [2018Y]를 클릭하고 ❷ [편집]을 클릭합니다. ❸ [계열 편집] 대화상자에서 [계열 이름]을 [E5] 셀로 지정하고 ❹ [계열 값]은 [E6:E12] 범위를 지정합니다. ❺ [확인]을 클릭하고 ❻ [데이터 원본 선택] 대화상자도 [확인]을 클릭해서 닫습니다.

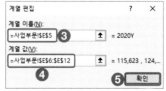

➕ 차트의 계열 이름이 2020Y(E5)로 바뀌고, 계열 값은 2020년에 해당하는 매출액 범위(E6:E12)로 변경됩니다.

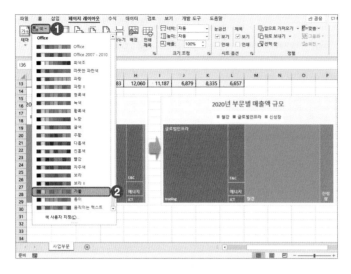

07 테마색 변경하기 ❶ [페이지 레이아웃] 탭-[테마] 그룹-[색 █]을 클릭하고 ❷ [가을]을 클릭합니다.

➕ 차트의 색상이 변경됩니다. 트리맵 차트에서 2018년과 2020년 사업 부문별 매출실적이 차지하는 비중을 각 항목의 상대적 크기로 비교합니다.

쉽고 빠른 엑셀 Note | **트리맵 차트와 선버스트 차트 비교하기**

트리맵 차트는 데이터의 계층 구조를 나타내며 사각형으로 구현됩니다. 하위 영역은 더 작은 사각형으로 나타납니다. 트리맵 차트는 색과 근접성을 기준으로 범주를 표시하며 다른 차트 유형으로 표시하기 어려운 많은 양의 데이터를 쉽게 표시할 수 있습니다.

엑셀 2016 버전에서 추가된 선버스트(Sunburst) 차트는 조각난 원호를 부챗살처럼 펼쳐 데이터의 계층 구조를 나타내며 동시에 하나의 조각이 어떤 요소로 구성되어 있는지 효과적으로 보여줍니다. 선버스트 차트에서는 하나의 원호 또는 고리가 계층의 각 수준을 나타내며 가장 안쪽이 제일 높은 수준을 나타냅니다.

트리맵 차트	선버스트 차트
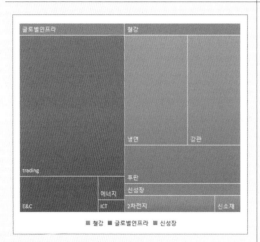	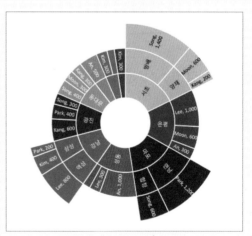
트리맵 차트는 계층 안에서 상대적 크기의 비율을 비교하는 데 유용합니다.	계층의 수준을 파악하고 각 계층의 요소가 어떻게 구성되어 있는지 확인하는 데 효과적입니다.

2010 \ 2013 \ 2016 \ 2019 \ 2021

실무필수

실무
활용

문서
작성

문서
편집
&
인쇄

수식
&
함수

차트

데이터
관리/
분석&
자동화

실무활용

23

영업이익 증감율의 흐름을 폭포 차트로 만들기

실습 파일 6장\영업이익증감율_폭포차트.xlsx
완성 파일 6장\영업이익증감율_폭포차트_완성.xlsx

엑셀 2016 버전에서 추가된 폭포 차트(Waterfall chart)는 재무 데이터와 같이 자금 유입/출입의 흐름이나 영업이익 증가/감소의 흐름 등 양수 및 음수 값의 누적 효과를 막대로 표시합니다. 2018년 4분기~2020년 4분기 영업이익 증감율의 흐름을 폭포 차트로 작성해보겠습니다.

미리 보기

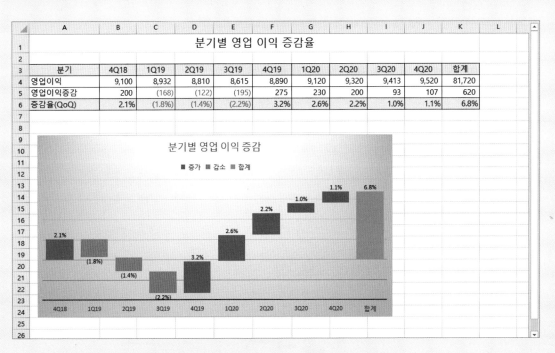

분기	4Q18	1Q19	2Q19	3Q19	4Q19	1Q20	2Q20	3Q20	4Q20	합계
영업이익	9,100	8,932	8,810	8,615	8,890	9,120	9,320	9,413	9,520	81,720
영업이익증감	200	(168)	(122)	(195)	275	230	200	93	107	620
증감율(QoQ)	2.1%	(1.8%)	(1.4%)	(2.2%)	3.2%	2.6%	2.2%	1.0%	1.1%	6.8%

✔ **엑셀 2013&이전 버전** 엑셀 2013&이전 버전에서는 폭포 차트를 삽입할 수 없습니다. 이 예제는 엑셀 2016 이상 버전에서 가능합니다.

회사에서 바로 통하는 키워드 : 폭포 차트, 차트 레이아웃, 차트 스타일

한눈에 보는 작업 순서	폭포 차트 만들기	▶	차트 레이아웃 지정 및 차트 제목 입력하기	▶	차트의 스타일 변경하기	▶	데이터 계열 합계로 설정하기

01 폭포 차트 만들기 분기별 영업이익 증감의 차이를 폭포 차트로 만들어보겠습니다. ❶ [A3:K3] 범위를 지정하고 ❷ Ctrl을 누른 상태로 [A6:K6] 범위를 지정합니다. ❸ [삽입] 탭–[차트] 그룹–[모든 차트 보기⬚]를 클릭합니다. ❹ [차트 삽입] 대화상자에서 [모든 차트] 탭을 클릭하고 ❺ [폭포]를 클릭한 후 ❻ [확인]을 클릭합니다.

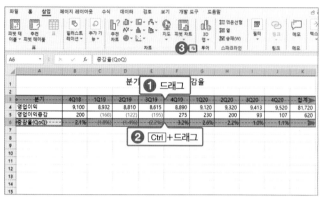
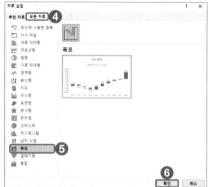

➕ 폭포 차트가 삽입됩니다.

✔ **엑셀 2013&이전 버전** 엑셀 2013&이전 버전에서는 폭포 차트를 삽입할 수 없습니다.

02 차트 레이아웃 변경 및 차트 제목 입력하기 ❶ [A9] 셀 위치로 차트를 이동하고 크기를 적당하게 조정합니다. ❷ [차트 디자인] 탭–[차트 레이아웃] 그룹–[빠른 레이아웃⬚]을 클릭하고 ❸ [레이아웃 1]을 클릭합니다. ❹ 차트 제목으로 **분기별 영업이익 증감**을 입력합니다.

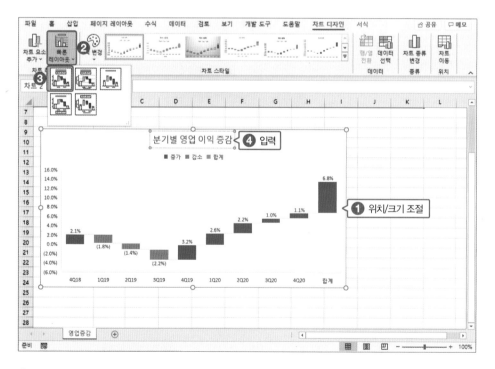

➕ 차트의 레이아웃이 변경되고 제목도 입력한 내용으로 바뀝니다.

03 차트 스타일 변경하기 [차트 디자인] 탭–[차트 스타일] 그룹의 갤러리에서 [스타일 3]을 클릭합니다.

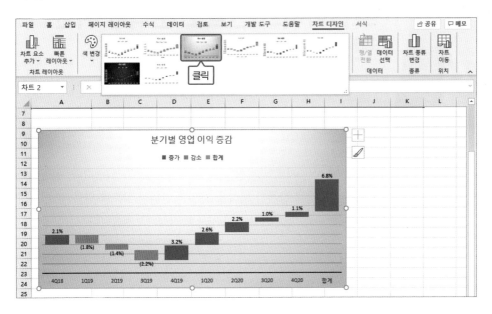

➕ 차트의 스타일이 변경됩니다.

04 합계로 설정하기 분기별 이익 증감율의 합계 데이터 계열을 합계로 설정해보겠습니다. ❶ '합계' 데이터 계열을 클릭하고 한 번 더 클릭합니다. ❷ 마우스 오른쪽 버튼을 클릭하고 ❸ [합계로 설정]을 클릭합니다.

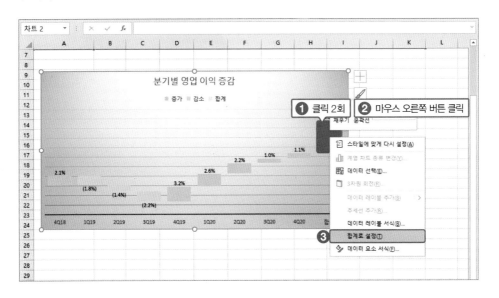

➕ 증감율의 합계(K6) 데이터 계열을 [합계로 설정]으로 지정하면 전 분기 영업이익의 증감을 표시하지 않고 첫 번째 데이터 계열의 시작(2018년 4분기)을 기준으로 전체 영업의 이익이 증가했는지 감소했는지를 막대로 표시합니다.

실무활용

24

프랜차이즈 선호도 분석을 위한 반원 도넛형 차트 만들기

실습 파일 6장\프랜차이즈선호도_도넛차트.xlsx
완성 파일 6장\프랜차이즈선호도_도넛차트_완성.xlsx

계열 하나의 구성비를 나타낼 때 주로 사용하는 차트로는 원형, 도넛, 반원 차트가 있습니다. 원형이나 도넛 차트를 전체 합계를 포함하여 만든 후 전체 합계의 서식을 지우면 반원형 차트를 만들 수 있습니다. 여기서는 프랜차이즈 선호 이유에 대한 구성비를 반원 도넛 차트로 작성해보겠습니다.

미리 보기

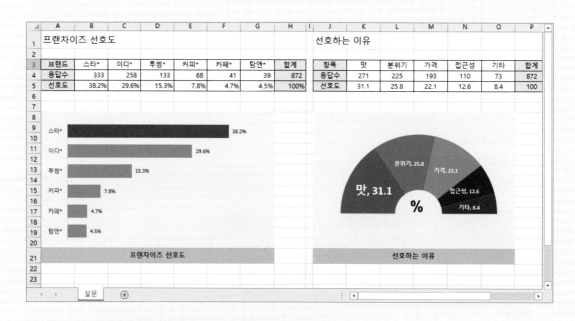

회사에서 바로 통하는 키워드 : 도넛형 차트, 차트 레이아웃, 차트 색상, 차트 서식

| 한눈에 보는 작업 순서 | 도넛형 차트 삽입하기 | ▶ | 차트 레이아웃 및 색상 지정하기 | ▶ | 데이터 계열 서식 지정하기 | ▶ | 차트/그림 서식 지정하기 | ▶ | 차트 크기 조절 및 데이터 레이블 강조하기 |

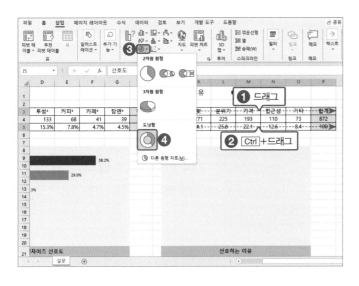

01 차트 삽입하기 도넛형 차트로 반원 차트를 만들어보겠습니다. ❶ [J3:P3] 범위를 지정하고 ❷ [Ctrl]을 누른 상태로 [J5:P5] 범위를 지정합니다. ❸ [삽입] 탭-[차트] 그룹-[원형 또는 도넛형 차트 삽입 ⬤]을 클릭하고 ❹ [도넛형]을 클릭합니다.

➕ 도넛형 차트가 삽입됩니다. 보통 원형 차트는 합계를 제외한 범위로 차트를 구성하지만 반원 차트를 만들기 위해 합계를 포함해서 구성합니다.

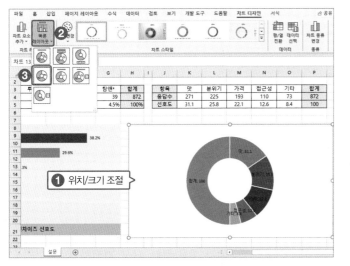

02 레이아웃 및 색상 지정하기 ❶ 차트를 [H8] 셀 위치로 이동하고 크기를 적당하게 조절합니다. ❷ [차트 디자인] 탭-[차트 레이아웃] 그룹-[빠른 레이아웃 📊]을 클릭하고 ❸ [레이아웃 4]를 클릭합니다.

➕ 차트의 레이아웃이 변경됩니다.

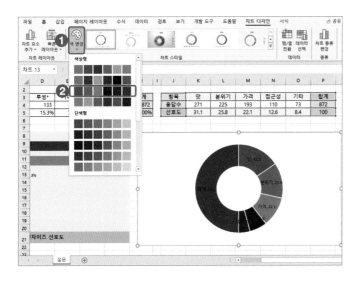

03 ❶ [차트 디자인] 탭-[차트 스타일] 그룹-[색 변경 🎨]을 클릭하고 ❷ [다양한 색상표 3]을 클릭합니다.

➕ 차트의 색상이 변경됩니다.

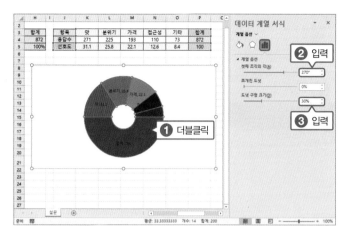

04 데이터 계열 서식 지정하기 반원 차트를 만들기 위해 데이터 계열 서식을 지정하겠습니다. ❶ 차트의 데이터 계열을 더블클릭합니다. ❷ [데이터 계열 서식] 작업 창에서 [계열 옵션 📊]의 [첫째 조각의 각]에 **270**을 입력하고 ❸ [도넛 구멍 크기]에 **20**을 입력합니다.

➕ 차트의 첫째 조각의 각과 도넛 구멍 크기가 변경됩니다.

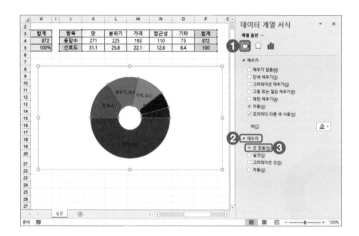

05 ❶ [데이터 계열 서식] 작업 창의 [채우기 및 선 🖫]을 클릭합니다. ❷ [테두리]를 클릭한 후 ❸ [선 없음]을 클릭합니다.

➕ 차트 계열의 테두리 선이 사라집니다.

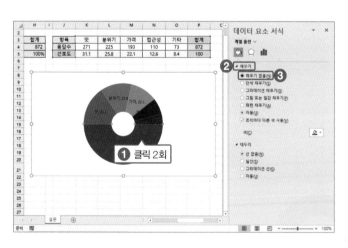

06 차트 서식 지정하기 데이터 요소, 차트 영역, 그림 영역의 채우기 색과 테두리 색을 지우겠습니다. ❶ '합계' 데이터 계열을 클릭하고 한 번 더 클릭하여 '합계' 데이터 계열만 선택합니다. ❷ [데이터 요소 서식] 작업 창에서 [채우기]를 클릭한 후 ❸ [채우기 없음]을 클릭합니다.

➕ 반원에 해당하는 합계 계열의 채우기 색이 사라집니다.

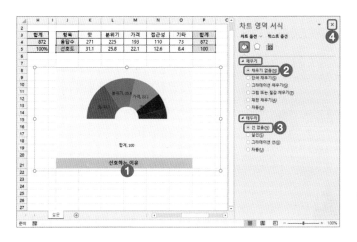

07 ❶ 그림 영역을 클릭합니다. ❷ [그림 영역 서식] 작업 창의 [채우기 및 선]–[채우기] 영역에서 [채우기 없음]을 클릭하고 ❸ [테두리] 영역에서 [선 없음]을 클릭합니다.

➕ 그림 영역에 해당하는 배경의 테두리와 배경색이 사라집니다.

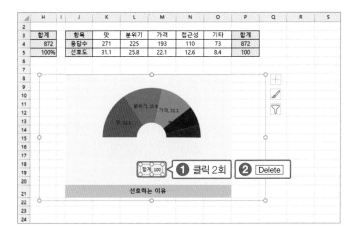

08 ❶ 차트 영역을 클릭합니다. ❷ [차트 영역 서식] 작업 창의 [채우기 및 선]–[채우기] 영역에서 [채우기 없음]을 클릭하고 ❸ [테두리] 영역에서 [선 없음]을 클릭합니다. ❹ [닫기]를 클릭하여 [차트 영역 서식] 작업 창을 닫습니다.

➕ 차트 영역에 해당하는 배경의 테두리와 배경색이 사라지고 셀에 적용된 배경이 나타납니다.

09 데이터 레이블 삭제하기 ❶ '합계' 데이터 레이블을 두 번 클릭하여 '합계' 데이터 레이블만 선택한 후 ❷ Delete 를 눌러 삭제합니다.

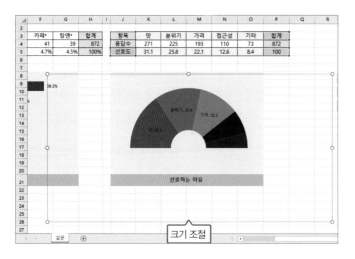

10 차트 크기 조절하기 그림 영역을 차트 영역 크기에 맞춰 조절하고, 차트 영역의 전체 크기도 적당히 조절합니다.

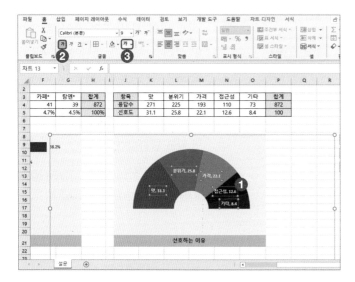

11 데이터 레이블 강조하기 ❶ 데이터 레이블을 클릭한 후 ❷ [홈] 탭-[글꼴] 그룹-[굵게 **가**]를 클릭합니다. ❸ [글꼴 색 **가 ▾**]은 하얀색으로 설정합니다.

➕ 차트의 각 계열 레이블이 굵은 서체의 하얀색으로 변경됩니다.

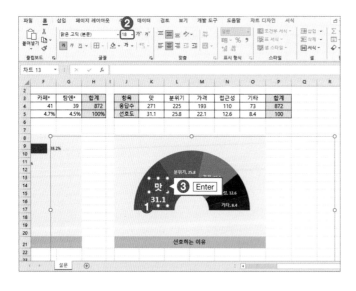

12 ❶ '맛' 데이터 레이블을 한 번 더 클릭하고 ❷ [글꼴 크기]를 [18]로 지정합니다. ❸ '맛' 뒤에 커서를 위치시키고 Enter 를 눌러 두 줄로 표시되게 합니다.

13 ❶ [L1] 셀 위치에 삽입되어 있는 텍스트 상자를 클릭하고 ❷ 드래그하여 도넛 차트 위치로 이동합니다.

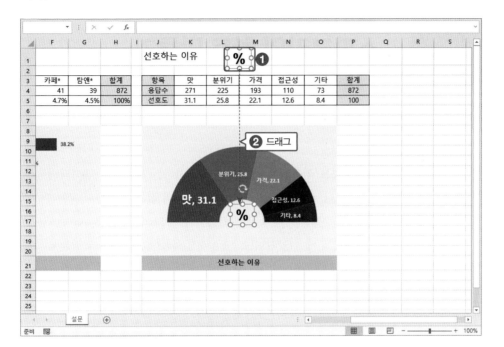

실무활용

25 추이가 한눈에 보이는 스파크라인 차트 만들기

2010 2013 2016 2019 2021

실습 파일 6장\분기별실적_스파크라인.xlsx
완성 파일 6장\분기별실적_스파크라인_완성.xlsx

스파크라인 차트는 셀 하나에 작은 추세 차트(꺾은선형, 열, 승패)를 표시하는 기능으로, 데이터의 추세를 쉽게 분석하고 강조, 비교할 수 있습니다. 열 스파크라인 차트는 데이터 값의 크기를 비교할 때, 꺾은선형 스파크라인 차트는 데이터의 변화 추세를 나타낼 때 적합합니다. 승패 스파크라인 차트는 양수/음수를 막대로 표시하므로 손익 등을 나타낼 때 적합합니다. 다양하게 제공하는 스타일을 이용해 스파크라인의 디자인을 변경할 수 있습니다. 또한 차트 계열의 표식 색, 모양 등도 직접 바꿀 수 있습니다. 분기별 매출실적의 추이를 꺾은선형 스파크라인 차트로, 영업이익은 열 스파크라인 차트로 표시하고 각 차트의 스타일을 변경해보겠습니다.

미리 보기

분기별 실적 추이

(단위:억원)

구분		1Q20	2Q20	3Q20	4Q20	추이
매출	IM 부 문	22.47	23.36	29.3	30.71	
	DS 부 문	16.33	17.03	17.4	17.52	
	CE 부 문	11.5	12.83	12.22	14.56	
	반 도 체	17.98	18.6	18.72	19.59	
	DP 부 문	8.54	8.25	8.46	7.75	
	HM 부 문	1.1	2.4	2.7	2.6	
영업이익	IM 부 문	3.23	3.39	3.98	4.01	
	DS 부 문	4.09	4.03	5.33	5.47	
	CE 부 문	0.95	1.69	2.22	2.56	
	반 도 체	3.7	3.83	3.02	3.42	
	DP 부 문	0.23	0.71	1.17	1.11	
	HM 부 문	-0.12	0.14	0.17	0.16	

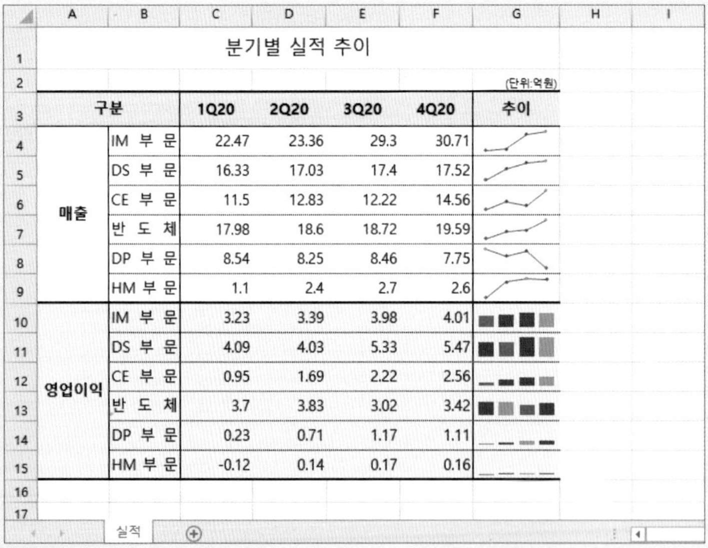

회사에서 바로 통하는 키워드 : 스파크라인, 꺾은선형, 열, 승패, 스파크라인 스타일, 축 변경, 표식

한눈에 보는 작업 순서

꺾은선형 스파크라인 차트 삽입하기 ▶ 빠른 분석으로 열 스파크라인 차트 삽입하기 ▶ 차트의 표시 강조하기 ▶ 차트의 스타일 변경하기 ▶ 차트의 표시 색 변경하기 ▶ 차트의 축 변경하기

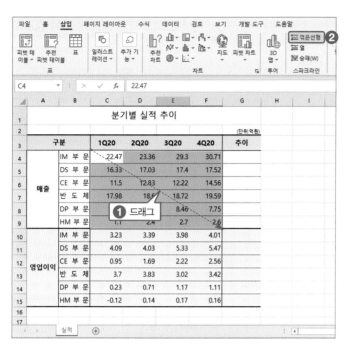

01 꺾은선형 스파크라인 차트 삽입하기 분기별 매출실적을 꺾은선형 스파크라인 차트로 표시하겠습니다. ❶ [C4:F9] 범위를 지정합니다. ❷ [삽입] 탭-[스파크라인] 그룹-[꺾은선형📈]을 클릭합니다.

➕ [스파크라인 만들기] 대화상자가 나타납니다.

02 [스파크라인 만들기] 대화상자가 열리고, [데이터 범위]에 **C4:F9** 가 입력되어 있습니다. ❶ [위치 범위]로 **$G$4:$G$9**를 설정하고 ❷ [확인]을 클릭합니다.

➕ [G4:G9] 범위에 각 사업 부문의 분기별 매출 추이가 꺾은선형 스파크라인 차트로 표시됩니다.

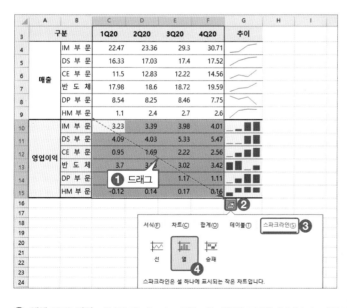

03 빠른 분석으로 열 스파크라인 차트 삽입하기 ❶ [C10:F15] 범위를 지정하고 ❷ [빠른 분석🔳]을 클릭합니다. ❸ [스파크라인]을 클릭하고 ❹ [열]을 클릭합니다. [G10:G15] 범위에 영업이익 추이가 열 스파크라인 차트로 표시됩니다.

➕ 빠른 분석에서 스파크라인 차트를 선택하면 지정한 범위의 오른쪽 열에 삽입됩니다. [빠른 분석🔳]은 서식, 차트, 합계, 테이블, 스파크라인을 빠르게 설정할 수 있는 도구입니다.

✅ **엑셀 2010 버전** [삽입] 탭-[스파크라인] 그룹-[열]을 클릭합니다. [스파크라인 만들기] 대화상자에서 [데이터 범위]에 **C10:F15**, [위치 범위]에 **$G$10:$G$15**를 입력하고 [확인]을 클릭합니다.

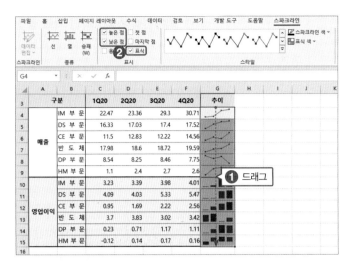

04 스파크라인 차트의 표식 강조하기 스파크라인 차트의 표식을 강조하겠습니다. ❶ [G4:G15] 범위를 지정합니다. ❷ [스파크라인] 탭-[표시] 그룹에서 [높은 점], [낮은 점], [표식]에 각각 체크합니다.

➕ 스파크라인의 높은 점, 낮은 점, 표식이 각각 표시됩니다.

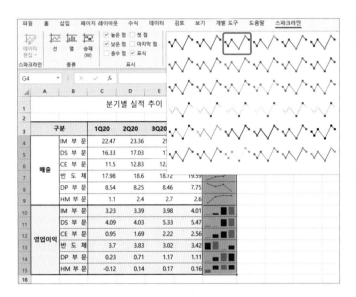

05 스파크라인 차트의 스타일 변경하기 [G4:G15] 범위가 지정된 상태에서 [스파크라인] 탭-[스타일] 그룹의 갤러리에서 [진한 회색, 스파크라인 스타일 강조 3, 50% 더 어둡게]를 클릭합니다.

➕ 스파크라인의 스타일이 변경됩니다.

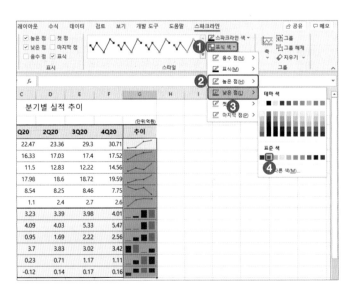

06 스파크라인 차트의 표식 색 변경하기 ❶ [스파크라인] 탭-[스타일] 그룹-[표식 색▣]을 클릭한 후 ❷ [높은 점]을 클릭하고 [연한 파랑]으로 설정합니다. ❸ 이어서 [표식 색]-[낮은 점]을 클릭하고 ❹ [빨강]을 클릭합니다.

➕ 스파크라인 차트에서 가장 높은 값은 연한 파랑, 가장 낮은 값은 빨강으로 표시됩니다.

07 스파크라인 차트의 축 변경하기 ❶ [G10:G15] 범위를 지정합니다. ❷ [스파크라인] 탭-[그룹] 그룹-[축⟊]을 클릭합니다. ❸ [세로 축 최소값 옵션]에서 [모든 스파크라인에 대해 동일하게]를 클릭하고 ❹ [세로 축 최대값 옵션]에서 [모든 스파크라인에 대해 동일하게]를 클릭합니다. 동일한 세로 축 기준으로 스파크라인이 표시됩니다.

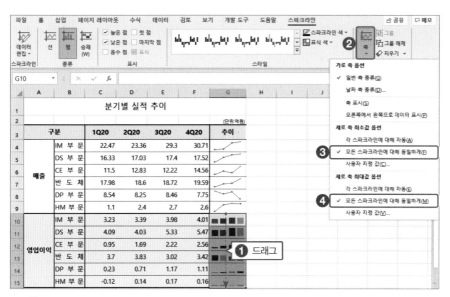

바로 통 하는TIP 스파크라인 차트는 각 행에 데이터를 기준으로 막대의 높낮이를 결정하여 표시합니다. 전체 데이터의 최댓값과 최솟값에 맞춰 막대의 높낮이를 지정하려면 [세로 축 최소값 옵션]과 [세로 축 최대값 옵션]을 [모든 스파크라인에 대해 동일하게]로 지정합니다.

쉽고 빠른 엑셀 Note / **스파크라인 차트 알아보기**

스파크라인 차트는 엑셀 2010 이후 버전에서 삽입할 수 있으며, 셀에 작은 추세 차트(선, 열, 승패)를 삽입해 데이터를 강조하고 비교합니다. 열 차트는 데이터 값의 크기를 비교할 때, 선 차트는 데이터의 변화 추세를 나타낼 때 적합합니다. 승패 차트는 양수/음수를 막대로 표시하므로 손익 등을 나타낼 때 적합합니다.

차트 종류 살펴보기

꺾은선형					열					승패				
1Q20	2Q20	3Q20	4Q20	추이	1Q20	2Q20	3Q20	4Q20	추이	1Q20	2Q20	3Q20	4Q20	추이
22.47	23.36	29.3	30.71		3.23	3.39	3.98	4.01		14.4%	14.5%	-3.6%	13.1%	
16.33	17.03	17.4	17.52		4.09	4.03	5.33	5.47		25.0%	-23.7%	10.6%	-1.2%	
11.5	12.83	12.22	14.56		0.95	1.69	2.22	2.56		8.3%	13.2%	18.2%	17.6%	
17.98	18.6	18.72	19.59		3.7	3.83	3.02	3.42		20.6%	20.6%	-16.1%	7.5%	
8.54	8.25	8.46	7.75		0.23	0.71	1.17	1.11		2.7%	8.6%	13.8%	14.3%	
1.1	2.4	2.7	2.6		-0.12	0.14	0.17	0.16		-10.9%	5.8%	6.3%	6.2%	

데이터의 변화 추세	데이터 값의 크기 비교	양수/음수 막대로 손익 표시

스파크라인 차트 변경하기

범위 지정 후 [스파크라인] 탭-[종류] 그룹에서 변경하고 싶은 차트를 클릭합니다.

스파크라인 차트 지우기

범위 지정 후 [스파크라인] 탭-[그룹] 그룹-[지우기⟊]를 클릭합니다.

데이터베이스 기능과 표의 작성 규칙 알아보기

엑셀에는 방대한 표(Table) 구조의 자료를 관리하고 요약해서 데이터를 효과적으로 분석할 수 있는 데이터베이스 기능이 있습니다. 텍스트 나누기, 중복 데이터, 통합 기능을 사용하여 데이터를 관리하고, 정렬, 필터, 부분합, 피벗 테이블로 데이터를 분석하는 데 활용할 수 있습니다.

표(Table)

데이터를 특정 용도에 맞게 체계적으로 정리하여 처리할 수 있도록 테이블 구조로 표를 만듭니다. 테이블의 구조는 필드명(머리글), 레코드(행), 필드(열) 등으로 구성되어 있습니다. 일반적으로 표 구조로 데이터를 입력하더라도 관련 데이터를 쉽게 관리하고 분석하려면 일반 범위를 엑셀 표로 변환해서 사용하는 것이 좋습니다.

일반 표

NO	일자	구분	코드	품명	수량	할인율	단가	금액
1	01-02	매입	H607	외장하드	10	3%	131,000	1,270,700
2	01-04	매출	EF345	출퇴근기록기	5	0%	177,100	885,500
3	01-04	매입	EF345	출퇴근기록기	100	10%	154,000	13,860,000
4	01-05	매입	BE500	지폐계수기	5	0%	286,000	1,430,000
5	01-06	매출	D204	문서 세단기	25	3%	217,360	5,270,980
6	01-08	매입	L451	코팅기	5	0%	74,000	370,000
7	01-10	매입	H607	외장하드	6	0%	131,000	786,000
8	01-12	매출	EF345	출퇴근기록기	10	3%	177,100	1,717,870
9	01-14	매출	RS130	제본기	4	0%	112,700	450,800
10	01-16	매입	NCB23	전자칠판	30	3%	1,198,000	34,861,800

머리글, 행, 열로 구성된 표로 범위가 고정적입니다. 범위의 이름을 정의하거나 함수를 사용해야 동적인 참조가 가능합니다.

엑셀 표

N	일자	구분	코드	품명	수량	할인율	단가	금액
1	01-02	매입	H607	외장하드	10	3%	131,000	1,270,700
2	01-04	매출	EF345	출퇴근기록기	5	0%	177,100	885,500
3	01-04	매입	EF345	출퇴근기록기	100	10%	154,000	13,860,000
4	01-05	매입	BE500	지폐계수기	5	0%	286,000	1,430,000
5	01-06	매출	D204	문서 세단기	25	3%	217,360	5,270,980
6	01-08	매입	L451	코팅기	5	0%	74,000	370,000
7	01-10	매입	H607	외장하드	6	0%	131,000	786,000
8	01-12	매출	EF345	출퇴근기록기	10	3%	177,100	1,717,870
9	01-14	매출	RS130	제본기	4	0%	112,700	450,800
10	01-16	매입	NCB23	전자칠판	30	3%	1,198,000	34,861,800

머리글, 행, 열로 구성된 엑셀 표로 별도의 작업 없이 각 구성 요소를 참조할 수 있고 데이터의 양에 따라 범위가 동적으로 변합니다.

표(Table)의 작성 규칙

데이터베이스로 관리할 표(Table)를 작성할 때 주의해야 하는 사항은 다음과 같습니다.

❶ 필드명은 한 줄로 입력하고, 필드명을 입력한 셀을 병합하지 않아야 합니다.
❷ 데이터를 입력한 셀을 병합하지 않아야 하고, 빈 행이나 열이 없어야 합니다.

❸ 셀 하나에 하나의 정보만 입력해야 합니다. 외부에서 데이터를 가져왔을 때 셀 하나에 여러 정보가 있으면 텍스트를 나눠서 여러 필드에 입력합니다.

NO	일자	매입/매출 정보		수량	할인율
		구분	코드/품명		
1	01-02	매출	H607/외장하드	10	3%
2	01-04		EF345/출퇴근기록기	5	0%
3	01-04	매입	EF345/출퇴근기록기	100	10%
4	01-05	매입	BE500/지폐계수기	5	0%
5	01-06	매출	D204/문서 세단기	25	3%
6	01-08	매입	L451/코팅기	5	
7	01-10	매입	H607/외장하드	6	
8	01-12	매출	EF345/출퇴근기록기	10	3%
9	01-14	매출	RS130/제본기	4	0%

▲ 잘못 작성한 표

NO	일자	구분	코드	품명	수량	할인율
0	01-02	매출	H607	외장하드	10	3%
1	01-04	매출	EF345	출퇴근기록기	5	0%
2	01-04	매입	EF345	출퇴근기록기	100	10%
3	01-05	매입	BE500	지폐계수기	5	0%
4	01-06	매출	D204	문서 세단기	25	3%
5	01-08	매입	L451	코팅기	5	2%
6	01-10	매입	H607	외장하드	6	1%
7	01-12	매출	EF345	출퇴근기록기	10	0%
8	01-14	매출	RS130	제본기	4	3%

▲ 바르게 작성한 표

데이터베이스를 효율적으로 관리 및 분석하기

데이터를 효율적으로 관리하려면 열 하나에 여러 정보가 담기지 않도록 종류별로 분리해야 합니다. 데이터가 중복되면 잘못된 결과가 나타나거나 검색 및 분석이 제대로 이뤄지지 않기 때문입니다. 데이터베이스를 관리 및 분석하는 방법에 대해 살펴보겠습니다.

❶ **텍스트 나누기** : 열에 여러 정보가 담겨 있다면 나눠서 입력합니다.

NO	일자	구분	코드/품명	수량	할인율
1	01-02	매입	H607/외장하드	10	3%
2	01-04	매입	EF345/출퇴근기록기	5	0%
3	01-04	매입	EF345/출퇴근기록기	100	10%
4	01-05	매입	BE500/지폐계수기	5	0%
5	01-06	매출	D204/문서 세단기	25	3%
6	01-08	매입	L451/코팅기	5	
7	01-10	매입	H607/외장하드	6	
8	01-12	매출	EF345/출퇴근기록기	10	3%
9	01-14	매출	RS130/제본기	4	0%

▲ 셀에 여러 정보가 있는 데이터

NO	일자	구분	코드	품명	수량	할인율
1	01-02	매입	H607	외장하드	10	3%
2	01-04	매입	EF345	출퇴근기록기	5	0%
3	01-04	매입	EF345	출퇴근기록기	100	10%
4	01-05	매입	BE500	지폐계수기	5	0%
5	01-06	매출	D204	문서 세단기	25	3%
6	01-08	매입	L451	코팅기	5	
7	01-10	매입	H607	외장하드	6	
8	01-12	매출	EF345	출퇴근기록기	10	3%
9	01-14	매출	RS130	제본기	4	0%

▲ 셀에 하나의 정보만 있도록 텍스트 나누기를 실행한 데이터

❷ **중복 데이터 삭제하기** : 잘못된 결과를 불러올 수 있는 중복 데이터를 삭제합니다.

코드	품명	입고단가	출고단가
H607	외장하드	85,000	97,750
EF345	출퇴근기록기	320,000	368,000
EF345	출퇴근기록기	320,000	368,000
BE500	지폐계수기	12,500	14,375
D204	문서 세단기	156,000	179,400
L451	코팅기	120,000	138,000
H607	외장하드	85,000	97,750
EF345	출퇴근기록기	320,000	368,000
RS130	제본기	450,000	517,500

▲ 코드, 품명, 입고/출고단가가 중복된 데이터

코드	품명	입고단가	출고단가
H607	외장하드	85,000	97,750
EF345	출퇴근기록기	320,000	368,000
BE500	지폐계수기	12,500	14,375
D204	문서 세단기	156,000	179,400
L451	코팅기	120,000	138,000
RS130	제본기	450,000	517,500

▲ 중복된 내용을 제거한 데이터

실무 필수

실무 활용

문서 작성

문서 편집 & 인쇄

수식 & 함수

차트

데이터 관리/ 분석& 자동화

❸ **통합하기** : 여러 워크시트의 결과를 필드 항목 기준으로 통합하고 서식을 지정합니다. 첫 번째 필드 항목을 기준으로 데이터를 통합하며 여러 워크시트에 있는 숫자 데이터의 결과를 합계, 개수, 평균, 최댓값, 최솟값, 곱, 수치 개수, 표본 표준 편차, 표준 편차, 표본 분산, 분산 등으로 요약하고 집계합니다.

일자	품명	1월수량
01-02	외장하드	10
01-04	출퇴근기록기	5
01-04	출퇴근기록기	50
01-05	지폐계수기	5
01-06	문서 세단기	25
01-08	코팅기	5
01-10	외장하드	6
01-12	출퇴근기록기	10
01-14	전자칠판	4
01-16	전자칠판	30

일자	품명	2월수량
02-02	외장하드	10
02-04	출퇴근기록기	5
02-04	출퇴근기록기	50
02-05	지폐계수기	5
02-06	문서 세단기	10
02-08	지폐계수기	10
02-10	외장하드	10
02-12	출퇴근기록기	10
02-14	제본기	5
02-16	전자칠판	15

품명	1월수량	2월수량
외장하드	16	20
출퇴근기록기	65	65
지폐계수기	5	15
문서계단기	25	10
코팅기	5	
제본기		5
전자칠판	34	15

▲ 통합 전의 1월 데이터와 2월 데이터   ▲ 품명을 기준으로 통합한 데이터

❹ **자동 필터를 이용한 필터링** : 전체 데이터에서 조건에 맞는 데이터 목록만 필터링합니다.

NO	일자	구분	코드	품명	수량	할인율	단가	금액
1	01-02	매입	H607	외장하드	10	3%	131,000	1,270,700
2	01-04	매입	EF345	출퇴근기록기	5	0%	177,100	885,500
3	01-04	매입	EF345	출퇴근기록기	100	10%	154,000	13,860,000
4	01-05	매입	BE500	지폐계수기	5	0%	286,000	1,430,000
5	01-06	매출	D204	문서 세단기	25	3%	217,360	5,270,980
6	01-08	매입	L451	코팅기	5	0%	74,000	370,000
7	01-10	매입	H607	외장하드	6	0%	131,000	786,000
8	01-12	매출	EF345	출퇴근기록기	10	3%	177,100	1,717,870
9	01-14	매출	RS130	제본기	4	0%	112,700	450,800
10	01-16	매입	NCB23	전자칠판	30	3%	1,198,000	34,861,800
11	01-04	매출	EF345	출퇴근기록기	3	0%	177,100	531,300
12	01-04	매입	EF345	출퇴근기록기	50	4%	154,000	7,392,000
13	01-05	매입	BE500	지폐계수기	10	3%	286,000	2,774,200
14	01-06	매출	D204	문서 세단기	5	0%	217,360	1,086,800
15	01-08	매입	L451	코팅기	5	0%	74,000	370,000

NO	일자	구분	코드	품명	수량	할인율	단가	금액
1	01-02	매입	H607	외장하드	10	3%	131,000	1,270,700
7	01-10	매입	H607	외장하드	6	0%	131,000	786,000
10	01-16	매입	NCB23	전자칠판	30	3%	1,198,000	34,861,800
16	01-10	매입	H607	외장하드	5	0%	131,000	655,000
19	01-16	매입	NCB23	전자칠판	5	0%	1,198,000	5,990,000

▲ 자동 필터를 적용하고 조건을 지정하기 전의 데이터   ▲ 품명 필드에 조건(외장하드, 전자칠판)을 지정해 추출한 데이터

❺ **정렬 및 다중 부분합 작성하기** : 데이터를 분석하기 편한 기준으로 오름차순, 내림차순, 사용자 지정 순서로 정렬합니다. 정렬된 특정 필드를 그룹화해 분류하고 합계, 평균, 개수 등을 계산합니다.

NO	구분	코드	품명	수량	할인율
1	매입	NCB23	전자칠판	30	3%
2	매입	NCB23	전자칠판	30	3%
3	매입	NCB23	전자칠판	10	3%
4	매출	NCB23	전자칠판	36	3%
5	매출	NCB23	전자칠판	36	3%
6	매출	NCB23	전자칠판	5	0%
7	매출	NCB23	전자칠판	22	3%
8	매입	C013	라벨 프린터	25	3%
9	매입	C013	라벨 프린터	30	3%
10	매입	C013	라벨 프린터	22	3%
11	매출	C013	라벨 프린터	25	3%
12	매출	C013	라벨 프린터	25	3%
13	매출	C013	라벨 프린터	20	3%
14	매출	C013	라벨 프린터	10	3%
15	매출	C013	라벨 프린터	4	0%
16	매출	C013	라벨 프린터	12	3%
17	매입	D204	문서 세단기	25	3%

	NO	구분	코드	품명	수량	할인율
2	1	매입	NCB23	전자칠판	30	3%
3	2	매입	NCB23	전자칠판	30	3%
4	3	매입	NCB23	전자칠판	10	3%
5				매입 요약	70	
6	5	매출	NCB23	전자칠판	36	3%
7	6	매출	NCB23	전자칠판	36	3%
8	7	매출	NCB23	전자칠판	5	0%
9	8	매출	NCB23	전자칠판	22	3%
10				매출 요약	99	
11				전자칠판 요약	169	
12	11	매입	C013	라벨 프린터	25	3%
13	12	매입	C013	라벨 프린터	30	3%
14	13	매입	C013	라벨 프린터	22	3%
15				매입 요약	77	
16	15	매출	C013	라벨 프린터	25	3%
17	16	매출	C013	라벨 프린터	25	3%
18	17	매출	C013	라벨 프린터	20	3%
19						

▲ '품명', '구분' 순으로 오름차순 정렬한 데이터   ▲ '품명', '구분'을 그룹화하고 부분합을 계산한 데이터

❻ 피벗 테이블로 크로스 탭 집계표와 피벗 차트 만들기 : 기초 데이터를 분석해 행/열 구조의 크로스 탭 표로 요약하여 집계표를 작성하고 피벗 차트를 만듭니다.

	A	B	C	D	E
3	합계 : 수량	열 레이블 ⊓			
4	행 레이블 ▾	전자칠판	외장하드	제본기	총합계
5	⊟1사분기	**274**	**335**	**86**	**695**
6	매입	126	229	30	385
7	매출	148	106	56	310
8	⊟2사분기	**248**	**137**	**181**	**566**
9	매입	147	56	100	303
10	매출	101	81	81	263
11	⊟3사분기	**164**	**142**	**129**	**435**
12	매입	106	94	20	220
13	매출	58	48	109	215
14	⊟4사분기	**38**	**122**	**162**	**322**
15	매입	15	59	147	221
16	매출	23	63	15	101
17	총합계	**724**	**736**	**558**	**2,018**

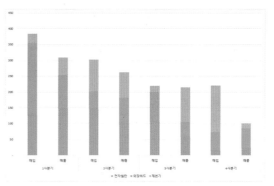

▲ 피벗 테이블로 분기/품명 수량의 합계를 요약한 집계표　▲ 왼쪽의 피벗 테이블로 작성한 피벗 차트

실무
활용

문서
작성

문서
편집
&
인쇄

수식
&
함수

차트

데이터
관리/
분석&
자동화

실무필수

2010 \ 2013 \ 2016 \ 2019 \ 2021

핵심기능

53

외부 텍스트 파일을 불러와 엑셀 표로 만들기

실습 파일 7장 \ 회원거래명부.txt
완성 파일 7장 \ 회원거래명부1_완성.xlsx

탭으로 구분된 텍스트 파일(*.txt)은 워크시트로 불러와 엑셀 표로 만들 수 있습니다. 회원번호, 성명, 가입연도, 회원등급, 주소, 전화번호, 거래건수, 거래금액 등이 탭으로 구분되어 있는 텍스트 파일을 엑셀로 불러와서 표(Table)로 만들어보겠습니다.

미리 보기

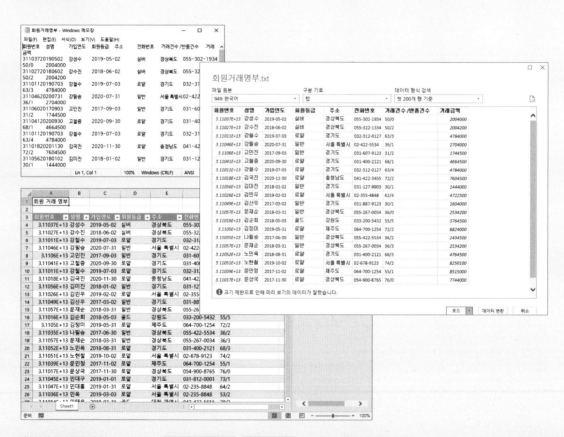

회사에서 바로 통하는 키워드 : 데이터 가져오기, 텍스트 파일, 표, 외부 데이터 연결

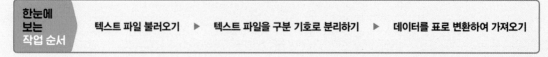

한눈에 보는 작업 순서	텍스트 파일 불러오기 ▶ 텍스트 파일을 구분 기호로 분리하기 ▶ 데이터를 표로 변환하여 가져오기

01 **텍스트 파일 가져오기** ❶ 새 통합 문서를 열고 [A1] 셀에 **회원 거래 명부**를 입력합니다. ❷ [데이터] 탭-[데이터 가져오기 및 변환] 그룹-[텍스트/CSV📄]를 클릭합니다. ❸ [데이터 가져오기] 대화상자가 열리면 [7장] 폴더에서 **회원거래명부.txt** 파일을 찾아 클릭하고 ❹ [가져오기]를 클릭합니다.

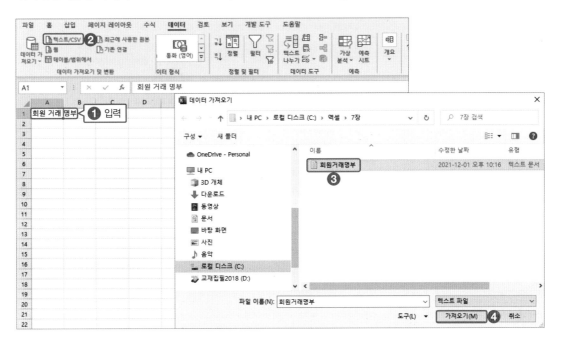

✅ **엑셀 2016&이전 버전**　[데이터] 탭-[외부 데이터 가져오기] 그룹-[텍스트]를 클릭합니다.

02 [회원거래명부.txt] 창이 열리면 [파일 원본]에 언어코드 [949: 한국어]가, [구분 기호]에 [탭]이 자동으로 인식되어 있는 것을 볼 수 있습니다. ❶ [로드]를 클릭하고 ❷ [다음으로 로드]를 클릭합니다.

➕ 텍스트 파일의 데이터가 엑셀에 표로 로드됩니다.

✅ **엑셀 2016&이전 버전**　[텍스트 마법사-1단계] 대화상자의 [원본 데이터 형식]에서 [구분 기호로 분리됨]을 클릭하고 [다음]을 클릭합니다. [텍스트 마법사-2단계] 대화상자의 [구분 기호]에서 [탭]에 체크하고 [다음]을 클릭합니다. [텍스트 마법사-3 단계] 대화상자에서 [데이터 미리 보기] 목록의 세 번째 열인 [가입연도]를 클릭하고 [열 데이터 서식]을 [날짜]로 선택합니다. [마침]을 클릭해서 텍스트 마법사를 완료합니다.

03 ❶ [데이터 가져오기] 대화상자에서 [표]를 클릭하고 ❷ [기존 워크시트]를 클릭합니다. ❸ 데이터가 시작될 위치로 [A3] 셀을 지정한 후 ❹ [확인]을 클릭합니다. [A3] 셀부터 데이터가 입력됩니다.

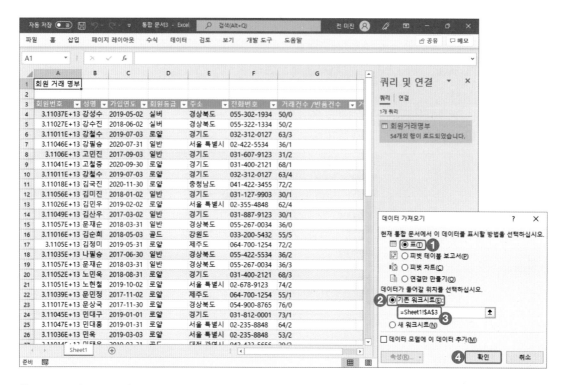

➕ 오른쪽에는 [쿼리 및 연결] 작업 창이 나타나고 **회원거래명부.txt** 파일과 연결된 쿼리 목록이 표시됩니다.

바로 통 하는TIP 외부 데이터 연결

텍스트 파일을 워크시트로 로드하면 원본 텍스트와 표는 연결되어 있습니다. 즉, 원본 텍스트 파일을 수정한 후 [데이터] 탭－[쿼리 및 연결] 그룹－[모두 새로 고침]을 클릭하면 현재 워크시트에 담긴 표도 수정됩니다. 원본과 연결을 해제하려면 [쿼리 및 연결] 작업 창에서 [회원거래명부]를 마우스 오른쪽 버튼으로 클릭하고 [삭제]를 클릭합니다. [쿼리 삭제] 경고 메시지 창에서 [삭제]를 클릭하면 텍스트 파일과의 연결이 끊어집니다.

✔ **엑셀 2016&이전 버전** 원본 텍스트 파일을 수정하면 [데이터] 탭－[연결] 그룹－[모두 새로 고침]을 클릭하고, 원본 파일과의 연결을 해제하려면 [데이터] 탭－[연결] 그룹－[연결]을 클릭하고 텍스트 파일의 원본을 선택한 후 [제거]를 클릭합니다.

핵심기능

| 2010 | 2013 | 2016 | 2019 | 2021 |

54

일정 너비와 구분 기호를 기준으로 텍스트 나누기

실습 파일 7장 \ 회원거래명부2_텍스트나누기.xlsx
완성 파일 7장 \ 회원거래명부2_텍스트나누기_완성.xlsx

데이터를 효율적으로 관리하려면 열 하나에 여러 정보가 담기지 않도록 데이터를 종류별로 나눠서 입력해야 합니다. 데이터는 각 필드에 맞게 관리해야 정보를 검색하거나 분석할 때 유리합니다. 회원거래명부에서 회원번호와 가입연도는 일정 너비로, 거래건수와 반품건수는 기호로 구분해 텍스트를 나눠보겠습니다.

미리 보기

회사에서 바로 통하는 키워드 : 텍스트 나누기

한눈에
보는
작업 순서

일정 너비로 텍스트 나누기 ▶ 구분 기호로 텍스트 나누기

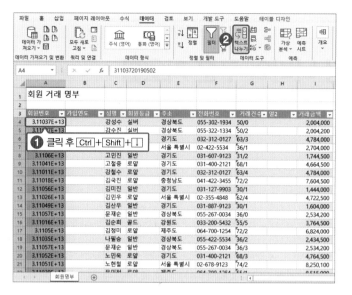

01 일정 너비로 텍스트 나누기 회원 번호(여섯 자리)와 가입연도(여덟 자리) 텍스트를 일정한 너비로 나누겠습니다. ❶ [A4] 셀을 클릭하고 Ctrl + Shift + ↓를 눌러 데이터가 입력된 열 전체를 범위를 지정합니다. ❷ [데이터] 탭-[데이터 도구] 그룹-[텍스트 나누기]를 클릭합니다.

바로 통 하는 TIP 텍스트를 나누려면 나누려는 데이터 개수만큼 오른쪽에 빈 열이 있어야 합니다. 만약 빈 열이 없으면 오른쪽 열이 나눠진 텍스트 값으로 대치되므로 주의합니다.

➕ [텍스트 마법사] 대화상자가 나타납니다.

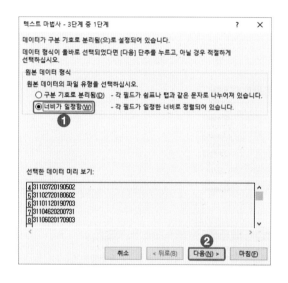

02 텍스트 마법사 – 1단계 설정하기 ❶ [텍스트 마법사 – 1단계] 대화상자에서 원본 데이터의 파일 유형으로 [너비가 일정함]을 클릭하고 ❷ [다음]을 클릭합니다.

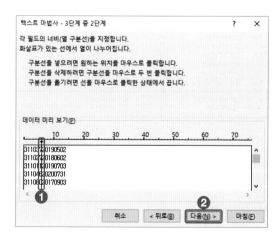

03 텍스트 마법사 – 2단계 설정하기 ❶ [텍스트 마법사 – 2단계] 대화상자에서 [데이터 미리 보기]의 여섯 번째와 일곱 번째 숫자 사이를 클릭하여 열 구분선을 추가합니다. ❷ [다음]을 클릭합니다.

바로 통 하는 TIP 회원번호(여섯 자리)와 가입연도(여덟 자리)를 나누기 위해 여섯 번째 숫자 뒤를 클릭하여 열 구분선을 지정합니다.

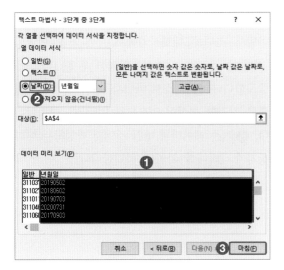

04 텍스트 마법사 – 3단계 설정하기 ❶ [텍스트 마법사 – 3단계] 대화상자에서 [데이터 미리 보기] 의 두 번째 열을 클릭하고 ❷ [열 데이터 서식] 영역에서 [날짜]를 클릭합니다. ❸ [마침]을 클릭하고 기존 데이터를 바꿀 것인지 확인하는 대화상자가 나타나면 ❹ [확인]을 클릭합니다.

➕ A열에는 회원번호(여섯 자리), B열에는 가입연도(여덟 자리)로 텍스트가 나뉘어 입력됩니다.

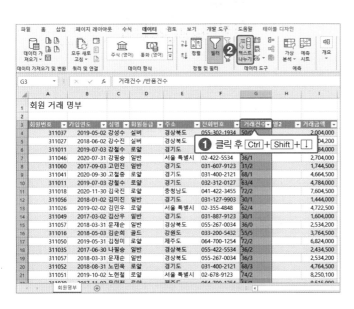

05 ❶ [G3] 셀을 클릭하고 Ctrl + Shift + ↓를 눌러 데이터가 입력된 열 전체 범위를 지정합니다. ❷ [데이터] 탭-[데이터 도구] 그룹-[텍스트 나누기]를 클릭합니다.

➕ [텍스트 마법사] 대화상자가 나타납니다.

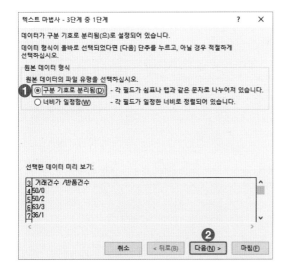

06 텍스트 마법사 – 1단계 설정하기 ❶ [텍스트 마법사 – 1단계] 대화상자에서 원본 데이터의 파일 유형으로 [구분 기호로 분리됨]을 클릭하고 ❷ [다음]을 클릭합니다.

실무
필수

실무
활용

문서
작성

문서
편집
&
인쇄

수식
&
함수

차트

데이터
관리/
분석&
자동화

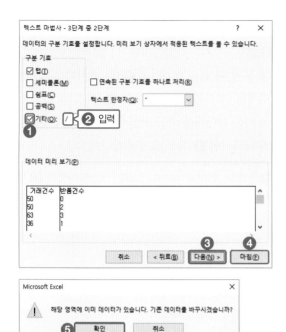

07 텍스트 마법사 – 2단계 설정하기 ❶ [텍스트 마법사 – 2단계] 대화상자에서 [구분 기호] 영역의 [기타]에 체크하고 ❷ /를 입력한 후 ❸ [다음]을 클릭합니다. ❹ [텍스트 마법사 – 3단계]에서는 별도로 지정할 서식이 없으므로 [마침]을 클릭합니다. ❺ 기존 데이터를 바꿀 것인지 확인하는 대화상자가 나타나면 [확인]을 클릭합니다.

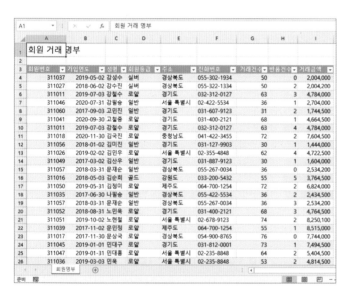

08 회원번호/가입연도는 일정한 너비로, 거래건수/반품건수는 구분 기호(/)로 나눠졌습니다.

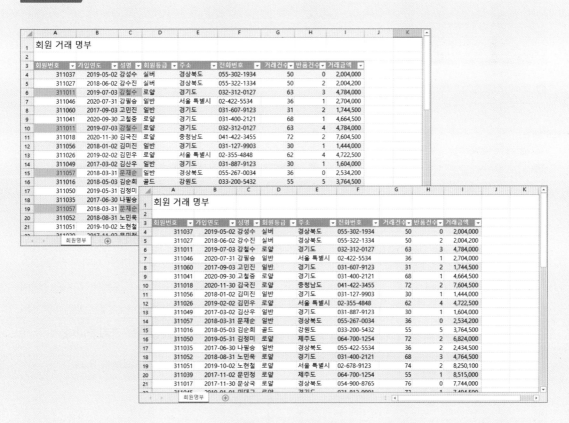

실무필수

핵심기능

55

| 2010 | 2013 | 2016 | 2019 | 2021 |

중복 데이터 강조하고 중복 항목 제거하기

실습 파일 7장\회원거래명부3_중복항목제거.xlsx
완성 파일 7장\회원거래명부3_중복항목제거_완성.xlsx

표에 중복된 데이터가 있으면 데이터를 분석할 때 잘못된 결과가 나올 수 있으므로 중복된 항목은 제거하고 관리해야 합니다. 회원명부에서 회원번호와 성명이 같은 데이터가 있는 경우 고유한 레코드 한 개만 남기고 나머지 중복된 데이터는 제거해보겠습니다.

미리 보기

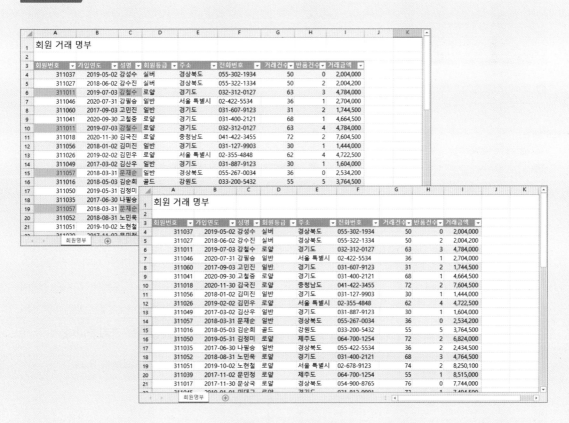

회사에서 바로 통하는 키워드: 조건부 서식, 중복 항목 제거, 데이터 강조

한눈에 보는 작업 순서	조건부 서식으로 중복 데이터 강조하기 ▶ 중복된 항목 제거하기

01 중복 데이터 강조하기 회원명부에 중복된 데이터가 있는지 확인하기 위해 조건부 서식으로 중복된 회원번호와 성명을 강조하겠습니다. ❶ [A4] 셀을 클릭하고 Ctrl + Shift + ↓를 눌러 데이터가 입력된 열 전체 범위를 지정합니다. ❷ Ctrl을 누른 상태에서 [C4] 셀을 클릭하고 ❸ Ctrl + Shift + ↑를 눌러 범위를 지정합니다. ❹ [홈] 탭-[스타일] 그룹-[조건부 서식📊]을 클릭하고 ❺ [셀 강조 규칙]-[중복 값]을 클릭합니다.

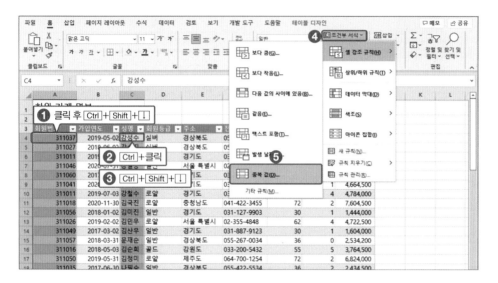

➕ [중복 값] 대화상자가 나타납니다.

02 [중복 값] 대화상자가 열리면 [확인]을 클릭합니다.

➕ 회원번호와 성명 열의 중복된 데이터에 조건부 서식이 적용됩니다.

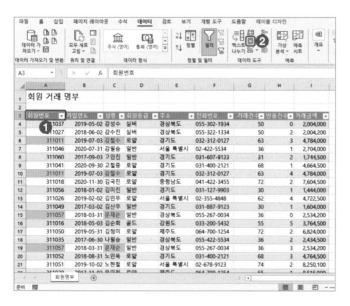

03 중복 데이터 제거하기 중복된 회원번호와 성명을 제거하겠습니다. ❶ [A3] 셀을 클릭합니다. ❷ [데이터] 탭-[데이터 도구] 그룹-[중복된 항목 제거📊]를 클릭합니다.

➕ [중복 값 제거] 대화상자가 나타납니다.

04 ❶ [중복 값 제거] 대화상자에서 [모두 선택 취소]를 클릭하고 ❷ [회원번호], [성명]에 각각 체크합니다. ❸ [확인]을 클릭합니다.

바로 통 하는TIP 회원번호와 성명에 체크하더라도 일치하는 항목이 없으면 중복 값 제거가 실행되지 않습니다. 체크한 항목에 일치하는 레코드가 있을 때만 제거됩니다.

05 다섯 개의 중복된 데이터가 제거되었다는 메시지가 나타나면 [확인]을 클릭합니다. 중복되었던 데이터가 모두 삭제됩니다.

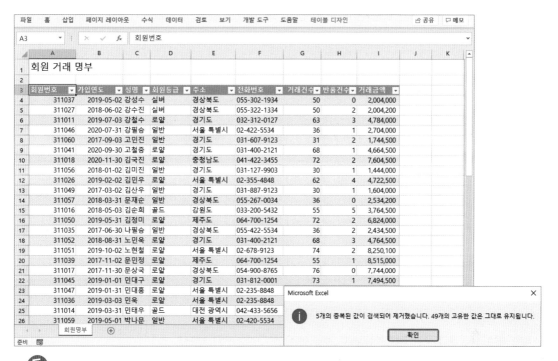

바로 통 하는TIP 중복된 데이터를 제거하면 첫 번째 레코드 하나만 남고 두 번째 레코드부터는 삭제됩니다. 중복 값이 제거되었으므로 조건부 서식 규칙이 지워집니다.

핵심기능

56

동일한 항목으로 데이터 통합하고 빠른 서식 적용하기

실습 파일 7장\매출집계_통합.xlsx
완성 파일 7장\매출집계_통합_완성.xlsx

데이터를 통합하면 첫 번째 필드 항목을 기준으로 여러 워크시트의 데이터를 합계, 개수, 평균, 최댓값, 최솟값, 곱, 수치 개수, 표본 표준 편차, 표준 편차, 표본 분산, 분산 등으로 요약하고 집계할 수 있습니다. 판매량 집계표에서 대리점 필드를 기준으로 1분기~4분기 데이터를 통합해보겠습니다.

미리 보기

1분기 판매량

지점	1월	2월	3월
강남점	554	595	428
강복점	303	768	332
강동점	412	372	392
강서점	482	768	567
경기점	329	691	322
경북점	559	565	514
전남점	556	718	538
대전점	703	738	399

+

2분기 판매량

지점	4월	5월	6월
강복점	246	711	275
전복점	355	315	335
제주점	425	711	510
경기점	272	634	265
경북점	502	508	457
전남점	499	661	481
강원점	646	681	342
부산점	693	790	312
대구점	765	876	254
강남점	837	963	197
전복점	909	1,049	139
충남점	560	890	450

+

3분기 판매량

지점	7월	8월	9월
강남점	451	492	325
강서점	200	665	229
강복점	309	269	289
강동점	379	665	464
울산점	226	588	219
인천점	456	462	411
제주점	453	615	435
대전점	600	635	296
경북점	227	137	187
충북점	420	330	291

+

4분기 판매량

지점	10월	11월	12월
강남점	354	819	383
강복점	463	423	443
제주점	533	819	618
대구점	380	742	373
경기점	610	616	565
전남점	607	769	589
강원점	754	789	450
부산점	801	898	420
대전점	873	984	362
인천점	560	450	305
전복점	668	868	448

2021년도 판매량 집계

지점	1월	2월	3월	4월	5월	6월	7월	8월	9월	10월	11월	12월	합계
강원점	-	-	-	646	681	342	-	-	-	754	789	450	3,662
부산점	-	-	-	693	790	312	-	-	-	801	898	420	3,913
대구점	-	-	-	765	876	254	-	-	-	380	742	373	3,390
강남점	554	595	428	837	963	197	451	492	325	354	819	383	6,397
강복점	303	768	332	246	711	275	309	269	289	463	423	443	4,831
강동점	412	372	392	-	-	-	379	665	464	-	-	-	2,684
강서점	482	768	567	-	-	-	200	665	229	-	-	-	2,911
전복점	-	-	-	1,264	1,364	474	-	-	-	668	868	448	5,086
울산점	-	-	-	-	-	-	226	588	219	-	-	-	1,033
인천점	-	-	-	-	-	-	456	462	411	560	450	305	2,644
제주점	-	-	-	425	711	510	453	615	435	533	819	618	5,119
경기점	329	691	322	272	634	265	-	-	-	610	616	565	4,304
경북점	559	565	514	502	508	457	227	137	187	-	-	-	3,656
전남점	556	718	538	499	661	481	-	-	-	607	769	589	5,418
대전점	703	738	399	-	-	-	600	635	296	873	984	362	5,590
충남점	-	-	-	560	890	450	-	-	-	-	-	-	1,900
충북점	-	-	-	-	-	-	420	330	291	-	-	-	1,041

1Q | 2Q | 3Q | 4Q | 통합

회사에서 바로 통하는 키워드: 통합, 빠른 서식, 표, 표 서식, 이동 옵션(빈 셀), SUM 함수

한눈에 보는 작업 순서	지점 항목으로 데이터 통합하기	▶	빈 셀에 0 채우기	▶	통합된 데이터에 빠른 표 서식 적용하기	▶	계산 열 추가 및 합계 구하기

01 지점을 기준으로 1분기~4분기 까지의 판매량 통합하기 데이터를 통합하면 여러 워크시트에 담긴 결과를 요약하고 집계해서 볼 수 있습니다. 같은 통합 문서 내에 있는 [1Q]~[4Q] 시트의 데이터를 통합하겠습니다. ① [통합] 시트에서 [A3] 셀을 클릭합니다. ② [데이터] 탭-[데이터 도구] 그룹-[통합 📊]을 클릭합니다.

➕ [통합] 대화상자가 나타납니다.

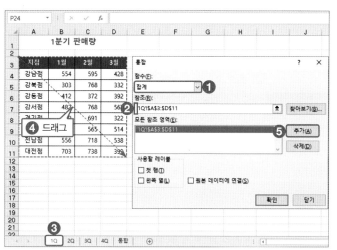

02 통합할 데이터 범위 지정하기 ① [통합] 대화상자에서 [함수]를 [합계]로 설정합니다. ② [참조]를 클릭하고 ③ [1Q] 시트 탭을 클릭합니다. ④ [A3:D11] 범위를 지정하고 ⑤ [추가]를 클릭합니다.

바로 통 하는TIP 데이터를 통합하면 첫 번째 열을 기준으로 월별 판매량 데이터가 하나로 합쳐집니다. 첫 번째로 통합할 범위(A3:D11)가 [모든 참조 영역]에 추가됩니다.

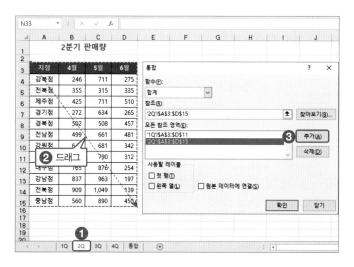

03 ① [2Q] 시트 탭을 클릭하고 ② [A3:D15] 범위를 지정합니다. ③ [추가]를 클릭합니다.

실무 필수

실무 활용

문서 작성

문서 편집 & 인쇄

수식 & 함수

차트

데이터 관리/ 분석& 자동화

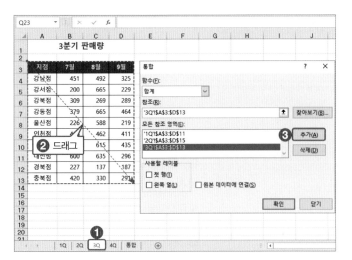

04 ❶ [3Q] 시트 탭을 클릭하고 ❷ [A3:D13] 범위를 지정한 후 ❸ [추가]를 클릭합니다.

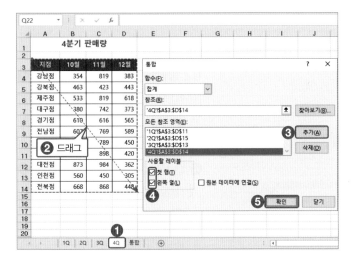

05 ❶ [4Q] 시트 탭을 클릭하고 ❷ [A3:D14] 범위를 지정한 후 ❸ [추가]를 클릭합니다. ❹ [사용할 레이블]에서 [첫 행]과 [왼쪽 열]에 체크하고 ❺ [확인]을 클릭합니다.

바로 통 하는 TIP [사용할 레이블]에서 [첫 행]과 [왼쪽 열]에 체크하면 제목 행과 제목 열을 기준으로 통합됩니다. 그러나 레이블을 사용하지 않으면 행과 열 방향의 순서대로 데이터를 통합하기 때문에 잘못된 통합 결과를 얻을 수도 있습니다.

06 빈 셀에 0 입력하기 1분기부터 4분기까지의 데이터가 통합되어 [통합] 시트의 [A3] 셀 위치에 입력됩니다. 빈 셀을 모두 0으로 채우겠습니다. ❶ [A3] 셀에 **지점**을 입력하고 ❷ Ctrl + A를 눌러 표 전체 범위를 지정합니다. ❸ [홈] 탭-[편집] 그룹-[찾기 및 선택 🔍▾]을 클릭하고 ❹ [이동 옵션]을 클릭합니다. ❺ [이동 옵션] 대화상자에서 [빈 셀]을 클릭하고 ❻ [확인]을 클릭합니다.

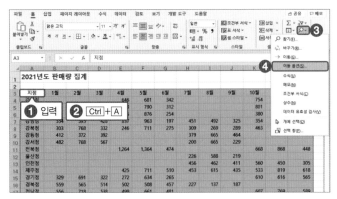

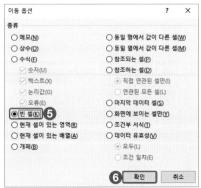

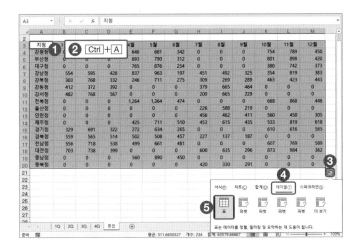

07 빈 셀만 선택되면 ❶ 수식 입력 줄에 **0**을 입력하고 ❷ Ctrl + Enter 를 눌러 빈 셀을 0으로 채웁니다.

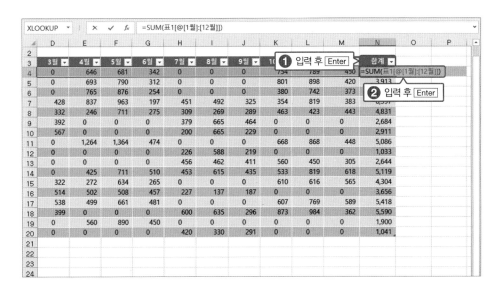

08 표 변환 및 서식 지정하기 ❶ 임의의 셀을 클릭하고 ❷ Ctrl + A 를 눌러 데이터 영역 전체를 범위로 지정한 후 ❸ [빠른 분석🔲]을 클릭합니다. ❹ [테이블] 탭을 클릭하고 ❺ [표]를 클릭합니다.

➕ 표에 서식이 적용됩니다.

09 합계 열 추가하기 합계 열을 추가하여 1월~12월 판매량의 합계를 구하겠습니다. ❶ [N3] 셀에 **합계**를 입력하고 Enter 를 누릅니다. ❷ [N4] 셀에 수식 **=SUM(표1[@[1월]:[12월]])**를 입력하고 Enter 를 누릅니다. 1월부터 12월까지 합계가 모두 구해집니다.

10 ❶ [B4] 셀을 클릭하고 Ctrl + Shift + → 를 누른 후 ❷ Ctrl + Shift + ↓ 를 눌러 범위를 지정합니다. ❸ [홈] 탭-[표시 형식] 그룹-[쉼표 스타일 ，]을 클릭합니다.

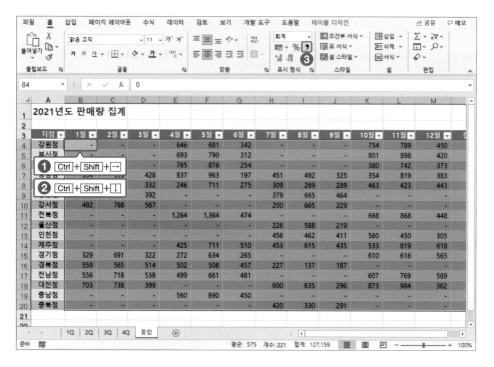

➕ 선택된 범위의 데이터에 쉼표 스타일이 적용됩니다.

실무활용

26

상품명으로 입고 데이터를 통합하고 빠른 서식 적용하기

실습 파일 7장\상품입고_통합.xlsx
완성 파일 7장\상품입고_통합_완성.xlsx

[1월입고]~[3월입고] 시트에는 상품별 입고 데이터가 각각 입력되어 있습니다. 각각의 시트에 있는 입고 데이터를 [1분기] 시트에 상품명으로 통합한 후 월별 입고 수량을 하나의 표로 집계해서 볼 수 있도록 해보겠습니다.

미리 보기

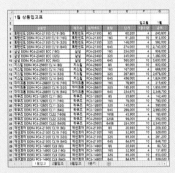
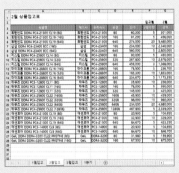
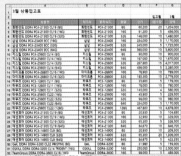

회사에서 바로 통하는 키워드 : 통합, 표, 시트 그룹, 빠른 채우기

한눈에 보는 작업 순서 | 시트 그룹 및 필드명 수정하기 ▶ 상품명 항목으로 데이터 통합하기 ▶ 빠른 채우기로 데이터 채우기 ▶ 표 변환 및 표 스타일 지정하기

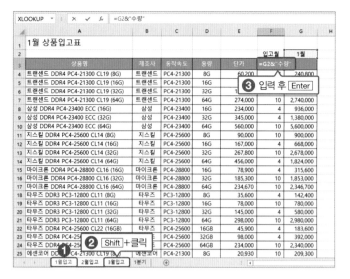

01 시트 그룹 후 지정 필드명 수정

하기 ① [1월입고] 시트 탭을 클릭하고 ② Shift 를 누른 상태에서 [3월입고] 시트 탭을 클릭합니다. ③ [F3] 셀에 수식 **= G2&"수량"**을 입력하고 Enter 를 누릅니다. '1월 수량'이 표시됩니다.

바로 통 하는 TIP 데이터를 통합할 때 필드명이 같으면 하나의 필드로 통합됩니다. 각각의 필드로 구분하여 통합하려면 필드명을 변경합니다. 시트를 그룹으로 선택하고 수식을 입력하면 선택한 시트의 [F3] 셀에 동일한 수식이 입력됩니다.

02 ① [1분기] 시트 탭을 클릭하고 ② [A3:G3] 범위를 지정한 후 ③ [데이터] 탭-[데이터 도구] 그룹-[통합]을 클릭합니다.

바로 통 하는 TIP 통합할 머리글(필드명) 범위를 지정하면 데이터를 통합할 때 해당 첫 번째 필드(상품명)와 숫자 필드(1월수량~금액)만 통합하여 결과로 가져옵니다. 숫자 필드가 아닌 제조사와 용량 필드는 가져오지 않습니다.

➕ [통합] 대화상자가 나타납니다.

03 통합할 데이터를 범위 지정하기 ① [통합] 대화상자에서 [함수]를 [합계]로 설정합니다. ② [참조]를 클릭하고 ③ [1월입고] 시트 탭을 클릭한 후 ④ [A3:G32] 범위를 지정한 후 ⑤ [추가]를 클릭합니다.

➕ 통합은 첫 번째 열을 기준으로 여러 데이터가 하나로 합쳐지므로 통합할 [A3:G32] 범위를 지정합니다.

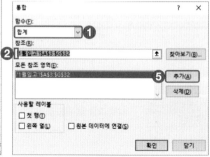

04 ❶ [2월입고] 시트 탭을 클릭하고 ❷ [A3:G28] 범위를 지정한 후 ❸ [추가]를 클릭합니다.

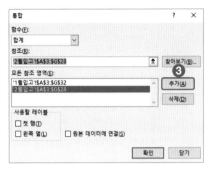

05 ❶ [3월입고] 시트 탭을 클릭하고 ❷ [A3:G32] 범위를 지정한 후 ❸ [추가]를 클릭합니다. ❹ [사용할 레이블]에서 [첫 행]과 [왼쪽 열]에 각각 체크하고 ❺ [확인]을 클릭합니다.

➕ 1월~3월 상품입고표가 하나로 통합됩니다.

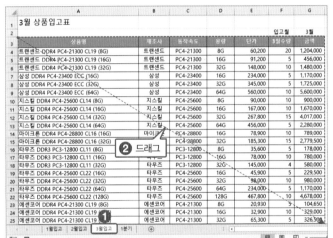

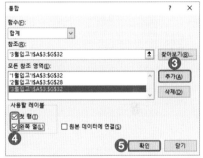

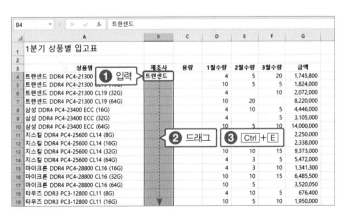

06 빠른 채우기로 데이터 채우기
❶ [B4] 셀에 **트랜센드**를 입력합니다. ❷ [B4:B41] 범위를 지정하고 ❸ Ctrl + E 를 눌러 데이터를 채웁니다.

➕ 상품명에서 제조사를 인식해 자동 채우기가 실행됩니다.

패턴이 있는 텍스트를 나누는 방법에는 ❶ 빠른 채우기, ❷ 텍스트 나누기, ❸ 함수 사용이 있습니다.

❶ **빠른 채우기** : 분리할 텍스트를 입력하여 패턴을 파악하면 나머지 채울 데이터를 미리 보여줍니다.

❷ **텍스트 나누기** : [데이터] 탭-[데이터 도구] 그룹-[텍스트 나누기▣]를 클릭하고 [텍스트 마법사-2단계]에서 구분 기호를 [공백]으로 선택해 나눌 수 있습니다.

❸ **함수** : 텍스트 함수를 사용하여 수식 **=LEFT([@상품명], FIND(" ",[@상품명])-1)**를 입력합니다.

	A	B	C
	B4	=LEFT([@상품명],FIND(" ",[@상품명])-1	
1	1분기 상품별 입고표		
2			
3	상품명	제조사	용량
4	트랜센드 DDR4 PC4-21300 CL19 (8G)	트랜센드	8G
5	트랜센드 DDR4 PC4-21300 CL19 (16G)	트랜센드	16G
6	트랜센드 DDR4 PC4-21300 CL19 (32G)	트랜센드	32G
7	트랜센드 DDR4 PC4-21300 CL19 (64G)	트랜센드	64G
8	삼성 DDR4 PC4-23400 ECC (16G)	삼성	16G
9	삼성 DDR4 PC4-23400 ECC (32G)	삼성	32G
10	삼성 DDR4 PC4-23400 ECC (64G)	삼성	64G
11	지스킬 DDR4 PC4-25600 CL14 (8G)	지스킬	8G
12	지스킬 DDR4 PC4-25600 CL14 (16G)	지스킬	16G
13	지스킬 DDR4 PC4-25600 CL14 (32G)	지스킬	32G
14	지스킬 DDR4 PC4-25600 CL14 (64G)	지스킬	64G
15	마이크론 DDR4 PC4-28800 CL16 (16G)	마이크론	16G
16	마이크론 DDR4 PC4-28800 CL16 (32G)	마이크론	32G
17	마이크론 DDR4 PC4-28800 CL16 (64G)	마이크론	64G

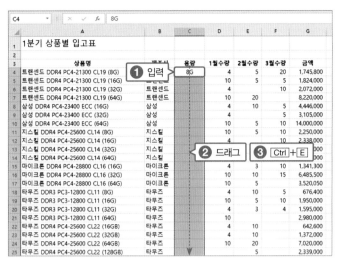

07 ❶ [C4] 셀에 **8G**를 입력합니다. ❷ [C4:C41] 범위를 지정하고 ❸ Ctrl + E 를 눌러 데이터를 채웁니다.

➕ 상품명에서 용량을 인식해 자동 채우기가 실행됩니다.

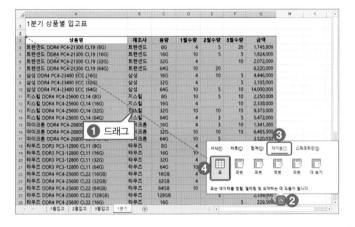

08 표 변환 및 스타일 지정하기 ❶ [A3:G41] 범위를 지정한 후 ❷ [빠른 분석📊]을 클릭합니다. ❸ [테이블] 탭을 클릭하고 ❹ [표]를 클릭하여 서식을 적용합니다.

➕ 지정된 범위에 엑셀 표가 적용됩니다.

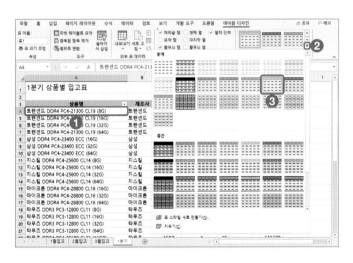

09 ❶ 표 영역에서 임의의 셀을 클릭합니다. ❷ [테이블 디자인] 탭-[표 스타일] 그룹에서 [자세히▽]를 클릭한 후 ❸ 원하는 스타일을 클릭합니다.

➕ 엑셀 표 스타일이 변경됩니다.

2010 \ 2013 \ 2016 \ 2019 \ 2021

셀 값과 서식을 기준으로 정렬하기

실습 파일 7장 \ 업무제안실적1_정렬.xlsx
완성 파일 7장 \ 업무제안실적1_정렬_완성.xlsx

데이터가 입력된 순서를 사용자가 보기 편한 기준으로 오름차순 또는 내림차순으로 정렬할 수 있습니다. 셀 값은 물론 셀에 지정된 서식을 기준으로도 정렬할 수 있습니다. 업무 제안평가 데이터에서 제안건수는 내림차순으로, 부서는 오름차순으로, 제안평가는 셀에 지정된 서식 기준으로 정렬해보겠습니다.

미리 보기

부서	직급	성명	제안건수	채택건수	적용건수	채택율	적용률	제안평가
			연간 업무 개선을 위한 개인별 제안 건수					
관리부	부장	박미호	14	5	1	36%	20%	우수
관리부	대리	차미연	14	2	2	14%	100%	우수
관리부	사원	최성규	10	6	2	60%	33%	우수
기획부	사원	박민규	14	2	1	14%	50%	우수
기획부	대리	박철수	14	5	3	36%	60%	우수
기획부	사원	이정민	14	4	1	29%	25%	우수
기획부	부장	최영도	14	3	2	21%	67%	우수
기획부	과장	진선미	12	4	1	33%	25%	우수
기획부	과장	홍진희	11	2	2	18%	100%	우수
영업부	사원	손대훈	17	7	3	41%	43%	우수
영업부	대리	한수회	17	5	2	29%	40%	우수
영업부	사원	민대철	14	4	2	29%	50%	우수
영업부	대리	전상철	14	3	1	21%	33%	우수
영업부	사원	민호준	10	2	1	20%	50%	우수
영업부	사원	배수정	10	2	1	20%	50%	우수
총무부	차장	김국성	17	6	1	35%	17%	우수
총무부	주임	이동완	17	7	4	41%	57%	우수
총무부	대리	이영회	17	2	1	12%	50%	우수
총무부	대리	강수회	14	2	1	14%	50%	우수
총무부	주임	노성민	14	4	4	29%	100%	우수
총무부	부장	선예진	14	4	3	29%	75%	우수
총무부	과장	한선회	10	6	2	60%	33%	우수
총무부	주임	표영주	8	3	2	38%	67%	우수

제안

회사에서 바로 통하는 키워드 : 내림차순 정렬, 오름차순 정렬, 셀 색 정렬, 데이터 정렬

한눈에 보는 작업 순서

제안건수 내림차순으로 정렬하기 ▶ 부서 오름차순으로 정렬하기 ▶ 제안 평가에 우수 셀 색을 기준으로 정렬하기

01 제안건수 내림차순으로 정렬하기 제안건수를 기준으로 내림차순 정렬하겠습니다. ❶ '제안건수' 열의 머리글인 [D3] 셀을 클릭합니다. ❷ [데이터] 탭-[정렬 및 필터] 그룹-[내림차순]을 클릭합니다.

➕ 큰 값에서 작은 값 순서로 정렬됩니다.

02 부서 내림차순으로 정렬하기 부서를 기준으로 오름차순 정렬하겠습니다. ❶ '부서' 열의 머리글인 [A3] 셀을 클릭합니다. ❷ [데이터] 탭-[정렬 및 필터] 그룹-[오름차순]을 클릭합니다.

➕ 부서가 ㄱ~ㅎ 순서로 정렬됩니다.

03 셀 색을 기준으로 정렬하기 제안평가에 우수가 입력된 셀의 색을 기준으로 정렬해보겠습니다. ❶ '우수'가 입력되어 있는 [I5] 셀을 마우스 오른쪽 버튼으로 클릭하고 ❷ [정렬]-[선택한 셀 색을 맨 위에 넣기]를 클릭합니다.

➕ '우수'가 입력된 셀의 색인 노란색을 맨 위로 정렬합니다.

	A	B	C	D	E	F	G	H	I
1				연간 업무 개선을 위한 개인별 제안 건수					
2									
3	부서	직급	성명	제안건수	채택건수	적용건수	채택율	적용률	제안평가
4	관리부	부장	박미호	14	5	1	36%	20%	우수
5	관리부	대리	차미연	14	2	2	14%	100%	우수
6	관리부	사원	최성규	10	6	2	60%	33%	우수
7	기획부	사원	박민규	14	2	1	14%	50%	우수
8	기획부	대리	박철수	14	5	3	36%	60%	우수
9	기획부	사원	이정민	14	4	1	29%	25%	우수
10	기획부	부장	최영도	14	3	2	21%	67%	우수
11	기획부	과장	진선미	12	4	1	33%	25%	우수
12	기획부	과장	홍진회	11	2	2	18%	100%	우수
13	영업부	사원	손대훈	17	7	3	41%	43%	우수
14	영업부	대리	한수회	17	5	2	29%	40%	우수
15	영업부	사원	민대철	14	4	2	29%	50%	우수
16	영업부	대리	전상철	14	3	1	21%	33%	우수
17	영업부	사원	민호준	10	2	1	20%	50%	우수
18	영업부	사원	배수정	10	2	1	20%	50%	우수
19	총무부	차장	김국성	17	6	1	35%	17%	우수
20	총무부	주임	이동완	17	7	4	41%	57%	우수
21	총무부	대리	이영회	17	2	1	12%	50%	우수
22	총무부	대리	강수회	14	2	1	14%	50%	우수
23	총무부	주임	노성민	14	4	4	29%	100%	우수
24	총무부	부장	선예진	14	4	3	29%	75%	우수

04 부서를 기준으로 오름차순, 제안건수를 기준으로 내림차순 정렬하고, 셀 색을 기준으로 삼아 제안평가가 '우수'인 셀을 맨 위에 정렬하였습니다.

쉽고 빠른 엑셀 Note　　**데이터 정렬 순서 알아보기**

엑셀 데이터는 아래 표의 정렬 순서를 따릅니다.

숫자	가장 작은 음수에서 가장 큰 양수로 정렬됩니다.
날짜	가장 이전 날짜에서 가장 최근 날짜로 정렬됩니다.
문자 (문자와 숫자가 섞여 있는 경우)	0~9, 공백, !, #, $, %, &, ( ), *, ,(콤마), .(마침표), /, :, ;, ?, @, [, ₩,], ^, _, ` , {	}, ~, +, <, =, >, a–z, A–Z 순으로 정렬됩니다.
논릿값	FALSE, TRUE 순으로 정렬됩니다.
오룻값	#N/A, #VALUE! 등의 오룻값은 정렬 순서가 모두 동일합니다.

실무활용

27

사용자가 지정한 직급 순서로 여러 열을 기준으로 정렬하기

실습 파일 7장\업무제안실적2_사용자정렬.xlsx
완성 파일 7장\업무제안실적2_사용자정렬_완성.xlsx

오름차순, 내림차순 등 일반적인 정렬 순서 외에 월, 요일, 분기 등 사용자가 직접 지정한 순서로 데이터를 정렬할 수 있습니다. 또한 사용자 지정 순서가 사용자 지정 목록에 등록되어 있는 경우 [정렬] 대화상자를 이용해 정렬 기준을 두 가지 이상으로 지정해 정렬할 수도 있습니다. 업무 제안평가 데이터에서 부서는 오름차순으로, 직급은 사용자가 지정한 순서로, 제안평가는 내림차순으로 정렬해보겠습니다.

미리 보기

	부서	직급	성명	제안건수	채택건수	적용건수	채택율	적용률	제안평가
	연간 업무 개선을 위한 개인별 제안 건수								
3	부서	직급	성명	제안건수	채택건수	적용건수	채택율	적용률	제안평가
4	관리부	부장	박미호	14	5	1	36%	20%	우수
5	관리부	과장	양성호	10	1	-	10%	0%	보통
6	관리부	과장	박성호	5	-	-	0%	0%	미흡
7	관리부	대리	차미연	14	2	2	14%	100%	보통
8	관리부	대리	박영주	10	-	-	0%	0%	미흡
9	관리부	대리	정상호	10	-	-	0%	0%	미흡
10	관리부	대리	진철중	10	-	-	0%	0%	미흡
11	관리부	주임	이문국	14	3	-	21%	0%	보통
12	관리부	사원	최성규	10	6	2	60%	33%	우수
13	관리부	사원	김시형	10	1	-	10%	0%	보통
14	관리부	사원	김우진	14	2	-	14%	0%	보통
15	관리부	사원	김준호	10	-	-	0%	0%	미흡
16	기획부	부장	최영도	14	3	2	21%	67%	보통
17	기획부	부장	신승훈	10	-	-	0%	0%	미흡
18	기획부	차장	문준혁	10	-	-	0%	0%	미흡
19	기획부	차장	손귀화	10	-	-	0%	0%	미흡
20	기획부	과장	진선미	12	4	1	33%	25%	우수
21	기획부	과장	홍진희	12	5	2	42%	40%	우수
22	기획부	과장	고민호	10	4	-	40%	0%	보통
23	기획부	과장	나철수	6	4	-	67%	0%	보통
24	기획부	과장	양민주	10	-	-	0%	0%	미흡
25	기획부	대리	박철수	14	5	4	36%	80%	우수
26	기획부	대리	김호남	10	-	-	0%	0%	미흡

제안 | 정렬순서

회사에서 바로 통하는 키워드 : 사용자 지정 목록, 정렬

한눈에 보는 작업 순서	사용자 지정 목록으로 등록하기	▶	여러 열을 기준으로 정렬하기	▶	사용자 지정 순서대로 정렬하기

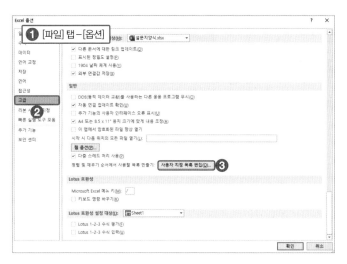

01 사용자가 지정한 목록에 직급 등록하기 사용자 지정 목록에 직급 정렬 순서를 등록하겠습니다. ❶ [파일] 탭-[옵션]을 클릭합니다. ❷ [Excel 옵션] 대화상자에서 [고급]을 클릭하고 ❸ [일반] 영역에서 [사용자 지정 목록 편집]을 클릭합니다.

➕ [사용자 지정 목록] 대화상자가 나타납니다.

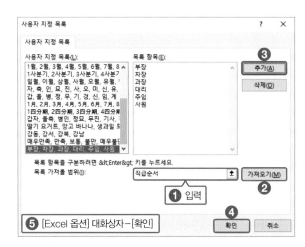

02 [사용자 지정 목록] 대화상자의 ❶ [목록 가져올 범위]에 **직급순서**를 입력하고 ❷ [가져오기]를 클릭합니다. ❸ [추가]를 클릭해서 사용자 지정 목록에 등록합니다. ❹ [확인]을 클릭하고 ❺ [Excel 옵션] 대화상자도 [확인]을 클릭해서 닫습니다.

바로 통 하는TIP 직급순서(정렬순서A2:A7)는 이름으로 정의되어 있습니다. 직접 항목을 입력하려면 각 항목과 항목 사이를 Enter 나 콤마(,)로 구분합니다. 입력할 항목이 많은 내용은 이름으로 정의하고 범위로 가져오는 것이 좋습니다.

03 여러 열을 기준으로 정렬하기 [정렬] 대화상자를 이용해 부서, 직급, 제안평가 항목 순으로 정렬해보겠습니다. ❶ 데이터가 입력된 임의의 셀을 클릭하고 ❷ [데이터] 탭-[정렬 및 필터] 그룹-[정렬 📊]을 클릭합니다.

➕ [정렬] 대화상자가 나타납니다.

바로 통 하는TIP [정렬] 대화상자를 이용하면 정렬 기준을 두 가지 이상으로 지정해서 정렬할 수 있습니다.

04 ❶ [정렬] 대화상자에서 [기준 추가]를 두 번 클릭해 정렬 기준을 추가합니다. ❷ 아래 그림과 같이 첫 번째 [정렬 기준]은 [부서], [셀 값], [오름차순], ❸ 두 번째 [다음 기준]은 [직급], [셀 값], [오름차순], ❹ 세 번째 [다음 기준]은 [제안평가], [셀 값], [내림차순]으로 지정합니다.

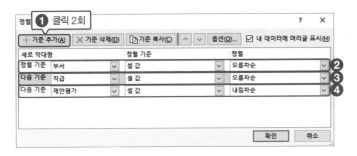

05 사용자 지정 순서로 정렬하기 ❶ 두 번째 [다음 기준]에서 [정렬]의 목록 버튼▾을 클릭하고 ❷ [사용자 지정 목록]을 클릭합니다. ❸ [사용자 지정 목록] 대화상자에서 [사용자 지정 목록]의 [부장, 차장, 과장, 대리, 주임, 사원]을 클릭하고 ❹ [확인]을 클릭합니다.

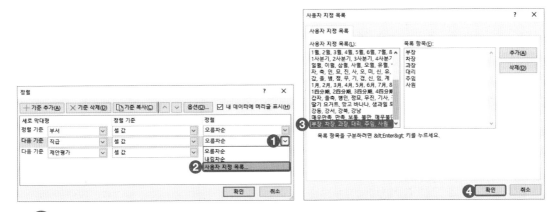

바로 통 하는TIP 앞서 **01~02** 과정에서 정렬할 순서를 등록했으므로 사용자 지정 목록에서 정렬할 목록을 선택합니다. 미리 등록하지 않았다면 [사용자 지정 목록] 대화상자에서 정렬 순서를 직접 입력하고 [추가]를 클릭하면 사용자 지정 순서가 등록됩니다.

06 [정렬] 대화상자에서 [직급]의 정렬 순서가 부장~사원 순으로 지정되었습니다. [확인]을 클릭해 [정렬] 대화상자를 닫습니다. 지정한 기준에 맞게 부서, 직급, 제안평가 순으로 정렬됩니다.

2010 \ 2013 \ 2016 \ 2019 \ 2021

SUBTOTAL 함수로 부분합 계산하고 자동 필터로 데이터 추출하기

실습 파일 7장 \ 협력업체1_자동필터.xlsx
완성 파일 7장 \ 협력업체1_자동필터_완성.xlsx

필터링은 지정한 조건에 맞는 데이터를 찾는 기능입니다. 날짜, 문자, 숫자와 같은 필터 조건으로 데이터를 추출할 수 있습니다. 전체 데이터가 아니라 필터링한 목록의 부분합을 계산하려면 SUBTOTAL 함수를 사용합니다. 외주업체 평가 목록에서 총점 평균과 업체 수를 SUBTOTAL 함수로 구해보겠습니다. 자동 필터를 사용하여 **조건①** 납품단가 최저, 품질 우수, 평가 A인 데이터 목록을 추출하고, **조건②** 공급처에 '기기'가 포함되고, 납품단가 평균 미만, 품질 평균 초과, 총점이 85점 이상인 데이터 목록을 추출해보겠습니다.

미리 보기

▲ 조건 ① 필터링 결과   ▲ 조건 ② 필터링 결과

회사에서 바로 통하는 키워드 : 필터, SUBTOTAL, 사용자 지정 자동 필터

| 한눈에 보는 작업 순서 | SUBTOTAL 함수로 평균, 개수 구하기 | ▶ | 자동 필터 설정하기 | ▶ | 납품단가, 품질, 평가 필터링 후 결과 복사하기 | ▶ | 공급처, 납품단가, 품질, 총점 필터링 후 결과 복사하기 |

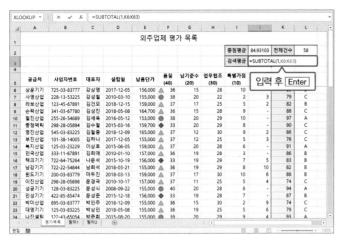

01 SUBTOTAL 함수로 평균과 개수 구하기 총점 평균과 전체 업체 수를 구하겠습니다. [J3] 셀에 수식 **=SUBTOTAL(1, K6:K63)**를 입력하고 Enter 를 누릅니다.

➕ 총점(K6:K63) 범위의 평균(1)을 구합니다. SUBTOTAL 함수로 구한 평균(J3)은 AVERAGE 함수로 구한 평균(J2)과 값이 동일하지만 필터링을 적용하면 필터링된 결과의 평균만 구합니다.

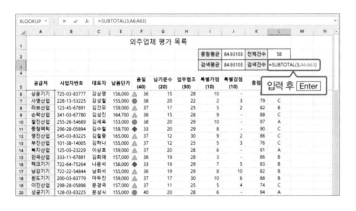

02 [L3] 셀에 수식 **=SUBTOTAL (3, A6:A63)**를 입력하고 Enter 를 누릅니다.

➕ 공급처(A6:A63) 범위의 개수(3)를 구합니다. SUBTOTAL 함수로 구한 개수(L3)는 COUNTA 함수로 구한 개수(L2)와 값이 동일하지만 필터링을 적용하면 필터링된 결과의 개수만 구합니다.

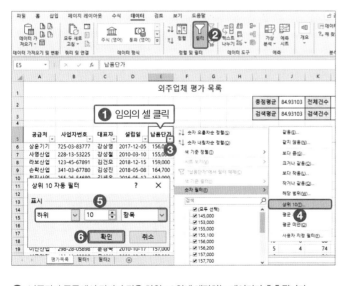

03 자동 필터 설정하고 하위 10개 필터링하기 자동 필터를 설정하고 납품단가에서 하위 10개 항목을 추출하겠습니다. ❶ 데이터 목록에서 임의의 셀을 클릭합니다. ❷ [데이터] 탭-[정렬 및 필터] 그룹-[필터 ▽]를 클릭합니다. ❸ '납품단가' 필드의 필터 단추▽를 클릭합니다. ❹ [숫자 필터]-[상위 10]을 클릭합니다. ❺ [상위 10 자동 필터] 대화상자에서 [하위], **10**, [항목]으로 설정한 후 ❻ [확인]을 클릭합니다.

➕ 납품단가 목록에서 단가가 작은 하위 10위에 해당하는 데이터가 추출됩니다.

바로 통 하는TIP 단축키 Ctrl + T 를 눌러 범위를 표로 변환하면 자동으로 필터를 설정할 수 있습니다.

실무 필수

실무 활용

문서 작성

문서 편집 & 인쇄

수식 & 함수

차트

데이터 관리/ 분석& 자동화

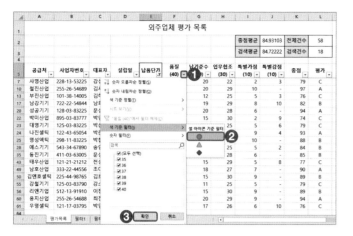

04 특정 아이콘 데이터 표시하기

품질에서 초록색 원(●)이 표시된 레코드만 표시하겠습니다. ❶ '품질' 필드의 필터 단추 ▾를 클릭하고 ❷ [색 기준 필터]-[●]을 클릭합니다. ❸ [확인]을 클릭합니다.

바로 통하는 TIP 품질에서 초록색 원(●)은 품질 범위(F6: F63)에서 상위 67%에 해당하는 항목에 아이콘을 표시하는 조건부 서식이 적용되어 있습니다.

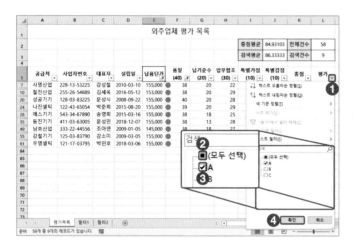

05 일부 항목만 표시하기

평가에서 'A' 항목 레코드만 표시하겠습니다. ❶ [평가] 필드의 필터 단추 ▾를 클릭하고 ❷ [(모두 선택)]의 체크를 해제합니다. ❸ [A]에 체크한 후 ❹ [확인]을 클릭합니다.

바로 통하는 TIP 필터 단추가 ▾ 모양이면 아무 조건도 지정되지 않은 필드 열이라는 뜻이고, ▼ 모양이면 현재 필드 열에 조건이 지정되어 있다는 의미입니다.

➕ 평가가 'A'인 업체만 필터링됩니다.

06 필터 결과 복사/붙여넣기

납품단가 최저, 품질 우수, 평가 A인 데이터 목록을 필터링한 결과를 복사한 후 [필터1] 시트에 붙여 넣겠습니다. ❶ 데이터가 입력된 임의의 셀을 클릭한 후 ❷ Ctrl + A 를 누르고 ❸ Ctrl + C 를 누릅니다. ❹ [필터1] 시트 탭을 클릭하고 ❺ [A3] 셀을 클릭한 후 Ctrl + V 를 누릅니다.

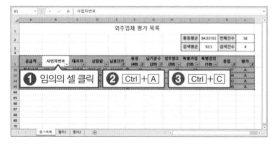

바로 통하는 TIP 원본과 달리 [필터1] 시트에 [품질] 범위를 기준으로 아이콘 규칙이 바뀌었습니다. [홈] 탭-[스타일] 그룹-[조건부 서식]-[규칙 관리]에서 규칙을 수정하거나 삭제할 수 있습니다.

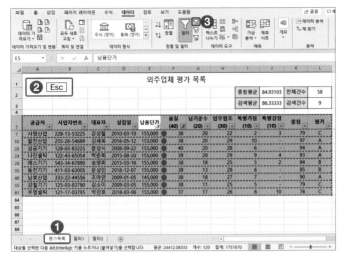

07 필터 조건 지우기 ① [평가목록] 시트 탭을 클릭하고 **②** Esc 를 눌러 복사 모드를 해제합니다. **③** [데이터] 탭-[정렬 및 필터] 그룹- [지우기🗑]를 클릭합니다.

➕ 필터링이 해제되어 전체 표가 표시됩니다.

바로 통 하는 TIP [데이터] 탭-[정렬 및 필터] 그룹-[지우기🗑]를 클릭하면 필터 조건이 모두 지워지고, 조건이 지정된 [필터 목록🔻]을 클릭한 후 [🗑 "납품단가"에서 필터 해제(C)]를 클릭하면 해당 필드의 필터 조건만 지워집니다.

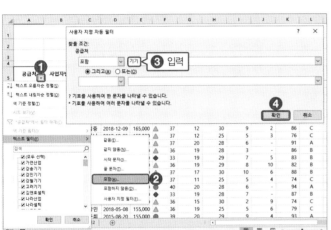

08 ① [공급처] 필드의 필터 단추 🔻를 클릭합니다. **②** [텍스트 필터] -[포함]을 클릭합니다. **③** [사용자 지정 자동 필터] 대화상자에서 [찾을 조건]에 **기기**를 입력하고 **④** [확인]을 클릭합니다.

➕ 공급처 목록에서 '기기'가 포함된 데이터가 표시됩니다.

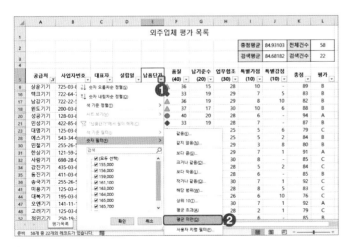

09 평균 미만 데이터 표시하기 ① [납품단가] 필드의 필터 단추🔻를 클릭합니다. **②** [숫자 필터]-[평균 미만]을 클릭합니다.

➕ 납품단가가 전체 평균 미만인 데이터가 표시됩니다.

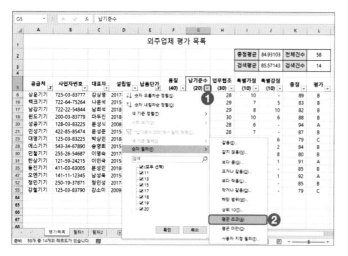

10 평균 초과 데이터 표시하기 ①

[납기준수] 필드의 필터 단추▼를 클릭합니다. ❷ [숫자 필터]-[평균 초과]를 클릭합니다.

➕ 납기준수 점수가 평균 초과인 데이터가 표시됩니다.

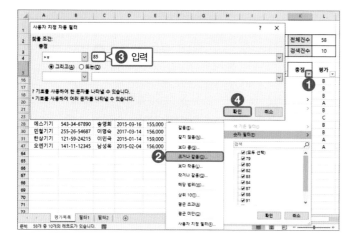

11 특정 값 이상 데이터 표시하기

총점이 85점 이상인 데이터를 표시하겠습니다. ❶ [총점] 필드의 필터 단추▼를 클릭합니다. ❷ [숫자 필터]-[크거나 같음]을 클릭합니다. ❸ [사용자 지정 자동 필터] 대화상자에서 [찾을 조건]에 **85**를 입력하고 ❹ [확인]을 클릭합니다.

➕ 총점이 85점 이상인 데이터가 표시됩니다.

12 공급처에 '기기'가 포함되고, 납품단가는 평균 미만, 품질은 평균 초과, 총점은 85점 이상인 데이터 목록이 표시됩니다. **06**과 같이 추출된 결과를 복사하여 [필터2] 시트에 붙여 넣습니다.

➕ 필터링 결과에 따라 검색평균(J3), 검색건수(L3)의 값을 구합니다.

바로 통 하는TIP [데이터] 탭-[정렬 및 필터] 그룹-[필터🔽]를 클릭하면 필터 조건과 필터 단추▼가 지워집니다.

필터 설정으로 데이터를 검색하여 원하는 데이터를 추출하면 결과에 따라 계산된 수식 값도 매번 달라져야 합니다. 하지만 일반적인 SUM 함수나 COUNT, AVERAGE 함수를 사용하면 추출된 결과와 상관없이 전체 데이터의 계산 결과가 구해집니다.

SUBTOTAL 함수는 현재 표시되는 데이터의 목록으로 부분합을 계산하므로 자동 필터나 고급 필터에서 자주 사용하는 함수입니다.

함수 범주	수학/삼각 함수			
함수 형식	**=SUBTOTAL(함수 번호, 범위1, 범위2, …)** **함수 번호** : 데이터 범위나 목록에서 부분합을 계산할 함수를 1~11 또는 101~111까지 지정할 수 있습니다. **1~11** : 숨겨진 행의 셀 값을 포함하여 계산(필터 기능 이외에 일부 행 숨기기를 한 경우)합니다. **101~111** : 숨겨진 행의 셀 값을 포함하지 않고 계산(필터 기능 이외에 일부 행 숨기기를 한 경우)합니다.			

숨겨진 값 포함	숨겨진 값 무시	함수 유형	계산
1	101	AVERAGE	평균
2	102	COUNT	수치 개수
3	103	COUNTA	개수
4	104	MAX	최댓값
5	105	MIN	최솟값
6	106	PRODUCT	수치 곱
7	107	STDEV	표본표준편차
8	108	STDEVP	표준편차
9	109	SUM	합계
10	110	VAR	표본분산
11	111	VARP	분산

실무
필수

실무
활용

문서
작성

문서
편집
&
인쇄

수식
&
함수

차트

데이터
관리/
분석&
자동화

2010 \ 2013 \ 2016 \ 2019 \ 2021

도서 목록 표에서 슬라이서를
사용해 데이터 필터링하기

실습 파일 7장\도서목록_필터슬라이서.xlsx
완성 파일 7장\도서목록_필터슬라이서_완성.xlsx

슬라이서는 엑셀 2010 버전에서 새로 추가된 기능으로 테이블 또는 피벗 테이블을 필터링할 수 있는 단추를 제공합니다. 슬라이서를 사용하면 빠르게 필터링을 할 수 있을 뿐 아니라 필터링 상태를 쉽게 이해할 수 있는 장점이 있습니다. 도서 목록의 범위를 표로 변환한 다음 분류와 할인율의 슬라이서를 삽입하고 배치한 후 슬라이서 항목에서 필터링해보겠습니다.

미리 보기

도서명	분류	출판사명	저자명	발행일	정가	할인율	할인가
팀 하포드의 경제학 팟캐스트	경영/경제	세종서적	팀 하포드	2018-03-28	17,000	10%	15,300
부자들이 절대 하지 않는 40가지 습관	경영/경제	21세기북스	다구치 도모타카	2018-03-21	13,800	10%	12,420
그들이 알려주지 않는 투자의 법칙	경영/경제	위즈덤하우스	영주 닐슨	2018-03-19	19,800	10%	17,820
365 월세 통장	경영/경제	다산북스	윤수현	2018-03-01	15,000	10%	13,500
4차 산업혁명 일과 경영을 바꾸다	경영/경제	삼성경제연구소		2018-03-01	20,000	10%	18,000
엄마의 부자 습관	경영/경제	소울하우스	노정화	2018-02-12	14,000	10%	12,600
4차 산업혁명 시대의 공유 경제	경영/경제	교보문고	아룬 순다라라잔	2018-02-05	16,800	10%	15,120
연애의 행방	소설	소미미디어	히가시노 게이고	2018-01-31	13,800	10%	12,420
꿈을 꾸었다고 말했다(제 42회 이상문학집)	소설	문학사상	손홍규,방현희	2018-01-12	14,800	10%	13,320
주식투자 무작정 따라하기	경영/경제	길벗	윤재수	2017-01-02	16,500	10%	14,850
낭만적 연애와 그 후의 일상	소설	은행나무	알랭 드 보통	2016-08-25	13,500	10%	12,150
나의 눈부신 친구	소설	한길사	엘레나 페란테	2016-07-10	14,500	10%	13,050
7년의 밤	소설	은행나무	정유정	2016-05-01	14,500	10%	13,050
갈매기의 꿈	소설	현문미디어	리처드 바크	2015-10-11	12,800	10%	11,520
행동하는 용기	경영/경제	까치	벤S. 버냉키	2015-10-06	30,000	10%	27,000
장하준의 경제학 강의	경영/경제	부키	장하준	2014-07-25	16,800	10%	15,120
Demian	소설	Penguin Books	Hesse, Hermann	2013-07-30	20,740	25%	15,555
맨큐의 경제학	경영/경제	Cengage Learning	맨큐	2013-04-02	39,000	10%	35,100
7가지 보고의 원칙	경영/경제	황금사자	남충희	2011-11-01	16,000	10%	14,400
우리들의 행복한 시간	소설	푸른숲	공지영	2010-04-19	9,500	20%	7,600

도서목록

회사에서 바로 통하는 키워드 : 표, 슬라이서, 필터

한눈에 보는 작업 순서	표로 변환하기 ▶	분류/할인율 슬라이서 삽입하기 ▶	슬라이서 스타일 지정하기 ▶	슬라이서로 필터링하기

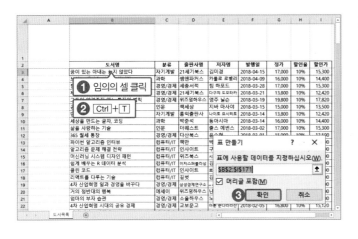

01 표로 변환하기 도서 목록 범위를 표로 변환하겠습니다. ❶ 도서 목록 데이터에서 임의의 셀을 클릭하고 ❷ Ctrl + T 를 누릅니다. ❸ [표 만들기] 대화상자에 전체 범위가 지정된 것을 확인하고 [확인]을 클릭합니다.

➕ [슬라이서 삽입] 대화상자가 나타납니다.

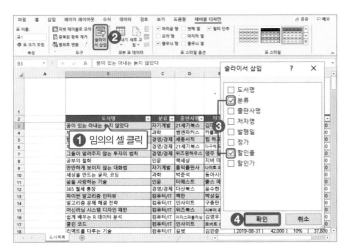

02 슬라이서 삽입 및 배치하기 분류와 할인율의 슬라이서를 삽입하겠습니다. ❶ 표에서 임의의 셀을 클릭하고 ❷ [테이블 디자인] 탭-[도구] 그룹-[슬라이서 삽입🔲]을 클릭합니다. ❸ [슬라이서 삽입] 대화상자에서 [분류], [할인율]에 체크하고 ❹ [확인]을 클릭합니다.

➕ 워크시트에 [분류]와 [할인율] 슬라이서가 삽입됩니다.

바로 통 하는TIP 슬라이서는 테이블에서 사용자가 원하는 자료를 필드 목록으로 세분화하고 필터링하여 필요한 내용만 표시할 수 있습니다.

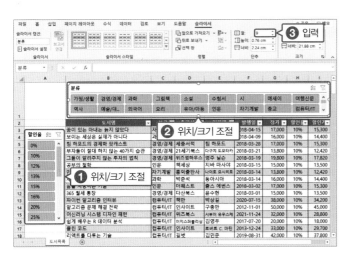

03 ❶ [할인율] 슬라이서를 [A3] 셀 위치로 이동하여 왼쪽 그림처럼 적절한 크기로 조절합니다. ❷ [분류] 슬라이서를 [B1] 셀 위치로 이동하고 왼쪽 그림처럼 적절한 크기로 조절합니다. ❸ [분류] 슬라이서가 선택된 상태에서 [슬라이서] 탭-[단추] 그룹-[열🔲]에 **9**를 입력합니다.

➕ [분류] 슬라이서의 항목이 가로로 아홉 개씩 표시됩니다.

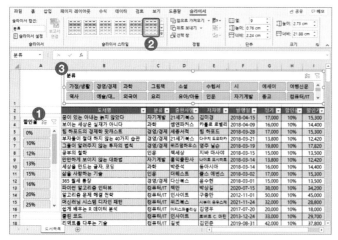

04 슬라이서 스타일 변경하기 ❶
[할인율] 슬라이서를 클릭하고 ❷
[슬라이서] 탭-[슬라이서 스타일] 그
룹의 갤러리에서 원하는 스타일을
지정합니다. ❸ [분류] 슬라이서에도
원하는 스타일을 적용합니다.

➕ 슬라이서 스타일이 각각 변경됩니다.

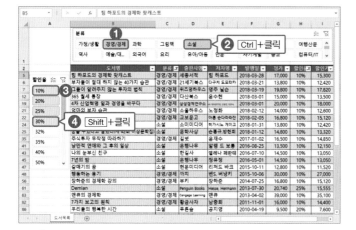

05 슬라이서 필터링하기 ❶ [분류]
슬라이서에서 [경영/경제]를 클릭하
고 ❷ Ctrl 을 누른 상태로 [소설]을
클릭합니다. ❸ [할인율] 슬라이서에
서 [10%]를 클릭하고 ❹ Shift 를 누
른 상태로 [30%]를 클릭합니다.

➕ [경영/경제] 도서와 [소설] 도서 중에서 10~
30% 할인하는 도서 목록이 표시됩니다.

바로 통 하는TIP 슬라이서에서 [필터 지우기 🔽]를 클릭하면 조건이 해제되고 전체 목록이 나타납니다. 슬라이서를 제거하려면 슬라이서를 마우스 오른쪽 버튼으로 클릭한 후 ["분류" 제거]를 클릭합니다.

실무활용

29

상품 유통기한 표에서 고급 필터로 다양한 조건의 데이터 필터링하기

실습 파일 7장\상품유통기한_고급필터.xlsx
완성 파일 7장\상품유통기한_고급필터_완성.xlsx

자동 필터 기능은 필드와 필드 사이의 조건을 AND로만 지정할 수 있습니다. 이에 비해 고급 필터 기능은 AND, OR, 수식의 조건을 다양하게 지정할 수 있습니다. 상품 유통기한 목록에서 폐기 처리할 상품, 판매 또는 재고 처리할 상품을 찾아보겠습니다. 팩, 세럼, 클린징이 포함된 다양한 조건을 미리 입력하고 고급 필터로 데이터를 추출해봅니다.

미리 보기

A	B	C	D	E	F	G	H	I	J	K	L	M
			상품별 유통기한 목록									
	<조건입력>											
	품목명	**품목처리**	**품명수식**	**처리수식**								
	*클린징	폐기										
			FALSE	TRUE								
			FALSE	TRUE								
	품목명	**제조일자**	**유통기간**	**잔여 유통기한**	**품목처리**	**수량**	**단가**	**합계**				
	슬림팩	2018-03-05	2021-03-05	1년 0개월	재고	30	3,000	90,000				
	딥클린징 오일	2016-04-11	2019-04-11	0	폐기	50	9,900	495,000				
	블랙티세럼	2018-01-02	2021-01-02	0년 10개월	재고	100	49,000	4,900,000				
	보습팩	2020-03-05	2023-03-05	3년 0개월	판매	30	40,000	1,200,000				
	수분팩	2017-10-30	2020-10-30	0년 7개월	재고	200	3,500	700,000				
	녹차세럼	2017-10-02	2020-10-02	0년 7개월	재고	100	34,000	3,400,000				
	감귤세럼	2021-03-02	2024-03-02	4년 0개월	판매	100	49,000	4,900,000				
	쿨롱클린징 오일	2016-12-01	2019-12-01	0	폐기	50	9,900	495,000				
	머드팩	2022-12-01	2025-12-01	5년 8개월	판매	10	10,900	109,000				
	녹차세럼	2019-10-02	2022-10-02	2년 7개월	판매	100	34,000	3,400,000				
	레드세럼	2021-01-02	2024-01-02	3년 10개월	판매	100	49,000	4,900,000				

유통기한

회사에서 바로 통하는 키워드 : 고급 필터, OR, RIGHT

한눈에 보는 작업 순서   **고급 필터 조건 지정하기** ▶ **고급 필터로 검색하기**

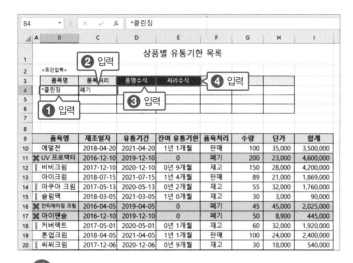

01 조건 입력하기 이름에 클린징
이 포함되고, 폐기 처리할 품목을
찾는 조건을 미리 입력하겠습니다.
❶ [B4] 셀에 ***클린징**을, ❷ [C4] 셀
에 **폐기**를 입력합니다. ❸ [D3] 셀에
품명수식을, ❹ [E3] 셀에 **처리수식**을
입력합니다.

> **바로 통 하는 TIP** 고급 필터는 필드명 아래 조건을 입력합니다. 같은 행에 조건을 입력하면 AND 조건, 다른 행에 조건을 입력하면 OR 조건이
> 됩니다. 와일드카드(*)를 사용하여 특정 단어가 들어간 데이터를 검색합니다. **클린징*** 을 입력하면 클린징으로 시작하는 단어를 찾고, ***클린징**을 입
> 력하면 클린징이 포함된 모든 단어를 찾습니다.

02 수식을 조건으로 입력하기 이름이 팩 또는 세럼으로 끝나고, 판매 또는 재고 처리할 품목을 찾는
조건을 미리 입력하겠습니다. [D5] 셀에 **=RIGHT(B10, 2)=“세럼”**를, [D6] 셀에 **=RIGHT(B10, 1)=
“팩”**를, [E5] 셀에 **=OR(F10=“판매”, F10=“재고”)**를, [E6] 셀에 **=OR(F10=“판매”, F10=“재고”)**를 입력
합니다.

> **바로 통 하는 TIP** 수식을 조건으로 입력하려면 실제 필드명이 아니라 품명수식, 처리수식으로 필드명을 바꿔 입력합니다. 수식을 조건으로 입력
> 한 셀에는 TRUE, FALSE 값이 표시됩니다. 따라서 '세럼'으로 끝나는 품목 중에 판매 또는 재고 처리되는 데이터를 찾거나, '팩'으로 끝나는 품목
> 중에 판매 또는 재고 처리되는 데이터를 찾습니다.

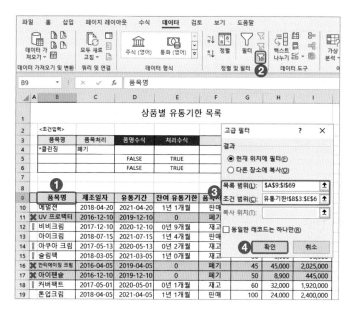

03 고급 필터로 조건에 맞는 데이터 추출하기 ❶ [B9] 셀을 클릭하고 ❷ [데이터] 탭-[정렬 및 필터] 그룹-[고급🏷]을 클릭합니다. ❸ [고급 필터] 대화상자에서 [목록 범위]는 [A9:I69], [조건 범위]는 [B3:E6]으로 지정하고 ❹ [확인]을 클릭합니다.

➕ [현재 위치에 필터]가 선택된 상태이므로 자동 필터와 같이 원본 데이터에 필터링된 결과가 표시됩니다. 만약 다른 시트에 검색 결과를 표시하고 싶다면 [다른 장소로 복사]를 클릭합니다.

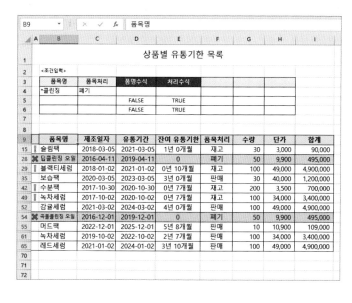

04 클린징이라는 단어가 포함된 품목에서 폐기 처리할 데이터를 찾거나, **세럼** 또는 **팩**으로 끝나는 품목에서 판매 또는 재고 처리되는 데이터가 검색됩니다.

쉽고 빠른 엑셀 Note │ 고급 필터의 조건 지정 규칙 알아보기

고급 필터 조건 지정 규칙

고급 필터는 AND 조건뿐만 아니라 OR 조건을 이용해 복잡하고 다양한 조건으로 데이터를 검색할 수 있습니다.

❶ 고급 필터를 사용하려면 검색할 조건을 필드명 아래에 입력해야 합니다.

❷ 검색한 데이터를 현재 위치 또는 다른 위치에 출력할 수 있습니다.

❸ 두 개 이상의 필드를 AND나 OR 조건으로 추출할 수 있습니다.

조건을 입력할 때는 필드명을 입력하고 필드명 아래에 조건을 입력합니다. 이때 조건을 같은 행에 입력하면 AND 조건이 되며 다른 행에 입력하면 OR 조건이 됩니다. 조건을 지정할 때는 대표 문자(?,*)를 사용할 수 있습니다.

AND 조건 : 같은 행에 조건을 입력합니다.	OR 조건 : 다른 행에 조건을 입력합니다.

부서	직급
영업부	과장

부서가 영업부이며 직급이 과장인 레코드를 추출합니다.

부서	직급
영업부	
	과장

부서가 영업부이거나 직급이 과장인 레코드를 추출합니다.

AND, OR 복합 조건	수식으로 조건 지정하기(필드명 외의 이름 또는 공백)

직급	실적
과장	>=1000000
대리	>=1000000

직급이 과장이면서 실적이 백만 원 이상이거나, 직급이 대리이면서 실적이 백만 원 이상인 레코드를 추출합니다.

평균실적
FALSE

수식 : =D4>=AVERAGE($D$4:$D$20)

수량이 전체 평균보다 큰 값으로 TRUE, FALSE가 표시됩니다.

[고급 필터] 대화상자 살펴보기

[고급 필터] 대화상자에서 목록 범위와 조건 범위, 복사 위치 등을 지정합니다.

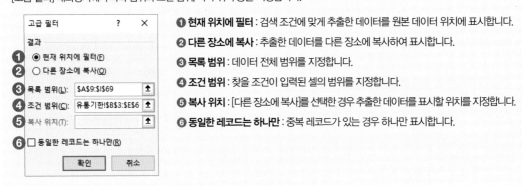

① 현재 위치에 필터 : 검색 조건에 맞게 추출한 데이터를 원본 데이터 위치에 표시합니다.

② 다른 장소에 복사 : 추출한 데이터를 다른 장소에 복사하여 표시합니다.

③ 목록 범위 : 데이터 전체 범위를 지정합니다.

④ 조건 범위 : 찾을 조건이 입력된 셀의 범위를 지정합니다.

⑤ 복사 위치 : [다른 장소에 복사]를 선택한 경우 추출한 데이터를 표시할 위치를 지정합니다.

⑥ 동일한 레코드는 하나만 : 중복 레코드가 있는 경우 하나만 표시합니다.

실무필수

핵심기능

59

2010 \ 2013 \ 2016 \ 2019 \ 2021

여러 그룹으로 다중 부분합 작성 및 요약된 결과만 복사하기

실습 파일 7장 \ 예산지출내역_부분합.xlsx
완성 파일 7장 \ 예산지출내역_부분합_완성.xlsx

부분합은 특정 필드를 자동으로 그룹화하여 분류하고, 각 그룹별로 합계, 평균, 개수 등을 계산하는 기능입니다. 정렬된 필드로 부분합을 작성하면 그룹별 소계가 구해지고 행 머리글에 윤곽 기호가 나타납니다. 윤곽 기호를 이용해 축소한 데이터를 복사해서 다른 곳에 붙여 넣으면 숨겨진 하위 수준까지 복사되므로 화면에 보이는 셀만 붙여 넣는 과정이 필요합니다. 비용 지출 내역서에서 부서별, 항목별 오름차순으로 정렬하고 다중 부분합을 작성한 후 요약 결과를 복사해보겠습니다.

미리 보기

1234	A	B	C	D	E	F	G	H		A	B	C
1			부서별 비용 지출 내역서								1분기 부서별 비용 지출	
2	일자	월	담당자	부서	계정코드	항목	지출비용					
3				총합계			16,187,560			부서	항목	지출비용
4				경영지원팀 요약			3,369,880			총합계		16,187,560
5						기타경비 요약	555,040			경영지원팀		3,369,880
6	01월 24일	1월	이정호	경영지원팀	CA090	기타경비	154,000				기타경비	555,040
7	02월 24일	2월	이정호	경영지원팀	CA090	기타경비	401,040				소모품비	188,500
8						소모품비 요약	188,500				접대비	582,840
9	01월 18일	1월	이정호	경영지원팀	CA020	소모품비	45,000				통신비	1,405,000
10	01월 25일	1월	이정호	경영지원팀	CA020	소모품비	45,000				회식비	638,500
11	02월 18일	2월	이정호	경영지원팀	CA020	소모품비	44,500			관리부		1,699,680
12	02월 25일	2월	이정호	경영지원팀	CA020	소모품비	54,000				교육훈련비	142,400
13						접대비 요약	582,840				기타경비	65,780
14	01월 18일	1월	이정호	경영지원팀	CA040	접대비	54,000				접대비	1,179,000
15	02월 03일	2월	이정호	경영지원팀	CA040	접대비	18,500				통신비	100,000
16	02월 18일	2월	이정호	경영지원팀	CA040	접대비	44,500				회식비	212,500
17	03월 18일	3월	이정호	경영지원팀	CA040	접대비	64,800			구매관리부		2,087,400
18	03월 30일	3월	이정호	경영지원팀	CA040	접대비	401,040				교육훈련비	53,400
19						통신비 요약	1,405,000				기타경비	144,000
20	01월 03일	1월	이정호	경영지원팀	CA010	통신비	195,000				소모품비	541,900
21	02월 03일	2월	이정호	경영지원팀	CA010	통신비	495,000				통신비	138,100
22	02월 05일	2월	이정호	경영지원팀	CA010	통신비	55,000				회식비	1,210,000
23	03월 03일	3월	이정호	경영지원팀	CA010	통신비	594,000			기획실		1,079,400
24	03월 05일	3월	이정호	경영지원팀	CA010	통신비	66,000					

1분기 부분합요약 ⊕   1분기 부분합요약 ⊕

회사에서 바로 통하는 키워드 : 정렬, 부분합, 찾기 및 바꾸기

한눈에 보는 작업 순서 ▶ 부서/항목 필드 오름차순 정렬하기 ▶ 부서/항목별 다중 부분합 작성하기 ▶ 요약된 결과 복사/붙여넣기 ▶ 부분합 제거하기

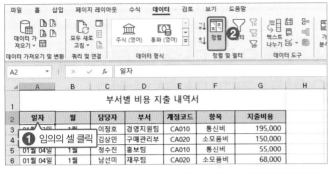

01 필드를 정렬하기 ❶ 데이터에서 임의의 셀을 클릭하고 ❷ [데이터] 탭-[정렬 및 필터] 그룹-[정렬 📊]을 클릭합니다. ❸ [정렬] 대화상자에서 [기준 추가]를 클릭하고 ❹ [부서]와 [항목] 필드의 [정렬 기준]을 [셀 값], [정렬]을 [오름차순]으로 각각 설정합니다. ❺ [확인]을 클릭합니다.

➕ 부서, 항목 열이 오름차순으로 정렬됩니다.

02 첫 번째 부분합 구하기 각 부서의 지출 비용 소계가 표시되는 첫 번째 부분합을 구하겠습니다. ❶ 데이터에서 임의의 셀을 클릭하고 ❷ [데이터] 탭-[개요] 그룹-[부분합 📊]을 클릭합니다. ❸ [부분합] 대화상자에서 [그룹화할 항목]을 [부서], ❹ [사용할 함수]를 [합계]로 설정하고 ❺ [부분합 계산 항목]에서 [지출비용]에 체크합니다. ❻ [데이터 아래에 요약 표시]의 체크를 해제한 후 ❼ [확인]을 클릭합니다.

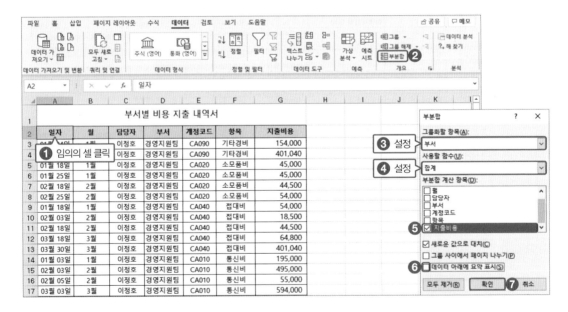

➕ 부분합이 적용되고 부서가 바뀌는 셀 아래 행이 추가되고 지출 비용 소계와 마지막 행에 총합계가 표시됩니다. [데이터 아래에 요약 표시]의 체크를 해제하면 머리글 아래 행이 추가되고 총합계와 지출 비용 소계가 셀 위쪽 행에 표시됩니다.

✅ **엑셀 2016&이전 버전** [데이터] 탭-[윤곽선] 그룹-[부분합]을 클릭합니다.

03 두 번째 부분합 구하기 항목별 지출 비용의 소계가 표시되는 두 번째 부분합을 구하겠습니다. ❶ [데이터] 탭-[개요] 그룹-[부분합🎞]을 클릭합니다. ❷ [부분합] 대화상자에서 [그룹화할 항목]을 [항목]으로, ❸ [사용할 함수]를 [합계]로 설정하고 ❹ [부분합 계산할 항목]에서 [지출비용]에 체크합니다. ❺ [새로운 값으로 대치]의 체크를 해제한 후 ❻ [확인]을 클릭합니다.

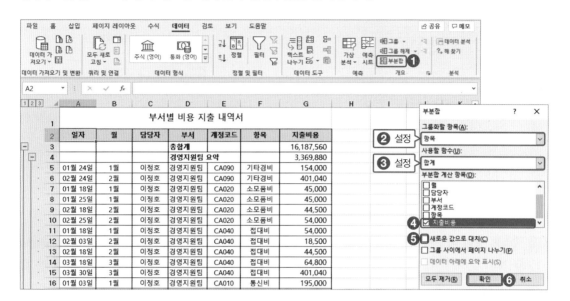

➕ 부서별 항목을 기준으로 지출비용의 부분합이 구해집니다.

바로 통 하는TIP [새로운 값으로 대치]의 체크를 해제하면 부서별 부분합을 그대로 유지한 채 항목별 다중 부분합을 표시할 수 있습니다.

04 윤곽 기호를 이용해 데이터 요약하기 부서별, 항목별 지출비용의 합계가 나타나고 윤곽 기호가 생깁니다. ❶ 윤곽 번호 ③을 클릭하면 부서별, 항목별 소계만 표시합니다. ❷ 요약된 결과만 표시된 상태에서 [D2:G171] 범위를 지정하고 ❸ Alt + ; 를 눌러 화면에 보이는 셀만 범위로 지정합니다. ❹ Ctrl + C 를 눌러 복사합니다.

바로 통 하는TIP Alt + ; 를 눌러 화면에 보이는 셀만 범위를 지정해야 숨겨진 행까지 복사되지 않습니다.

바로 통 하는TIP ①은 총 합계, ②는 부서별 소계, ③은 항목별 소계, ④는 전체 데이터를 표시합니다. [확장 +]이나 [축소 -]를 클릭해서 데이터를 확장하거나 축소할 수 있습니다.

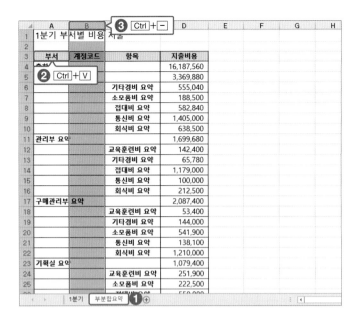

05 화면에 보이는 셀만 붙여 넣고 요약 표 편집하기 ❶ [부분합요약] 시트 탭을 클릭하고 ❷ [A3] 셀을 클릭한 후 Ctrl + V 를 누릅니다. ❸ B 열 머리글을 클릭하고 Ctrl + − 를 눌러 열을 삭제합니다.

바로 통하는 TIP 데이터를 붙여 넣은 후 각각의 열 너비를 보기 좋게 조정합니다.

06 텍스트 찾아 바꾸기 요약을 공란으로 바꿔보겠습니다. ❶ [A3] 셀을 클릭하고 Ctrl + H 를 누릅니다. ❷ [찾기 및 바꾸기] 대화상자의 [바꾸기] 탭에서 [찾을 내용]에 **요약**을 입력하고 [바꿀 내용]은 비워둡니다. ❸ [모두 바꾸기]를 클릭합니다. ❹ 항목이 바뀌었다는 메시지가 나타나면 [확인]을 클릭하고 ❺ [찾기 및 바꾸기] 대화상자의 [닫기 X]를 클릭합니다.

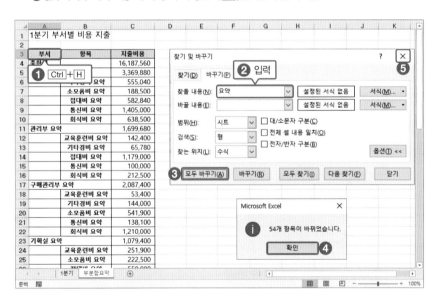

⊕ '요약' 텍스트를 찾아서 공란으로 바꿉니다.

바로 통하는 TIP Ctrl + H 는 범위에서 데이터를 찾아 [바꿀 내용]에 입력한 데이터로 바꿉니다.

07 부분합 삭제하기 ① [1분기] 시트 탭을 클릭하고 **②** [A2] 셀을 클릭합니다. **③** [데이터] 탭–[개요] 그룹–[부분합🎞]을 클릭합니다. **④** [부분합] 대화상자에서 [모두 제거]를 클릭합니다.

➕ 부분합이 모두 제거되고 원본 데이터가 표시됩니다.

쉽고 빠른 엑셀 Note | **[부분합] 대화상자 살펴보기**

부분합은 같은 항목을 그룹화해 항목의 마지막에 행을 추가하여 부분합(합계, 평균, 개수 등)을 구하는 기능입니다. 부분합을 작성하려면 반드시 부분합을 구하고자 하는 필드가 정렬되어 있어야 합니다. 그렇지 않으면 올바른 부분합 결과를 얻을 수 없으므로 주의합니다. [부분합] 대화상자에 대한 자세한 설명은 아래와 같습니다.

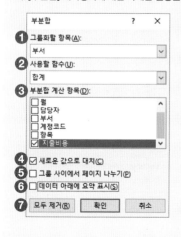

①그룹화할 항목 : 그룹화할 기준으로 반드시 정렬되어 있어야 합니다.

②사용할 함수 : 그룹화할 항목의 부분별, 전체 총계에 적용할 함수를 선택합니다.

③부분합 계산 항목 : 부분합을 계산할 항목에 체크합니다.

④새로운 값으로 대치 : 부분합을 계산한 항목의 값을 새로운 값으로 대치할지 그대로 유지할 것인지 결정합니다.

⑤그룹 사이에서 페이지 나누기 : 그룹화할 항목의 부분별 그룹과 그룹 사이에 페이지 나누기를 삽입할지 여부를 지정합니다.

⑥데이터 아래에 요약 표시 : 데이터의 마지막 총계에 대한 요약 결과를 첫 행/마지막 행에 표시할지 여부를 지정합니다.

⑦모두 제거 : 그룹별 윤곽선과 소계 및 총계 등을 모두 제거하여 부분합을 해제하고 원본 데이터 목록을 표시합니다.

| 2010 | 2013 | 2016 | 2019 | 2021 |

피벗 테이블 만들고 피벗 테이블 그룹 지정 및 필드 필터링하기

실습 파일 7장\상품매출현황1_피벗.xlsx
완성 파일 7장\상품매출현황1_피벗_완성.xlsx

피벗 테이블은 복잡한 데이터를 분석한 후 간단하게 요약하고 데이터의 흐름이나 추이를 간편하게 비교하여 크로스 탭 형태의 표로 요약하는 기능입니다. 일반 표와 달리 대화형 테이블의 일종으로 데이터 나열 형태에 따라서 자동으로 집계나 통계 등의 계산이 가능합니다. 행과 열 방향으로 그룹화된 항목이 숫자일 경우에는 다시 그룹화할 수 있으며, 요약된 피벗 테이블의 필드에서 조건을 지정하여 필터링할 수도 있습니다. 상품매출 현황표에서 피벗 테이블을 삽입한 후 분류, 상품, 일자, 금액으로 레이아웃을 설계하고 분류하여 크로스 탭 표 형태의 집계표를 작성해보겠습니다.

미리 보기

행 레이블	1사분기 금액합계	비율	2사분기 금액합계	비율	3사분기 금액합계	비율	4사분기 금액합계	비율	전체 금액합계	전체 비율
담당자 (모두)										
⊟사무기기	195775850	25.04%	144444660	24.49%	111960500	21.86%	67712800	30.84%	519893810	24.71%
문서 세단기	64010430	8.19%	26354900	4.47%	24733060	4.83%	14425180	6.57%	129523570	6.16%
제본기	6879600	0.88%	20629000	3.50%	12715500	2.48%	10339000	4.71%	50563100	2.40%
지폐계수기	28314000	3.62%	11139700	1.89%	24269960	4.74%	8408400	3.83%	72132060	3.43%
출퇴근기록기	69999160	8.95%	71910300	12.19%	40067720	7.82%	28223580	12.85%	210200760	9.99%
코팅기	26572660	3.40%	14410760	2.44%	10174260	1.99%	6316640	2.88%	57474320	2.73%
⊟영상기기	220917200	28.26%	226390580	38.38%	149846820	29.25%	77195400	35.15%	674350000	32.06%
디지털액자	1920000	0.25%	7760000	1.32%	11174400	2.18%	10553600	4.81%	31408000	1.49%
미니빔	730000	0.09%	5098320	0.86%	2832400	0.55%	2854300	1.30%	11515020	0.55%
빔프로젝트	55578800	7.11%	2840000	0.48%	5509600	1.08%	27548000	12.54%	91476400	4.35%
전자칠판	162688400	20.81%	210692260	35.72%	130330420	25.44%	36239500	16.50%	539950580	25.67%
⊟인쇄기기	319555250	40.87%	202095500	34.26%	221768750	43.30%	54676600	24.90%	798096100	37.94%
라벨 프린터	34641250	4.43%	8972500	1.52%	27000750	5.27%	8254700	3.76%	78869200	3.75%
카드 프린터	284914000	36.44%	193123000	32.74%	194768000	38.02%	46421900	21.14%	719226900	34.19%
⊟저장장치	45613900	5.83%	16983620	2.88%	28645440	5.59%	20009940	9.11%	111252900	5.29%
SSD	810000	0.10%	675000	0.11%	12150000	2.37%	4190400	1.91%	17825400	0.85%
메모리카드	3237600	0.41%	1267200	0.21%	2316000	0.45%	2858400	1.30%	9679200	0.46%
외장하드	41566300	5.32%	15041420	2.55%	14179440	2.77%	12961140	5.90%	83748300	3.98%
총합계	781862200	100.00%	589914360	100.00%	512221510	100.00%	219594740	100.00%	2103592810	100.00%

Sheet1 매입매출장 테이블

회사에서 바로 통하는 키워드 : **표, 피벗 테이블**

| 한눈에 보는 작업 순서 | 표 변환하기 | ▶ | 피벗 테이블 삽입 및 레이아웃 지정하기 | ▶ | 필드 그룹 지정하기 | ▶ | 금액의 요약 값을 값 표시 형식으로 변경하기 | ▶ | 피벗 테이블 필터링하기 |

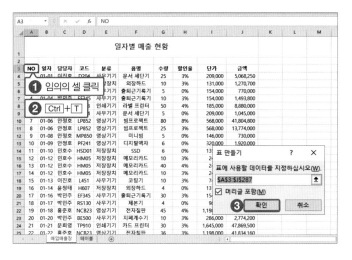

01 표로 변환하기 상품매출 데이터의 범위를 표로 변환하겠습니다. ❶ 데이터에서 임의의 셀을 클릭하고 ❷ Ctrl + T 를 누릅니다. ❷ [표 만들기] 대화상자에 전체 데이터 범위가 지정된 것을 확인하고 ❸ [확인]을 클릭합니다.

바로 통 하는TIP 데이터 범위를 표로 변환하면 데이터가 추가될 때마다 범위가 확장되므로 데이터베이스 관리 및 피벗 테이블 작성 시 매우 유용합니다.

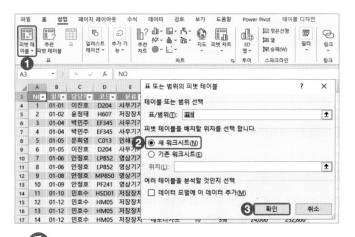

02 피벗 테이블 삽입하기 ❶ 임의의 셀이 선택된 상태에서 [삽입] 탭-[표] 그룹-[피벗 테이블📊]을 클릭합니다. [표 또는 범위의 피벗 테이블] 대화상자가 열리고, [표/범위]에 자동으로 표가 지정되어 있습니다. ❷ 피벗 테이블 보고서를 배치할 위치로 [새 워크시트]를 클릭한 후 ❸ [확인]을 클릭합니다.

바로 통 하는TIP 피벗 테이블은 대화형 테이블의 일종으로, 데이터 나열 형태에 따라서 자동으로 집계표를 만들어줍니다. 피벗 테이블을 만들 범위(A3:K287)에는 표의 이름 [표1]이 지정됩니다. 사용 환경에 따라 표의 이름은 다를 수 있으며 [테이블 디자인] 탭-[속성] 그룹에서 확인하고 변경할 수 있습니다.

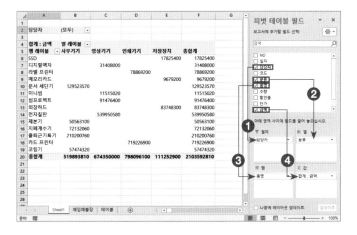

03 피벗 테이블 레이아웃 지정하기 새 시트가 삽입되고 왼쪽에는 피벗 테이블의 레이아웃을 설계할 영역이, 오른쪽에는 [피벗 테이블 필드] 작업 창이 나타납니다. ❶ 필드 목록에서 [담당자]를 [필터] 영역으로, ❷ [분류]를 [열] 영역으로, ❸ [품명]을 [행] 영역으로, ❹ [금액]을 [Σ 값] 영역으로 드래그합니다.

➕ [피벗 테이블 필드] 작업 창에서 지정한 대로 피벗 테이블이 크로스 탭 형태의 표로 만들어집니다.

04 필드 추가 및 위치 이동하기 ❶ [열] 영역의 [분류]를 [행] 영역 맨 위로 드래그합니다. ❷ 필드 목록에서 [일자]를 [열] 영역으로 드래그합니다.

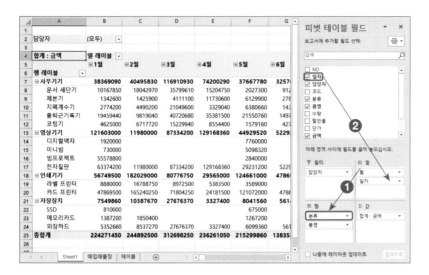

✓ **엑셀 2016&이후 버전**　개별 일자로 입력되어 있던 [일자]는 자동으로 [월] 단위로 그룹화됩니다. 엑셀 2016 이전 버전에서는 05번을 따라 하면 일자를 그룹화할 수 있습니다.

바로 통 하는TIP　[필터], [행], [열], [Σ 값] 레이블 영역에 있는 필드를 제거하려면 원래 위치로 드래그하거나, 필드를 클릭하고 단축 메뉴에서 [필드 제거]를 클릭합니다.

05 일자 필드 그룹/해제하기 날짜와 같은 숫자 데이터는 직접 그룹화할 수 있습니다. 월별로 그룹화된 [일자]를 분기별로 그룹화하겠습니다. ❶ 열 레이블에서 임의의 셀을 마우스 오른쪽 버튼으로 클릭하고 ❷ [그룹]을 클릭합니다. ❸ [그룹화] 대화상자의 [단위]에서 [일], [월]을 각각 클릭해 선택을 해제합니다. [분기]만 남긴 상태에서 [확인]을 클릭합니다.

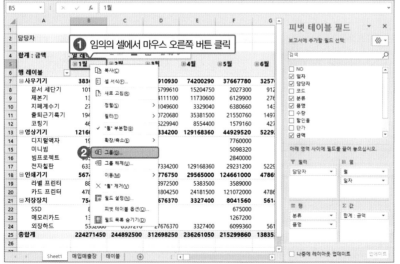

❹ [일자] 필드가 분기로 그룹화되어 표시됩니다.

06 금액의 요약 값을 값 표시 형식으로 변경하기 금액은 기본적으로 합계로 요약됩니다. 금액의 값 표시 형식을 비율로 변경하겠습니다. ❶ 필드 목록에서 [금액]을 [Σ 값] 영역으로 드래그합니다. ❷ 임의의 [합계: 금액2] 셀을 마우스 오른쪽 버튼으로 클릭합니다. ❸ [값 표시 형식]–[열 합계 비율]을 클릭합니다.

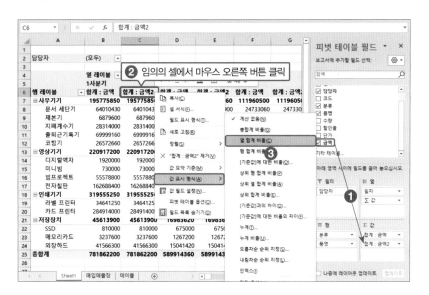

➕ [값 표시 형식]이 [열 합계 비율]로 변경됩니다. [값 표시 형식]은 [Σ 값] 영역에 위치한 필드 값의 총합계, 열 합계, 행 합계 등의 비율이나 차이, 누계를 요약해서 보여줍니다. [열 합계 비율]은 각 분기 열의 총합계(100%)를 비율로 나눠 표시합니다.

바로 통 하는 TIP [Σ 값] 영역의 [합계: 금액] 필드를 마우스 오른쪽 버튼으로 클릭해 [값 요약 기준]에서 합계, 개수, 평균, 최댓값, 최솟값으로 변경할 수 있습니다.

07 금액, 금액2의 이름을 변경하겠습니다. ❶ [B6] 셀에 **금액합계**를 입력하고 Enter 를 누릅니다. ❷ [C6] 셀에 **비율**을 입력하고 Enter 를 누릅니다. 분류별/분기별 금액의 합계와 비율이 요약되어 표시됩니다.

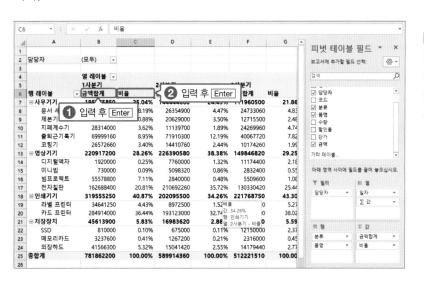

바로 통 하는 TIP [합계: 금액], [합계: 금액2]의 이름은 피벗 테이블 필드의 목록에 있는 필드와 동일한 이름으로 변경할 수 없으므로 주의합니다.

08 필드 필터링하기 분류에서는 사무기기와 영상기기를, 분기에서는 1사분기와 2사분기를 필터링해 보겠습니다. ❶ [행 레이블]의 필터 단추 ▾ 를 클릭합니다. ❷ [모두 선택]의 체크를 해제합니다. ❸ [사무기기], [영상기기]에 체크한 후 ❹ [확인]을 클릭합니다.

09 ❶ [열 레이블] 필드의 필터 단추 ▾ 를 클릭하고 ❷ [모두 선택]의 체크를 해제합니다. ❸ [1사분기]와 [2사분기]에 체크한 후 ❹ [확인]을 클릭합니다.

✚ 1사분기, 2사분기의 사무기기, 영상기기의 합계와 비율로 필터링되었습니다. [담당자]의 필터 단추 ▾ 를 클릭하고 담당자별로 필터링할 수도 있습니다.

01 추천 또는 사용자 지정 피벗 테이블 만들기

엑셀에서 제공하는 추천 기능을 이용하거나 직접 피벗 테이블을 만들어 레이아웃을 설계할 수 있습니다. 피벗 테이블을 만들면 나타나는 [피벗 테이블 필드] 작업 창에서 보고서에 추가할 필드를 [필터], [열], [행], [Σ값] 영역으로 각각 드래그하여 피벗 테이블 레이아웃을 설계합니다.

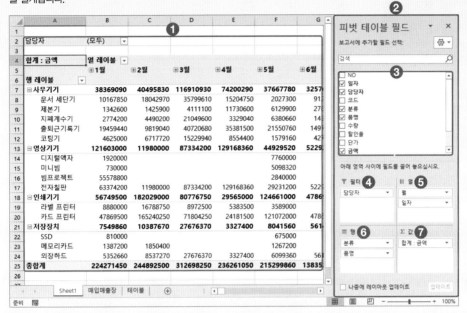

❶ **피벗 테이블** : 집계표(피벗 테이블) 결과가 표시되는 영역입니다.

❷ **피벗 테이블 필드 작업 창** : 집계표(피벗 테이블)를 만들기 위한 레이아웃을 설계합니다.

❸ **필드 목록** : 피벗 테이블을 만들기 위한 원본 데이터의 필드 목록이 표시됩니다. 필드를 각각 아래쪽의 [필터], [열], [행], [Σ 값] 영역으로 드래그합니다.

❹ **필터** : 전체 데이터 영역을 요약할 보고서 필드입니다.

❺ **열** : 집계표에서 열 방향으로 그룹화할 필드로, 필드의 데이터 항목이 중복 없이 목록으로 표시됩니다.

❻ **행** : 집계표에서 행 방향으로 그룹화할 필드로, 필드의 데이터 항목이 중복 없이 목록으로 표시입니다.

❼ **Σ 값** : 일반적으로 숫자 값 필드가 위치합니다. 행과 열 레이블에서 지정할 필드를 분석하여 행과 열이 교차하는 위치에서 소계, 평균, 최대, 최소, 총계, 비율 등이 계산됩니다. 문자 값 필드라면 개수가 계산됩니다.

02 그룹 지정/해제 및 필터링하기

행과 열 방향으로 그룹화된 항목이 숫자 데이터일 경우 한 번 더 그룹으로 지정할 수 있습니다. 또 요약된 피벗 테이블의 필드에서 조건을 지정해 필터링할 수 있습니다.

03 레이아웃 또는 디자인 변경하기

보고서를 보기 좋고 이해하기 쉽게 레이아웃과 서식, 스타일을 적용합니다.

04 슬라이서, 시간 표시 막대 삽입/제거하기

슬라이서와 시간 표시 막대를 이용해 피벗 테이블의 데이터 중에서 원하는 자료와 기간을 표시할 수 있습니다.

실무
필수

실무
활용

문서
작성

문서
편집
&
인쇄

수식
&
함수

채트

데이터
관리/
분석&
자동화

피벗 테이블 레이아웃 및 디자인 변경하기

실습 파일 7장\상품매출현황2_피벗디자인.xlsx
완성 파일 7장\상품매출현황2_피벗디자인_완성.xlsx

피벗 테이블 기능으로 요약한 보고서를 보기 좋고 이해하기 쉽게 꾸밀 수 있습니다. 피벗 테이블 보고서에 레이아웃과 서식, 스타일을 적용해보겠습니다.

미리 보기

	A	B	C	D	E	F	G	H
4	금액합계		일자					
5	분류	품명	1사분기	2사분기	3사분기	4사분기	총합계	
6		문서 세단기	64,010,430	26,354,900	24,733,060	14,425,180	129,523,570	
7		제본기	6,879,600	20,629,000	12,715,500	10,339,000	50,563,100	
8	사무기기	지폐계수기	28,314,000	11,139,700	24,269,960	8,408,400	72,132,060	
9		출퇴근기록기	69,999,160	71,910,300	40,067,720	28,223,580	210,200,760	
10		코팅기	26,572,660	14,410,760	10,174,260	6,316,640	57,474,320	
11	사무기기 요약		195,775,850	144,444,660	111,960,500	67,712,800	519,893,810	
12		디지털액자	1,920,000	7,760,000	11,174,400	10,553,600	31,408,000	
13	영상기기	미니빔	730,000	5,098,320	2,832,400	2,854,300	11,515,020	
14		빔프로젝트	55,578,800	2,840,000	5,509,600	27,548,000	91,476,400	
15		전자칠판	162,688,400	210,692,260	130,330,420	36,239,500	539,950,580	
16	영상기기 요약		220,917,200	226,390,580	149,846,820	77,195,400	674,350,000	
17	인쇄기기	라벨 프린터	34,641,250	8,972,500	27,000,750	8,254,700	78,869,200	
18		카드 프린터	284,914,000	193,123,000	194,768,000	46,421,900	719,226,900	
19	인쇄기기 요약		319,555,250	202,095,500	221,768,750	54,676,600	798,096,100	
20		SSD	810,000	675,000	12,150,000	4,190,400	17,825,400	
21	저장장치	메모리카드	3,237,600	1,267,200	2,316,000	2,858,400	9,679,200	
22		외장하드	41,566,300	15,041,420	14,179,440	12,961,140	83,748,300	
23	저장장치 요약		45,613,900	16,983,620	28,645,440	20,009,940	111,252,900	
24	총합계		781,862,200	589,914,360	512,221,510	219,594,740	2,103,592,810	
25								

피벗   매입매출장   테이블   ⊕

회사에서 바로 통하는 키워드 : 피벗 테이블, 보고서 레이아웃, 피벗 테이블 옵션

한눈에 보는 작업 순서	피벗 테이블 스타일 변경하기 ▶ 부분합 표시 및 레이아웃 변경하기

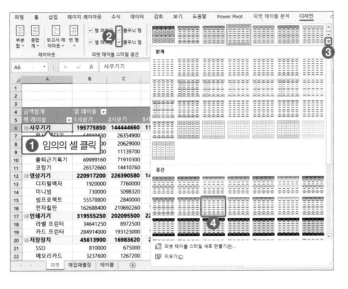

01 피벗 테이블 스타일 변경하기
❶ [피벗] 시트의 피벗 테이블에서 임의의 셀을 클릭하고 ❷ [디자인] 탭–[피벗 테이블 스타일 옵션] 그룹에서 [줄무늬 행], [줄무늬 열]에 각각 체크합니다. ❸ [디자인] 탭–[피벗 테이블 스타일] 그룹–[자세히 ⏷]을 클릭한 후 ❹ [중간] 영역의 [라임, 피벗스타일 보통 10]을 클릭합니다.

➕ 피벗 테이블의 스타일이 변경됩니다.

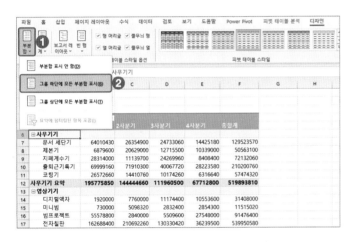

02 부분합 표시하기 각 분류 하단에 금액의 부분합을 표시하겠습니다. ❶ [디자인] 탭–[레이아웃] 그룹–[부분합▤]을 클릭하고 ❷ [그룹 하단에 모든 부분합 표시]를 클릭합니다.

➕ 각 그룹의 하단에 각 분기, 총합계의 부분합이 표시됩니다.

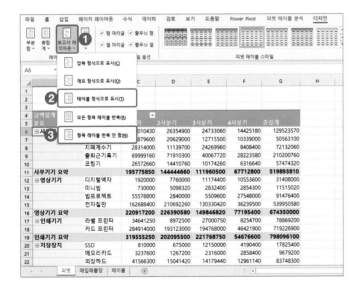

03 피벗 테이블을 테이블 형식으로 변경하기 ❶ [디자인] 탭–[레이아웃] 그룹–[보고서 레이아웃▤]을 클릭합니다. ❷❸ [테이블 형식으로 표시]와 [항목 레이블 반복 안 함]을 각각 클릭합니다.

➕ 분류와 상품명을 각각의 열로 분리하여 테이블 형식으로 변경합니다. 분류는 반복되지 않고 한 번만 표시됩니다.

04 셀 병합하기 행/열 레이블에 두 개 이상의 필드가 있는 경우 첫 번째 항목으로 셀 병합을 할 수 있습니다. ❶ 피벗 테이블에서 임의의 셀을 마우스 오른쪽 버튼으로 클릭하고 ❷ [피벗 테이블 옵션]을 클릭합니다.

➕ [피벗 테이블 옵션] 대화상자가 나타납니다.

05 [피벗 테이블 옵션] 대화상자의 [레이아웃 및 서식] 탭에서 ❶ [레이블이 있는 셀 병합 및 가운데 맞춤]에 체크한 후 ❷ [확인]을 클릭합니다.

➕ 행 레이블이 분류별로 병합됩니다.

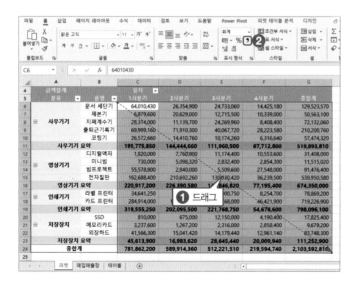

06 ❶ [C6:G24] 범위를 지정하고 ❷ [홈] 탭-[표시 형식] 그룹-[쉼표 스타일 **9**]을 클릭합니다.

➕ 지정된 범위에 쉼표 스타일이 적용됩니다.

바로 통 하는 TIP [피벗 테이블 분석] 탭-[표시] 그룹-[필드 목록], [+/- 단추], [필드 머리글]를 클릭하면 각각의 요소를 표시하거나 숨길 수 있습니다.

실무활용

30

피벗 차트 및 슬라이서, 시간 막대 삽입하여 대시보드 작성하기

실습 파일 7장\상품매출현황3_피벗대시보드.xlsx
완성 파일 7장\상품매출현황3_피벗대시보드_완성.xlsx

피벗 차트는 대화형 차트로 일반 차트와 다르게 피벗 테이블과 피벗 차트가 연동되어 필터링한 결과가 바로 반영됩니다. 슬라이서는 피벗 테이블의 데이터 중에서 사용자가 원하는 자료를 필드의 목록 창에서 세분화하고 필터링하여 필요한 내용만 표시할 수 있습니다. 시간 표시 막대는 날짜나 시간의 범위를 막대로 표시하여 사용자가 특정 기간의 데이터를 필터링할 수 있도록 도와줍니다. 여러 개의 피벗 테이블과 피벗 차트를 삽입하고, 슬라이서와 시간 표시 막대를 연결할 수도 있습니다. 차트와 슬라이서를 배치하여 한눈에 정보를 이해하고 파악하기 쉽게 시각화한 대시보드를 작성해보겠습니다.

미리 보기

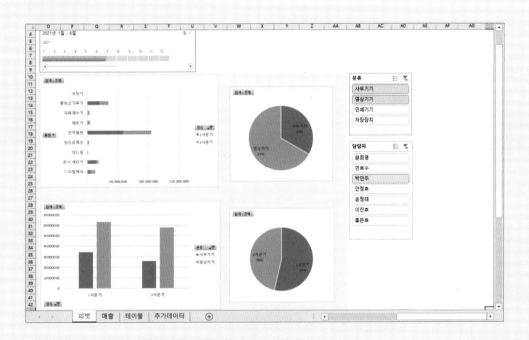

회사에서 바로 통하는 키워드 : 피벗 테이블, 피벗 차트, 슬라이서, 시간 표시 막대

한눈에 보는 작업 순서   피벗 테이블 삽입 및 레이아웃 지정하기 ▶ 데이터 추가 후 새로 고침하기
▶ 피벗 차트 삽입하기 ▶ 슬라이서, 시간 막대 삽입 및 피벗 차트와 연결하기
▶ 슬라이서, 시간 막대에서 필터링한 결과를 대시보드에 반영하기

실무
필수

실무
활용

문서
작성

문서
편집
인쇄

수식
&
함수

차트

데이터
관리/
분석&
자동화

01 피벗 테이블 삽입하기 ❶ [매출] 시트에서 [A3] 셀을 클릭합니다. ❷ [삽입] 탭-[표] 그룹-[피벗 테이블📊]을 클릭합니다. [표 또는 범위의 피벗 테이블] 대화상자가 열리고, [표/범위]에 자동으로 데이터 범위가 지정되어 있습니다. ❸ 피벗 테이블 보고서를 넣을 위치로 [기존 워크시트]를 클릭한 후 ❹ [위치]에 [피벗] 시트의 [A23] 셀인 **피벗!$A$23**을 입력하고 ❺ [확인]을 클릭합니다.

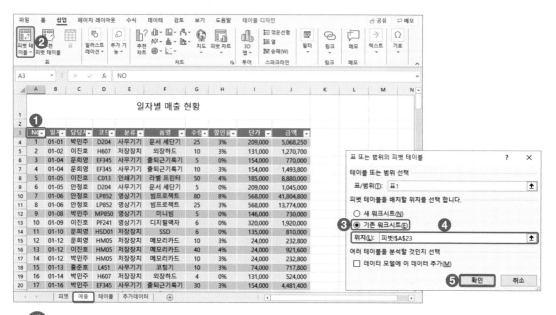

02 피벗 테이블 레이아웃 지정하기 ❶ 필드 목록에서 [일자]를 [행] 영역으로 드래그합니다. ❷ [분류]를 [열] 영역으로 드래그하고 ❸ [금액]을 [Σ 값] 영역으로 드래그합니다.

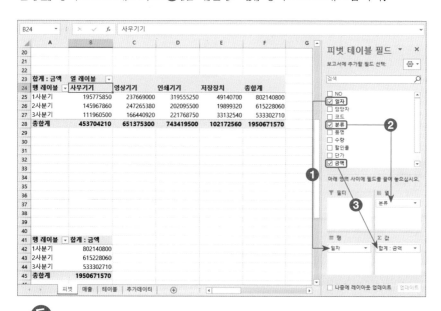

03 데이터 추가하기 4분기 데이터를 원본 데이터에 추가하겠습니다. ❶ [추가데이터] 시트 탭을 클릭하고 ❷ [A4] 셀을 클릭한 후 Ctrl + A를 눌러 전체 데이터 범위를 선택합니다. ❸ Ctrl + C를 눌러 데이터를 복사합니다.

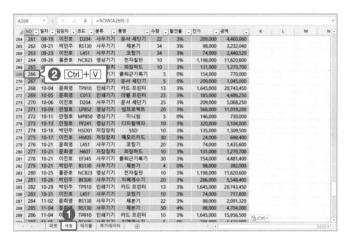

04 ❶ [매출] 시트 탭을 클릭합니다. ❷ [A269] 셀을 클릭한 후 Ctrl + V를 눌러 4분기 데이터를 추가합니다.

바로 통 하는TIP 매출 데이터는 표로 변환되어 있어서 데이터 추가 시 범위가 자동으로 확장됩니다.

05 ❶ [피벗] 시트 탭을 클릭하고 ❷ [피벗 테이블 분석] 탭-[데이터] 그룹-[새로 고침]을 클릭합니다. 최신 4분기 데이터가 모든 피벗 테이블 결과에 추가됩니다.

➕ 피벗 테이블의 범위는 '표1'이므로 [새로 고침]을 클릭하면 '표1'의 확장된 범위가 피벗 테이블의 결과에 반영됩니다.

06 피벗 차트 삽입하기 ❶ [A25] 셀을 클릭하고 ❷ [피벗 테이블 분석] 탭-[도구] 그룹-[피벗 차트📊] 를 클릭합니다. ❸ [차트 삽입] 대화상자에서 [세로 막대형]-[묶은 세로 막대형]을 클릭하고 ❹ [확인]을 클릭합니다.

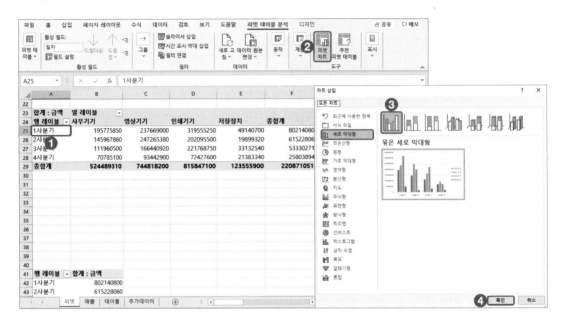

➕ 피벗 테이블 차트가 삽입됩니다.

07 ❶ [피벗 차트 필드] 작업 창에서 [창 닫기❌]를 클릭해서 창을 닫습니다. ❷ 피벗 차트를 [O28] 위치에 배치하고 크기를 조절합니다. ❸ 상태 표시줄의 [축소➖]를 클릭해서 전체 차트가 한 화면에 보이도록 배율을 조정합니다.

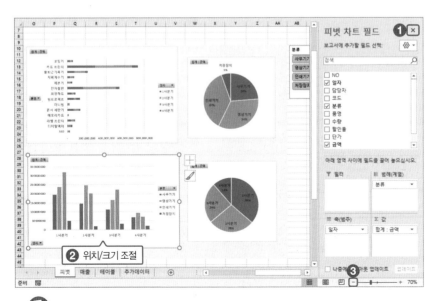

바로 통 하는TIP [피벗] 시트에는 대시보드를 구성할 세 개의 피벗 차트를 [O10] 셀 위치에 미리 삽입했습니다.

08 슬라이서 삽입하기 담당자 슬라이서를 삽입하겠습니다. ❶ 첫 번째 피벗 차트를 클릭하고 ❷ [피벗 차트 분석] 탭-[필터] 그룹-[슬라이서 삽입▦]을 클릭합니다. ❸ [슬라이서 삽입] 대화상자에서 [담당자]에 체크하고 ❹ [확인]을 클릭합니다.

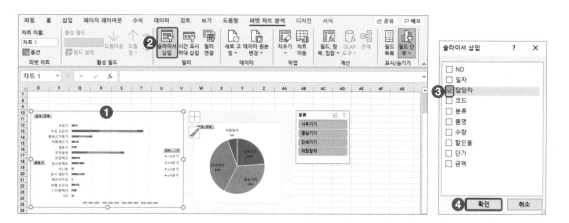

➕ 담당자에 해당하는 슬라이서가 삽입됩니다.

바로 통하는TIP 엑셀 2010 버전부터 도입된 슬라이서를 이용하면 피벗 테이블의 데이터 중에서 사용자가 원하는 자료를 필드 목록으로 세분화하고 필터링하여 필요한 내용만 표시할 수 있습니다. [피벗] 시트에는 [분류] 슬라이서를 [AB10] 셀 위치에 미리 삽입했습니다.

✅ **엑셀 2010 버전** [피벗 테이블 도구]-[옵션] 탭-[정렬 및 필터] 그룹-[슬라이서 삽입]을 클릭합니다.

09 시간 표시 막대 삽입하기 날짜 필드인 일자를 시간 표시 막대로 삽입하겠습니다. ❶ 첫 번째 피벗 차트를 클릭하고 ❷ [피벗 차트 분석] 탭-[필터] 그룹-[시간 표시 막대 삽입▦]을 클릭합니다. ❸ [시간 표시 막대 삽입] 대화상자에서 [일자]에 체크하고 ❹ [확인]을 클릭합니다.

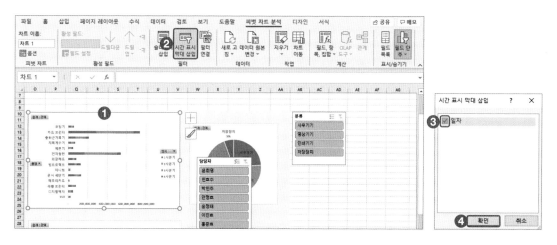

➕ 일자에 대한 시간 표시 막대가 삽입됩니다. 시간 표시 막대는 날짜나 시간의 간격을 막대로 표시하여 사용자가 특정 기간의 데이터를 필터링하도록 도와줍니다. 이를 사용하면 네 개의 시간 기준(연, 분기, 월 또는 일) 중 하나를 선택해 필터링할 수 있습니다. 시간 표시 막대의 시간 수준이 변경되면 피벗 테이블의 데이터도 변경됩니다.

✅ **엑셀 2013&이전 버전** 시간 표시 막대 삽입 기능은 엑셀 2013 이전 버전에서는 사용할 수 없습니다. 엑셀 2013&이후 버전에서만 사용할 수 있습니다.

10 슬라이서와 시간 표시 막대 배치하기 [담당자] 슬라이서와 [일자] 시간 표시 막대의 위치와 크기를 조절하겠습니다. ❶ [담당자] 슬라이서를 드래그하여 [AB20] 셀 위치에 배치하고 크기를 조절합니다. ❷ [일자] 시간 표시 막대를 드래그하여 [O1] 셀 위치에 배치하고 크기를 조절합니다. ❸ [일자] 시간 표시 막대의 수준을 클릭하고 ❹ [월]을 클릭합니다.

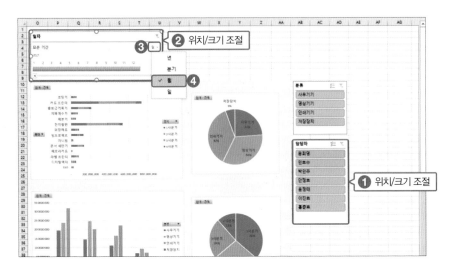

11 슬라이서와 피벗 차트 연결하기 [일자] 시간 표시 막대, [분류] 슬라이서, [담당자] 슬라이서를 피벗 차트와 연결하겠습니다. ❶ [일자] 시간 표시 막대를 클릭하고 ❷ [타임라인] 탭–[시간 표시 막대] 그룹–[보고서 연결 🖳]을 클릭합니다. ❸ [보고서 연결(일자)] 대화상자에서 피벗 테이블에 모두 체크한 후 ❹ [확인]을 클릭합니다.

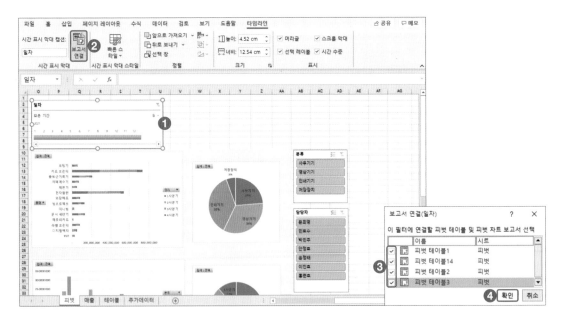

➕ 슬라이서와 피벗 차트(피벗 테이블)를 연결하면 슬라이서와 피벗 차트(피벗 테이블)가 연동됩니다. 즉, 슬라이서에서 항목을 필터링하면 피벗 테이블과 피벗 차트도 동일하게 필터링된 결과로 변경됩니다.

12 동일한 방법으로 [분류] 슬라이서와 [담당자] 슬라이서도 각각 클릭하고 [슬라이서] 탭-[슬라이서] 그룹-[보고서 연결▥]을 클릭합니다. 각각의 [보고서 연결] 대화상자에서 피벗 테이블에 모두 체크하고 [확인]을 클릭합니다.

13 슬라이서 스타일 지정하기 ❶ [분류] 슬라이서를 클릭하고 ❷ [슬라이서] 탭-[슬라이서 스타일] 그룹의 갤러리에서 원하는 스타일을 지정합니다. ❸ 마찬가지 방법으로 [담당자] 슬라이서의 스타일도 지정합니다.

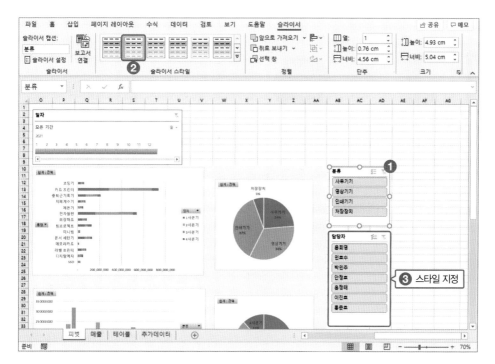

14 슬라이서와 시간 막대에서 필터링하기 [분류] 슬라이서, [담당자] 슬라이서, [일자] 시간 표시 막대에서 필터링할 항목을 클릭하여 피벗 차트 대시보드에 반영하겠습니다. ❶ [분류] 슬라이서에서 [사무기기]를 클릭하고 ❷ Shift 를 누른 상태에서 [영상기기]를 클릭합니다. ❸ [담당자] 슬라이서에서 [박민주]를 클릭합니다. ❹ [일자] 시간 표시 막대에서 [1]부터 [6]까지 드래그합니다.

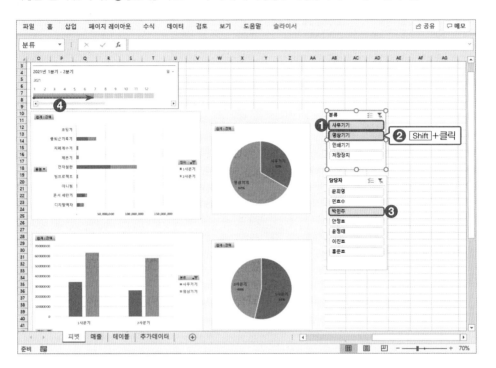

➕ 담당자가 박민주인 사무기기와 영상기기의 상반기(1월~6월) 매출금액을 필터링한 결과가 피벗 차트의 대시보드에 표시됩니다.

바로 통 하는 TIP 슬라이서에서 [필터 지우기 ⊠]를 클릭하면 필터 조건이 해제되고 전체 목록이 나타납니다. 슬라이서를 제거하려면 슬라이서를 마우스 오른쪽 버튼으로 클릭하고 ["분류" 제거]를 클릭합니다.

실무필수

핵심기능

62

개발 도구 탭 추가 및 매크로 보안 설정하기

2010 \ 2013 \ 2016 \ 2019 \ 2021

실습 파일 없음
완성 파일 없음

매크로를 기록하고 실행하려면 매크로와 관련된 명령어들이 모여 있는 [개발 도구] 탭을 추가하고 매크로 보안 설정을 합니다. [개발 도구] 탭은 [Excel 옵션] 대화상자의 [리본 사용자 지정]에서 추가할 수 있습니다. 매크로를 사용할 경우에 발생할 수 있는 위험에 대비해 보안 센터에서 매크로를 사용하거나 사용하지 않도록 설정하는 방법에 대해 알아보겠습니다.

미리 보기

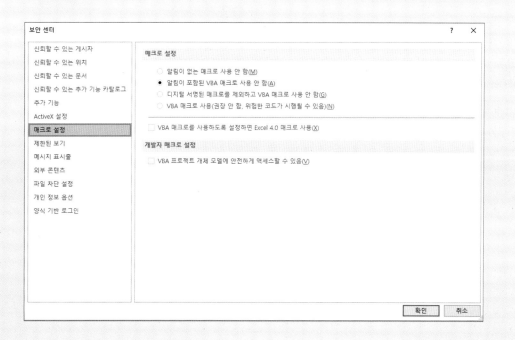

회사에서 바로 통하는 키워드 : [개발 도구] 탭, 매크로 보안

한눈에 보는 작업 순서	개발 도구 탭 표시 ▶ 매크로 보안 설정하기

01 [개발 도구] 탭 표시하기 ❶[파일] 탭-[옵션]을 클릭합니다. ❷[Excel 옵션] 대화상자에서 [리본 사용자 지정]을 클릭하고 ❸[리본 메뉴 사용자 지정]에서 [개발 도구]에 체크한 후 ❹[확인]을 클릭합니다.

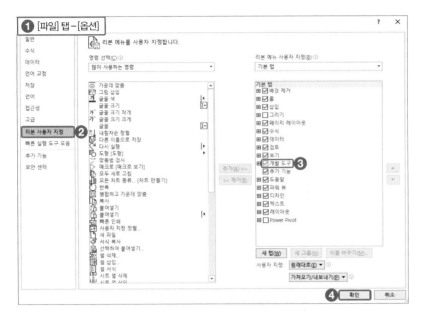

➕ 리본 메뉴에 [개발 도구] 탭이 표시됩니다.

02 매크로 보안 설정하기 ❶[개발 도구] 탭-[코드] 그룹-[매크로 보안 ⚠]을 클릭합니다. ❷[보안 센터] 대화상자에서 [매크로 설정]을 클릭하고 ❸[매크로 설정] 목록에서 [알림이 포함된 VBA 매크로 사용 안 함]을 클릭한 후 ❹[확인]을 클릭합니다.

➕ 기본 매크로 보안 설정으로 가장 많이 사용하는 보안 설정 옵션입니다. 매크로가 포함된 통합 문서를 열 때마다 보안 경고 알림 메시지가 나타나서 사용자에게 현재 문서가 신뢰할 만한 문서인지 아닌지를 묻습니다. 사용자가 매크로의 실행 여부를 상황별로 선택할 수 있는 옵션입니다.

✔ **엑셀 2019&이전 버전** [보안 센터] 대화상자에서 [모든 매크로 제외(알림 표시)]를 클릭합니다.

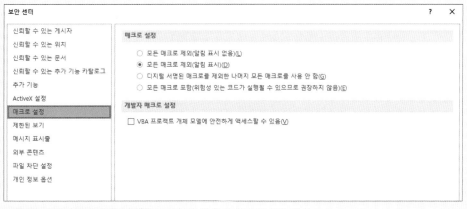

매크로 보안 설정	설명
알림이 없는 매크로 사용 안 함 (*모든 매크로 제외(알림 표시 없음))	신뢰할 수 있는 위치에 등록되어 있지 않은 문서의 모든 매크로를 실행할 수 없으며, 보안 경고 알림 메시지도 나타나지 않습니다.
알림이 포함된 VBA 매크로 사용 안 함 (*모든 매크로 제외(알림 표시))	매크로 보안의 기본 설정으로 가장 많이 사용합니다. 매크로가 포함된 통합 문서를 열 때마다 보안 경고 알림 메시지가 나타나서 사용자에게 현재 문서가 신뢰할 만한 문서인지 아닌지 확인한 후 매크로 실행 여부를 상황별로 선택하도록 합니다.
디지털 서명된 매크로를 제외하고 VBA 매크로 사용 안 함 (*디지털 서명된 매크로만 포함)	매크로가 포함된 문서에 디지털 서명이 있는 경우 매크로를 실행할 수 있습니다.
VBA 매크로 사용(권장 안 함, 위험한 코드가 시행될 수 있음) (*모든 매크로 포함(위험성 있는 코드가 실행될 수 있으므로 권장하지 않음))	매크로 보안 경고 없이 모든 매크로가 실행되도록 하는 설정입니다. 신뢰할 수 없는 매크로가 포함된 통합 문서일 경우 컴퓨터에 해로운 코드가 포함될 수 있으므로 권장하지 않습니다.
VBA 매크로를 사용하도록 설정하면 Excel 4.0 매크로 사용	VBA 매크로에 대한 위의 모든 설정이 Excel 4.0 매크로에 적용됩니다. 단, 최근 Excel 4.0 매크로(수식 매크로)를 이용한 악성 엑셀 파일이 지속적으로 유포 중이므로 주의를 요합니다.
개발자 매크로 설정	개발자 설정 모드로 VBA 프로젝트에서 포함된 ActiveX 개체 모델을 안전하게 액세스할 것인지 여부를 선택할 수 있습니다.

✅ **엑셀 2019&이전 버전**　* 표시된 항목은 엑셀 2019 버전을 포함한 이전 버전의 매크로 보안 설정 항목입니다.

▲ 엑셀 2019 버전 매크로 보안 설정 확인

2010 \ 2013 \ 2016 \ 2019 \ 2021

부분합 과정을 자동 매크로 기록 및 저장하기

실습 파일 7장\납품실적현황1.xlsx
완성 파일 7장\납품실적현황1_매크로_완성.xlsm

통합 문서 내 자동화에 필요한 명령어들을 모으는 과정을 매크로 기록기로 기록할 수 있습니다. 기록된 매크로는 일련의 명령어를 매우 쉽게 VBA(Visual Basic for Applications)로 기록하므로 초보자도 쉽게 매크로를 작성할 수 있습니다. 매크로를 기록하기 전에 명령어의 순서와 흐름을 계획하고 순서에 맞춰 연습한 후 시작하는 것이 좋습니다. 매크로를 기록한 후에는 반드시 매크로 사용 통합 문서인 xlsm 파일 형식으로 저장합니다. 상반기 납품 실적표에서 납품월, 제품종류의 부분합 소계를 작성하는 매크로를 기록해보겠습니다.

미리 보기

바로 통하는TIP 이번 실습은 전체적으로 실습 과정을 확인한 후에 따라 하는 것이 좋습니다.

회사에서 바로 통하는 키워드 : 자동 매크로, 정렬, 부분합, 매크로 사용 통합 문서

| 한눈에 보는 작업 순서 | 매크로 기록하기 | ▶ | 정렬 및 부분합 작성하기 | ▶ | 새로운 시트로 부분합 내용 복사/붙여넣기 | ▶ | 매크로 기록 종료하기 | ▶ | 매크로 사용 통합 문서로 저장하기 |

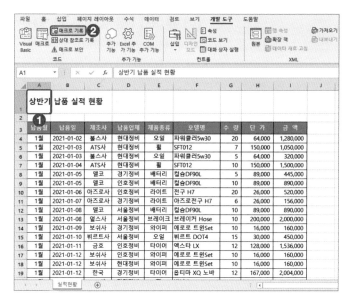

01 매크로 기록하기 상반기 납품 실적표에서 부분합을 구하는 과정을 매크로로 기록하겠습니다. ❶ [A1] 셀을 클릭합니다. ❷ [개발 도구] 탭-[코드] 그룹-[매크로 기록📷]을 클릭합니다.

➕ [매크로 기록] 대화상자가 나타납니다.

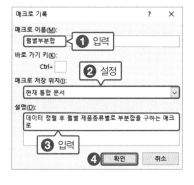

02 [매크로 기록] 대화상자에서 매크로 이름, 바로 가기 키, 저장 위치를 지정합니다. ❶ [매크로 이름]에 **월별부분합**을 입력하고 ❷ [매크로 저장 위치]를 [현재 통합 문서]로 지정한 후 ❸ [설명]에 **데이터 정렬 후 월별 제품종류별로 부분합을 구하는 매크로**라고 입력합니다. ❹ [확인]을 클릭합니다.

바로 통 하는 TIP [매크로 기록] 대화상자에서 [확인]을 클릭한 후부터는 셀과 관련된 명령어, 메뉴 클릭 등의 동작이 모두 매크로로 기록되므로 주의합니다.

쉽고 빠른 엑셀 Note [매크로 기록] 대화상자 알아보기

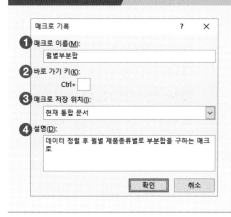

❶ **매크로 이름** : 기록할 매크로 이름을 입력합니다. 첫 글자는 반드시 문자로 시작해야 하고, 공백, 특수 문자(!, @, ?, %, & 등), 셀 주소는 사용할 수 없습니다.

❷ **바로 가기 키** : 매크로를 실행하는 바로 가기 키를 설정할 수 있습니다. 대소문자를 구별합니다.

❸ **매크로 저장 위치** : 자동 매크로가 기록될 위치를 [개인용 매크로 통합 문서], [새 통합 문서], [현재 통합 문서] 중에서 선택합니다.

❹ **설명** : 매크로에 대한 부연 설명을 입력합니다.

실무
필수

실무
활용

문서
작성

문서
편집
&
인쇄

수식
&
함수

차트

데이터
관리/
분석&
자동화

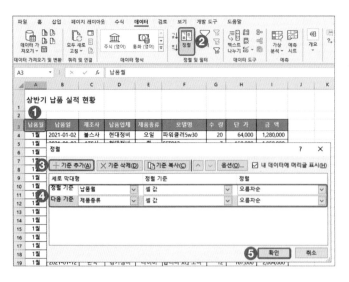

03 ❶ [A3] 셀을 클릭합니다. ❷ [데이터] 탭-[정렬 및 필터] 그룹-[정렬🔡]을 클릭합니다. ❸ [정렬] 대화상자에서 [기준 추가]를 클릭합니다. ❹ 그림과 같이 [납품월], [제품종류] 필드의 [정렬]을 [오름차순]으로 설정하고 ❺ [확인]을 클릭합니다.

➕ 부분합으로 작성할 필드를 납품월, 제품종류 순으로 정렬합니다.

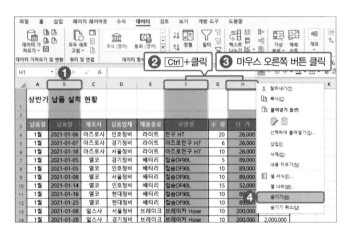

04 부분합을 구하지 않은 열 숨기기
부분합 작성에 필요하지 않은 열을 숨기겠습니다. ❶ B열 머리글을 클릭하고 ❷ Ctrl 을 누른 채 F열, H열 머리글을 각각 클릭합니다. ❸ 마우스 오른쪽 버튼을 클릭하고 ❹ [숨기기]를 클릭합니다.

➕ B, F, H열이 숨겨집니다.

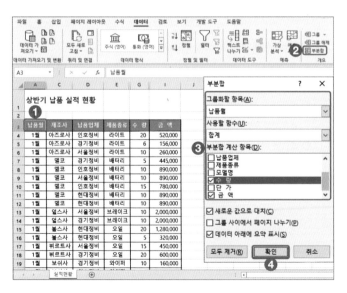

05 다중 부분합 작성하기 납품월, 제품종류로 다중 부분합을 작성하겠습니다. ❶ [A3] 셀을 클릭합니다. ❷ [데이터] 탭-[개요] 그룹-[부분합🔡]을 클릭합니다. ❸ [부분합] 대화상자에서 [그룹화할 항목]을 [납품월], [사용할 함수]는 [합계], [부분합 계산 항목]을 [수량], [금액]으로 설정하고 ❹ [확인]을 클릭합니다.

➕ 첫 번째 부분합으로 납품월을 그룹화하여 수량, 금액의 소계를 구합니다.

✅ **엑셀 2016&이전 버전** [데이터] 탭-[윤곽선] 그룹-[부분합]을 클릭합니다.

06 ❶[데이터] 탭–[개요] 그룹–[부분합 ▦]을 클릭합니다. ❷[부분합] 대화상자에서 [그룹화할 항목] 을 [제품종류], [사용할 함수]는 [합계], [부분합 계산 항목]을 [수량], [금액]으로 설정합니다. ❸[새로운 값으로 대치]의 체크를 해제하고 ❹[확인]을 클릭합니다.

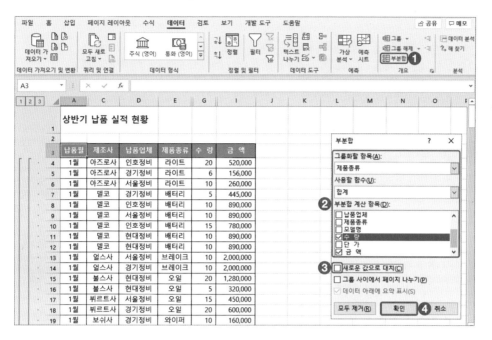

➕ 두 번째 부분합으로 제품종류를 그룹화하여 수량, 금액의 소계를 구합니다.

07 부분합 복사/붙여넣기 부분합 결과에서 화면에 보이는 셀만 선택하고 복사한 후 새로운 시트에 붙여 넣겠습니다. ❶윤곽 기호 ③을 클릭해서 부분합 결과만 표시합니다. ❷요약된 결과만 표시된 상태에서 Ctrl + A 를 눌러 전체 범위를 선택한 후 ❸ Alt + ; 을 눌러 화면에 보이는 셀만 선택합니다. ❹ Ctrl + C 를 누르고 ❺시트 탭에서 [새 시트 ⊕]를 클릭하여 새 시트를 추가합니다.

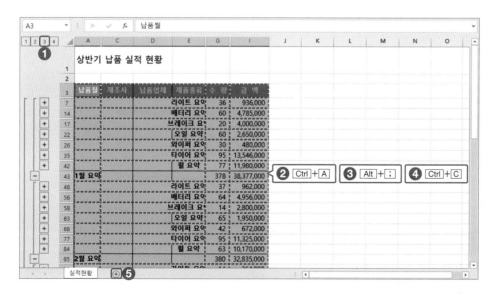

08 ❶ 새 워크시트의 [A2] 셀을 클릭하고 Ctrl + V 를 누릅니다. ❷ Ctrl + H 를 눌러 [찾기 및 바꾸기] 대화상자를 엽니다. ❸ [찾을 내용]에 **요약**을 입력하고 [바꿀 내용]은 비워둔 채 ❹ [모두 바꾸기]를 클릭합니다. ❺ 48개 항목이 바뀌었다는 메시지가 나타나면 [확인]을 클릭하고 ❻ [찾기 및 바꾸기] 대화상자에서 [닫기]를 클릭합니다.

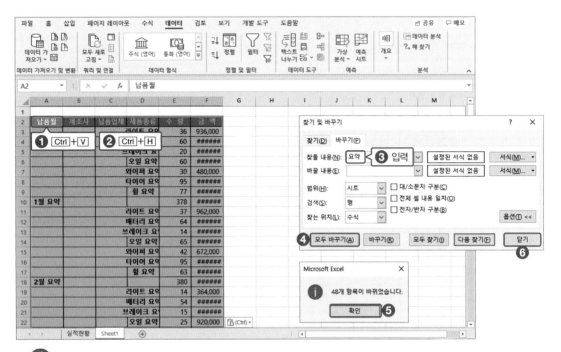

> **바로 통 하는 TIP** 찾기(Ctrl + F)는 범위에서 [찾을 내용]에 입력한 데이터를 찾고, 바꾸기(Ctrl + H)는 범위에서 데이터를 찾아 [바꿀 내용]에 입력한 데이터로 바꿉니다.

09 ❶ [A:F] 열 머리글을 범위 지정한 후 ❷ 열 머리글 경계를 더블클릭하여 열 너비를 조정합니다. ❸ [A1] 셀을 클릭합니다.

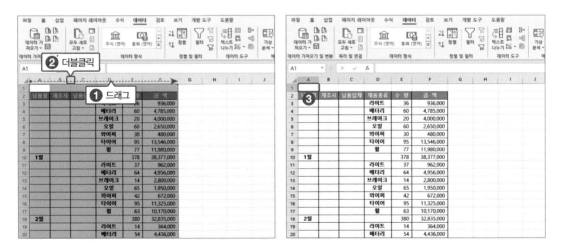

➕ 매크로 기록을 마치면 불필요한 열을 제거한 후 테두리 등의 서식을 지정하여 부분합 집계표 작업을 마무리합니다.

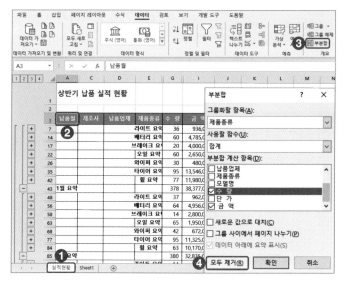

10 부분합 제거하기 ❶ [실적현황] 시트 탭을 클릭합니다. ❷ [A3] 셀을 클릭한 후 [데이터] 탭-[개요] 그룹-[부분합]을 클릭합니다. ❸ [부분합] 대화상자에서 [모두 제거]를 클릭합니다.

➕ 적용된 부분합이 모두 제거됩니다.

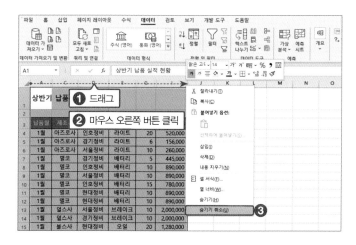

11 ❶ [A:I] 열 머리글을 범위 지정한 후 ❷ 마우스의 오른쪽 버튼을 클릭하고 ❸ [숨기기 취소]를 클릭합니다.

➕ 숨겨졌던 열이 모두 숨김 취소됩니다.

12 ❶ [B3] 셀을 클릭하고 ❷ [데이터] 탭-[정렬 및 필터] 그룹-[오름차순]을 클릭하여 원본 데이터 정렬 상태로 돌려놓습니다.

➕ 납품일을 기준으로 데이터가 오름차순 정렬됩니다.

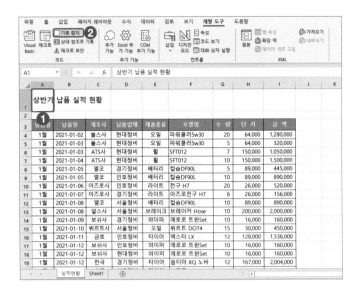

13 매크로 기록 중지하기 자동 매크로 기록을 중지하겠습니다. ❶ [A1] 셀을 클릭하고 ❷ [개발 도구] 탭-[코드] 그룹-[기록 중지□]를 클릭하여 매크로 작성을 마칩니다.

➕ 매크로 기록을 중지하면 [월별부분합] 매크로의 코딩 기록이 끝납니다.

14 매크로 포함 문서 저장하기 ❶ [파일] 탭-[내보내기]를 클릭하고 ❷ [파일 형식 변경]을 클릭한 후 ❸ [매크로 사용 통합 문서]를 더블클릭합니다. ❹ [다른 이름으로 저장] 대화상자에서 저장 위치를 지정하고 ❺ [파일 이름]에 **납품실적현황1_매크로**라고 입력한 후 ❻ [저장]을 클릭합니다.

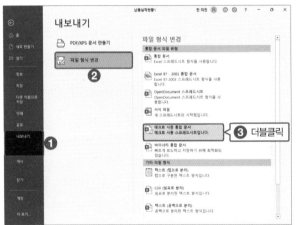

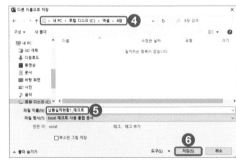

✅ **엑셀 2010&이전 버전** [F12]를 누르고 [다른 이름으로 저장] 대화상자에서 [파일 형식]을 [Excel 매크로 사용 통합 문서(*.xlsm)]로 설정하여 저장합니다.

바로 통 하는TIP 통합 문서(*.xlsx) 형식으로 저장하면 매크로가 저장되지 않습니다. 반드시 매크로 사용 통합 문서(*.xlsm) 형식으로 저장합니다.

실습 파일 7장\납품실적현황2.xlsm
완성 파일 7장\납품실적현황2_매크로_완성.xlsm

실무필수

핵심기능

64

2010 \ 2013 \ 2016 \ 2019 \ 2021

양식 컨트롤로 매크로 실행 및 삭제하기

매크로를 실행하려면 [매크로] 대화상자를 이용합니다. 이 외에도 바로 가기 키, 도형이나 양식, 빠른 실행 도구 모음에 명령 아이콘을 등록하는 등 다양한 매크로 실행 방법이 있습니다. 잘못 작성되었거나 필요하지 않은 매크로는 언제든지 삭제할 수 있습니다. 앞에서 작성한 [월별부분합] 매크로를 양식 컨트롤과 연결하여 실행시킨 후 삭제해보겠습니다.

미리 보기

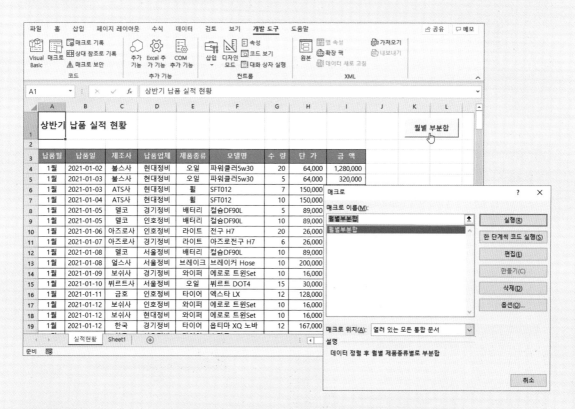

회사에서 바로 통하는 키워드 : 매크로, 양식 컨트롤, 매크로 삭제

한눈에 보는 작업 순서	양식 컨트롤 삽입 및 매크로 연결하기 ▶ 매크로 실행하기 ▶ 매크로 삭제하기

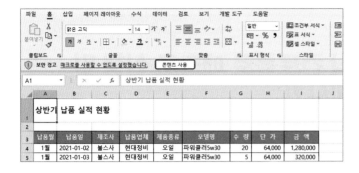

01 실습 파일을 열면 메시지 표시줄에 보안 경고 메시지가 나타납니다. [콘텐츠 사용]을 클릭해서 매크로를 사용할 수 있도록 설정합니다.

02 ❶ [개발 도구] 탭-[코드] 그룹-[매크로🗐]를 클릭합니다. [매크로] 대화상자가 열리고 앞에서 기록한 매크로 목록이 나타납니다. ❷ [취소]를 클릭해서 [매크로] 대화상자를 닫습니다.

바로 통 하는 TIP [매크로] 대화상자에서 작성된 매크로를 확인할 수 있고, 각각의 매크로를 편집, 삭제, 실행할 수 있습니다.

03 '월별부분합' 매크로를 양식 컨트롤로 실행하기 ❶ [개발 도구] 탭-[컨트롤] 그룹-[삽입🗐]을 클릭한 후 ❷ [양식 컨트롤]의 [단추(양식 컨트롤)▢]을 클릭합니다. ❸ [K1] 셀 위치에서 드래그하여 단추를 삽입합니다. ❹ [매크로 지정] 대화상자에서 [월별부분합]을 클릭하고 ❺ [확인]을 클릭합니다.

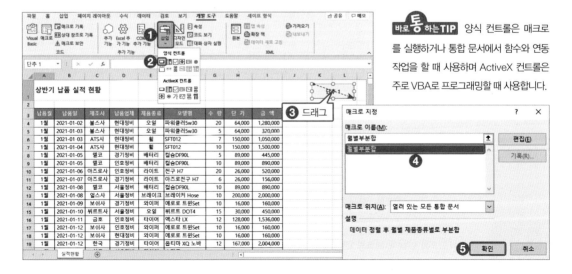

바로 통 하는 TIP 양식 컨트롤은 매크로를 실행하거나 통합 문서에서 함수와 연동 작업을 할 때 사용하며 ActiveX 컨트롤은 주로 VBA로 프로그래밍할 때 사용합니다.

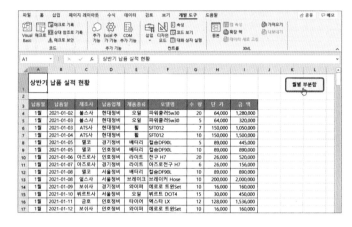

04 ❶ 삽입한 단추의 안쪽을 클릭하고 **월별 부분합**을 입력합니다. ❷ 임의의 셀을 클릭하여 단추 클릭을 해제합니다.

05 [월별 부분합] 단추를 클릭하면 매크로가 실행됩니다.

06 매크로 삭제하기 ❶ [개발 도구] 탭–[코드] 그룹–[매크로📋]를 클릭합니다. ❷ [매크로] 대화상자에서 [월별부분합]을 클릭하고 ❸ [삭제]를 클릭합니다. ❹ 매크로 삭제 경고 메시지가 나타나면 [예]를 클릭합니다.

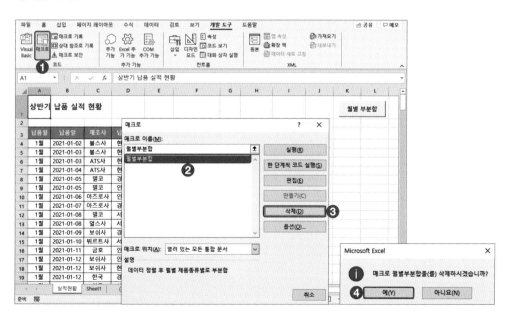

실무
필수

실무
활용

문서
작성

문서
편집
&
인쇄

수식
&
함수

차트

데이터
관리/
분석&
자동화

07 ❶ [월별 부분합] 단추를 클릭하면 매크로를 실행할 수 없다는 메시지가 나타납니다. ❷ [확인]을 클릭합니다.

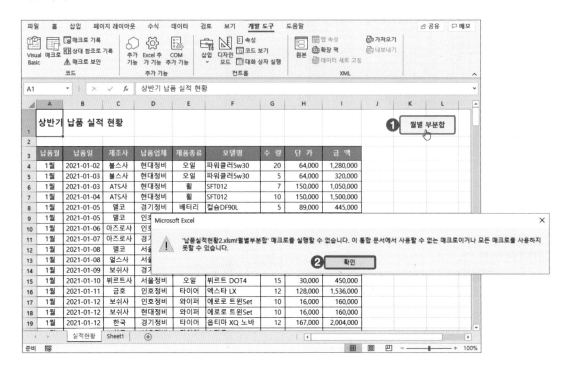

핵심기능

65 납품 실적 현황표의 매크로 편집하기

2010 \ 2013 \ 2016 \ 2019 \ 2021

실습 파일 7장\납품실적현황3.xlsm
완성 파일 7장\납품실적현황3_매크로_완성.xlsm

비주얼 베이식 편집기(Visual Basic Editor)를 이용하면 이미 작성된 매크로를 편집하거나 직접 VBA(Visual Basic for Applications) 언어로 매크로를 작성할 수 있습니다. 앞에서 작성한 '월별부분합' 매크로를 편집해보겠습니다. 그룹화할 필드를 선택하여 부분합을 작성하고 추가된 새로운 시트의 이름을 변경하는 코드를 비주얼 베이식 편집기에서 추가합니다.

미리 보기

납품월	납품일	제조사	납품업체	제품종류	모델명	수 량	단 가	금 액
1월	2021-01-02	불스사	현대정비	오일	파워클러5w30	20	64,000	1,280,000
1월	2021-01-03	불스사	현대정비	오일	파워클러5w30	5	64,000	320,000
1월	2021-01-03	ATS사	현대정비	휠	SFT012	7	150,000	1,050,000
1월	2021-01-04	ATS사	현대정비	휠	SFT012	10	150,000	1,500,000
1월	2021-01-05	델코	경기정비	배터리	컬슘DF90L	5	89,000	445,000
1월	2021-01-05	델코	인호정비	배터리	컬슘DF90L	10	89,000	890,000
1월	2021-01-06	아즈로사	인호정비	라이트	전구 H7	20	26,000	520,000
1월	2021-01-07	아즈로사	경기정비	라이트	아즈로전구 H7	6	26,000	156,000
1월	2021-01-08	델코	서울정비	배터리	컬슘DF90L	10	89,000	890,000
1월	2021-01-08	얼스사	서울정비	브레이크	브레이커 Hose	10	200,000	2,000,000
1월	2021-01-09	보쉬사	경기정비	와이퍼	에로로 트윈Set	10	16,000	160,000
1월	2021-01-10	뷔르트사	서울정비	오일	뷔르트 DOT4	15	30,000	450,000
1월	2021-01-11	금호	인호정비	타이어	엑스타 LX	12	128,000	1,536,000
1월	2021-01-12	보쉬사	인호정비	와이퍼	에로로 트윈Set	10	16,000	160,000
1월	2021-01-12	보쉬사	현대정비	와이퍼	에로로 트윈Set	10	16,000	160,000
1월	2021-01-12	한국	경기정비	타이어	옵티마 XQ 노바	12	167,000	2,004,000

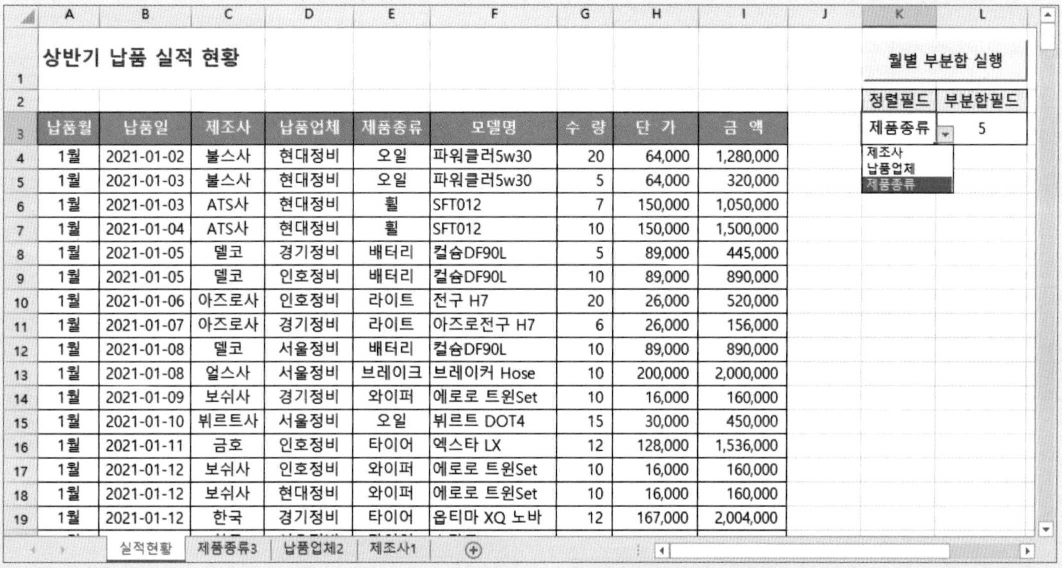

회사에서 바로 통하는 키워드 : 비주얼 베이식 편집기(VBA), Range 개체, Sheets 개체

한눈에 보는 작업 순서

정렬필드 선택 및 필드 번호 표시하기 ▶ 비주얼 베이식 편집기 창 열기 ▶ 월별부분합 매크로 편집하기 ▶ 매크로 실행하기

01 정렬필드 선택 및 필드 번호 표시하기 정렬할 필드를 선택하고 필드의 번호를 MATCH 함수로 표시하겠습니다. ❶ 실습 파일을 열면 나타나는 메시지 표시줄에서 [콘텐츠 사용]을 클릭합니다. ❷ [K3] 셀을 [제조사]로 선택합니다. ❸ [L3] 셀에 수식 **=MATCH(K3,A3:I3,0)**를 입력하고 Enter 를 누릅니다.

➕ 제조사(C4:C201), 납품업체(D4:D201), 납품종류(E4:E201), 정렬필드(K3), 부분합필드(L3)는 이름으로 정의되어 있습니다. 정렬필드 (K3)를 선택하면 각 필드의 번호를 부분합필드(L3)에 표시하는 수식 **=MATCH(K3,A3:I3,0)**를 입력합니다.

02 매크로 편집하기 앞에서 기록한 '월별부분합' 매크로는 매번 월, 납품종류별로만 그룹화하여 부분합이 작성됩니다. **01**에서 선택한 필드로 정렬한 후 부분합이 만들어지도록 매크로를 편집하겠습니다. [개발 도구] 탭-[코드] 그룹-[Visual Basic🗔]을 클릭해 비주얼 베이식 편집기를 엽니다.

바로 통 하는TIP Alt + F11 를 누르거나 시트 탭을 마우스 오른쪽 버튼으로 클릭하고 [코드 보기]를 클릭하여 비주얼 베이식 편집기를 열 수도 있습니다.

03 ❶ 비주얼 베이식 편집기의 프로젝트 탐색기 창에서 [모듈] 폴더를 더블클릭해 열고 ❷ [Module1]을 더블클릭합니다.

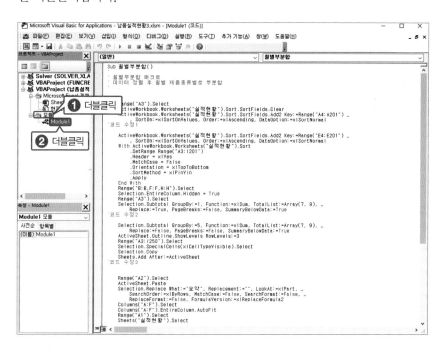

➕ '월별부분합' 매크로의 Visual Basic 코드가 코드 창에 표시됩니다.

쉽고 빠른 엑셀 Note ─ 비주얼 베이식 편집기의 화면 구성 살펴보기

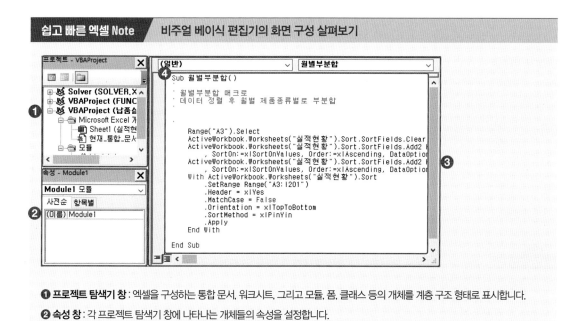

❶ **프로젝트 탐색기 창** : 엑셀을 구성하는 통합 문서, 워크시트, 그리고 모듈, 폼, 클래스 등의 개체를 계층 구조 형태로 표시합니다.

❷ **속성 창** : 각 프로젝트 탐색기 창에 나타나는 개체들의 속성을 설정합니다.

❸ **코드 창** : 매크로가 VBA 코드로 기록되어 나타나는 창으로, 매크로를 직접 수행하거나 삭제할 수 있으며 매크로를 만들 수 있습니다.

❹ **프로시저** : Sub로 시작해서 VBA 명령어 코드가 입력되고 End Sub로 끝납니다. 앞서 매크로 기록기로 기록한 매크로에 해당합니다.

04 [월별부분합] 코드 창에 다음과 같이 빨간색으로 표기된 코드를 입력하여 매크로를 수정합니다. 여기서 입력하는 코드는 예제로 제공되는 **매크로_납품실적_CODE.txt** 파일을 참조하여 복사/붙여넣기를 할 수 있습니다.

```
Sub 월별부분합( )
    (중략)
'코드 수정1
    ActiveWorkbook.Worksheets("실적현황").Sort.SortFields.Add2 Key:=Range(Range("정렬필드")) _
        , SortOn:=xlSortOnValues, Order:=xlAscending, DataOption:=xlSortNormal
    (생략)
```

바로 통 하는TIP 두 번째 정렬할 필드의 범위를 [K3] 셀에서 선택한 값으로 지정합니다. [K3] 셀은 **정렬필드**로 이름이 정의되어 있으므로 **Range(Range("정렬필드"))**로 입력합니다.

05 이어서 다음 위치에 빨간색으로 표기된 코드를 입력하여 매크로를 수정합니다.

```
'코드 수정2
    Selection.Subtotal GroupBy:=Range("부분합필드"), Function:=xlSum,TotalList:=Array (7,9), _
        Replace:=False, PageBreaks:=False, SummaryBelowData:=True

    (생략)
```

바로 통 하는TIP 두 번째 부분합을 구할 그룹 필드의 번호를 [L3] 셀의 값으로 지정합니다. [L3] 셀은 **부분합필드**로 이름이 정의되어 있으므로 **Range("부분합필드")**로 입력합니다.

06 코드 수정3 아래에 다음 코드를 입력하여 매크로에 명령어를 추가합니다.

```
'코드 수정3
    ActiveSheet.Name = Range("정렬필드") & Sheets.Count - 1
    (생략)
```

바로 통 하는TIP 정렬필드 이름(Range("정렬필드"))과 전체 워크시트 개수에서 1을 뺀(Sheets.Count - 1) 값을 합쳐서 현재 시트의 이름(ActiveSheet.Name)으로 지정합니다.

07 [닫기⊠]를 클릭하여 비주얼 베이식 편집기를 닫습니다.

08 매크로 실행하기 ❶ [K3] 셀에서 정렬할 필드를 선택하고 ❷ [월별 부분합 실행] 단추를 클릭합니다.

➕ 문자와 숫자가 혼합된 데이터에서 채우기 핸들을 드래그하면 문자는 그대로인 채 숫자만 1씩 증가하므로 '1공장', '2공장' 순서로 채워집니다.

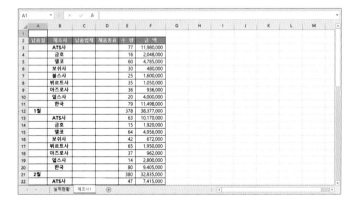

09 시트명이 변경된 새 시트가 추가되고, 선택한 필드로 다중 부분합이 복사된 결과가 나타납니다.

➕ 제조사를 기준으로 월별 부분합 매크로가 실행됩니다.

회사통 엑셀 시리즈로
스펙을 업그레이드하라

엑셀 왕초보부터 시작해 실무에 강한 직장인이 되는 지름길!
수많은 독자가 검증한 실무 예제와 업무 실력 향상에 꼭 필요한 내용이 알차게 수록되어 있습니다.
사랑받는 한빛미디어 엑셀 시리즈로 업무경쟁력을 쌓아보세요.

103개의 핵심기능으로 엑셀 왕초보도 쉽고 빠르게 배운다!

프로젝트형 실무 예제로 최강 업무 활용법을 학습하라!

회사에서 바로 통하는
엑셀 FOR STARTERS(개정판)

왕초보가 시작하는 엑셀 입문서(모든 버전용)

15,000원 | 2022년 6월 | 전미진 지음

❶ 103개의 핵심기능으로 엑셀을 기초부터 학습한다!
❷ 18개의 혼자해보기로 복습하며 엑셀을 제대로 배운다!
❸ 엑셀을 처음 접하는 사람도 쉽고 빠르게 익힌다!

엑셀을 처음 시작하는 사람들에게 꼭 필요한 103개의 핵심기능을 수록했다. 회사 업무에서 자주 쓰는 현장밀착형 문서 예제로 익히고 학습한 내용을 바로 써먹을 수 있도록 했다. 또한 18개의 혼자해보기로 중요한 핵심기능을 다시 한번 복습할 수 있다. 왕초보를 위한 엑셀 입문 가이드로 엑셀을 처음 접하는 사람이라도 쉽고 빠르게, 엑셀을 제대로 배울 수 있다.

회사에서 바로 통하는
실무 엑셀 최강 업무 활용법

무적의 실무 문서 작성 프로젝트

21,000원 | 2019년 11월 | 전미진 지음

❶ 18개의 프로젝트형 실무 최적화 예제로 배운다!
❷ 단계별 STEP 구성으로 실무 예제 문서 작성 과정을 익힌다!
❸ 전문가의 효율적인 엑셀 업무 노하우를 익힌다!

엑셀 최우선순위 핵심기능 31개로 엑셀 업무 활용과 데이터 분석 및 자동화에 필요한 기본기를 탄탄하게 다질 수 있다. 다양한 기능이 연계된 18개의 프로젝트형 실무 예제로 실무에 최적화된 작업 순서를 습득하는 것은 물론, 서식, 함수, 차트, 피벗 테이블, 필터, 데이터 관리&분석, 매크로와 VBA 등 주요 기능을 학습하면서 효율적인 엑셀 업무 활용 노하우를 익힐 수 있다.